KB218056

신부 단장을 위한 핵심

<한글 히브리어 800단어>

הַדְּבָרִים עִבְרִי

(글쓴이 : 전 보 영)

					מ	א				
				שׁ			ב			
			ר				ג			
		ק					ד			
	א							ה	
פ					יְהֹוָה				ו
	ם							ז	
		ס					ח	
			נ				ט		
				מ			י		
				ל	כ				

신부 단장을 위한 핵심
한글 히브리어 **800**단어

초판1쇄 2021년 3월 25일

지은이 　전보영(물댄동산교회 담임)
펴낸이 　이규종
펴낸곳 　엘맨출판사
등록번호 　제13-1562호(1985.10.29.)
등록된곳 　서울시 마포구 토정로 22
　　　　　　　한국출판콘텐츠센터 422-3
전화 　(02)323-4060, 6401-7004
팩스 　(02)323-6416
이메일 　elman1985@hanmail.net
www.elman.kr

ISBN 978-89-5515-700-0 03230
이 책에 대한 무단 전재 및 복제를 금합니다.
잘못된 책은 구입하신 서점에서 바꿔드립니다.

값 20,000원

신부 단장을 위한 핵심
한글 히브리어 800단어

הַדְּבָרִים עִבְרִי

전보영 지음

엘맨
하나님의 사람을 만들어 가는 ELMAN

서 문

먼저 아도나이 엘로힘께 감사와 영광을 돌립니다.

목회 46년을 하면서 성경 연구에 소홀히 하여 여기서 조금 저기서 조금 세속화된 인본주의 거짓된 진리와 세상지식에 짜 맞추기식 설교와 성경공부를 가르치다가 15년 전에 하나님께서 성경말씀 연구에 대한 책망과 더불어 회개하게 하시고 친히 히브리어를 통한 말씀을 공부하도록 이끌어 주셔서 늦은 감이 있지만 그 이후 15년 동안 히브리어 공부와 히브리어 성경 해석을 연구하면서 모았던 한글 히브리어 800단어집을 출판하게 되었습니다. 거룩한 신부 단장을 위한 핵심 한글 히브리어 800단어 사전을 출판할 수 있었던 것은 존경하는 엘림 성경 훈련원장 박완중 목사님의 권유로 준비하게 되었습니다.

저는 히브리어를 전문적으로 대학원이나 박사과정을 공부하지 못한 부족한 무명의 목사입니다. 성서 히브리어를 신학교에서 4년 공부한 것과 10여 년 동안 서적과 인터넷으로 연구한 것뿐입니다. 이 과정에서 오직 하나님과 성령님의 가르치심과 인도하심과 기도로 준비하였습니다.

이 사전을 출판할 수 있도록 엘림성경훈련원장 박완중 목사님의 권유와 감히 사전을 저술할 능력도 없는데 부족한 종을 높이 평가해주신 엘림 문서선교국 총무 이영수 목사님과 박재근 목사님께서 격려해주셨습니다. 그 뿐 아니라 편집하는데 도와주신 박미경 사모님께 감사드립니다. 이렇게 힘이 되어 주신 분들과 홍경희 사모의 응원과 격려로 부족한 것 많지만 무모한 도전을 하게 되었습니다. 모든분들께 감사드립니다.

여러 가지로 부족한 점이 많지만 성경 말씀 연구하시는 목사님들께 동기부여와 자극제가 되실 것이라는 작은 소망으로 출판하게 되었습니다. 이 종을 피 값을 주고 사신 아도나이 엘로힘께 모든 영광을 돌립니다.

2021년 3월 1일

마라나타를 사모하며....
물댄동산교회 전보영 목사

-차 례-

제1장 성서 히브리어 구성 알파벳 22자

제2장 한글 히브리어 단어 해석

[약자 표기]

[숫자] 히브리어 스트롱 코드 번호

[히:] 히브리어

[헬:] 헬라어

[명] 명사

[동] 동사

[형] 형용사

[전] 전치사

[접] 접속사

[관] 관사. 정관사

[의] 의문사

[접두어] 단어 앞에 오는 연계형, 전치사. 접속사.

[남] 남성

[여] 여성

[부] 부사어

[피엘] 피엘 동사

[히필] 히필 동사

[니팔] 니팔 동사

[푸알] 푸알 동사

[호팔] 호팔 동사

[힛파엘] 힛트파엘 동사

[사전] 사전적 의미와 뜻

[복음] 성경적 복음적 영적 의미와 뜻

[주(註)] 참고한 보충 설명 부연하려는 추가내용

[히브리어 알파벳 표]

하나님 본질과 속성 11자= כ:(카프)~ א:(알렙)

11	10	9	8	7	6	5	4	3	2	1	순서
כ	י	ט	ח	ז	ו	ה	ד	ג	ב	א	문자
ך											소피
כף	יוד	טית	חית	זין	וו	הא	דלת	גמל	בית	אלף	원어
팔	손	뱀	울타리	무기	갈고리	숨구멍	문	낙타	집	수소	상형
권능	권세	지혜	생명	연장	못	호흡	휘장	짐	거처	θ님	의미
20	10	9	8	7	6	5	4	3	2	1	수
카프	요드	텔트	헤트	자인	바브	헤	달렛	기멜	벧트	알렙	
kh	y	t	h	z	V, w	h	d	g	b	a	로마
ㅋ	이	ㅌ	ㅋㅎ	ㅈ	ㅂ	ㅎ	ㄷ	ㄱ	ㅂ	묵음	음표

하나님의 사역과 본질 (형상)회복 11자= ת:(타브)~ ל:(라멜)

22	21	20	19	18	17	16	15	14	13	12	순서
ת	ש	ר	ק	צ	פ	ע	ס	נ	מ	ל	문자
				ץ	ף			ן	ם		소피
תו	שין	ריש	קוף	צדי	פה	עין	סמך	נון	מים	למד	원어
표시	치아	머리	귀	코	입	눈	지주	물고기	물	막대	상형
십자가	올바름	우두머리	거룩	낚시바늘	명령	보다	잣대	법	사역	양육	의미
400	300	200	100	90	80	70	60	50	40	30	수
타브	신.쉰	레쉬	코프	차데	페	아인	싸멜	눈	마임	라멜	
t	sh	r	q	ts	ph		ss	n	m	L	로마
ㅌ	ㅅ	ㄹ	ㅋ	ㅊ	ㅍ	ㅇ	ㅆ	ㄴ	ㅁ	ㄹ	음표

경성의 말씀

호세아 4 : 1-9절

1 **이스라엘 자손들아 여호와의 말씀을 들으라 여호와께서 이 땅 거민과 쟁변하시나니 이 땅에는 진실도 없고 인애도 없고 하나님을 아는 지식도 없고**

2 오직 저주와 사위와 살인과 투절과 간음뿐이요 강포하여 피가 피를 뒤대임이라.

3 그러므로 이 땅이 슬퍼하며 무릇 거기 거하는 자와 들짐승과 공중에 나는 새가 다 쇠잔할 것이요 바다의 고기도 없어지리라.

4 그러나 아무 사람이든지 다투지도 말며 책망하지도 말라 네 백성들이 제사장과 다투는 자 같이 되었음이니라.

5 너는 낮에 거치겠고 너와 함께 있는 선지자는 밤에 거치리라 내가 네 어미를 멸하리라.

6 **내 백성이 지식이 없으므로 망하는도다. 네가 지식을 버렸으니 나도 너를 버려 내 제사장이 되지 못하게 할 것이요 네가 네 하나님의 율법을 잊었으니 나도 네 자녀들을 잊어버리리라.**

7 저희는 번성할수록 내게 범죄하니 내가 저희의 영화를 변하여 욕이 되게 하리라.

8 **저희가 내 백성의 성찬 제물을 먹고 그 마음을 저희의 죄악에 두는 도다.**

9 장차는 백성이나 제사장이나 일반이라. 내가 그 행함대로 벌하며 그 소위대로 갚으리라.   - 아멘-

히브리어 알파벳 순환적 언어 22자

					ה	א				
				שׁ			ב			
			ר				ג			
			ק				יּ			
צ								ה		
פ			예호바흐 יְהֹוָה							י
ע									ז	
		ס						ח		
		נ				ט				
			מ			‎י				
			ל	כ						

히브리어는 고유 코드(번호)가 있다. 그 단어들 안에는 하나님께서 뜻하시는 네 가지 차원의 의미가 들어 있다.(복음적 영적 의미와 사전적 일반적 의미)

1, 단어의 사전적 일반적 의미
2, 알파벳의 고유의 뜻과 (상형문자)의미
3, 게마트리아(숫자 값)의 의미
4, **하나님의 속성과 로드맵의 사역**의 숨겨진 의미

[알파벳의 해석]

"하나님의 언어(言語)"

　　히브리어는 알파벳 **22자**로서 두 가지의 특별한 의미로 구성되어있다. 첫 **11개** 구성의 알파벳은 א(Aleph)으로 시작해서 כ(Kaph)까지는 **하나님의 본질과 구원**(회복)을 위한 글자로 구성되어있다. 다음 **11개** 구성은 ל (Ramed)부터 ת(Tav)까지 **말씀**(그리스도 안에서)**으로 우리를 올바르게 하시려고 단련과 훈련에 대한 언약(言約)** 사역을 위한 알파벳으로 구성하셨다. 이렇게 **22자**의 알파벳에는 **"하나님 형상**(근원)**의 회복을 위한 하나님의 사랑과 생명을 주시기 위하여"** 하나님의 십자가 은혜로 가르침(단련과 신부단장)을 이루어 가시려고 하나님 언어(言語)에 그 뜻을 담아놓으신 것이다.

　　히브리어는 영적인 의미도 있지만 문자적(알파벳 상형문자) 의미가 더욱 중요하다. 이를 단어적(單語的) 풀이로는 성경의 하나님의 바른 뜻을 깨달을 수가 없다. 이제는 하나님의 언어인 히브리어를 이해하는데 필요한 많은 책들이 나와 있다. 히브리어에 능통하지 않아도 참고서와 원어 풀이 성경과 관련 서적들이 많이 나와 있어서 조금만 노력하면 쉽게 성경의 원어를 풀어 바른 성경말씀을 전(傳)할 수 있다.

[히브리어 공부를 위한 말씀]
　엡 4:13-16절 (14)이는 우리가 이제부터 어린아이가 되지 아니하여 **사람의 궤술과 간사한 유혹에 빠져 모든 교훈의 풍조에 밀려 요동치 않게 하려 함이라.** (15)오직 사랑 안에서 참된 것을 하여 범사에 그에게까지 자랄지라 그는 머리니 곧 그리스도라. (16)그에게서 온 몸이 각 마디를 통하여 도움을 입음으로 연락하고 상합하여 각 지체의 분량대로 역사하여 그 몸을 자라게 하며 사랑 안에서 스스로 세우느니라.

[하나님 말씀의 기초는 아는가?]
　히 5:12-14절 (12)때가 오래므로 너희가 마땅히 선생이 될 터인데 너희가 다시 하나님의 말씀의 초보가 무엇인지 누구에게 가르침을 받아야 할 것이니 젖이나 먹고 단단한 식물을 못 먹을 자가 되었도다. (13)대저 **젖을 먹는 자마다 어린아이니 의의 말씀을 경험하지 못한 자요.** (14)단단한 식물은 장성한 자의 것이니 저희는 지각을 사용하므로 연단을 받아 선악을 분변하는 자들이니라.

제 1장 성서 히브리어 구성 알파벳 22자

[1단원] : "כ:(Kaph)" ~ "א:(Aleph)" 11알파벳.

(하나님의 본질과 속성. 성질. 성품)

"א" [0504] אלף(알렙)

(1)(상형)숫소. 처음. 지도자. 왕. 아버지. 조상. 유일함. 하나.
[게마트리아] (숫자 값)- **1**(유일함. 으뜸. 첫째.)과 **1.000**(영원함. 진리)이다.

(숫자 값) י:(요드)**10** + ו:(바브)**6** + י:(요드)**10**= **26** = י:(요드)**10** + ה:(헤)**5** + ו:(바브)**6** + ה:(헤)**5** =**예호바**

אלף:(알렙)(숫자 값) ף(**80**) ל(**30**) א(**1**) =**111**= א(**1**) ל(**30**) ף(**80**) = פאלא:(팔레아) **기묘자**(사9:6)

(2) אלף:(알렙) : א(지도자. 하나님. 왕. 아버지)- ל(양육. 교육)- ף(입. 명령. 말씀)
:-말씀으로 (양육)가르치시는 유일하신 아버지를 "אלף-알렙"이라 한다.

(3) **"수소"**는 애굽–갈대아–인도까지 **신을 상징하는 짐승**(우상 : 마음 안에 있는 신상)

(4) "א:(알렙)" **발음**은 묵음이지만 때로는 **"ㅇ음"**으로 소리 냄.

(5) "א:(알렙)"의 구성= י:(요드)여호와 권세. + ו:(바브)거듭나 변화할 + י:(요드) 권능. 손.=거듭나게 할 권능의 예호바.

(6) [복음]: **수소** : 상형문자의 의미(제사장 임직 제사 수소)

계시	토라의 언약	언약의 성취	언약의 예배	언약의 완성
수소	속죄 제물	십자가의 희생	산 제물	새 예루살렘
제물	수소&어린양	예슈아	그리스도 지체	신부들
언약	가죽옷 (창3:21)	구원의 옷 (사61:14)	그리스도 옷 (롬13:27)	12 기초석 (계21:19-20)
참조 성경	레 1:3절/ 3:1/ 출29:1/ 창17: 1-8	창1:1절 히9:20	엡 3:3-6/5:7-9	계21:1-7 계22:10-15

<**אָלֶף**:(알라프) **단어**>

①[어근:0502]: **אָלֶף**:(알라프) :-**~와 사귀다**(농사사회에 소의 비중이 컸다). **배우다. 본받다. 교육받다, 가르치다.** (길들여 지다)는 뜻으로 사용. (**소는 주인과 함께 지내며(사귀며), 주인의 성품을 배우며 살아간다**)

②[0503] **אָלֶף**:(알라프) :-1.000의 숫자 값. 천 배로 만들다. 수천(數千)을 산출하다.

③[0504] **אֶלֶף**:(엘레프):-가족. (길들이다. 의미에서)황소. 암소.

④[0001] **אָב**:(아브):아버지. (호격)아바. 아버지. (비유)아버지. 조상.

⑤[0410] **אֵל**:(엘) :-하나님. 강한 자. 힘. 능력. 권능. [의미] 양육하시는 하나님.

⑥[0853] **אֵת**:(에트):-θ님 자신. **처음과 나중.** (처음:**א**(알렙)과 나중:**ת** =A와 Ω)

⑦[0430] **אֱלֹהִים**:(엘로힘) :-하나님.(대하여 복수로 관사와 함께 사용됨) 일반적으로 "신들."이라함. [복음] 생령(영생)에 이르도록 능력의 말씀으로 양육하시는 분을 "**אֱלֹהִים**(엘로힘)"이라 한다.(창 1: 1절 시109:1절 욘 4:6절)

"ב" [1004]: **בַּיִת**:(벧트)

(1)(상형문자)**집. 거처. 장막. 나라. 성전. 성읍.** [동] (집을)건축하다. 건설하다. 세우다.

[분해] **ב**(집. 거처. 왕국. 마음)- **י**(손, 권세. 권위)- **ת**(십자가. 표. 언약) ;-하나님 거처를 십자가로 건축을 완성함을 "**바이트**"라 합니다.

(2)[게마트리아] (숫자 값) :- **2. 둘. 갑절. 연합.** (θ님 사역 목적과 성취대상 장소이다.) [8147]: **שְׁנַיִם**:(쉐나임) ;-**둘. 이. 2**(연합). **두 번째.** (아담과 하와를 만들어 "**둘이 한 몸**")
 -(메시아와 신부가 하나되어 "**둘(2)**"을 뜻함.)

[분해] **שׁ**(쉰)아래땅(올바른. 300)- **נ**(눈)물고기(성도. 50)- **י**(요드)손(권능. 10)- **ם**(멤)물(말씀) :-(육신)땅을 올바르도록 하는 성령 충만할 권능의 말씀과 연합할 수(數)를 "**שְׁנַיִם**:(쉐나임)"이라 한다.

(3)①[1005] **בַּיִת**:(바이트) :(전치사) ~안에, ~위에, in. "집안에
 ②[발음] "ㅂ / B."로 소리 냄.

(4) בֵּית :(벧트) :-응답의 집(בֵּית־עֲנוֹת :아노트-베이트)(수19:38, 성읍) θ님의 집 (בֵּית־אֵל :(엘-벧))

[동사] [어원:1129] בָּנָה :(바나) **짓다. 세우다.**(창 2:22절 만드시고, (아담)집을 지으시고)

(5)[성경] בֵּית :(벧트) [분해] בּ(집. 거처. 왕국. 마음)- ֽי(손, 권세. 권위)- ת(십자가, 표. 언약) ;-**하나님 거처를 십자가(언약)의 사역으로 건축을 완성함을 "바이트"라 한다.**

(6)[구성] בּ:(벧트)= ו(바브)- ו(바브)- ו:(바브) :-**생명의 집. 부활의 집. 거듭난 자들의 집.**

בּ:(벧트)(숫자 값) ו(바브)6 + ו(바브)6 + ו:(바브)6 =18= ח:(헤트)8 + י:(요드)10 =חי:(하이)**생명**

에덴	성막	건축성전	심령 성전	거룩한 공동체	새 예루살렘
θ님 거처	θ님 임재	언약의 모형	성령의 거처	J님 몸	12기초석

엡 2:20-22절 (20)너희는 사도들과 선지자들의 터 위에 세우심을 입은 자라 그리스도 예수께서 친히 모퉁이 돌이 되셨느니라. (21)그 안에서 건물마다 서로 연결되어 주님 안에서 함께 성전이 되어 가고 (22)너희도 성령 안에서 하나님의 거하실 처소가 되기 위하여 예수 안에서 함께 지어져 가느니라.

"ג" : גָּמַל :(기멜)

(1)[1518] גָּמַל :(기멜) **낙타. 무릎꿇다. 올려주다.**(가난한 자 돕는 부자. 높여주다)

(2)[원형:1580] גָּמַל :(카말) :-[동] **섬기다. 짐을 지다. 보상하다. 은혜주다. 일으키다.**

[분해] ג(낙타-높이다. 들어 올리다.)- מ(물-말씀. 연단)- ל(지팡이. 양육. 교육) ;-끌어 올려)높이기 (휴거. 부활)위해서 말씀으로 가르치는 것을 "גָּמַל :(카말)"이라 한다. **[동]**(진리를)**이동하다. 배치하다.** (십자가)**나무 토막에 던져지다.** (아들로)**높이 올리다.**

(3) [게마트리아] (숫자 값) 3 :-(성삼위 셋째)**성령. 성삼위. 삼겹줄. 높이다.**

גָּמַל :(기멜)의 구성 : ז:(자인)7 + י:(요드)10 =17 : **무기를 쥔 여호와**(예수님)

(4)[파생] [단어] [1341]~[1349] 까지 **[명]거만. 교만. 오만. 오르다. 자만.** 뜻이 있음.

(5)**[복음]** (죄)**짐을 지다.** (성령충만)**올려주다. 보상하다. Carry**(운반. 나르다)

(6)알파벳 순서의 해석 – א:(아버지께서) ב:(아들 보내시고) ג:(아들은 성령 보내시고)

"낙타의 속성"은 겸손의 왕의 능력으로 오시며 그리스도 영으로 오셔서(θ님의 영/ 아들의 영)(사53:1-8절) 우리 안에 거하셔서 θ님의 유업을 받을 상속자 되게 하시는 복음적 알파벳이다.(롬 8:5-17절)

요 6: 8절 그가 와서 죄에 대하여, 의에 대하여, 심판에 대하여, 세상을 책망하시리라.

(순환적 알파벳) [0899] בֶּגֶד:(베게드) : **덮어 주다./ 옷. 의복. 겉옷./ 기만. 속임 수.**(외식의 옷)

(히) **구원의 옷** : יֵשַׁע:(이샤)בִגְדֵי:(비그데) **신부가 신랑을 위한 신부단장 옷.**(사 61:10절)

"ד" :[1817]: דֶּלֶת:(달렛)

(1)**문**(열다. 휘장.) **양의 문. 마음의 문. 성전의 문. 방주 덮게. Entey**(혼인잔치에 입장. 참석하다. 청함을 받은 자). **Path Way**(구원의 길. 신부 단장 경로. 진리의 길)

(2)**[게마트리아]** **"4"** (성전의 4문. 4생물. 4복음. 4계절) **4일째 창조물**(연한. 계절. 일시)

(3)**[비유]** [1817] דֶּלֶת (델레트) :**방주 덮개. 휘장.**(삼상 3:3). **입술의 문**(시141: 3절). **하늘 문**

[분해] ד(달렛)문(열다. 휘장)- ל(라멛)소몰이막대(양육. 교육)- ת(타브)십자가(표. 언약. 징조) -십자가의 가르침을 통해서 지성소 안에 들어갈 수 있는 문을 "דלת(달렛)"이라 함.

(4)**[성경] 하늘 문**(렘49:31절 말 3:10절)/ **양의 문**(요10: 1-9절) **생명의 문**(마 7:7-14절)

<u>요10: 9절</u> "**나는 문이라. 누구든지 나를 통하여 들어가면 구원받을 것이며 또 들어가며 나오며 초장을 찾으리라**"

---

(5)알파벳 순환적 : א:(아버지께서) ב:(아들 보내시고) ג:(아들은 성령을 보내셔서) ד:(양의 문에 들어가게 하신다.)

종교(신앙) : חת:(다트) 십자가의 문. 언약의 문. 증거의 문. (과녁의 뜻. 활을 겨누어 맞추다)	
아들의 문 :[1697] דָּבָר:(다바르) - בַּמִּדְבָּר:(받미드바르) 아들에게 가는 문.(광야에서 아들에게)	
양육의 문 [1800] דַל:(달) 가난하다. 연약하다. 비천하다. (문에 들어가도록 양육하다)	
물고기의 문 :[1709] דָּג:(다그) 물고기 문. 성령의 문.(계3:20-22절 **성령의 음성 듣고 문을 열라**)	

"ה"-[1887]: הֵא:(헤)

(1) **숨구멍**(호흡. 생령. 빛. 보라.) **[명령]** 생령을 위해서 하나님을 **보라.** Behold(보라)

(2)①성경전체 "ה:(헤)" 의미는 **"숨, 호흡, 빛, 계시, 부활, 은혜, 살리는 생령"**

　②[접미:방향사]: הֵא(헤) ->방향 표시 의미 :[접두·소망] 소망을 나타냄- הֵא(헤):-**보라**(깨달으라) **보라**(창47:23절 소망**하라!**)

(3) [게마트리아] **"5"**(숫자 값). **"빛"**을 뜻함. [주(註)] **계시**를 밝히 나타내는 의미로 **"보다. 나타내다."** 뜻을 말하기도 한다. (창조 첫날의 **"빛"**을 **5번** 강조하셨음.)

[분해] ה(헤)숨구멍(호흡. 빛)- א(알렙)숫소(θ님) ;-<u>생명을 위해서 θ님을 "הֵא(헤)" 바라보라.</u>

(4)**[구성]** ו:(바브)못. 거듭남. 부활/ ו:(바브)갈고리. 연결/ י:(요드)손. 권세.

ה:(헤)의 숫자 값 =ו:(바브)**6** + ו:(바브)**6** + י:(요드)**10** =**22**= 알파벳 **22**자 (하나님의 생명 언어)	
생명: יה:(헤) =י(요드)**10** + ה(헤)**5** =**15**= ד(달렡)**4** + ו(바브)**6** + ה(헤)**5** =**15** הוד:(호드)**존귀. 탁월**	

(5)단어들 –Reveal(계시하다. 알게 하다). Look(향하다. 바라보다). Man(남성. 남자).

"ו" : [2053] וו-(바브)

(1)[사전] 갈고리. 연결고리(못. 변화. 6)

(2) ①발음-영어 : Vav :(바브) /독일어: W :(와우)로 소리 낸다.

　　②알파벳 쓰기.

(3)[접두] **[접속사]** :(연결) **그리고. and/** [중간]:(단어 중간에는 **존재. 실존적**

의미.)

(4)[게마트리아] -**"6"**(사람의 숫자) -**육신은 죽어야 할 본질이 + 1**(θ속성) **변**

화(거듭나 부활)**할 숫자 =7/** 또는 육을 입고 오신 예수님. **인자**(마12: 8절

인자는 안식일의 주인이다.)

(5)**[성경]** וו-(바브)는 **성막기둥**: עַמּוּדִים:(아무드)과 기둥을 연결하는 **은 갈고리를**

뜻한다.

[분해] ו:(바브)갈고리(못, 거듭남)- ָו:(바브)갈고리(변화. 6(사람). 변화) :-(사람이)

못 박힘으로 (거듭)변화하도록 연결하는 것을 "ו:(바브)"라 한다.(출27:10절

36:36절 38:10절)

기둥:[5982] עַמּוּדִים:(아무드)의 연결하는 휘장의 (은)**갈고리**:[2053] ָוו:(바브)를 뜻한다. /은유적 표현으로 성전 기둥과 기둥 사이를 연결하는 정제된 은고리는 "(성막의 휘장)**세마포를 입은 신부 단장한 믿음의 성도들이 연결된 교회의 그림자라 할 수 있다.** (출27:9-10)

엡 2:20-22절 (20)너희는 사도들과 선지자들의 터 위에 세우심을 입은 자라 그리스도 예수께서 친히 모퉁이 돌이 되셨느니라. **(21)**그 안에서 건물마다 서로 연결되어 주님 안에서 함께 성전이 되어 가고 **(22)**너희도 성령 안에서 하나님의 거하실 처소가 되기 위하여 예수 안에서 함께 지어져 가느니라.

십자가에 못 박히시던 제 육시로부터 온 땅에 어둠이 임하여(마27:45) ָו:(바브) **사망. 죽음. 부활.**

[참조] (동사)[1580]: גָּמַל:(가말)**"선을 주다.** 선을 **행하다. 베풀다."**의 중간에 '**바**

브'가 첨가되므로 [1576] גְּמוּל:(게물) **"보답. 응보. 보상"**의 [명사] 되면 실

존적 의미를 가짐.

　　"ז":[2109] זֵין:(**자인/ 준**)

(1)**[사전] 무기.**(검) :-연장. 실천. 복음. 안식. 칼. 쟁기. 큰 낫. [은유] 왕관을

쓴 자/ 무기를 가진 왕. [연장] 쟁기. 칼. 무장/ **성령의 본성**(완성을 이룬다).

엡 6:17절 구원의 투구와 성령의 검 곧 하나님의 말씀을 가지라.

히 4:11-12절 (11)그러므로 우리가 저 안식에 들어가기를 힘쓸지니 이는 누구든지 저 순종치 아니하는 본에 빠지지 않게 하려 함이라. (12)과연 하나님의 말씀은 살아 있고 활동력이 있으며 어떤 양날 선 검보다도 더 날카로워서, 혼과 영과 관절과 골수를 찔러 쪼개기까지 하며 마음의 생각과 의도를 분별해 낸다.

(2)[게마트리아] (숫자의 값) "7"=안식의 수. 온전한 수. 행함에 온전하다. (인침의 수)

[어원:2109] זוּן (준) :-먹이다. 키우다. (렘5:8절 "(먹여)살찌게되니" 행음하려 한다.)

[유래:2142] זָכַר (자카르) :-기억하다. 회상하다. 마음에 새기다.

[(아람)4203] מָזוֹן (마존) :-음식. 먹이. [2110]: זוּן (아람)준 :-먹이다.(단 4:11-12절)

[파생] זָבַן (즈반) :-영양분. 살찌우게 하다. 키우다.(렘 5:8절)

זוּן :(자인)무기(숫자값): ז:(7) י:(10) ן:(50) =67= בּ:(2) י:(10) נָ:(50) ה:(5)= בִּינָה :(비나)-지혜(지식)

"ח" : חֵית :(헤트) :-

(1)[사전] 울타리(구원) :-하나님의 성막(성전)을 "둘러친 울타리"를 뜻한다.

[분해] ח(헤트)울타리(구원. 생령)- י(요드)손(권능.능력)- ת(타브)십자가(표. 언약) :-십자가의 능력의 손으로 "구원"하다. "חֵית :(헤트)울타리"라 한다.

[원형:2421] חָיָה :(하야) :(사역동사)재생시키다. :-살아있다. 살게 하다. 생명을 주다.(성막 : חָיָה =성막 안에 들어가면 생명의 권세를 누리게 됨)

(2)[구성] ח(헤트)= ו:(바브)인자(육을 입으신 아들) + ן :(자인)무기(성령의 검) :-인자로 오시며 무기를 가지신 왕이 구원한다.

ח(헤트) 울타리 구성은 (은)갈고리:[2053] וָו:(바브)를 성막 기둥과 기둥 사이를 연결하는 풀무불에 단련된 은 갈고리로 휘장을 두른다. "(성막의 휘장)세마포

(3)[게마트리아] -(숫자 값) **"8"**의 **"구원(救援)"/ 새로운 시작.**(방주 안으로 들어가서 살아남은 자 **8식구**를 뜻한다. 또는 심판 후 새롭게 시작하다)

* 첫 유월절에 양을 먹을 집 좌우 문설주와 인방에 양의 피로 발랐는데 이것이 "חית :(헤트)"모양이고 그 **울타리** 안에 있던 (첫 아들)**초태생의 생명의 언약**은 보존되었음.

잠 4: 4절 아버지가 내게 가르쳐 이르기를 내 말을 네 마음에 두라 내 명령을 지키라. 그리하면 **"살리라"**

살리라. :וִחְיֵה:(베흐예) = וֹ(바브-접)- [원형:2421](동칼명남단) חָיָה:(하야) :-**"그리하면 살리라"**

암 5: 6절 "너희는 여호와를 찾으라. 그리하면 **살리라.**" :וִחְיוּ:(비흐유) = וֹ:(바브-접) [2421](동칼명남복) חָיָה:(하야) :-**"그리하면 살리라"**

"ט": טית :(테트)

(1)[사전] :**뱀**(성경에는 사용되지 않음) **지혜. 선과 악**(예지. 지혜. 경험) טית:(테트)는 이중성을 갖고 있다. **[동]** 사로 잡다. 파괴하다. 거짓을 하게 하다. ⊗(고대상형) :(사탄은)둘러싸다. 생명을 죽게하다.

(2)[관용적 해석] [5175: נָחָשׁ :(나하쉬)] :**뱀** -[어원:5172: נָחַשׁ:나하쉬] :-소리를 내다. (마술)**주문을 외다. 예지하다. 경험하다. 점치다./ 구리. 놋.** (부정적 의미-육에 속한 것)

(3)[게마트라](숫자 값) -**"9"** :십계명의 9계명 **"거짓 증언하지 말라."/ 지혜. 경험. 점성술.** (의미)**그리스도와 연합.** [5173: נֶחֶשׁ:나하쉬] :-**복술. 점. 사술.**

[숫자] **메시야** :[4899] מָשִׁיחַ :(마쉬하) = מ:(40)+ שׁ:(300)+ י:(10)+ ח:(8) =**358**
=[5173] נֶחֶשׁ :(나하쉬) נ:(50) ח:(8) שׁ:(300) =**358**숫자 값이 같다.
이는 광야에서 불 뱀에게 물렸던 백성들에게 "놋 뱀"을 보게 하므로 치유하셨던 뱀의 단어와 메쉬하와 같은 영적 숫자라는 것을 뜻함.

---

(4)"성경적 해석" : "ט:(테트)" 단어는 처음 기록된 곳은 "창 1:4절 하나님 보시기에 **좋았더라.** [2896]: בֹוט:(토브)" :뱀의 처음에 하나님의 피조물로 좋은 존재였다.(예언적-뱀을 통해 거듭나게 하여 하나님의 거처로 지어져 가도록하는 하나님의 속성. 본질을 나타내는 단어)

"아람어" ="ט‎ית:테-ㅌ"의 형상은 **뱀**. 담는 (용기)그릇. 바퀴./ **뱀**은 고대 근동에서 [נָחָש:(나하쉬)] **"예지의 상징"** 또는 역설적으로 **"악=나쁜"**을 상징하기도 함.

창 2: 9절 "선악을 알게 하는 나무"- **"선"** [2896] בֹוט:(토브)(명남단)- **"악(惡)"**[7451](형남단) רָע‎ָ:(바라아) וַ(바브-접)=רַע:(라아) **:악한. 나쁜. 사악한. 해하는, 악행하는. 잘못된. [명] 악. 죄악.**
창44:15절 잘(점) 점칠 : יְנַחֵש:(예나헤쉬) [5172](동피미3남단) נָחָש:(나하쉬) :-점(占)칠.
레19:26절 복술 : נָחֵש:(나헤쉬) [5172](피) נָחָש:(나하쉬) :-잘 점(占).

"י" [3027]: יָד:(요드)

(1)[사전] (움켜쥔 손)-**불. 권세. 권능. 지배. 소유.**

[분해] י(요드)손(불(火), 권능. 10)- ו(바브)갈고리(접속사. 못. 변화)- ד(달렡)문(휘장. 열다. 심령) ;-**권능의 충만한 못 박히신 손으로 우리 심령을 여는 능력을 "יָד:(요드)"라 한다.** & 또는 하나님의 나라의 문을 여는 권세의 못 박히신 손을 말한다.

(2)[관용] **"규(珪)& 홀(笏)"** : 왕의 상징을 손에 쥐고 있는 권세를 뜻한다.(에 4:11, 시45:6)

(3)[게마트리아] **"10"** :-채워진 수. 가득한 수. 더 셀 수 없는 수. "예수님의 권능의 수." **[파생] 숫자 10의 힘** :- **"י:요드"**는 **"만물을 소유한 손"**이라는 단어 **"야드(yad : יָד)"**에서 파생되었습니다.

"열/ 10"-[6240] עֶשֶׂר‎:(아싸르) **;-열. 십. 10**(충만 수(數)). -**"י(요드)"**는 성경에 나오는 하나님의 중요한 이름들의 첫 글자가 되는 영광을 얻습니다.

[분해] ע(아인)눈(보다. 빛. 초청. 70)- ש(신)위 하늘(올바른. 연마. 300)- ר(레쉬):
머리(처음, 으뜸, 근원. 200) ;-온전케 하는 충만한 빛과 연합하여 하늘나
라에 들어가도록 하는 성령 충만 수를 "עָשַׂר:(아싸르)"라 함.

(4)[설명] "י:요드" 히브리어 알파벳 **열번째** 문자다. **창세기 5장**에는 "**아담
에서 노아까지**" 이르는 **열세대**가 있었고 **노아**가 홍수에서 구원하시기 위
해서 하나님께서 **손을** 쓰셨다. 그 다음에 "**노아에서 아브라함까지 열 세
대**"가 있었는데 하나님께서는 아브라함을 가나안 땅으로 데리고 오시려고
손을 쓰셨다는 의미로 해석한다.

> [적용] :[소유격] **"나의"** (어미) בְּנִי(브니) 나의 아들/ אֲנִי(아니) 나의 것. 나의 소유.
>
> **"나의"** :이스라엘(יִשְׂרָאֵל), 유다(יְהוּדָה), 예루살렘(יְרוּשָׁלַיִם), 예수(יֵשׁוּעַ) 등
> 에 나온다.

"θ님 이름 : 여호와(יהוה)"의 첫 글자 "י:요드"는 신성한 상징이며 이름 뜻
은 "**하나님 손으로 새롭게 만드시고 생명을 (생기넣어)거듭나게 하신분**"을
"**여호와**"라 한다.

> **창2: 7절**의 "사람을 지으시고 וַיִּיצֶר(바이체르)" 19절의 "각종 들짐승을 지으시
> 고 וַיִּצֶר(바이첼)"에서 사용하신 단어에 접두어 "י(요드)"가 다르다. **사람은 두
> 손으로** 지으시고/ **짐승들은 한 손으로** 지으신 것을 나타내는 단어를 볼 수 있
> 습니다.(영어로는 from으로만 기록함)

"כ" [3709]: כַּף :(카프)

(1)[사전] **굽은 팔/ 편 손/ 발바닥./ 권능. 재능. 적용. 굴복. 반석.**

[동] כ:(카프)-능력을 행하시다. 사역하다. + ף:(페)-(θ님)능력의 입. 명령.

(2)[게마트리아] **"20"** :-**연합하여 채워진 수**(數) =(2 × 10 =20 :-충만한 연합)

> **(소빗형)** ך =어미: כ :(카프)는 **너의 것/ 네 것**을 뜻하는 **성(姓)수(數)**를 말한다.
> **출33:22절** 내 영광이 지나갈 때에 내가 너를 반석 틈에 두고 내가 지나도록
> **"내 손:כַּף:(카프)"로** 너를 덮었다가,

영광 : כָּבוֹד(카보드):-(십자가) 못 박힌 가난한 자가 장막에 들어가 "θ님 손: כַף(카프)"에 덮이다.

[3709]: כַף(카프) :-가운데가 오목한 손바닥, 발바닥, 숟갈-**힘.**

[3710: כֵּף(케프)] ;-오목한 바위. 반석(게바 :베드로).

[3711: כָּפָה(카파)] :-좁히다. 길들이다. 굴복시키다.(밟다) +[הַ(헤)(소망사)+ כַף(카프)]

"미가엘" : "מִיכָאֵל":누가 하나님과 같은가? [분해] [4310](접·전): מִי(미)"누가" + (접):[3588]: כְּ(카) :~처럼. ~같이. + (2인·대명)[0410]: אֵל(엘) :-하나님.
왕(王) : מֶלֶךְ(멜레크) : כְמֶלֶךְ(카멜레크) 왕관을 씌워주다. "כ(카프)"는 행하시는 능력을 뜻함.   약 1:12절 **생명의 면류관**을 씌워 주심. 벧전 5: 4절 **영광의 면류관**을/ 딤후 4:8절 **의의 면류관**
"복(福)" :바라크 : בָּרַךְ(바라크)=בָּרָ(바라)**아들** +[소피형] ךְ(카프) **권능.** =아들의 권능을 받은 것을 복이라 한다.

[2단원] תּ:(타브)~ל:(라멜) 11알파벳으로 회복(신부단장)

(계 1: 3절 읽는 자. 듣는 자. 지키는 자. 이기는 자.)

ע	עין (아인)	샘 말씀 =물. 생명. 양식.(요6:55)
		빛 말씀 =빛. 진리. 생명.(요1:1-4)
		눈 : 얼굴 -보는 기능 -읽는 자.
	קוף(코프)	
צ	צדי:(차데)	귀 / 거룩
	코 : 낚시바늘 =의(義)	
	냄새 맡는 기능 =그리스도의 향기를 맡아 소유가 되는 기능	
פ	פה:(페)	입 : 먹는 기능과 말하는 기능. (성령의 능력으로 말씀을 먹고 말씀을 말하는 기능)
	שׁין:(신)	윗니=올바르게 하다.
	שׂין :(쉰)	아랫니=올바르게 하다.
ר		성령의 말씀을 먹고 말씀을 선포할 수 있는 능력.(눈과 귀와 코의 기능이 성령의 능력 회복의 마지막 마무리 – (ברך:바라크의 축복)

‘ㄴ” :[3925]: לָמֶד :(라멭)

(1)[사전] 양물이 **막대. 양육. 목자의 지팡이. 성숙. [동] 통제하다. 배우다. 자극하다. 가르치다. 돌보다. [전]** ㄴ(레) :~에게. ~대하여,

(2)[구성] ו:(바브) -**거듭남. 부활**과 כ:(카프) -신랑의 **권능. 능력. 재능.**

ㄴ :(라멭) ו:(6) + כ:(20) =26= ה:(5) + ו:(6) + ה:(5) + י (10) : **예호바:**(יהוה)**를 의미한다.**

[해석] לָמֶד :(라멭) 알파벳에는 3단어가 합성 되어 있다.

①[3899] לֶחֶם :(레헴) **[명]** 양식(form). 먹이(food). 음식(food). 빵(bread). 곡식(grain).

　[동] 먹이다(batten). 먹게 하다(To eat). 양식이 되다(Become food).

요 6:26-35절 (27)**썩는 양식을 위하여 일하지 말고 영생하도록 있는 양식을 위하여 하라.** 이 양식은 인자가 너희에게 주리니 인자는 아버지 하나님의 인치신 자니라. (28)그러자 그들이 말하기를 **"우리가 하나님의 일들을 하려면 무엇을 해야 합니까?"** 라고 하니 (29)예수께서 대답하여 가라사대 하나님의 보내신 자를 믿는 것이 하나님의 일이니라. 하시니
　(31)기록된바 하늘에서 저희에게 떡을 주어 먹게 하였다. 함과 같이 우리 조상들은 광야에서 만나를 먹었나이다. (33)**하나님의 떡은 하늘에서 내려 세상에게 생명을 주는 것이니라.** (35)예수께서 가라사대 내가 곧 생명의 떡이니 내게 오는 자는 결코 주리지 아니할 터이요 나를 믿는 자는 영원히 목마르지 아니하리라.

요 6:48-58절 (48)**내가 곧 생명의 떡이로라.** (51)나는 하늘로서 내려온 산 떡이니 사람이 이 떡을 먹으면 영생하리라. 나의 줄 떡은 곧 세상의 생명을 위한 내 살이로라 하시니라. (54)내 살을 먹고 내 피를 마시는 자는 영생을 가졌고, 내가 마지막 날에 그를 다시 살릴 것이다. (55)내 살은 참된 양식이요 내 피는 참된 음료로다.

---

②[3925] לָמַד :(라마드) **[동]** 길들이다. 양육하다(Nurture). 가르치다. 배우다. 본 받다(Take the pattern).

③[3928] לִמּוּד :(림무드) **[형]** 익숙. 숙달. 성숙. 장성하다. **[명]** 제자. 학자. **[비유]** 도구. 가축몰이,

---

엡 4:14-16절 (14)그러므로 우리가 더 이상 사람들의 속임수, 곧 거짓된 간계

를 위한 술책에 빠져 온갖 교훈의 풍조에 흔들리는 **어린아이가 되지 말고,** **(15)**오히려 **사랑 안에서 진리를 말함으로 모든 일에 그분에게까지 자라나야 한다.** 그분은 머리시니, 곧 그리스도이시다. **(16)**온 몸은 그리스도께 속해 있으며, **각 마디를 통하여 도움을 받아 함께 연결되고 결합된다.** 각 지체가 자기의 분량대로 역사함을 따라 몸이 자라나며, 사랑 안에서 자신을 세워 간다. (어린아이의 신부에서 장성한 신부로 성숙되어야 한다.)

히 5:12-14절 (12)지금쯤은 너희가 선생이 되어야 마땅한데, 다시 **누군가가 너희에게 하나님의 말씀의 초보적 요소들을 가르쳐야 할 형편에 있어, 젖만 먹고 단단한 음식은 못 먹는 자들이 되었다. (13)**젖을 먹는 자마다 의의 말씀에 익숙하지 못한 자이니, 이는 **그가 어린아이이기 때문이다. (14)**단단한 식물은 장성한 자의 것이니 저희는 지각을 사용하므로 연단을 받아 선악을 분변하는 자들이니라.

고전14:20절 형제들아 지혜에는 아이가 되지 말고 악에는 어린 아이가 되라 지혜에 장성한 사람이 되라. : **"진리를 아는 데는 장성한 자가 되라."**

고전 13:11절 내가 어렸을 때에는 말하는 것이 어린아이와 같고 깨닫는 것이 어린아이와 같고 생각하는 것이 어린아이와 같다가 **장성한 사람이 되어서는 어린아이의 일을 버렸노라.**

출19: 5절 "내게 속하다" : לִי(리) 통제하시다. 양육 받다. 가르침 받다.

약 1:26절 혀에 **재갈.** : לָשׁוֹן(라숀) **"(혀를) 재갈을 먹이지 아니하면,"** 다스리다. 통제를 뜻한다.

(3)[게마트리아] **"30"** =(성삼위)**3** ×(충만)**10** :-삼일 하나님의 양육으로 모든 것에 충만하다. 는 뜻이다./ 알파벳 중에서 가장 큰 글자로서 가장 높은 권위를 뜻함.

[3925]: לָמַד(라마드) : **교훈하다. 가르치다. :** 규례. 법도, 지혜, 지식의 가르침. :-양육을 하기 위하여 사용하는 (목자)**막대기. 연습. 익힘.**(신 4: 5절/ 시25: 4절/ 잠30: 3절/ 호10:11절)/-양들을 헤아릴 때 사용하며, 양과 염소를 구별할 때도 사용한다.

"מ":(멤) [4325]: מַיִם (멤)

[해석] מַיִם (멤)(Mem)에는 [은유 의미] 세 가지 의미가 있다.

(1)[4325] מַיִם:(마임) **물. 샘물. 생수. 말씀. 사역. 진리.**

:[비유] 물로 포도주(요 2:1-10) 물과 성령(요 3:3-5절) 물로 세례(행2:38) 물로 씻어 말씀으로 깨끗게 하사(엡 5:26/ 벧전 3:21절 **물은 세례**)

[구성] ﬞ:(바브) -**거듭남. 부활**과 ﬞ:(카프) -신랑의 **권능. 능력. 재능.**

 (2) **참된 양식과 음료** : 예수님께서 말씀이시며 참된 (빵)양식이며 (포도주)음료이시다.

> **요 6:54-55절 (54)** 내 살을 먹고 내 피를 마시는 자는 영생을 가졌고 마지막 날에 내가 그를 다시 살리리니 **(55)**내 살은 참된 양식이요 내 피는 참된 음료로다.

 (3)**세상 =땅** :마귀도 하나님과 같이 세상을 다스리고 있다.

> **창 1:10절** 하나님이 **물을 땅이라 칭하시고 모인 물을 바다라** 칭하시니라. 하나님의 보시기에 좋았더라.

> **마13:47절** "또한 하늘나라는 바다에 던져져서 온갖 종류의 물고기를 모으는 그물과 같으니,

> **마 4:19절** 말씀하시되 나를 따라 오너라 내가 **너희로 사람을 낚는 어부가 되게 하리라** 하시니

> **요21:11절** 시몬 베드로가 올라가서 그물을 육지에 끌어 올리니 **가득히 찬 큰 고기가 일백 쉰 세 마리라.** 이같이 많으나 그물이 찢어지지 아니하였더라.

> אֱלֹהִים:(하나님의) + בְּנֵי:(아들들) =게마트라 수를 합하면 **153**이 됨.
> (하나님의): ם י ה ל א ה + י נ בְ: (아들들)
>   40+10+ 5+30+1+ 5 =**91**+ 10+50+ 2 =**62** = **153**(하나님의 아들들)

> **요1:12절** 영접하는 자 곧 그 이름을 믿는 자들에게는 하나님의 자녀가 되는 권세를 주셨으니

> **계2:26절** 이기는 자와 나의 일들을 끝까지 지키는 자에게는 나라들을 다스리는 권세를 주겠다.

(4)[관용] =מַיִם :마임(쌍수) :-물(쌍수이므로 인식의 개념을 담고 있음)/ "**토라의 샘물**"을 상징함. **즙. 정액. 소변. 호수. 바다.**

(5)[게마트리아] (숫자값) "**40**" :-**시험하는 기간**(광야40년/ 예수님40일 금식 홍수40일).
40은 정결하는 기간. 고난의 기간. 사역하는 기간(부활 후 40일).

(6)[파생] אם(엠) **엄마를 의미한다.** /자궁을 의미함 מ:(열린자궁)과 ם:(닫힌 자궁)을 뜻함.

미리암 : מרים:(미리암) "태중에 40일 지나면 태어난다.' -"태를 열어 아들을 보게 하다." (40주 임신기간)
마콤 : מקום:(마콤) "나타내시는 것과 감추시는 것을 뜻함"(사57:15절)
물 : מים (멤) "하늘의 감추인 물과 땅 열린 물을 하나님 손으로 나누신다." (다스리신다.)

"נ" [5126]: נון:(눈) :(어원)[5125]: נון:(눈)

(1)[구성] ו:(바브) -**갈고리**(연결)과 ז:(자인) -**무기**(복음) **성령의 검.** : ז:(자인) + ו:(바브) =נ:(눈) 왕의 무기로 거듭나게 될 자들(신부들을 뜻한다.)

[소핏형] "ן" ="**영속자**" : [1121]: בן:(벤) :-(예호바)아들과 같은 물고기.

(2)[사전] :**물고기** :**영속. 장구.**/ **14번째 글자.** 다시 싹트게 하다. 새순으로 증식시키다. 영속하다.(출33:11절 **눈**의 아들 여호수아)

(3)[게마트리아] "50" :-**자유. 생명. 충만함.**/ 출애굽에서 토라 주시기까지 **50일**(오순절-**오멜의 카운팅**)./ 희년의 50년/ 오병이어로 5.000명을 먹이심 **(50명씩 100무리 앉히심 =왕의 무기**(생명의 말씀)**로 거듭나게 될 자들을 나누어 앉히심)**
-알파벳 **14번째 글자** (예수님 족보 14대)"**다윗** : דוד:(다비드)"의 숫자 값이 14입니다.

"ס" [5564]: סמך:(싸멕)

(1)[사전] [어원:5564] סמך:(싸마크) :**공급하다. 의지하다. 지탱하다. 조력하다. 붙드시다. [니팔]** 받쳐지다. 지지받다. 의지하다. **[피엘]** 머물다. 회복하다.
[설명] (생명양식)**공급하다**(요6: 27, 벧후1:3). (θ님)**의지하다**(시2:12, 잠3:5,

16:20, 렘2:37). (말씀)**지키다**(신5:10, 8:2-3, 시25;10). <u>ו:(바브)연합)</u> **조력하다**(갈 고리: 출26:1-11, 사56:7,)(전4:9-10절 붙들다).

(2)[게마트리아] **"60":**-6(ו:(바브)거듭남)×10(י:(요드)가득 채우다)=**생명의 말 씀으로 거듭남이 충만한지를 측량한 숫자를 뜻한다.**

[참조] 레위 지파와 아론 제사장 축복에 사용된 글자의 숫자 **60.**/ 단어 **15** 개로 기록되어 있음. (출40:13절 레8:22-28절 민24:24-26절 신10:8절)

(3)[파생] סמך:(싸멕)은 סכה:(수카)**장막**.의 글자에서 파생/ **성막의 지주. 잣 대. 기둥**(출26:32절 성막의 네 기둥). **보호막**(성막 안 =틀).

"순환하다" : סבב:(싸바브) :-스스로 돌다. 순회하다. [호필] 자신이 돌다. (알파 벳은 순환적 연결의 언어) **"את:(에트)"** **처음과 나중/ 시작과 끝/** 하나님은 십자가로 완성하다.
"장대": נם:(네쓰)" : 여호와께서 모세에게 불뱀을 만들어 **장대**(נם)위에 매달아라. 그것을 보면 살리라. (민21:8절)
[5490]: סוף:(쏘프) :-**결말. 결국. 시종의 결과.**(생명의 말씀 금 갈대로 측량한 결과)
시145:14절 여호와께서는 모든 넘어지는 자들을 **붙으시며**(סמך:싸마크)
전12:13절 일의 **결국**(סוף :(쏘프)) 다 들었으니 하나님을 경외하고 그의 명령들 을 들을지어다.

조부: סב:(쌰브) **할아버지**(집을 지탱하게 하다/ 집의 의지가 되다.)
측량: סאה:(쎄아) **규정하다.** (도량 단위)세아/ 척량하다.

"ע" [5869]:עין:(아인)

(1)[구성] ו:(바브) 갈고리(연결)과 י:(자인) -**무기**(복음) **성령의 검.** : ן:(눈-Eye)과 같은 알파벳 구성으로 되어 있으며 같은 의미와 뜻도 있다. (빛을 보는 것) **통찰을 뜻함. 또는 이해하는 것. 복종하는 것.**(렘5:21절 사6:10절 마13:15절)
[사전] [명]**눈. 샘. 이해. 복종. 분천**(**빛**이신 예수님을 상징) **근원.**
[설명] "עין:(아인) **눈"**의 해석 :-대개 우리 몸에 있는 신체 기관을 의미하고

있습니다. 하지만 이 단어는 종종 사람 성격의 특징을 나타내기도 하는데 고대 이스라엘에서는 눈이 **사람의 진정한 성격**을 나타내는 상징으로 여겨졌기 때문입니다.

(2)[게마트리아][숫자 값] **"70"** :-ז(자인) **7-무기**(복음)와 י:(요드) **10 -손**(권능 충만) =**복음의 능력이 충만함.** :-[원형] [동] (물. 눈물)**흐르다. 흘러나오다.**

> **(숫자 값)** :[계시] 70이레/ 애굽으로 간 야곱의 가족 **70인**/ 창조계획 **7**일 채운 수 **10 =70 완성의 수**

(3)[관용] עַיִן:(아인) **눈"**의 해석 :-대개 우리 몸에 있는 신체 기관을 의미하고 있습니다. 하지만 이 단어는 종종 사람 성격의 특징을 나타내기도 하는데 고대 이스라엘에서는 눈이 **사람의 진정한 성격**을 나타내는 상징으로 여겨졌기 때문입니다.

"עַיִן:(아인) **눈"** 뒤에 숨겨진 **두 눈의 의미?** (악한 눈과 좋은 눈).

①성경은 가난한 사람들에게 עֵינוֹ רָע:(라아 아인):-**미운 눈. 질시 눈**이 있습니다.(신28:54절)

②자비를 갖거나 동정심 갖는 것은 תָחֹס עֵינְ:(하스 아인):-**인색한 눈. 긍휼 없는 눈.**(신7:16절)

③눈은 거만함의 될 수 있습니다. רוּם עֵינָיו:(룸 에이나브) :-**높은 눈. 교만의 눈**(사10:12절)

④하나님이 구원하는 겸손한 눈 שַׁח עֵינַיִם:(샤흐 에이나임):-**낮은 눈. 겸손의 눈**(욥22:29절)

> **신 6: 4절**의 원어를 보면 첫 단어 "שְׁמַע:(세마)**와 마지막 단어 "אֶחָד:(에하드)"**의 어미알파벳이 확대 되어 있다. "עֵד:(아다)" :**하나님의 이름을 보라**/ 즉. **빛의 문을 보라**입니다.

> [참조] (하나님 디자인 *히브리어* P-264/ 아인의 게마트라)
> (창 3:5절 너희가 그것을 먹는 날에는 너희 눈이 밝아/ 창 16:7절 여호와의 사자가 광야의 샘 곁 곧 술길 샘물 곁에서)/ (삿15:19절 삼손이 그것을 마시고 정신이 회복되어 소생하니 그러므로 그 샘 이름은 [5869]: עַיִן:(아인)-**눈을 뜨**

다. + [7121]: קָרָא:(카라) :-청하다. -(18절에서 부르짖어) 요청한 샘)

=[7121]: קָרָא:(카라) :-(請하다)부르다.(요청. 초청. 소명(calling) [6963:콜-초청] 사역을 위한 부름.

[5771]: עָוֹן:(아본) :-허물. 허물을 벗다.(창 4:13절 잠 16:6절) 눈을 뜨다. 보게 하다.

"פ":[6310]: פֶּה:(페)

(1)[사전] 입(말하다). 먹이. 식량. 말씀. 호흡. 증언. 입속.

פ(강세점) P(발음)을 내고 פ(강세점 없음) F(발음)을 낸다. [소핏형] 단어 끝에 는 ף같이 길다.

[구성] י(요드)신랑 권세. (왕)권위와 כ(카프)신랑의 권능. 능력.

"פ"는 사람 얼굴을 상형화하여 열린 입을 표현하였다. 글자 안에 "י(요드)"가 숨어있다. (마18:16절)

"두 증인의 입" 마18:16절 그러나 그가 듣지 않으면 너는 너와 함께한 두사람을 더 데리고 가서 "두 증인들의 입으로 확증하리라."

계11:1-3절 (1) 또 내게 지팡이 같은 갈대를 주며 말하기를 일어나서 하나님의 성전과 제단과 그 안에서 경배하는 자들을 척량하되 (2)성전 밖 마당은 척량하지 말고 그냥 두라 이것을 이방인에게 주었은즉 저희가 거룩한 성을 마흔 두달 동안 짓밟으리라. (3)내가 나의 두 증인에게 권세를 주리니 저희가 굵은 베옷을 입고 일천 이백 육십 일을 예언하리라.

(2)[게마트리아] 숫자 값 : "80"(새롭게 되어 충만하다)/ 강건함(시90:10절)

-"8 :ח(헤트)울타리(구원. 부활)" × "10: י(요드)-손(권능 충만)" =구원을 충만 하게 하는 권능의 입. (=The mouth of power that fills salvation.)

"증언할 입" 계12:10-11절 (10)내가 또 들으니 하늘에 큰 음성이 있어 가로되 이제 우리 하나님의 구원과 능력과 나라와 또 그의 그리스도의 권세가 이루었으니 우리 형제들을 참소하던 자 곧 우리 하나님 앞에서 밤낮 참소하던 자가 쫓겨 났고 (11)그들이 어린 양의 피와 자신들이 증언한 말씀으로 그를 이겼으며, 죽기까지 자신들의 목숨을 아끼지 않았다.

> "이기는 자의 입" 계21: 6-7절 (6)또 내게 말씀하시되 이루었도다 나는 알파와 오메가요 처음과 나중이라 내가 생명수 샘물로 목 마른 자에게 값 없이 주리니 (7)이기는 자는 이것들을 상속받을 것이며, 나는 그의 하나님이 되고 그는 나의 아들이 될 것이다.

(3) [관용] "입의 기능" :말하다. 소리 낸다. 먹는다. 표현하다. 호흡하다. (음식)통로이다. 또는 입구. 가장자리. 부분. 구멍. 또는 증언. (이해)표현.

> פֶּה(페)안에 예호바 생명의 집에 대한 말씀 기능이 있음을 계시함.

> 눈으로 "ע(아인)" **하나님의 지식을 알고** 지식에 대한 **증언을 하는 입** "פ(페)"를 뜻한다.

> "좌우 날선 검의 입" 계 1:16절 그 오른손에 일곱 별이 있고 **그 입에서 좌우에 날선 검이 나오고** 그 얼굴은 해가 힘있게 비취는 것 같더라.

> "입의 검" 계2:16절 그러므로 회개하라 그리하지 아니하면 내가 네게 속히 임하여 **내 입의 검으로 그들과 싸우리라.**

(4)[파생] [6284]: פָּאָה(파아)(어근) :-훅 불다. 불어 날리다. 구석으로 흩어 버리다.

> -신32:26절 내가 그들을 흩어서 인간에서 그 기억이 끊어지게 하리라. **"훅 불어 서**(사방으로)"((머리) **"끝"**:(레19;27절 21:5절) [6285] פֵּאָה(페아) :모퉁이. 4방위. 경계. 방향. 지역. 구석. [유래:6311]: פֹה(포) (여성형):-끝. 극. 구석. (입으로 호흡하다)
>
> פֶּה(페)안에 예호바 생명의 말씀에 대한 기능이 있음을 계시함.
>
> (해석) 눈으로 "ע(아인)" 하나님의 지식을 알고 지식에 대한 증언을 하는 입 "פ(페)"를 뜻한다.

> **예레미아 애가 전체에 대한 계시적 의미 (22절의 감춰진 비밀)**
> **1장**은 22절로 기록되어 있다. 각 절 첫 단어마다 알파벳 순서대로 시작하고 있다.(하나님 말씀 전체를 계시하시는 말씀을 뜻한다.)
>
> **2장**도 1장과 마찬가지로 22절이 첫 단어가 알파벳 순서대로 기록되어 있다. 한 가지 다른 것은 16절"ע(아인)"과 17절 "פ(페)"의 알파벳 순서가 바뀌었다. (이유는 "하나님의 지식"을 보고 알고 나서 입으로 전해야 하는데 알지도 못하면서 인본적인 생각으로 입으로만 증언하는 것을 뜻하고 있다)
>
> **3장**은 66절로서 각 절마다 첫 단어에 알파벳 순서로 3절씩 반복하고 있다. (삼

일 하나님의 강력한 권고하시는 말씀을 강조하고 있다.)

4장은 2장과 같이 22절이지만 특이한 것은 16절 "ע(아인)"과 17절 "פ(페)"의 알파벳 순서가 바뀌었다.

5장은 22절은 맞지만 앞서 4장과 다르게 알파벳 순서가 엉망이다. (말씀을 혼돈스럽게 증언하고 있다는 증거다. 즉 배도한 것이다.) (예레미아 선지자를 통한 하나님의 눈물의 경고의 말씀입니다.)

"צ":[6658]: צדה:(짜다)

(1)[사전] 코 : 낚시바늘 :-추적하다. 기다리며 누워있다. 사냥하다. 의로움.
(상형(常形)의 그림은 낚시 바늘이나 용례에서 추적, 탐색과 알파벳 눈(아인)에서 치아(쉰)까지가 얼굴의 그림 구성요소들 임을 고려하면 '코'(낚시하다. 코 꿰다.)로 볼 수도 있음.
[관용] (사람 낚는 자=믿음의 사람)의로운 사람. 공의로움. 정의롭다. [6662]:

צדיק:(짜디크):-올바르다. 의롭다. 흠이 없다. 진실하다. [명]의인. 의.

"주의 표적" 고전 1:21-24절 (22)유대인은 표적을 구하고 헬라인은 지혜를 찾으나 (23)우리는 십자가에 못박힌 그리스도를 전하니 유대인에게는 거리끼는 것이요 이방인에게는 미련한 것이로되 (24)오직 부르심을 입은 자들에게는 유대인이나 헬라인이나 그리스도는 하나님의 능력이요 하나님의 지혜니라.

"의의 옷" 사61:9-10절 (10)내가 여호와로 인하여 크게 기뻐하며 내 영혼이 나의 하나님으로 인하여 즐거워하리니 이는 그가 구원의 옷으로 내게 입히시며 의의 겉옷으로 내게 더하심이 신랑이 사모를 쓰며 신부가 자기 보물로 단장함 같게 하셨음이라.

골 3:10-14절 [바른] (10)새 사람을 입었으니 이는 자기를 창조하신 자의 형상을 좇아 지식에까지 새롭게 하심을 받는 자니라. (12)그러므로 너희는 하나님의 택하신 자들, 곧 거룩하고 사랑하심을 받는 자들답게 인애와 친절과 겸손과 온유와 오래 참음을 옷 입어라. (13)누가 누구에게 불평할 일이 있더라도 서로 용납하고, 서로 용서하여라. 주께서 너희를 용서하신 것같이 너희도 그렇게 하여라. (14)그리고 이 모든 것 위에 사랑을 더하여라. 사랑은 온전하게 매는 띠이다.

(2)[게마트리아] 숫자 값 "90" :-(부족한 수) 9:(지혜를 채워야할) × "10:י(요드)-손(권능 충만)" =지혜를 충만하도록 채워야 할 수. & "생명을 충만하게 하

<u>는 수.</u>"(하나님 사역의 의미)

(3)**[구성]** "ㅈ:카프" + "ㄱ:요드" =(θ님) **쥔손과 펴신 팔로 물고기를 낚는다.**

> **"의(義) 행함"** 롬 2:13절 하나님 앞에서는 율법을 듣는 자가 의인이 아니라 율법을 행하는 자가 **의롭다 하심을** 얻을 것이다.
>
> **"의(義)가 나타남"** 롬 1:16-17절 **(16)**나는 복음을 부끄러워하지 않는다. 이 복음은 모든 믿는 자를 구원에 이르게 하는 하나님의 능력이다. 먼저는 유대인에게이고, 그리고 헬라인에게 이다. **(17)**복음에는 **하나님의 의가 나타나서** 믿음에서 믿음에 이르게 하니, 이와 같이 기록되어 있다. "의인은 믿음으로 살 것이다."

> **시온** : צִיּוֹן(찌욘):-**하나님 기둥. 표(票). 이정표. 표석(票石).** (못 박히신 손으로 사람을 낚는다.)

> **-창 7: 1절** 여호와께서 노아에게 이르시되 너와 네 온 집은 방주로 들어가라 네가 이 세대에 내 앞에서 **의로움을** 내가 보았음이니라.
>
> **-합 1:15절** 그가 낚시로 모두 취하며 그물로 잡으며 초망으로 모으고 인하여 기뻐하고 즐거워하여
>
> **-마 4:19절** 말씀하시되 나를 따라 오너라. 내가 너희로 사람 낚는 어부가 되게 하리라. 하시니

"ק ":[6971]: קוֹף :(코프)

[구성] ר:(레쉬)-**머리. 진리.** + ז:(자인)-**무기(복음) 성령의 검.**

(1)**[사전] 바늘귀 :-귀**(들을 수 있는 귀와 듣지 못하는 귀).

> **롬10:12-17절** [바른] **(14)**그러나 그들이 믿지 않는 분을 어떻게 부르겠느냐? 듣지도 못한 분을 어떻게 믿겠느냐? 전파하는 자가 없이 어떻게 듣겠느냐? **(15)**보내심을 받지 않았으면 어떻게 전파하겠느냐? 기록된 것과 같으니, "**좋은 소식을 전하는 자들의 발이 얼마나 아름다운가."** 라고 하였다. **(17)**그러므로 믿음은 들음에서 나며, 들음은 그리스도의 말씀으로 말미암는다.

[관용] (외래어) 원숭이(하누만-인도 신)/ 목이 긴 둥근 물병/ 탄광의 작은 환기구/ 소식전달의 통로. **"거룩"**을 나타내는 알파벳이다.

(2)**[게마트리아]** 숫자 값 **"100"** :거룩함의 숫자. =**"10:(요드)손(권능 충만)"** ×

"**10** :(요드)-**손**(권능 충만)" =**여호와의 권능의 충만한 사역으로 여호와의 충만함을 넘치도록 채움을 뜻함**. 또는 "**생명의 완성**"

> **골 1:9-12절 (9)**그러므로 우리도 소식을 들은 날부터 너희를 위해 기도하고 간구하기를 멈추지 않고 있다. 우리는 **너희가 모든 영적인 지혜와 총명으로 하나님의 뜻을 아는 지식으로 충만하게 되고**, **(10)**너희가 주께 합당하게 행하여 모든 일에 그분을 기쁘시게 하고, 모든 선한 일에 열매를 맺으며 하나님을 아는 지식이 자라고, **(11)** 그분의 영광의 권능을 따라 모든 능력으로 강하게 되어 기쁨으로 모든 것을 참고 견디게 되기를 기도한다. **(12)**너희가 빛 가운데서 성도의 유업의 몫을 받기에 합당하게 하신 아버지께 감사드리게 되기를 바란다.

(3)[구성] "ר:(레쉬)-**머리**" + "ז:(자인)-**무기**(복음)" 두 글자가 합성된 알파벳으로 "**우두머리의 무기**"를 뜻합니다. 또는 (거듭남)**아들들이 되다.** (그리스도의 지체가 되는 것은 거룩함 자체다.)

-קוף:(코프)의 숫자 값은 **186**인데 "**무소부재**"라는 뜻으로 해석합니다. "**신성한 이름**"이라는 숫자 값과 같은 값입니다. ("ק:(코프)-**100**" + "פ:(페)**80**" + "ו:(바브)**6**"＝**186**)

> **"아들의 권능" 엡 1:17-23절 (17)**우리 주 예수 그리스도의 하나님, 영광의 아버지께서 지혜와 계시의 영을 너희에게 주시어 하나님을 알게 하시고, **(18)**너희의 마음의 눈을 밝히셔서, 그분의 부르심의 소망이 무엇이며 성도 안에 있는 그분의 유업의 영광의 풍성함이 무엇인지, **(19)**그분의 강력한 능력의 역사하심을 따라 믿는 우리를 위해 베푸신 그분의 능력의 지극히 크심이 무엇인지 너희가 알게 되기를 기도한다. **(20)** 하나님께서 그리스도 안에서 그 능력을 행하시어 그분을 죽은 자들 가운데서 살리시고, 하늘에서 자신의 오른쪽에 앉히시어, **(21)**모든 통치와 권세와 능력과 주권과 이 시대뿐 아니라 오는 시대에 일컫는 모든 이름들 위에 뛰어나게 하셨으며, **(22)**또한 만물을 그분의 발아래 복종하게 하시고, 그분을 만물 위에 공동체(교회)의 머리로 주셨다.

> **"예슈아에 대한 증언" 고전 1:2-7절 (2)**고린도에 있는 **하나님의 공동체**(교회), 곧 그리스도 예수님 안에서 거룩해지고 성도로 부르심을 받은 자들과, 또 각처에서 우리 주, 곧 그들과 우리의 주 되신 예수 그리스도의 이름을 부르는 모든 이들에게 편지를 쓴다. (거룩한 음성을 듣는 자들이 되면~~)
> **(5)**이는 너희가 그리스도 안에서 모든 일, 곧 모든 언변과 모든 지식에 풍족하게 되었기 때문이다. **(6)**그리스도에 대한 증거가 너희 안에서 견고하게 되어, **(7)**너희가 모든 은사에 부족함이 없이 우리 주 예수 그리스도의 나타나심을 기다리고 있다.

[6918] קדוש:(카도쉬) :-(θ사역)**거룩함. 거룩한 성도. 거룩한 날. 거룩한 처소. 성**

전. 성소. 성막.

[6942] קָדַשׁ:(카다쉬) :-(종사역)**거룩하다. 성별하다. 거룩함을 구별하다. 거룩하게 하다. 정화하다.**
[6944] קֹדֶשׁ:(코데쉬) :-(현상) **거룩함. 거룩한 모임. 성회.** (성물)**거룩한 것들.**

"ר":[7218]:רֵישׁ:(레쉬)

(1)[사전] **머리 :-우두머리. 근원. 시작. 진리. 첫째. 으뜸.**

[관용](어근에서 유래) **처음에 있다. 정상. 꼭대기.** 등의 은유적 의미. **'흔들다**는 뜻.

[7217] רֵאשׁ:(레쉬) :-머리. 우두머리. 왕(단 2:28절) 총계.(단 7:1, 6절) (진리의 성령으로 올바르게 하실 유일하신 분. 우리의 우두머리.)

[현대 해석] 머리 숙여 경배하는 모습. 몸을 숙여 자신을 낮추어 섬기는 모습.

(2)[게마트리아] (숫자 값) **"200"** = **"20 : כ**:(카프)-(하나님의 사역)**능력의 팔** ×

"10: י:(요드)-**손**(권위 충만)**" =하나님의 권위로 사역하심이 충만하시다.** 숫자 값의 뜻이다. 또는 **기다리고 인내하다.** :**이삭**은 **20년** 기다려 아이를 가졌다./ **야곱**도 **20년** 동안 라반을 섬겼다.

(3)[복음][7225]:רֵאשִׁית:(레쉬트) :-처음. 으뜸. 진리. 첫 열매. 장자. 태초.
창 1장 1절 7단어 중에서 계시된 단어에서 예수님을 상형화 하고 있다.

아들 :[1248] בַּר :(바르) :-(남3단)**상속자. 독생자. 아들.**
근원 :[7218] רֹאשׁ :(로쉬) :-**근원. 진리. 최고. 우두머리. 머릿돌. 처음. 시작하다.**
[부사] -[격] 자신 :[0853] אֵת :(에트) :(실재 의미) **자신. 자체. 자아. [은유]** 처음과 나중.
[목·접] וְאֵת :(바에트) :-[은유] 새롭게 변화를 목적으로 십자가에 못 박히신 하나님. **"부활·재림"**

※ רֵישׁ:(레쉬)와 우두머리 안에 우리가 회복되어야 할 모습은 창초하실

- 35 -

때의 처음 모습으로 회복되어야 하는 것을 "ע:(아인) ~ ק:(코프)"까지 알파벳으로 계시 하셨다. (창1:27-28절 생육, 번성, 충만, 정복, 다스리라)

이러한 의미를 나타내시려고 **"하나님의 본질과 속성인 ו:(바브) 갈고리(연결). 부활. 거듭남"**을 가장 많이 사용되었다.

-회복의 목적인 ז:(자인)-**무기**(복음) 성령의 검과 " י(요드) 신랑의 **권세. 왕의 권위**"와 " כ(카프) -신랑의 **권능. 능력. 재능**"을 **"신부에게 회복"**시키시겠다는 계시의 언어이다.

> **"양날 선 검의 입"** 계 1:13-16절 (13)그 촛대들 가운데 인자 같은 분께서 긴 옷을 입고 가슴에 금띠를 띠고 계셨다. (14)그분의 머리와 머리카락은 흰 양털과 눈처럼희고, 그분의 눈은 불꽃같았고, (15)그분의 발은 풀무불에서 제련된 주석같고, 그분의 음성은 많은 물소리 같았다. (16)그분은 오른손에 일곱별을 가지고 계셨으며, **그분의 입에서는 양날 선 검이 나오고**, 그분의 얼굴은 해가 힘 있게 비치는 것 같았다.

[설명] **계 1:13-16절**의 신랑을 맞이 하려면 신부될 우리가 먼저 **"볼 수 있어야 하며, 증거하였던 분임을 알아**(신부단장) **거룩한 신랑 음성을 들어야 한다."** 그러기 위해서 우리의 형상을 회복하시려 "ל:(라멜)"~"ת:(타브)"로 신부 단장하도록 사역하신 것이며 이 회복 모습은 다시오실 예슈아와 같이 하나될 신부의 단장한 모습이 목적임을 알 수 있습니다. 그래서 계시록에서 **보는 눈과 성령께서 하시는 음성 들을 수 있는 귀와 성령 충만한 호흡을 하는** (신부단장)**의로운 신부와 메노라 입으로 증언하는 두 증인을 계시**하고 있습니다. 그러므로 **하나님 언어의 22자**를 통해서 우두머리와 하나되게 하시려고 신랑 예슈아를 계시하신 것이다. 이러한 비밀의 성취를 허락하신 하나님께 감사하여야 한다.

[참조] **사 6:9-10절** (9)여호와께서 가라사대 가서 이 백성에게 이르기를 너희가 듣기는 들어도 깨닫지 못할 것이요 보기는 보아도 알지 못하리라 하여 (10)이 백성의 마음으로 **둔하게 하며 그 귀가 막히고 눈이 감기게 하라** 염려컨대 그들이 눈으로 보고 귀로 듣고 마음으로 깨닫고 다시 돌아와서 고침을 받을까 하노라.

-**마 13:13-17절** (15)이 백성들의 마음이 완악하여져서 그 귀는 듣기에 둔

하고 눈은 감았으니 이는 눈으로 보고 귀로 듣고 마음으로 깨달아 돌이켜 내게 고침을 받을까 두려워함이라 하였느니라. **(16)**그러나 너희 눈은 봄으로, 너희 귀는 들음으로 복이 있도다. **(17)**내가 진실로 너희에게 이르노니 많은 선지자와 의인이 너희 보는 것들을 보고자 하여도 보지 못하였고 너희 듣는 것들을 듣고자 하여도 듣지 못하였느니라.

-고전 2:9-10절 (9)기록된바 하나님이 자기를 사랑하는 자들을 위하여 예비하신 모든 것은 눈으로 보지 못하고 귀로도 듣지 못하고 사람의 마음으로도 생각지 못하였다 함과 같으니라. **(10)**오직 하나님이 성령으로 이것을 우리에게 보이셨으니 성령은 모든 것 곧 하나님의 깊은 것이라도 통달하시느니라.

-요14:26절 보혜사 곧 아버지께서 내 이름으로 보내실 성령 그가 너희에게 모든 것을 가르치시고 내가 너희에게 말한 모든 것을 생각나게 하시리라. **(16)**내가 아버지께 구하겠으니 그가 또 다른 보혜사를 너희에게 주사 영원토록 너희와 함께 있게 하시리니 **(17)** 저는 **진리의 영이라** 세상은 능히 저를 받지 못하나니 이는 저를 보지도 못하고 알지도 못함이라 그러나 너희는 저를 아나니 저는 너희와 함께 거하심이요 또 너희 속에 계시겠음이라.

"שֵׁן" :[8127] : שֵׁן:(신)

[주(註)] שֵׁן:(신) **윗니**와 שֵׁן:(쉰) **아랫니**는 רֵישׁ:(레쉬)의 형상 "פ": **입속에 메노라**:(מְנוֹרָה :7등불)(출25:31)가 구성되어 있다.

(1)[사전] שֵׁן:(신) **윗니**. :**불. 상아탑** :학문을 연구.(연마하는 대학)

שֵׁן:(쉰) **아랫니** :**불. 창검.** 올바르게 하다. 가루내다.

[파생] "**성령의 임재/ 진리의 성령./ 성령의 역사.**" 7촛대(메노라)를 상징함.

(2)[관용] 소멸하다. 파괴하다. 돌아오다. (어원)[8150 : שָׁנַן:쇠나] : **가르치다. 갈다. 연마하다**(연마(단련)하여 성장이 시작됨.)

(3)[게마트라] 숫자 값 "**300**" :-"**3** : ג:(기멜)-**낙타**(겸손. 성령)" × "**10:** י:(요드)-**손**(권능 충만)" × "**10:** י:(요드)-**손**(권능 충만)" =**겸손의 성령 사역으로 충만하게 하는 것을 뜻함.** 또는 "**승리의 군대**"(기드온 용사)

시 64: 3절 저희가 칼같이 자기 혀를 (훈련)연마하며 :שָׁנַן:(샤난)"
[8127:שֵׁין :쉰] **치아** :저희 <u>이</u>는 창과 살이요.(시57:4)/ **앞니**는 장검같고 **어금니**는 군도(잠 30:14)
신 6: 7절 네 자녀에게 부지런히 **가르치며** : שָׁנַן:(샤난)

"שָׁבַב:(샤바브)" :-**깨뜨리다. 파괴하다. 가루내다.** (하나님의 거처 육신의 집을 소멸하라.)
"שָׁלֵם":(샬롬) :-**온전한. 충분한. 평안한. 안전한. 평안한. 화평함.** [명] **평화. 평안. 안심.** (목자의 지팡이로 혼돈을 소멸하다.)
"שֵׁם:(셈)" :-**이름. 명성. 성호. 호칭.** [동] **부르다. 일컫다.** (세상을 소멸하시는 이름/ 성령의 이름)

"ת" :[8420] :תָּו :(타브)

[구성] ת(타브)십자가(표시. 언약. 인(印). 완성). ו(바브)갈고리(못. 거듭남. 변형. 부활) :-**십자가에 못 박히심의 언약의 완성을 "תָּו:타브"**라 한다.

(1)[사전] ✞**십자가. 표시. 인(印). 언약. 서약. 약속. 완성.** [동] 언약을 완성하다. 표시하다. 신호하다. 서명하다. 약속하다.

(2)[게마트리아] **400**=(시험·연단)**40** ×(충만함)**10** =**거듭남이 충만한 거룩한 신부들의 수.**(거듭남이 완성된 하나님 아들들 숫자)

ת(타브) (숫자 값) **400** = 5×10×8 = ה:(5) י:(10) ח:(8) =חָיָה:(하야) **새로운 생명** (부활의 삶) "θ님의 언약"
ת(타브) (숫자 값) **400** = נ:(50) × ח:(8) =400 :חֵן:(헨) **은혜 사랑. 은총. 자비.**

[관용] 하나님과 아브라함과 약속하신 말씀을 400년 동안 애굽에서 연마(단련)하여 **하나님의 인(印)**을 받음./ [유래:8427] : תָּוָה:(타바) (어원) : **끍다.** (도장을)**찍다, 표(✞)**를 하다.

-겔 9: 4절 그 가운데서 행하는 모든 가증한 일로 인하여 탄식하며 우는 자의 **이마에 표** [8420] : תָּו:(타브)를 하라. 하시고 (5)나의 듣는데 또 그 남은 자에게

이르시되 너희는 그 뒤를 좇아 성읍 중에 순행하며 아껴 보지도 말며 긍휼을 베풀지도 말고 쳐서 (6)늙은 자와 젊은 자와 처녀와 어린 아이와 부녀를 다 죽이되 **이마에 표 있는 자에게는 가까이 말라** 내 성소에서 시작할지니라. 하시매 그들이 성전 앞에 있는 늙은 자들로부터 시작하더라. (하나님께서 인(印)친 자만 예수 그리스도께서 오셔서 인(印)을 떼어 주심.)

(3) "ת:(타브)"는 히브리어 마지막 글자로서 **"나중/ 끝"**을 의미하는 언어다.

- "את:(에트): **처음**과 **나중**" (영어와 헬라어로는 해석이 안 됨)

[8374] תָּאַב:(타아브) 갈망하다. 바라다. 사모하다. (십자가에 아들이 죽다.)
אֶמֶת:(에메트) 진리. 진실. 참됨. 옳음. 하나님의 십자가 말씀은 진리다.
תּוֹרָה:(토라) **계명. 법. 율법. 명령.** [유래] [3384] יָרָה:(야라)(활) **쏘다. 관통하다. 교훈하다. 가르치다**(십자가에 못 박히신아들의 생명의 증거)

신부 단장을 위한 핵심

한글·히브리어 800 단어 강해

사54:5-6절

5절 이는 너를 지으신 자는 네 남편이시라. 그 이름은 만군의 여호와시
며 네 구속자는 이스라엘의 거룩한 자시라. 온 세상의 하나님이
라 칭함을 받으실 것이며
6절 여호와께서 너를 부르시되 마치 버림을 입어 마음에 근심하는 아
내 곧 소시에 아내 되었다가 버림을 입은 자에게 함같이 하실
것임이니라. 네 하나님의 말씀이니라.

כִּי בֹעֲלַיִךְ עֹשַׂיִךְ יְהוָה צְבָאוֹת

שְׁמוֹ וְגֹאֲלֵךְ קְדוֹשׁ יִשְׂרָאֵל אֱלֹהֵי

כָל־הָאָרֶץ יִקָּרֵא כִּי־כְאִשָּׁה עֲזוּבָה

וַעֲצוּבַת רוּחַ קְרָאָךְ יְהוָה וְאֵשֶׁת

נְעוּרִים כִּי תִמָּאֵס אָמַר אֱלֹהָיִךְ

제 2 장 한글 히브리어 단어 해석

[한글 ㄱ자]

가까이 :[7126]: קָרַב :(캬라브)

: 가까이 가다. 접근하다. [니팔] 가까이 오게 하다.(출22:7, 57:14) [히필] 가까이 오게 하다. 시간이 가까이 왔다. 임박하다.(출28:1, 시119:150, 겔22:4)

> **출 3: 5절** 하나님이 가라사대 이리로 **가까이 하지 말라.** 너의 선 곳은 거룩한 땅이니 네 발에서 신을 벗으라.
>
> **출 24: 2절** 너 모세만 여호와에게 가까이 나아오고 그들은 가까이 나아오지 말며 백성은 너와 함께 올라오지 말지니라.
>
> **시73:28절** 하나님께 **가까이 함이 내게 복이라.** 내가 주 여호와를 나의 피난처로 삼아 주의 모든 행사를 전파하리이다.

가감하다 :[1639]: גָּרַע :(가라)

: [미완료] 덜하다. 말살하다.(전3:14) (은유)축소하다. 제한하다. 취소하다. 감소시키다. 삭제하다. 수염을 깎다.(출21:10, 욥15:4, 렘26:2, 48:37) [피엘] 끌어들이다.(욥36:27) [니팔] 제거되다. 숨다. 되돌아 가다. 소홀이 여기다.(민9:7, 27:4, 36:3)

> **신 4: 2절** 내가 너희에게 명하는 말을 너희는 **가감하지 말고** 내가 너희에게 명하는 너희 하나님 여호와의 명령을 지키라.

가나안 [3667]: כְּנַעַן :(카나안)

:-**낮추어진.** (함의 아들)가나안. 상인. 속이다.

[파자] כ:(카프)굽은**손**(구원의 손. 그릇)- נ:(눈)**물고기**(영속. 구원. **50**)- ע:(아인)**눈**

(**70**. 보다.)- ן:(눈)**물고기**(생명력. 50) :-①구원의 능력의 빛을 보고 생명에 이르는 것을 "כְּנַעַן:(카나안)"이라 함.

> [주(註)] "ע(아인)-눈(**70**. 보다. 복종)"은 **두 가지의 눈이 있음.** ①나쁜 것을 보는 (미

- 41 -

> 창 9:25-26절 '말하기를 **"카나안"**은 저주를 받으리니, 노아가 그의 형제들에게 종들의 종이 될 지어다. (26)또 노아가 말하기를 "셈의 주(主) 하나님을 송축하리로다." **"카나안"**은 그의 종이 되리라.'

②(예수님의)구원의 손으로 물고기들이 "**(70**-하늘의 완성)**빛**"을 나쁜 눈으로 보고 불순종 하는 자들을 "כְּנַעַן(카나안)"이라 함. (유래)[어원:3665]: כָּנַע(카나):-굴복시키다. 낮추다. 천하다.

가난 :[히:0034]: אֶבְיוֹן :(에브욘)

:**궁핍한, 가난한. 결핍한.**(나라/ 다스림이 없다.)(신15:4, 7:11, 시40:17) **"하나님의 축복이 없다."**

[해석] אָב(아브) :아버지. 양육자. + יוֹן:(욘) :(못 박힌 손)권능으로 백성을 거듭나게 하다.

 -세상에서는 부유(富裕)하다고 하지만 "하나님의 나라에 거하지 못함으로 부유함에 이르지 못한 자"를 가리킨다. & **하나님 앞에서 상급과 칭찬이 없는 것**을 말하기도 한다.

[헬:4434]: πτωχός:(프토코스) :-가난한. 천박한. 구걸하다. [유래:4098] : πίπτω:(핍토) :-넘어지다. 멸망하다. 떨어지다.(높은 곳에서 낮은 곳으로).

가득하다 [4390]: מָלֵא :(말레)

[타동] 채우다. 가득하게 하다. 만족시키다.(창1:22, 9:1, 출40:34, 왕상8:10) **[자동]** 성취되다. 완성하다. 거룩하게 하다. 때가 찼다.(창6:13, 삿16:27, 욥32:18, 시10:7) **[니팔]** 차다. 충만하다. 가득하다. 무장되다.(창6:11, 29:21, 출1:7, 7:25, 레12:4, 삼하23:7) **[피엘]** 채우다. 충족시키다. 영혼을 채우다. 만족하다. 완성하다.(출28:41, 29:9, 레21:10, 욥38:39) **[푸알·분사]** 채워진. 가득.(시80:9, 아5:14)

> **출 1: 7절** 이스라엘 자손은 생육이 중다하고 번식하고 창성하고 심히 강대하여 온 땅에 **가득하게 되었더라.**

> **대하 5:13-14절** 나팔 부는 자와 노래하는 자가 일제히 소리를 발하여 여호와를 찬송하며 감사하는데 나팔 불고 제금 치고 모든 악기를 울리며 소리를 높

여 여호와를 찬송하여 가로되 선하시도다. 그 자비하심이 영원히 있도다. 하매 그 때에 여호와의 전에 구름이 **가득한지라.** (14)제사장이 그 구름으로 인하여 능히 서서 섬기지 못하였으니 이는 여호와의 영광이 하나님의 전에 **가득함이었더라.**

가라사대 :[0559] אָמַר :(아마르)

:-말씀하시다. 바라다. 이르시다.(창2:23, 3:2, 12:12, 31:29, 신26:17) **[니팔]** 언급하시다. 이르시다.(창10:9, 민21:14, 삼하18:12) **[히필]** 말하게 하다.(신26:17)

[분해] א(알렙)**숫소**(지도자, 왕. 권세)- מ(멤)**물**(단련, 말씀, 40)- ר(레쉬)**머리**(우두머리. 근원. 첫째) :-태초부터 계셨던 하나님의 말씀을 "אָמַר :(아마르)"라 한다.

[동의어] "가로되" :[0560]: אָמַר :(아마르) :-말하다. 아뢰다. 소리지르다.(신 26:5, 대상21:7, 단6:15,)

창32:29절 야곱이 청하여 가로되 당신의 이름을 고하소서 그 사람이 **가로되** 어찌 내 이름을 묻느냐 하고 거기서 야곱에게 축복한지라.

수15:19절 **가로되** 내게 복을 주소서 아버지께서 나를 남방 땅으로 보내시오니 샘물도 내게 주소서 하매 갈렙이 윗샘과 아랫샘을 그에게 주었더라.

가르치다 :[히:3925]: לָמַד :(라마드)

:-배우다. 가르치다. 훈련시키다. 숙달시키다.(신4:5, 5:1, 시25:4, 렘2:33, 사 29:13, 호10:11) **[피엘]**훈련시키다. 숙달되다. 능통하다.(아8:2, 시71:17, 렘9:4)

[분해] ל(라멘)소몰이 **막대**(양육. 성숙. 30)- מ(멤)**물**(말씀, 지혜)- ד(달렙)**문**(열림. 휘장. 마음.) :-성령 충만한 말씀으로 성숙하도록 양육받는 것을 "לָמַד :(라마드)"라 한다.

[헬:1321]: διδάσκω :(디다스코) :-가르치다. 설명하다. 배우다.

가리우다 :[5526]: סָכַךְ :(싸카크)

:-울타리처럼 엮어 싸다. 울타리를 두르다.(욥10:11, 시139:13) **[분사]** 가리다.

숨다.(출40:3, 삿3:24, 애3:44) **[히필]** 울타리 치다. 뚜껑을 덮다. 막다.(삼상 24:4, 삿3:24, 욥3:23, 38:8, 시5:12) **[필펠]** 무장하다. 갑옷을 입다.(사9:10, 19:2)

> **창24:65절** 종에게 말하되 들에서 배회하다가 우리에게로 마주 오는 자가 누구뇨 종이 가로되 이는 내 주인이니이다. 리브가가 면박을 취하여 스스로 **가리우더라.**

> **출40:21절** 또 그 궤를 성막에 들여 놓고 장을 드리워서 그 증거궤를 **가리우니** 여호와께서 모세에게 명하신 대로 되니라.

가말리엘 :[1583]: גַּמְלִיאֵל :(가믈리엘)

:-**"하나님의 보상"**(민2:20, 7:54) : 이스라엘의 한 족속. 브다술의 아들이며 광야에서의 므낫세 지파의 장로.(민1:10절 7:54절)

> **민 1:10절** 요셉 자손에게서는 에브라임에 암미훗의 아들 엘리사마와 므낫세에 브다술의 아들 **가말리엘이요.**

> **행22: 3절** 나는 유대인으로 길리기아 다소에서 났고 이 성에서 자라 **가말리엘의 문하에서** 우리 조상들의 율법의 엄한 교훈을 받았고 오늘 너희 모든 사람처럼 하나님께 대하여 열심하는 자라.

가브리엘 :[1403]: גַּבְרִיאֵל :(가브리엘)

:-**"하나님의 사람"** :천사장 가브리엘.

> **단 8:16절** 내가 들은즉 을래강 두 언덕 사이에서 사람의 목소리가 있어 외쳐 이르되 **가브리엘아** 이 이상을 이 사람에게 깨닫게 하라. 하더니

> **눅 1:19절** 천사가 대답하여 가로되 나는 하나님 앞에 섰는 **가브리엘이라** 이 좋은 소식을 전하여 네게 말하라고 보내심을 입었노라.

가슴 :[히:3820]: לֵב :(레브)

:마음. 가슴. 사람 속. :-(돌봄)양육하는 마음을 "לֵב :(레브)" 라 한다.

[헬:3149]: μαστός:(마스토스) :-가슴. 여자가슴. 젖가슴. breast.

> **출28:29절** 아론이 성소에 들어갈 때에는 이스라엘 아들들의 이름을 기록한

이 판결 흉패를 **가슴에** 붙여 여호와 앞에 영원한 기념을 삼을 것이니라.
겔23: 3절 그들이 애굽에서 행음하되 어렸을 때에 행음하여 그들의 유방이 눌리며 그 처녀의 **가슴이** 어루만진바 되었었나니

가시떨기 :[히:2336]: חֹוחַ :(호하)

:-가시나무, 가시덩굴, 찔레.(왕하14:9, 대하25:18, 아2:2, 사34:13, 호9:6)

[헬:0173]: ἄκανθα:(아칸다) :-가시. 가시떨기. 가시 달린 식물.

[주(主)] :구원을 위하여 변화(거듭남) 삶을 살아가지 못하게 하는 것을 "חֹוחַ:(호하)"라 한다.

가운데 :[8432]: תָּוֶךְ :(타베크)

:-**"절단하다"**는 뜻에서 유래./ ~사이에, ~가운데, ~속에, 중앙. 중간. 간격을 두다.(창3:3, 15:10, 출14:27-29, 28:33, 민17:12, 왕상11:20, 렘51:6, 슥8:8,)

창 1: 6절 하나님이 가라사대 물 **가운데** 궁창이 있어 물과 물로 나뉘게 하리라 하시고

출24:16절 여호와의 영광이 시내산 위에 머무르고 구름이 육일 동안 산을 가리더니 제 칠일에 여호와께서 구름 **가운데서** 모세를 부르시니라.

엡 4: 6절 하나님도 하나이시니 곧 만유의 아버지시라 만유 위에 계시고 만유를 통일하시고 만유 **가운데 계시도다.**

가인 : קַיִן :(카인)

:-**"고착이란 뜻."** 얻었다. 건졌다.(창4:1, 민24:22, 수15:57.)

[분해] ק(코프)**바늘귀**(거룩. 듣다. 100)- י(요드)**손**(권세. 권능. 사역. 10)- ן(눈)**물고기**

(법. 영속. 50) :-(바늘귀는 ~~듣는~~ 귀와 듣지 않는 귀가 있다) 그냥 바늘귀로는 하나님의 법을 들을 수 없다. 성령이 말씀하시는 듣는 거룩한 귀가 되어야 영생의 말씀을 듣고 하나님의 거룩한 신부로 살아갈 수가 있다. 그러므로 듣지 못하는 귀는 하나님의 나라에 들어갈 수가 없다.

[가인과 아벨의 이름 이야기] **아담의 자손**에 대한 이야기를 이해하는데 필요한 열쇠는 히브리어 이름을 해석하는 것이다. 잔인한 **첫째 가인**(קַיִן)은 히브리어 (동사) :**카나**:קָנָה :**"습득하다."**에서 유래되었으며, **둘째 아벨**(הֶבֶל)은 성경에 설

명되어 있지 않지만 **헤벨**: הֶבֶל :"숨"에서 유래되었으며 **셋째 아들 셋**(שֵׁת)은 **쉬트**: שֵׁת : **"제공하다"**에서 유래되었다.

-**가인의**(습득) **이름**은 그가 얼마나 물질적인 것에 초점을 두고 있었는지 나타 낸다. 그러나 진정으로 영적이었던 **아벨의**(숨) **이름**은 그가 얼마나 물질적인 것에 관심이 없었는지에 대해서 보여준다. 아벨의 비극적인 죽음 뒤에 태어난 **셋의**(제공) **이름**은 신성한 탄생인 셋의 출생에 의해서 가족의 아픔을 치유할 수 있게 해준다. (주(註): 이스라엘 히브리 대학교)

가족(家族) [4940]: מִשְׁפָּחָה :(미쉬파하)

:-가족. 가정. 친척.(출6:17, 민1:18, 27:11, 레25:45,)

[분해] מ(멤)물(말씀, 연단)- שׁ(쉰)(아래)땅(올바름. 창.검)- פּ(페)입(좌우로 날선 검)-

ח(헤트)울타리(구원 생령)- ה(헤이)숨구멍(호흡, 깨닫다) :-가정이란? -하나님의 (심 령골수 쪼갤)날선·검으로 땅에서 구원에 이르도록 올바르게 연단을 받는 곳 을 가정 또는 가족" מִשְׁפָּחָה :(미쉬파하)"이라 한다.

가죽 옷 :[3801]: כְּתֹנֶת :(케토네트)

: 옷. 겉옷. 의복. + [5785]:" עוֹר (오르) :-가죽. 생가죽."

[분해] כּ(카프)굽은손(강한팔. 능력)- ת(타브)십자가(표, 언약, 인(印))- נ(눈)물고기 (50. 성도)- ת(타브)십자가(언약. 표시) :-하나님의 강하신 팔로 신부로 인친 표시를 " כְּתֹנֶת (케토네트)"라 한다.

창 3:21절 여호와 하나님이 아담과 그 아내를 위하여 **가죽옷을** 지어 입히시 니라.

사61: 10절 내가 여호와로 인하여 크게 기뻐하며 내 영혼이 나의 하나님으로 인하여 즐거워하리니 이는 그가 **구원의 옷으로** 내게 입히시며 **의의 겉옷으로** 내 게 더하심이 신랑이 사모를 쓰며 신부가 자기 보물로 단장함 같게 하셨음이라.

롬13:14절 오직 주 **예수 그리스도로** 옷 입고 정욕을 위하여 육신의 일을 도 모하지 말라.

가죽 : עוֹר (오르):

[분해] ע(아인)눈(보다. 빛. 초청)- ו(바브)**갈고리**(접속사. 못. 거듭남)- ר(레쉬)**머리**(우두머리. 첫째. 근원) :-빛의 근원으로 거듭나게 하시는 것을 "עוֹר(오르)"라 한다.

가증 :[8441]: תּוֹעֵבָה :(토에바)

:-질색. 혐오스러운 것. 가증스러운.(창46:34, 레18:30, 겔6:11, 말2:11) 우상숭배.(왕상14:24, 16:3, 스9:1) 부정한 것. 더러운 것.(창43:32, 신14:3)

> **신 7:25절** 너는 그들의 조각한 신상들을 불사르고 그것에 입힌 은이나 금을 탐내지 말며 취하지 말라 두렵건대 네가 그것으로 인하여 올무에 들까 하노니 이는 네 하나님 **여호와의 가증히 여기시는** 것임이니라.

가지(나무) : נְטִישׁוֹתֶיהָ :(하테쇼티네)

[명여복연대미] =[5189] נְטִישׁ:(샤티네) **그 가지** -[3여단] ָתי:(테) **"만"** :-(곁가지) 연한가지. 포도덩굴. her battlements;

[유래:5203] נָטַשׁ:(쉬타나) :-떠나다. 보내다. 흩어지다. **[니팔]** 넓게 퍼지다. 느슨하게 되다. 내던져지다. **[푸알]** 버려지다. (렘5:10절 요15:1-6절 롬11:16-21절)

[분해] נ:(눈)물고기(동 :영속. 장구. 신실. 50)- ט:(테트)뱀(지혜. 에워싸다. 점술)- שׁ:(쉰)아랫니-땅(불. 창검. 성령)- :-(법의 말씀)신실하도록 지혜의 성령(창검)을 받아야 할 **"가지"**를 뜻함.

> **렘11:16절** 나 여호와가 그 이름을 일컬어 좋은 행실 맺는 아름다운 푸른 감람나무라 하였었으나 큰 소동 중에 그 위에 불을 피웠고 **그 가지는 꺾였도다.**

가치 :[2803]: חָשַׁב :(하샤브)

:-생각하다. 고안하다. 발명하다. 간주하다. 계산하다. 셈하다. 계수하다. 생각하다. 숙고하다.(창38:15, 50:20, 사10:7, 출31:4, 35:35,) **[니팔]** 계산되다. 평가되다. 전가되다.(삼하4:2, 수13:3, 왕하22:7) **[피엘]** 계산하다. 셈하다. 숙고하다. 고려하다. 명상하다.(레25:27, 27:18, 시77:6, 73:16, 호7:15) **[힛파엘]** 셈하다. 세다.(민24:9, 레25:27)

사 2:22절 너희는 인생을 의지하지 말라 그의 호흡은 코에 있나니 수에 칠 **가치가** 어디 있느뇨

간계(奸計) :[5475]: סוֹד :(쏘드)

:-모의하다. 꾀를 내다. 간계를 꾸미다. 모임. (창49:6, 시2:2, 64:2, 83:3, 89:7,) 비밀.(잠11:13, 20:19, 암3:7) [유래:3245]: יָסַד:(야싸드) :-세우다. 설립하다. 건설하다.(시24:2, 89:11, 잠3:19) **[니팔]** 세워지다. 창건되다. 의지하다.(출9:18, 사44:28) **[피엘]** 세우다. 짓다. 규정하다. 제정하다.(수6:26, 왕상16:34, 사14:32) **[푸알]** 세워지다. 창립되다.(왕상6:37, 7:10) **[호팔]** 기초가 세워지다.(스3:11, 대하3:3)

> **시83: 3절** 저희가 주의 백성을 치려하여 **간계를 꾀하며** 주의 숨긴 자를 치려고 서로 의논하여

간교(奸巧) :[6175]: עָרוּם :(아룸)

:-교활한. 간교한. 교묘한. 슬기로운. 지혜로운.(창3:1, 욥5:12, 15:5, 잠14:8, 12:16, 223) [원형:6191] (수동태분사): עָרַם:(아람) :-발가벗다. 드러내다.(삼상23:22, 23:32, 시83:4) [파생] 매끄럽다. 교활하다. 발가벗기다. 간사하다.

[분해] ע(아인)**눈**(보다. 빛. 청함)- ר(레쉬)**머리**(첫째. 근원)- ו(바브)**갈고리**(못. 변화)- ם(멤)**물**(말씀, 연단) :-청함을 받아도 예복을 입지(신부단장) 못하여 시험에 빠진 상태를 간교하다라 한다.

간구(干求) :[6279] : עָתַר :(아타르)

:(예배)향을 피우다. 탄원하다. 기도하다. 구(求)하다.(창25:21/ 겔35:13) (유래)[6280] : עָתַר:(아타르) :-[칼형] (θ께 분향)쌓아 올리다. 풍부하게 하다.

[분해] ע(아인)**눈**(보다. 빛. 초청)- ת(타브)**십자가**(표, 언약, 인(印))- ר(레쉬)**머리**(우두머리. 첫째. 근원) :-빛의 근원을 향하여 바라보고 (토라)언약의 말씀을 지켜 행하는 것을 **"간구"**라 한다.

간권(懇勸) :[2388]: חָזַק :(하자크)

:-[사역] 강하게 하다. 강성하다. [국어사전] 정성으로 권하다. 재촉하다. [피엘] 띠를 띠다. 허리를 졸라매다. 강화하다. 완고하다. [히필] 단단히 묶다. 결합하다. 집착하다. 열중하다. 지원하다. [힛파엘] 확고해지다. 확립하다. 강하게 보이다.

> **왕하 4: 8절** 하루는 엘리사가 수넴에 이르렀더니 거기 한 귀한 여인이 저를 **간권하여** 음식을 먹게 한 고로 엘리사가 그곳을 지날 때마다 음식을 먹으러 그리로 들어갔더라.

간사(奸詐) :[2612]: חָנֵף :(호네프)

:-간사. 불신앙. 불경(不敬). 사악함. 불충실.

> **욥15: 5절** 네 죄악이 네 입을 가르치나니 네가 **간사한 자의 혀를** 택하였구나
> **사32: 6절** 이는 어리석은 자는 어리석은 것을 말하며 그 마음에 불의를 품어 **간사를 행하며** 패역한 말로 여호와를 거스리며 주린 자의 심령을 비게 하며 목마른 자의 마시는 것을 없어지게 함이며

간수 :[3240]: יָנַח :(야나흐)

:-두다. 저축하다.(레16:23, 민17:4, 신14:28, 사14:1) [어원:5117]:נוּחַ :(누하) :-머물다. 평안함을 얻다. 멈추다.(창8:4, 수3:13, 왕하2:15, 에9:22) [호팔] 휴식하다.(애5:5) [히필] 내려 놓다. 쉬게 하다.(출16:33-34, 민17:22, 신26:4, 10, 전10:4) [호팔] 놓게 하다. 베치하게 하다.(겔41:9-11,)

> **출16:23-24절** 그들이 모세의 명대로 아침까지 **간수하였으나** 냄새도 나지 아니하고 벌레도 생기지 아니한지라.

간음 :[5003]: נָאַף :(나아프)

:-간음하다.(출20:13, 레20:10, 잠6:32, 사50:18,) (은유)배교하다. 우상 숭배.(렘3:8-9, 5:7, 9:1, 겔23:37) =**"간부(姦夫)"**와 동의어.

[분해] נ(눈)**물고기**(자녀. 법· 50)- א(알렙)**숫소**(θ님. 가르침)- ף(페)**입**(일치, 명령) :-하

나님의 가르침의 법과 일치되지 않는 것을 "נאף:(나아프)"라 한다.

간절 :[2603]: חָנַן :(하난)

:-은혜를 베풀다. 불쌍히 여기다. 긍휼히 여기다.(창33:11, 신7:2, 욥33:24, 시 4:1, 77:9) **[니팔]** 동정을 받다. **[피엘]** 수락할 만하다. **[포엘]** 베풀어 주다. 불쌍히 여기다. 동정하다. **[호팔]** 은혜를 받다. 호의를 받다. **[힛파엘]** 은혜를 구하다. 간구하다.

> **에 4: 8절** 또 유다인을 진멸하라고 수산궁에서 내린 조서 초본을 하닥에게 주어 에스더에게 뵈어 알게 하고 또 저에게 부탁하여 왕에게 나아가서 그 앞에서 자기의 민족을 위하여 **간절히 구하라 하니**

> **시 63: 1절** (다윗의 시) 하나님이여 주는 나의 하나님이시라 내가 **간절히 주를 찾되** 물이 없어 마르고 곤핍한 땅에서 내 영혼이 주를 갈망하며 내 육체가 주를 앙모하나이다.

간직 :[4931]: מִשְׁמֶרֶת :(미쉬메레트)

:-명령. 부탁. 책임. 직무.(창26:5, 레8:35, 18:30, 민1:53, 3:7, 수22:3, 말3:14) [어원:4929]: מִשְׁמָר :(미쉬마르) :-보관. 보호. 관리. 구금. 준수. 지킴. 보존. 저장.(창40:3, 42:17,느4:3, 욥7:12, 렘51:12) **[동]** 간직하다. 보관하다.(출12:6, 16:32, 왕하11:5-6)

> 민17:10절 여호와께서 또 모세에게 이르시되 아론의 지팡이는 증거궤 앞으로 도로 가져다가 거기 **간직하여** 패역한 자에 대한 표징이 되게 하여 그들로 내게 대한 원망을 그치고 죽지 않게 할지니라.

간청 :[6484]: פָּצַר :(파차르)

:-**[명]** 간청.(창19:3, 왕하2;17, 삿19:7) **[원형]** 촉구하다. 기도로 간청하다. 강권하다. 강청하다. 밀치다. **[히필]** 무디게 하다. 둔하게 하다. [부정]완고하다.

> **창19: 3절** 롯이 **간청하매** 그제야 돌이켜서 그 집으로 들어 오는지라 롯이 그들을 위하여 식탁을 베풀고 무교병을 구우니 그들이 먹으니라.

갈고리 :①[7165] : סרֶק :(케레쓰)

:-걸쇠. 갈고리.(출26:6, 35:11,36:18) (듣는 귀로 거룩한 근원의 회복 상태를 측량하는 것을 뜻한다.) ②[2053] : וָו :(바브) :-갈고리/나무못. 쐐기.(출26:27, 36:38, 38:28) (성막=못 박히신 분과 연결하는 **은 갈고리**)

갈급하다 :[6165] : עָרַג :(아라그)

:-고대하다. 갈망하다. 간절히 바라다.(시42:1-2, 욜1:20,)

[분해] ע:(아인)**눈**.(빛. 부르다. 70)- ר(레쉬)**머리**(첫째. 근원. 200)- ג:(기멜)**낙타**(짐지다. 꿇다. 올리다. 3) :-빛에 충만하지 못하여 무릎 꿇고 진리와 연합하기를 원하는 것을 **"갈급"**이라 한다.

갈다(밭을) :[5647] : עָבַד :(아바드)

:-경작하다. 일하다. 노동하다. 봉사하다.(출20:9, 신5:13, 21:4, 전5:8) **[니팔]** 경작되다.(신21:3, 겔36:9) **[히필]** 노동시키다. 일을 하다.(출1:13, 사43:24) **[호팔]** 경배하게 되다.(출20:5, 신5:9, 13:3)

[분해] ע:(아인)**눈**.(빛. 보다. 70)- ב:(베트)**집**.(~안. 거처. 아들. 2.)- ד:(달렙)**문**(열다. 휘장. 양의 문. 4) :-빛에 충만하여 양의 문을 통해서 하나님의 거처에 들어갈 알곡되게 하는 것을 경작이라 한다.

갈대(밭) :[0260] : אָחוּ :(아후)

:-(애굽어)파피루스. 늪지 풀. 갈대.(나일강가)붓꽃 잎.

[분해] א:(알렙)**숫소**(처음. 전능. 1.000)- ח:(헤트)**울타리**(살아나다. 성소. 8)- וּ(바브)**갈고리**(못. 변화. 연결) :-하나님 구원과 연결되는 사역의 도구를 뜻한다./ (모세 구원)갈대 상자. 자(尺).

갈대아 :[3679](아람어): כַּסְדַּי :(카쓰다이)

:-갈대아.(스5:12, 사43:14, 렘21:9) [원형:3778] כַּשְׂדִּי :(카쓰디) :-갈대아인. 갈대아 주민들, 게센 자손들을(점성가, 마술사) 말한다.(단2:2-4,)

갈렙 :[3612] : כָּלֵב :(카레브)

:-(여분네 아들)갈렙.(민13:6절 수15:14절/ 신23:18절) [유래:3611] **"개"**(짖다. 공격하다)

[분해] כ:(카프)굽은**손**(권능. 20)- ל:(라멜)소몰이**막대**(양육. 인도하다. 30)- ב:(베트)**집**.(~안. 거처. 2.) :-(하나님 사역)권능의 손과 연합하여 하나님 집으로 인도할 자라는 뜻의 이름이다.

갈멜 :[3760] : כַּרְמֶל :(카르멜)

:-(팔레스틴의 한 산. 성읍) **갈멜**.(수15:55, 19:26, 사33:9)

[유래:3759]: כַּרְמֶל :(카르멜) :-(과수원. 포도원)식물이 있는 들/ 밭. 땅.(삼상15:12, 사33:9)

[분해] כ:(카프)굽은**손**(권능. 20)- ר(레쉬)**머리**(첫째. 근원. 200)- מ:(멤)**물**(말씀. 연단. 사역. 40)- ל:(라멜)소몰이**막대**(양육. 인도하다. 30) :-(θ님)능력의 손의 사역과 연합하여 근원의 아들들을 성령 충만하도록 양육하여 잘 익은 열매(신부단장) 되게 하는 것을 갈멜이라 한다.

갈빗대 :[6763](여성형): צֵלָעָה :(차르아)

:-(신체)**갈빗대. 갈비뼈.** (사람)옆구리. 늑골. 옆구리/ (은유)성전의 측면 방. 성전의 두 공간. 쪽/ (건축에서 방)재목. 널빤지.

[분해] צ:(차데)**낚시바늘**(소유. 축적하다. 90)- ל:(라멜)소몰이**막대**(양육. 인도하다. 30)- ע:(아인)**눈**.(빛. 부르다. 70)- ה:(헤)**숨구멍**(호흡. 생령. 5) :-(θ님)소유되도록 (진리)빛을 보게 하므로 성령 충만하도록 양육하여 영원히 살아있도록 하는 것을 **"갈빗대"**라 한다.

갈하다 :[6770]: צָמֵא :(차메)

:-목마르다. 갈증나다.(출17:3, 삿19:19, 룻2:9, 삼하17:29, 25:21, 사49:10, 55:1)
[은유] 갈망하다.(사42:2, 63:1)

> **출17: 3절** 거기서 백성이 물에 **갈하매** 그들이 모세를 대하여 원망하여 가로
> 되 당신이 어찌하여 우리를 애굽에서 인도하여 내어서 우리와 우리 자녀와 우
> 리 생축으로 목말라 죽게 하느냐?

감독(자) :[8269]: שַׂר :(샤르)

:-지도자. (군대)대장. 군주. 감독. (동사)관리하다. 다스리다.

[분해] שׂ:(신-윗니)(위)**하늘**(학문 연구. 300)- ר:(레쉬)**머리**(우두머리. 근원. 첫째.
200.) :-올바르게 할 진리의 성령에 충만하여 우두머리와 연합한자를 **"감
독"**이라 한다.

감동 :[5496]: סוּת :(쓔트)

:-찌르다. 자극하다. 충동시키다. 감동시키다. 설득하다.(신13:7, 수15:18, 삿1:14,
대상21:25) **[분사]** 자극하다. 선동하다. **[명사]** 감동. 충동.(삼상26:19, 삼하24:1)

> **삼상10:26절** 사울도 기브아 자기 집으로 갈 때에 마음이 하나님께 **감동된** 유
> 력한 자들은 그와 함께 갔어도
>
> **삼하24: 1절** 여호와께서 다시 이스라엘을 향하여 진노하사 저희를 치시려고
> 다윗을 **감동시키사** 가서 이스라엘과 유다의 인구를 조사하라 하신지라.

감람(올리브) :[2132] : זַיִת :(자이트)

:-**감람나무.** 올리브나무. 예루살렘과 접한 동쪽 산.(창8:11, 출23:11, 레24:2,
신6:11, 수24:13, 왕하18:32, 삿9:9)

[분해] ז:(자인)**무기**(먹이다. 연장. 복음. 7)- י:(요드)**손**(권능. 불. 10)- ת:(타브)**십자
가**(완성. 언약. 인. 400) :-(성령 기름)복음의 언약을 먹여 능력을 가득 채우는
나무를 **감람나무**라 한다.

> 주(註): 이스라엘에는 감람나무가 없다. 올리브 나무를 뜻한다.

감사 :[8426]: הוֹדָה :(토다)

:-**(1)**(예배)고백하다. 경배의 찬양.(수7:19, 스10:11) **(2)**감사하다. 자복하다. 찬양.(레7:12-13, 수7:19, 느12:31, 시26:7, 렘17:26)

[분해] ח:(타브)**십자가**(표. 언약. 인. 400)- ו(와우)(접속사)**갈고리**(못. 변화. 연결)- ד:(달렙)**문**(열다. 양의 문. 4)- ה:(헤)**숨구멍**(호흡. 생령. 5) :-(십자가)사랑을 통해서 심령 안에 생명을 주심을 고백하는 것을 **감사**라 한다.

감찰 :[7200] : רָאָה :(라아)

:-**보다.** 검사하다. 살피다. 감찰하다. 진찰하다.(창7:1, 출2:2, 삿13:3, 삼상16:7)
[니팔] 보여지다. 나타나다.(창1:19, 레13:7, 삿5:8, 삼상3:21, 왕상6:18, 욥33:12)
[히필](미완)보게 하다.(출25:9, 신1:33, 왕하8:13) **[힛팔]**서로 바라보다. 마주보다.(왕하14:8)
[주(註)] 진리의 말씀으로 생명력이 있는지를 지도자가 살피는 것을 **"감찰"**이라 한다.

갑옷 :[8473] : תַּחְרָא :(타하라)

:-**흉갑. 갑옷.**(출28:32, 39:23) [유래:2782] : חָרַץ :(수동태분사) :-베다. 자르다. 날카롭게 하다. 결정하다. 대적하다.(출11:7, 레22:22, 수10:21, 왕20:40, 욥14:5)
[주(註)] 십자가에 인(印)침 받은 구원의 우두머리 지도자를 표시하는 **옷**을 뜻한다.

롬13:12절 밤이 깊고 낮이 가까왔으니 그러므로 우리가 어두움의 일을 벗고 **빛의 갑옷을 입자**
사59: 17절 의로 갑옷을 삼으시며 구원을 그 머리에 써서 투구를 삼으시며 보수로 속옷을 삼으시며 열심을 입어 겉옷을 삼으시고
엡 6:12-17절 (13)그러므로 **하나님의 전신갑주를** 취하라 이는 악한 날에 너희가 능히 대적하고 모든 일을 행한 후에 서기 위함이라

값 :[3701] : כֶּסֶף :(케쎄프)

:-돈. 값. 은금. 대가(代價).(창13:2절 17:12절 레27:15절)
[주] (금전 앞에)굴복시키기 위한 명령의 잣대를 값이라 한다.

民 5: 8절 **그 죄 값을** 여호와께 드려 제사장에게로 돌릴 것이니 이는 그를 위하여 속죄할 속죄의 수양 외에 돌릴 것이니라.

고전 6:19-20절 (19)너희 몸은 너희가 하나님께로부터 받은바 너희 가운데 계신 성령의 전인 줄을 알지 못하느냐 너희는 너희의 것이 아니라. **(20) 값으로 산 것이 되었으니** 그런즉 너희 몸으로 하나님께 영광을 돌리라

강(江) :[5104]: רָהָן :(나하르)

:-시내, 강(江). 개울. 바다.(창2:10, 수24:2, 욥20:17)

[주(註)] 속죄 받을 성도가 성령에 충만하여 진리과 연합하여 살려야 할 곳을 뜻한다.

창 2:10절 **강이** 에덴에서 발원하여 동산을 적시고 거기서부터 갈라져 **네 근원이** 되었으니

강도 :[1498] : גָּזֵל :(가젤)

:-(폭력과 부정)약탈. 강탈. 탈취하다.(사61:8, 겔22:29,)

[어원:1497] : גָּזַל :(가잘) :-빼앗다. 강탈하다. 박탈하다. 노략질하다. (가죽을) 벗기다.(레6:2, 시62:10)

강림 :[3381] : יָרַד :(야라드)

:-내려가다. 내려오다. 강림하다.(창43:20, 창42:38, 출9:19, 19:18)

[히필](파멸과 정복하려) 내려오게 하다./ (부정사 연계형)던져지다. 함락하게 하다.

창11: 5절 여호와께서 인생들의 쌓는 성과 대를 보시려고 **강림하셨더라.**

사64: 1절 원컨대 주는 **하늘을 가르고 강림하시고** 주의 앞에서 산들로 진동하기를

살전 5:23절 평강의 하나님이 친히 너희로 온전히 거룩하게 하시고 또 너희 온 영과 혼과 몸이 우리 **주 예수 그리스도 강림하실 때에** 흠 없게 보전되기를 원하노라.

강청 :[6484] : פָּצַר :(파차르)

:-(기도)촉구하다. 압력을 가하다.(창19:3, 33:11) **[히필]** 무디게 하다. 둔하게 하다./간청하다. 밀치다. 강권하다.(삿19:7, 삼상15:23, 왕하2:17) **[명]** 간청.(삿 19:7절)/ (부정사)הַפְצַר:(하페차르) :-완고하다.(삼상15;23절)

강포 :[원형:2554] : חָמַס :(하마쓰)

:-(미완료)난폭하다. 학대하다. 탄압하다. 발가벗기다. **[니팔]** 난폭하게 다루 어지다. 범하다.(습3:4절) 떨어지다.(욥15:33절) 학대하다(렘22:3절). [동 의:2555]: חָמָס :(하마쓰):-폭악. 잔인함. 압제. 탄압. 흉악. 모욕. **[형]** 거짓된. 강포한. 불의한.

강하다(자) :[0553] : אָמַץ :(아마츠)

:-①**강하다. 용감하다. 담대하다.**(신31:7, 대하13:18) **[피엘]**강하게 하다. 힘을 키우다. 회복시키다.(신3:28, 사44:14, 대하24:13) **[히필]**(자동사)강하게 되다. **[힛파엘]**경계하다. 강해지다. 마음이 무겁다.(왕상12:18, 대하13:7, 룻1:18) **[부 사]**굳게, 견고히, 담대히, 급히,(룻1:18) ②[2389] : חָזָק :(하자크) :-완고한. 완 악한. 강퍅한.(겔2:4, 3:7-9) 강한. 튼튼한. 힘센. 강렬한.(출3:19, 10:19, 신9:26, 사40:10,) **[명]** 권능(신3:24)

같다 :[3651] : כֵּן :(켄) (불변사)

:-①**[능동태분사]** 똑바로 선. 곤두선. 바짝 긴장한. 곧은. 청렴한. 강직한. 정 직한.(창42:11, 사16:6,) ②**[부사]** 올바로. 정당하게, 공정하게, 정직하게, 정확 하게(출10:29, 민27:7, 왕하7:9). 그렇게. 그래서. 그와 같이. 아주. 매우(창1:7, 수2:21, 삼상23:17). ③(선언적 불변사/ 문장 서두에 전치사로 쓰임)~후에, 그러면,(에4:16, 전8:10)

[기원:3559] : כּוּן :(쿤) :-**[동]** 똑바로 서다. 견고하다. 예비되다. 준비하다. 든 든히 서다. 완비하다. **[필펠]** 받아들이다. 수용하다. 떠받치다. 올리다. **[히**

필]수용하다. 포함하다. 견디다.

갚다 :[5414] נָתַן :(나탄)

:-**(1)**주다. ①(사람에 대하여 לְ:접미) 주라.(창1:29, 민18:8, 왕하2:11) ②힘으로 구하다.(사50:6) **(2)**(특별한 의미) ①가르치다. ②허락하다. ③언급하다. ④ 기적을 행하다.(창20:6, 출3:19, 욥1:22, 9:18, 잠9:9, 전5:5) **(3)**두다. 정돈하다. ①올무를 놓다. ②언약을 세우다. ③헌신하다. ④마음에 간직하다.(창 1:17, 9:12, 시119:110, 느2:12) **(4)**만들다. ~ 되게하다./ ①만들다. ②비슷하 게 하다. 판단하다.(창17:5, 레19:28, 24:20, 왕상10:27) **[니팔]** 주다. 건네주 다. 만들어지다. **[호팔]**(미완료)더 할 때에(레1138절) ~을 주되(민26:54절)

개(犬) :[3611]: כֶּלֶב :(케레브)

:-개. 남자매춘부. 잔혹한 사람.(신23:18, 삼상24:15, 삼하9:8, 왕하8:13, 시 22:16-17) **[기원]**-(복수·연계형)짖다. 공격하다의 (부정사)뜻. (긍정)**[유래:3612]** : כָּלֵב :(카레브) :-개. (여분네 아들)**갈렙.**(여호수아 친구)(민13:6, 수15:14, 대상2:18, 50)

깨끗하다 :[원형:5352]: נָקָה :(나카)

:-순결하다. (칼형)희생제물을 바치다. **[니팔]**①깨끗하게 하다. ②형벌을 면 하다. 변제되다. ③(의무)면하다. ④텅빈. 사람이없는. 황폐한. **[피엘]**①결백 하다. 방면하다. ②용서하다. 방면하다. [유래:5356] : נִקָּיוֹן :(니카욘) :-청결. 깨끗함./ 치아가 깨끗함.(굶주림 :암4:6절)/ 손이 깨끗함. 무죄함.(창20:5절)

깨닫다. :[3045]: יָדַע :(야다)

:-**동침하다. 알다. 깨닫다. 허락하다. 분별하다.** ①알다. 인지하다. 이해하다. ②알게 되다. ③성관계를 갖다. 함께 자다. ④친분을 맺다. ⑤정보를 갖다. 지식을 갖다. ⑥예견하다. 예상하다. ⑦마음을 쏟다. 돌보다. ⑧지혜롭다.

총명하다. 현명하다. **[니팔]** 알다. 경험하다. 훈육되다. 처벌하다. **[피엘]** 알게 하다. 보게 하다. **[푸알]** 알려진. **[포엘]** 보여주다. **[히필]** 알게 하다. 보여주다. 가르치다. 알리다. **[호팔]** 알려지다. **[힛파엘]** 알리다. 드러내다.

깨뜨리다. :[7665] : שָׁבַר :(샤바르)

:-꺾다. 깨뜨리다. 찢다. **(미완료)**깨뜨리다. 산산 조각내다. [비유] 갈증을 풀다. (야수처럼)찢다. 파괴하다. 멸망시키다. (측량해서)나누다. 한정하다. **[니팔]**깨뜨려 지다. (마음)상심하다. 산산조각 나다. **[피엘]** 철저히 부수다. 박살내다. **[히필]** 깨뜨려지게 하다. **[호팔]**(마음)깨어지다. **[명]** 멸망. 패망.

깨어 있어라 :[5782]: עוּר(우르)

:-"승리하다"(잠깨다). 일어나다, 들어 올리다. =파생어 [1587]: גְּמַרְיָה :(게마르야) :-여호와께서 완성하시다.(삿 5:12절)

[분해] ע(아인)**눈**.(허물을 벗다. 초청)- ו(와우)(접속사)**갈고리**(못. 변화. 연결)- ר(레쉬)**머리**(뜻. 근원. 200) :-허물을 벗고 하나님의 머리(뜻·근원)로 변화하라는 뜻이다.

거두다 : [7105] : קָצִיר :(카치르)

:-거둠. 추수. 가지. 소산. 곡식. **(1)**거두어 들인 곡식. 추수꾼. **(2)**가지. [유래:7114] : קָצַר :(카차르) :-추수하다. 거두어 들이다. 베다./ 성급하다. 근심하다. 번뇌하다. 미워하다. **[피엘]** 줄이다. 짧게 자르다. **[히필]** 짧게 하다. 추수하다.

거듭남 :[히:8145]: שֵׁנִי :(쉐니)

:-두 번째. 또. (부사)다시. :[7725]: שׁוּב:(슈브) :-되돌아간다. (부사)다시 되살아나다. 세우다. 할례를 행하다.

[분해] שׁ :(쉰)아래**땅**(창·검. 성령.)- ו:(바브)**갈고리**(못. 거듭남. 사망. 6)- ב:(베트)

집.(안. 거처. 아들. 2.) :-충만한 성령의 능력 안에 거하므로 사망에서 다시 살아나는 것 שׁוּב:(슈브)라 함.

[헬:0509]: ἄνωθεν :(아노덴) ①위로부터. 높은 곳에서부터, ②처음으로부터. (맨 처음으로) ③새롭게. 다시. :(처음 하나님의 형상대로 회복되는 것. 또는 죽었던 것이 다시 살아남)

거룩 :[6942](171회) : קָדַשׁ (카다쉬)

:-성결하다. 거룩하다. 신성하다, 정화하다,

[분해] ק(코프)바늘귀(거룩, 듣다. 않 듣는다)- ד(달렙)문(휘장. 열다)- שׁ(쉰)땅(창검. 연마) :-말씀으로 올바르게 연마되어 하나님 나라의 문에 들어갈 거룩한 상태를 "קָדַשׁ:(카다쉬)"라 한다. [니팔] 거룩하게 여겨지다. 성스럽게 되다. [피엘] ~거룩하게 여기다. 거룩함 선언하다. 신성시 하다. [푸알](분사) 제사장이나 제기(祭器) 거룩한 것들에 사용. [히필]~거룩히 여기다. 거룩해지다. [힛파엘] 깨끗하게 하다. 정화하다. 절기를 지키다.

거만(한자) :[4791] : מָרוֹם :(마롬)

:-높음. 고상한 것. 장대한 것. 웅대한 것. 숭고한 것. 탁월한 것./ ①(소유격 형용사) 높이. 높은(겔17:23절 20:40절 34:14절) ②(전치사& 부사) 위쪽으로, 높은 곳에(욥39:18절 사37:23절) ③(집합명사)지도자. 장군. 방백. 임금.

거스리다. :(1)[7147] : קְרִי :(케리)

:-(대립적 &적대적) 마주침. 반대의 반목. 반대.(레26:21-23) (2)[6965] : קוּם : (쿰) :-1) 일어나다.(창19:1, 23:3, 레19:32, 민10:35) ①~에게 대항하여 일어나다.(시3:8절) ②존재하다.(욥25:3) ③성장하다. 어른이 되다. 2)서다.(수7:12, 삼상24:20-21,) ①~에게 대항하다. ②계속하다. 견고히 서다. ~에 서다. ③(언약 예언)공고히 하다. ④눈이 어두워지다. (동칼분남복연대미.2남단)- קָמֶיךָ : (카메이카) :-(주를)거스리는 자를,(출15:7절)

거역(拒逆) :[4775] : מָרַד :(마라드)

:-**배신하다. 배반하다.**(창14:4절) 반역하다.(왕하18:20) 반항하다. 난동하다. 선동하다. 소요 일으키다. 패역하다. (말씀이신 우두머리를 영접하지 않는 것)

거제(물) :[8641] : תְּרוּמָה :(테루마)

:-**헌납**(출29:27절). **거제**(민18;8절). **제물**(출25:2절). **예물**(출36:3). **성물**(22:12). **봉헌**(말3:8절). (신12:11절 번제. 십일조. 거제. 서원물)

거짓말 :[8266] : שָׁקַר :(샤카르)

:-속이다. 거짓말하다.(창21:23절) **[피엘]** 거짓말하다. 언약을 어기다. 속이다. 거짓되게 행하다(창21:23절). 위축되다.(시44:18절) 어기다(시44:17절) **[명]** 거짓(삼상15:29)

거처 :[4908] : מִשְׁכָּן :(미쉬칸)

:-①거주. 주택. 거처.(욥18:21, 시87:2) ②천막. 장막. 성막. 성소.(출25:9, 26:1, 레15:31, 민3:26, 아1:8, 시46:5) **[은유]** 목자의 막사. 동물들의 우리.(욥39:6,) (상징)무덤.
[기원:7931](유래): שָׁכַן :(샤칸) :-(숙박개념)거하다. 거주하다. 머물다.(창9:27, 출24:16, 민14:30, 욥30:6, 렘46:26)

건설 :①[1129]: בָּנָה :(바나)

:-짓다. 짓기 시작하다.(창8:20, 렘7:31, 겔27:5) 건축.(민32:37, 왕상6:9, 겔36:33) 만들다. 세우다.(룻4:11, 왕상11:38, 렘45:4)
[주(註)] 물고기들이 영생할 수 있는 하나님 거처를 짓는 것을 뜻한다.

②[3559] : כוּן :(쿤) :-세워지다. 세우다. 견고하다. 안정되다. 확립되다.(왕상2:46, 대상17:14, 시89:21)
[주(註)] 하나님의 권능을 물고기들에게 주셔서 거듭나게 하시는 것을 뜻한다.

건지다. :[5337] : נָצַל :(나찰)

:-건지다.(출2:19, 시69:14, 사36:20, 겔14:14) 잡아채다. 구원하다. 구출하다. 구하다. 벗기다. 약탈하다.(왕하19:11, 렘7:10,)

[주(註)] 물고기를 양육하시려고 낚시 바늘로 건져 올리는 것을 뜻한다.

검(檢) :[2719] : חֶרֶב :(헤레브)

:-칼, 검, 연장.(창3:24, 27:40, 출20:25, 신13:16, 수5:2-3, 6:21)

[분해] ח:(헤트)**울타리**(구원, 생령,)- ר(래시)**머리**(시작, 첫째, 근원)- ב(베트)**집**(거처. 안. 세움) :-구원의 근원을 세우는 도구를 "חֶרֶב:(헤레브)"라 한다.

껍질 :[2085] : זָג :(자그)

:-"**둘러싸다.**"라는 뜻의 어근에서 유래. (포도)**껍질.**(민6:4)

[분해] ז:(자인):**무기.**(7. 성령의 검.)- ג:(기멜):**낙타**(겸손. 무릎꿇다. 올리다.) =**완전함이 가려진 겸손**(감춰진 예수님의 낮은 모습)(무거운 짐을 지신 겸손의 왕으로 오신 예수님은 실제 만왕의 왕이심)

겉옷 :[4598] : מְעִיל :(메일)

:-**겉옷. 상의. 외투. 의복.**(출28:4, 삼상2:19, 13:8, 시109:29)

[어원:3801] : כְּתֹנֶת :(케초네트) :-"**가리다**"(레16:4, 삼하13:18, 아5:3):겉옷. 옷. 의복.(출40:14, 레8:7, 10:5, 삼하15:32, 느7:70-72)

> **창 3:21**절 여호와 하나님이 아담과 그 아내를 위하여 **가죽옷을** 지어 입히시니라.
>
> **사61: 10**절 내가 여호와로 인하여 크게 기뻐하며 내 영혼이 나의 하나님으로 인하여 즐거워하리니 이는 그가 **구원의 옷으로** 내게 입히시며 **의의 겉옷으로** 내게 더하심이 신랑이 사모를 쓰며 신부가 자기 보물로 단장함 같게 하셨음이라.
>
> **롬13:14**절 오직 주 예수 그리스도로 옷 입고 정욕을 위하여 육신의 일을 도모하지 말라.

게난 :[7018]: קֵינָן :(케난)

:-하나님의 거룩한 자녀로 표시한 자.(창5:9, 대상1:2)

[분해] ק(쿠프)바늘귀(들어옴(통과), 듣는다)- י(요드)손(명령, 힘)- נ(눈)물고기(법, 싹트게 하다)- ן(눈)물고기,(영원하다, 다산) :-물고기로서 하나님 법을 잘 지키는 자들은 하나님께서 영원한 구원받은 자로 표시하신다. 는 뜻을 의미한다.

> 창 5:12절 "게난"은 칠십 세에 마할랄렐을 낳고 (13)낳은 후 840년을 지내며 자녀를 낳았으며

겸손 :[6035]: עָנָיו :(아나~브)

:-가난한, 겸손한, 빈곤한 자.(욥24:4, 시9:12, 10:17, 잠14:21, 사11:4, 61:1) (✙참여)고통 받는,(창15:13, 출22:21, 시9:13, 사53:4)

[분해] ע(아인)눈(보다. 70. 빛)- נ(눈)물고기(구원. 50)- י(요드)손(능력, 10)- ו(와우)갈고리(못, 변화) :-완전한 빛의 능력으로 충만하여 오순절 성령으로 거듭난 것을 "עָנָיו:(아나~브)"라 한다. 또는 못 박히신 (메시야)능력의 빛을 보고 생명 충만한 자들의 모습을 "עָנָיו:(아나~브)"라 한다.

경배 :[7812]: שָׁחָה :(샤하)

:-(1)굽히다. 엎드리다. 절하다. 경배하다.(창33:3, 출11:8, 33:10, 신8:19, 26:10, 사51:23, 60:14) [히필]낮추다. 떨어뜨리다.(잠12:25) [힛파엘]엎드리다. 경배하다. 복종하다.(창22:5, 23:7, 37:9-10, 삼상1:3, 왕하5:18, 시45:12, 사2:8, 45:14)

[주] 성령의 충만한 말씀으로 새롭게 된 자들의 고백을 "שָׁחָה:(샤하)"라 함.

> 창22: 5절 이에 아브라함이 사환에게 이르되 너희는 나귀와 함께 여기서 기다리라 내가 아이와 함께 저기 가서 경배하고 너희에게로 돌아오리라. 하고

> 출 4:31절 백성이 믿으며 여호와께서 이스라엘 자손을 돌아보시고 그 고난을 감찰하셨다 함을 듣고 머리 숙여 경배하였더라.

경성(警醒) :[3256] יָסַר :(야싸르)

:-잘못 가르치다. 징계하다. 가르치다, 교훈을 받다. 징책하다.(레26:18, 신 8:5, 22:18, 시2:10, 잠31:1, 사28:26,) **[히필]** 징계하리라.(호7:12절) **[니필]** 훈계 를 받다. 훈련을 받다.(시2:10, 잠29:19, 렘6:8, 겔23:48)

[주(註)] 여호와 능력과 진리의 잣대(尺)에 맞도록 가르치는 것을 뜻한다.

경외(敬畏) [원형:3372] : יָרֵא :(야레)

:-경외하다. 두렵다. 공경하다.(창18:15, 출1:21, 레19:30,) **[니필]** 두려워하다. 무 서운(창3:10, 19:30, 신1:19, 8:15). 찬미할 만한.(출15:11, 시66:3-5)

[주(註)] 지배하시는 하나님을 영접하는 것을 뜻한다.

경작하다. [5647] : עָבַד :(아바드)

:-일하다. 섬기다. 경작하다. 봉사하다.(창4:2, 14:4, 29:25, 30:26, 출5:18, 민 18:23, 신21:4, 겔36:9, 34) **[명]** 농부.(슥13:5) 종.(삼상4:9)

[주(註)] 눈에 보이도록 하나님의 거처의 문을 열기위해 일하는 것을 "עָבַד(아바드)"라 함. 즉 하나님의 나라에 대한 소망을 보면서 일하는 것을 뜻한다.

경책(輕責) [4148] : מוּסָר :(무싸르)

:-교정하다. 징계하다. 훈계하다. 책망하다.(욥5:17, 시50:17, 잠1:8, 4:13, 6:23, 23:13, 사26:16, 53:5, 렘2:30, 겔5:15)

[주(註)] 진리의 잣대(尺)로 변화시켜 근원에 이르게 하는 것을 경책이라 한다.

계교(計巧) [4284] : מַחֲשָׁבָה :(마하샤바)

:-명상. 숙고. 목적. 계책. 음모. 책략.(출31:14, 삼하14:14, 욥5:12, 잠12:5, 렘 18:11, 49:20,) [유래:2803] : חָשַׁב :(하샤브):생각하다. 숙고하다. 계수하다.(창 50:20, 레25:27, 삼상1:13, 시77:6, 사10:7,) (부정사)악을 꾀하다. 음모를 꾸미

다.(창50:20, 시10:2, 렘11:19, 미2:3)

[주(註)] (포로)잡아가려고 음모를 꾸미다. (진리)목적을 이루려고 계획을 세우다.

> **잠12: 5절** 의인의 생각은 공직하여도 악인의 **(계교)**도모는 궤휼이니라.

계명(誡命) :[히:4687]: מִצְוָה (미쯔바)

:-(하나님의)**명령**.(레10:15, 26:14, 신6:25) (집합명 :율법)**계명. 규례. 법도.**(창26:5, 출26:28, 레26:14, 신6:1, 7:11, 왕상2:3, 느9:34, 시19:8, 잠7:1-2절)

[분해] מ(멤)**물**(말씀, 지혜)- צ(짜데)**낚시바늘**(소유, 사냥.)- ו(바브)**갈고리**(못. 연결. 변화)- ה(헤)**숨구멍**(생령. 호흡) :-말씀으로 변화시켜 하나님 소유되게 하여 살리는 것을 "מִצְוָה(미쯔바)"라 함.

[헬:1785]: ἐντολη :(엔톨레) :-**명령. 규정. 계명. (J**님 안에서 종말을 위한 명령)

[해석] :[헬:1722]: ἐν:(엔)[전치사]: **안에, 의하여,** + [헬:5056]: τέλος:(텔로스): **목적. 마지막, 목표,** (명확한 요점이나 목적을 위해 제한하다. 에서 유래)

계명성 :[1966] : הֵילֵל :(헤렐)

:-**"밝음"** : 새벽별 =**(1)빛나는 것. 금성. 루시퍼.**(사14:12) **(2)**바벨론의 왕을 묘사하는 **헬렐.** [유래:1984] : הָלַל :(하랄) :-**명백해지다. 밝아지다. 과시하다. 거만하다. 교만한 자. 자랑하다. 자랑으로 여기다.**(시5:6, 10:3, 73:3, 75:5) **[피엘]** 노래하다. 찬양하다. 영광을 얻다.(대상16:36, 대하20:21, 시117:1, 145:2) **[푸알]** 찬양을 받다.(시18:4, 96:4, 145:3) **[포엘]** 어리석다. 수치를 받다.(욥12:17, 사44:25) **[포알-분사]** 미친.(전2:2) **[히필]** 밝다. 빛나다. 빛을 내다.(욥31:26, 41:10, 사13:10) **[힛파엘]** 칭찬을 받다. 찬양을 받다. 영광을 받다. 자찬하다.(왕상20:11, 시34:3, 64:11, 잠20:14, 31:30) **[힛포엘]** 미치다. 어리석다.(렘25:16, 나2:5)

계보(系譜) :[5612]:(남명) סֵפֶר (쎄페르) &(여명) סִפְרָה (씨프라)

:-두루마리. 증거. 문서.(민5:23, 신24:1, 렘32:10) 글씨를 새기다. 계수하다. 기

록하다.(삼상10:25, 시56:8절)

[주(註)] (근원의 잣대) 척량할 근원에 회복하게 하시려 부르심 받은 자들의 이름들을 계보라 한다.

"계시(啓示)" :[히:2377]: חָזוֹן :(하존)

:-**이상. 계시. 묵시. 예언**.(삼상3:1, 대상17:15, 대하32:32, 사1:1, 렘14:14, 겔7:13)

[분해] ח(헤트)**울타리**(생명. 부활. 8)- ז(자이)**무기**(성령의 검. 복음. 7)- ו(바브)**갈고리**(못. 거듭남. 연결)- ן(눈)**물고기**(영속. 성도. 50) :-신령한 몸으로 거듭나 영원한 안식에 들어갈 성령 충만한 성도들에게 전하신 복음을 "חָזוֹן:(하존)" 뜻함.

[헬:0602]: ἀποκάλυψις:(아포칼뤼프시스) :-**드러냄. 계시. 빛. 나타냄**./(진리의 계시) 1)벗겨놓음, 벗김. 2)진실의 폭로, 지식. 3)표시, 징조.

계약(契約) :[1285] : בְּרִית :(베리트)

:**자르다. 언약. 계약**.(창9:9, 26:28, 출24:7, 신9:9, 수9:6, 사59:21, 렘33:20)

[유래:1262]: בָּרָה :(바라) :-**먹게 하다. 택하다. 잘게 자르다**.(삼상17:8, 삼하3:35)

> 창 9:12절 하나님이 가라사대 내가 나와 너희와 및 너희와 함께 하는 모든 생물 사이에 영세까지 세우는 **언약의** 증거는 이것이라.

고난(苦難) :[6040]: עֳנִי :(오니)

:-**[명] 억압. 굴복함. 고난. 고통. 고초**.(창16:11, 31:42, 출3:7, 17, 삼상1:11, 대상22:14, 욥10:15, 애3:19)

[유래:6031]: עָנָה :(아나) :-**[동] 자기를 낮추다**(신8:2). 괴롭힘 당하다. 고통당하다. 학대를 당하다. (창15:13, 출10:3, 신21:14, 왕상2:26, 시119:71, 사53:4)

[주] 빛의 생명으로 물고기를 살리기 위한 것을 고난이라 한다.

고라신 :[7141]: קֹרַח :(코라흐)

:-**얼음. 고라**를 이름한 도시의 이름 : 이스할의 아들/ 고핫의 손자/ 레위의 증

손/ 모세와 아론에 대적한 이스라엘 백성의 반역자의 우두머리.

[주(註)] 거룩하게 할 음성을 듣지 못하므로 우두머리와 연합하지 못하여 성막에 있지 못한 상태를 뜻함.

고레스(파사왕) :[3566]: כּוֹרֶשׁ :(코레스)

:-**"태양 & 보좌"/ BC 539년** (바사)페르시아 왕이며 바벨론의 정복자.(대하 36:23절) (BC 605년 다니엘의 예언시대)

[주(註)] (하나님)권능의 우두머리에게 굴복하여 변화되어 올바르게 사역한 왕을 뜻한다. : 이 때 유대 땅으로 귀환하기도 함.

고모라 :[6017] : עֲמֹרָה :(아모라)

:-(황폐된)**더미. 심판으로 멸망당한 성읍.** -[유래:6014]: עָמַר :(아마르) :-**"쌓아 올리다."**의 (심판 **"쌓아 올리듯"**)

[주(註)] 빛의 진리의 말씀의 시험을 이기지 못하여 구원에 이르지 못함을 상징하는 뜻이다.

고벨(화) :[0811] : אֶשְׁכֹּל & אֶשְׁכּוֹל :(에쉬콜)

:-송이 & 포도송이

> **아 1:14절** 나의 사랑하는 자는 내게 엔게디 포도원의 **고벨화 송이**로구나.

고아(孤兒) :[3490] : יָתוֹם :(야톰)

:-홀로 있다. 아버지 없는 자(아이).

[주(註)] 여호와의 언약의 말씀으로 거듭나게 할 자를 **고아(孤兒)**라 한다.

고자(鼓子) :[5631] : סָרִיס & סָרִס :(샤리쓰)

:-거세하다. 내시. 환관. 시종. 신하.(사56: 3절)

[주(註)] (척량할)진리의 잣대로 척량할 자들을 "고자"라 한다.

고통 :[6040]: עֳנִי :(오니)

:-[명] 억압. 굴복함. 고난. 고통. 고초.(창16:11, 31:42, 출3:7, 17, 삼상1:11, 대상 22:14, 욥10:15, 애3:19) [유래:6031]: עָנָה :(아나) :[동] 자기를 낮추다(신8:2). 괴롭힘 당하다. 고통당하다. 학대를 당하다.(창15:13, 출10:3, 신21:14, 왕상2:26, 시119:71, 사53:4)
[주(註)] 빛의 생명을 위한 물고기가 오순절의 성취를 이루는 것을 고난이라 한다.

곡식 :[1715] : דָּגָן :(다간)

:-증가하다. (연계)곡물. 곡식. 밀.
[주(註)] 마음이 겸손하고 충실한 물고기를 뜻한다. &(예수님의 마음을 본받은 물고기들을 "곡식"이라 한다.)

곤고 :[히:3511]: כְּאֵב :(케에브)

:-(육체적/정신적인) 고통. 근심. 비통. 아픔. 슬픔. :-θ님 능력과 연합하지 못하여 하나님 나라에 거하지 못한 상태를 "כְּאֵב :(케에브)"라 한다.
:[헬:5005]: ταλαίπωρος:(탈라이포로스) :-(영속적인)고민. 근심. 곤고(困苦)한.
[헬:3984유래]: πεῖρα :(페이라) :-시험 실험. 시련. 경험.

곤핍(困乏) :[3021] : יָגַע :(야가)

:-일하다. 노력하다. 수고하다. 애쓰다. [피엘] 피곤하다. 지치다. [히엘] 피곤하게 하다. 지치게 하다. 싫증나게 하다. :-여호와의 충만한 사역의 짐을 지고 빛의 부르심에 온전케 하는 것을 "곤핍"이라 한다.

골고다 :[히:1538]: גֻּלְגֹּלֶת :(굴골레트)

:두개골. 해골. 머리. :-(십자가의 짐)겸손의 양육을 가르치시려고 친히 십자가의 무거운 짐을 지신 증거를 **골고다**라 한다.

[주(註)] 두개골 모양의 바위. **골고다.** 라는 유명한 단어는 **"두개골"**이라는 히브리어 단어 גֻּלְגֹּלֶת :(굴고레트)에서 파생되었다. גֻּלְגֹּלֶת :(굴고레트)의 [1556]:גָּלַל :(갈랄)에서 파생되었으며 이 단어는 [원형:1551] גָּלִיל :(갈릴리)로 유래 됐다.

[헬:1115]: Γολγοθᾶ:(골고다) :-**해골의 곳. 골고다.**(예루살렘 성 밖의 지명)

[주(註)] 아람어로 동일하게 골고다는 십자가 형이 벌어진 언덕을 의미한다. 그 이유는 바로 골고다 언덕이 인간의 머리와 비슷한 둥근 하얀 바위 모양이었기 때문이다.

골리앗 :[1555] : גָּלְיָת :(골야트)

:-**포로. 골리앗**(블레셋 거인). (유래)[1540]: גָּלָה :(가라) :-(수치스런 뜻에서) 발가 벗기다. 옷이 벗겨지다. 포로들을 벗기다. 제거하다. :-(다윗의 무장)겸손의 권능의 표시(여호와의 증거)로 (골리앗의 무력함)가르치시는 것을 뜻한다.

곰 :[1677]: דֹּב =(דּוֹב) :(도~브)

:-(천천히 걷는다)**곰.** (유래)[1680] דָּבַב :(다바브) :-**[동]** 기어가다. 미끄러지다. & 몰래 다니다. 입을 움직이게 하다.

[주(註)] (דּוֹב)(마음)휘장을 열고 θ님 거처로 변화되어가는 것이 **곰** 같다. 라는 표현이다.

곳간 :[0214]: אוֹצָר :(오차르)

:-(보물. 식량)보관소. 병기고. 보고(寶庫). 저장. [어원:0686] אָצַר :(아차르) :- **[동]** 쌓다. 저장하다.

[주(註)] 하나님 아들이 거듭나게 하여 낚시로 잡아 **축적하는 곳**을 뜻함.

공경 :[3513] כָּבַד :(카바드)or כָּבֵד :(카베드)

:-<피엘형>존경하다, 존중하다, 경의를 표하다.(삿13:17절 삼하10:3절 시86:9절 사29:13절) <니팔형>부유하게 하다, 풍부하게 하다.(잠8:24절 사23:8-9절) **[분해]** כ(카프)굽은**손**(능력. 경배. 순종. 20)- ב(베트)**집**(안, 거처)- ד(달렙)**문**(열다, 낮추다) :-아버지에게 낮춰서(겸손) 집 안에서 순종하는 것을 "**공경:** כָּבַד :(카바드)"라 한다.

공교(工巧) [2803] : חָשַׁב :(하샤브)

:-숙고하다. 계산하다. 고안하다. 발명하다. **[니팔]** 계산되다. 평가되다. **[피엘]** 셈하다. 숙고하다. 고려하다. 생각하다. **[힛파엘]** 셈하다. 세다.
[주(註)] (미완료)성막 안에 들어갈 수 있도록 올바르게 할 **성령의 사역**을 뜻함.

공의(公義) :[4941]: מִשְׁפָּט :(미쉬파트)

:-**정의. 공의. 법. 율례. 규례. 재판.** [유래:8199] : שָׁפַט :(샤파트) :-심판. 판단. 판결. 분별. 소송. 고소. 선고. 집행. 공정. 습관. 태도. 계획. **[동]**합당하다. 공의롭다. 재판 받다. 정직하다. 송사하다.
[주(註)] 진리의 법을 성령의 지혜로운 명령으로 선악을 분별하게 하는 것을 공의라 한다.

공허(空虛) :[0922]: בֹּהוּ :(보후)

:-**공허. 폐허**(피상적으로 구별할 수 없는). 황폐.
[분해] ב(베트)**집**(안에. 세우다, 거처)- ה(헤이)**숨구멍**(호흡, 생령)- ו(바브)(접속사) **갈고리**(못. 변화. 연결) :-거처가 없어서 (생령)살아갈 수 없게 된 상태를 "בֹּהוּ:(보후)"라 함.

공회(公會) :[5712] עֵדָה :(에다)

:-**총회. 회중. 무리. 공회당**(黨). [유래:5707] עֵד :(에드) :목격자. 증인. 증언.

[주(註)] (여·명)θ님의 나라에 청함을 받아 빛의 문에 들어갈 무리를 **공회**라 함.

꽃 :[6524] פֶּרַח :(파라흐)

:-(형·동)튀어 나오다. 꽃이 피다. 싹트다. 발아하다. 내밀다. (연계)날다. (문둥병)피부 꽃이 피다.

[주(註)] (여복)(혹 생기를 불다. פ(페)에서)θ님의 입의 진리로 구원에 이르게 **꽃같이** 피어나다. 살아나다. 라는 뜻임.

과녁 :[4645] מִפְגָּע :(미프가)

:-**[명]** 폭력. 난폭. 타격. 재난.(욥7:20절) [유래:6293] פָּגַע :(파가) :-(목적을 위해) 부딪치다. 충돌하다. 맞추다. **[히필]** 담당하게 하다. (기도)도달하게 하다. 침범하다.

[주(註)] 진리의 명령에 겸손하게 순종하여 빛에 이르게 되도록 하는 것을 과녁이라 함.

과목(果木) :(합성어) =[6529] פְּרִי עֵץ :(페리 에츠)

:-**[은유]** 행위의 **결과**. 손의 열매 **수고.** 교만의 **자랑.** [유래:6509](동) פָּרָה :(파라) :-열매를 맺다. + **나무** [6086] עֵץ :(에츠) :-나무. 교수대. 나뭇조각.

과부 :[0491] אַלְמָנוּת :(알마누트)

:-(추상적)과부 신세. [원형:0488]: אַלְמָן :(알만) 이혼당한. (여성형)버림받은

=(합성어) אֵל :(엘-양육)+ [4494] מָנוֹחַ :(마노아흐)(연계형3여단어미) :-(구상적) 안정된 곳/ (상징적)가정. 안식(처). :(부정) 신랑(θ)의 양육을 받을 안정된 가정이 없는 상태를 **"알마누트"**라 한다.

[주(註)] 영속을 위한 성령 충만한 십자가에 못 박히신 말씀으로 양육 받지 못한 물고기를 **"알마누트"**라 한다.

관(冠)(면류관) :[4701] מִצְנֶפֶת :(미츠네페트)

:관(冠). **머리띠**. [유래:6801] **[동]** צָנַף :(차나프) :-옷 입히다. 정장하다:-מִן:(민. 전치사) ~로부터 + צָנַף :(차나프) :(왕. 제사장) 관(冠)과 정장 입히다.

> 사62: 3절 너는 또 여호와의 손의 **아름다운 면류관**, 네 하나님의 **손의 왕관**이 될 것이라

> 히 2: 7-9절 (7) 저를 잠간 동안 천사보다 못하게 하시며 영광과 **존귀로 관 씌우시며**

관영 :[7231] רָבַב :(라바브)

:증가하다. 많다. [유래:7233] רְבָבָה :(레바바) :-풍성함. 다수. 1만.

[해석] 개인의 많음을 뜻하는 것이 아니고 지역적(나라. 성읍)의 넓은 의미로 많아 졌다.

[주(註)] 우두머리의 건축을 생명력으로 세워가는 것을 **관영**하다라 함.

광대(廣大) :[7342] רָחָב :(라하브)

:-넓은. 큰. [유래:7337](자/타동사) רָחַב :(라하브) :-넓히다. 넓게 하다. 공간을 만들다.

[주(註)] 우두머리의 (새로운 구원)성막을 **광대하게** 건축하는 것을 뜻함.

광명(光明): [3974] מָאוֹר :(마오르) & מָאֹר :(마오르)

& (여복)מְאוֹרָה :(메오라) & מְאֹרָה :(메오라) :-(명)광명체. 빛. 등불. 해. 발광체 (發光體). [어원:0215](유래) אוֹר :(오르) :-(사역동사)빛나게 하다. 밝아지게 하다. (은유)영광스러운. 밝히다. 밝다. 비추다. 영화롭게 하다.
[주(註)] θ님의 거듭나게 하시는 진리를 **광명**이라 함.

광야: [4057] : מִדְבָּר :(미드바르)

:-광야. 목초지. 아무도 살지 않는 땅. (유래)"몰다"[1696]: דָּבַר : (다바르) :- (신랑이 사랑을 나누고 싶다)말하다. 이야기하다. 명령하다. 약속하다.

[해석] דָּבַר :(다바르)먹여 기르는 곳 + מ :(미)말씀. 진리. =(명남단) מִדְבָּר : (미드바르) :-말씀이신 아들을 먹여서 기르시는(단장시키는) 곳을 "מִדְבָּר :(미드바르)"라 한다.

광주리. [5536] סַל :(쌀)

:-(버드나무가지)**광주리.** 바구니. [유래:5549] סָלַל :(싸랄) :-들어 올리다. 스스로 높이다. 칭찬하다. (동사)(울타리)높이다. 쌓다. (댐을)돋우다. **[필펠]**(은유)들어 올리다. **[힛폴렐]** 맞서다. 저항하다. 교만하다.
[주(註)] (양육 받을)잣대로 먹이고 양육하는 **광주리**를 뜻함.

광채(光彩) ①[5050] נָגַהּ :(나가)

:-반짝이다. (사역동사)조명하다. 밝히다. 빛나게 하다. [5051] נֹגַהּ :(노가) :-빛 나는 광채. 광선. 광명. (은유)(θ님)영광. 비추다. ②[7160] קָרַן :(카란) :-**빛나 다. 광채가 나다.**(출34;29절) [유래:7161](명사) קֶרֶן :(케렌) :-뿔 나팔. (은유)빛의 **광선. 힘. 능력.** (제단)뿔. (산)꼭대기. (빛)**광선.**(합3:4절) ③[어원:0215](유래)

אוֹר :(오르) :(사역동사)빛나게 하다. 밝아지게 하다. (은유)영광스러운. 밝히다. 밝다. 비추다. 영화롭게 하다.

[주(註)] θ님의 거듭나게 하시는 진리를 (광채)**빛**이라 함.

꾀 :[6195] עָרְמָה :(오르마)

:-사기. 간교. 신중. 교묘. 교활. :(긍정)신중함. 명철. 슬기. 지혜. [연계:6193] עֹרֶם :(오렘) :책략. 교활함. 계략.

[주(註)] 빛의 진리 말씀으로 시험하는 것을 "꾀"라 함.

꾀다(미혹) :[5377] נָשָׁא :(나샤)

:-잘못 인도하다. (혼)미혹. 유혹. 기만하다. 속이다.(창3;13절) [해석] "혼(정신)" :[5397]: נְשָׁמָה :(네샤마) :정신. 혼. 신적지능. + נָשָׁא :(나샤) :미혹. 유혹. 속이다.

[주(註)] (θ님 본질) 신적지능을 미혹하여. 기만하고 속이다.

고통. :[4843] מָרַר :(마라르)

:-고통을 보이다, 쓰게 하다, 상하게 하다, 상하다. **괴롭다.** [4751] מַר :(마르) (여성형)מָרָה :(마라) :-**[명사]**쓴 맛. 괴로움. **[부사]** 쓰게, :(욥10:1절 출15:23절)

교만 :①[1342] גָּאָה :(가아)

:- גּ :(기멜) :올라가다. 오르다. (은유)영광스러운 자리. 증가하다. :(명)[1344] גֵּאָה :(게아) :-오만. 교만. 자만.(순종하지 않고 스스로 하나님의 생명을 가지려 함) ②[2102] זוּד :(주드) & זִיד :(지드) :-거만하다. 거만하게 대하다. 우쭐대다. 교만하다.(출18:11절) ③[7311] רוּם :(룸) :-높다. 솟아오르다. 고귀하다. 스스로 높이다.(신8:14절)(잠6:17절 8:13절)

교사 :[3925] : לָמַד :(라마드)

:-(동사)뽀족한 막대기로 찌르다. 가르치다. 훈련시키다. **[명]**스승. 교훈하는 자.
[주(註)] 장성하도록 말씀을 마음 안에 넣도록 가르치는 것을 뜻함.

교육 :[7462] : רָעָה :(라아)

:-방목하다. 다스리다. (분사)목자. 양육. 먹이를 주다. 치다.(왕하10:1절 잠
10:21절)
[주(註)] 진리의 빛으로 살리시는 것.

교제(交際) :[히:2266]: חָבַר :(하바르)

:-(하나로)**묶다. 결합하다. 교제하다.** (서로)연결하다. 연합하다. 단합하다. 함
께 묶다. 부부가 되다. 동맹하다. 친교하다. (파자 :새로운 거처인 우두머리
안에 거하는 것)(대하20:35절 시94:20절)
[헬:2842] : κοινωνία:(코이노니아) :-**교제. 사귐.** 공동체. 공유. 참여.

교회(教會) :[히:4721]: מַקְהֵל :(마크헬)

:-(경배를 위한) **예배무리. 찬양회중.**(시26:12절) [원형:6951]: קָהַל:(카할):-(θ부
르신)**회중. 무리. 집회.**

[해석] מ(전치사)말씀 + [원형] "קָהַל:(카할)"은 하나님께서 부르신 (말씀먹는)

자들의 모임을 뜻하는 단어다. 그러므로 "(전·동·명·여복) מַקְהֵל :(마크헬)"은 "
하나님 말씀으로 거룩하도록 양육 받아서 경배하고 찬양하며 예배하는 무
리를" 뜻함. =**하나님께 예배드리는 회중**"을 말함.

[헬:1577]: ἐκκλησία:(엑클레시아) :-**불러냄. 회중. 모임. 무리.**

즉. "ἐκκλησία:(엑클레시아)"와 "עֵדָה:(에다)"는 일반적인 모임(교회)을 말함.

구름 :[6051]: עָנָן :(아난)

:-**구름. 구름 덩어리**(신현적구름). [어원:6049]: עָנַן(아난) :-**덮다.**

[분해] ע(아인)**눈**(얼굴. 먹이다. 빛)- נ(눈)물고기(법. 영속. 다시 싹트게)- ן(눈)물고기(영속하다. 50)

[주(註)] 빛으로 온전케 된 성령에 충만한 영속 받은 모습을 "עָנָן :(아난)"이라 한다.(참조:신현적(神顯迹)구름-출16:10절 레16: 2절 신31:15절 사19: 1절)

구속 : גָּאַל (고알)

[원형:1350]: גָּאַל :(가알):-**속량. 구속**(시19:14절). 몸값을 지불하다.

[해석](접속사) ו(바브)**못**(거듭남/변화)- "ג"(기멜)**낙타**(보상. 들어 올리다. 휴거)- "אַל"(엘-하나님) :-보상하시는(끌어 올리시는) 하나님이라는 뜻이다.

[참조] : וְגָאַל(베고알) [전·접속] **"이스라엘의 왕"**께서("ו"접속사, 의해서. 말미암아. ~께서)로 해석한다.

[주(註)] 왕께서 보상하여 왕의 말씀을 가르치는 것을 "גָּאַל :(가알)"이라 한다.

구원 :(전·명·여단) פְּלֵיטָה :(펠레타)

①[6413]: פְּלֵיטָה :(펠레타) ;- ;-**구원하실 것이다.** 구출. 구원(救援).(창45:7절)

[분해] פ(페)**입**(좌우로 날선 검. 명령)- ל(라멜)소몰이막대(교육. 익힘)- י(요드)손(**10**. 지배) ט(테드)뱀(선악. 지혜) ה(헤)숨구멍(호흡. 생령) ;-(좌우의 날선 검)하나님의 말씀으로 잘 익혀(무장) 선악을 다스릴 힘을 얻어 생령에 이르는 것을 "פְּלֵיטָה :(펠레타)"라 한다.

②[2421]:(사역동사) חָיָה :(하야) ;-재생하다. 구원하다, (산채로, 생명)회복하다.

[주(註)] 언약의 자녀들을 권능의 손으로 생명 있는 울타리 안에 거하게 하는 것을 뜻한다.

궁창 :[7549]: רָקִיעַ :(라키아)

:-궁창. 창공. 광대한 표면, 하늘,

[분해] ר (레쉬)머리(첫째. 근원)- ק (코프)바늘귀(거룩. 듣다. 100)- י (요드)손(권능. 불)- עַ(아인) 눈(보다. 초청. 70) :-θ님 자녀가 되도록 권능의 불로 거룩하여 온전케 사역하는 곳을 "רָקִיעַ:(라키아)"라 한다.

궁핍 : [히:0034]: אֶבְיוֹן :(ebyown :에브욘)

:-궁핍한. 가난한. 결핍한. 부족하다.

[해석](합성):[0014]: אָבָה(아바):-호흡 맞추다. 순종하다. +[3121]: יָבֵן:(야벤):-진흙, 수렁. 진창. -유래.(יָיִן:(야인) 술 취함)

[주(註)] 하나님의 말씀에 순종하지 않고 술 취함(방탕함)에 빠져 궁핍하게 된 것을 "אֶבְיוֹן:(에브욘)"이라 한다.

[헬:4432]: πτωχεία:(pto'che'ia :프토케이아) :-빈곤. 가난. 궁핍.

권능 :[히:3581]: בָּכֹחַ :(바코하)

:-권능. 능력. 힘. 생기. [또는 כֹחַ(코아흐) :-생기. 힘, 능력, 수단.

[헬:1411]: δύναμις:(뒤나미스) ;-**강한 힘, 능력. 세력. 권능.**(마7:22절 11:20절) (단 11: 6)] (출15: 6절 여호와의 오른 손이 권능으로 영광을 나타내시나이다.)

> **"권능이란?"** : **여호사밧 왕**의 맹렬한 적들의 군대를 마주한 생존의 위협에 대처하는 놀라운 방법은 **"레위지파 찬양대를 용사들의 선봉"**으로 보내는 매우 위험한 전략을 택했는데 놀라운 것은 **여호샤밧 왕**이 선택한 이 방법이 어떠한 군대의 전략보다 뛰어 남을 뜻한다.
>
> **놀라운 두 가지 의미** "주의 대적으로 말미암아 어린 아이들과 젖먹이들의 입으로 **권능**을 세우심이여 이는 원수들과 보복 자들을 잠잠하게 하려 하심이니이다."(시 8: 2절)
> -이 구절은 예수님이 나중에 인용한 단어 "오즈:עֹז"는 **시 8: 2절**에서 **"권능"** 으로 번역이 되었다. 이 단어는 **"힘과 용기"**의 주된 의미와 **"찬양"**이라는 의미를 2차적으로 내포하고 있다. 이 히브리어 단어 하나인 **노래로 승리 한 군대의 이야기**를 모두 나타내고 있다.

권세 :[히:2388]: חָזַק :(하자크)

:-(미완료형)단단히 매다. 강하다. 확고하다. 강성하다.

[해석] :하나님의 울타리 안에 거하도록 거룩하게 하는 무기(양날선 검)을 가진 것을 "권세: חָזַק (하자크)"라 한다.

궤 :(법궤) :[0727] : אָרוֹן :(아론)

:-①상자. 궤. 관.(출25:10절) :-하나님께서 거듭나심(못)의 (진리)말씀으로 영속하실 법을 뜻한다. ②"법궤 " :[8392] : תֵּבָה :(테바) :-법궤. 상자. 방주.

[분해] ת(타브)**십자가**(서명, 표시)- ב(베트)**집**(성전, 세움, 거처)- ה(헤)**숨구멍**(호흡. 생명) :-언약된 생명의 거처를 " תֵּבָה :(테바)"라 한다.

귀 :[0241] אֹזֶן :(오젠) :-귀, ears.

[분해] א:(알렙)숫소(배움. 지도자.)- ז:(자인)무기(복음. 먹이다. 씨앗)- ן:(눈)물고기(영속. 신실함. 50) :-하나님의 복음을 (씨앗)먹고 영속에 이르게 하는 기능을 "귀"라 함.

그리스도 :[4899]: מָשִׁיחַ :(마쉬아흐)

;-**기름부음 받은 자. 메시야, 이스라엘 왕/ 제사장.** (단9:25절 요4:25절)

[분해] מ(멤)**물**(말씀. 연단)- שׁ(쉰)(하늘)**아래**(땅. 올바름)- י(요드)**손**(10. 힘. 지배)- ח(헤트)**울타리**(구원, 생령,) ;-말씀의 능력으로 땅에서 올바르게 되어 영생에 이르게 함을 "마쉬아흐"라 합니다.

그룹 :[3742]: כְּרוּב :(케루브)

;-(히브리적 의미 천사)영적 존재 천사들.

[분해] כ(카프) 굽은손(적용. 굴복. 안수한 손)- ר(레쉬)머리(첫째, 근원, 시작)- ו(와우)갈고리(못, 변화) -

ב(베트)집(거처. 세움) ;-(θ의 집)거할 수 있도록 창조의 근원으로 변화시키기 (거듭남) 위해서 보냄을 받은 영적인 천사를 "כְּרוּב :(케루브)"라 한다.

[주] 히브리사전-형상이 복합된 장엄하고 숭고하며, 거룩한 속성을 지닌 존재라.

근심 :[6087]: עָצַב :(아짜브)

:-성내다. 불쾌하다, 고통 주다.

[분해] ע(아인)눈(얼굴, 허물벗다, 부르다)- צ(짜데)낚시바늘(소유. 사냥)- ב'(베트)집(안, 거처) ;-(죄)허물로 인하여 하나님 안에 소유가 되지 못하는 것을 "עָצַב(아짜브)"라 한다.

근원(根源) :[1293]: בְּרָכָה :(베라카)

;-축복(근원). 번성. 은혜. 선물.

[분해] בר(바르)**아들**(근원. 진리- כ(카프)굽은**손**(강한 손. 능력)- ה(헤)**숨구멍**(호흡. 생명) ;-하나님 아들의 강한 능력으로 말미암아 진리에 이르는 근원을 "בְּרָכָה(베라카)"라 한다.

[주해] **"복(福)의 근원"**은 여러 의미로 해석할 수 있다.

①**신11:26~28절 (26)**내가 오늘날 복과 저주를 너희 앞에 두나니
②**시21: 1~6절 (6)**저로 영영토록 **"지극한 복(福)"**을 받게 하시며 주의 앞에서 기쁘고 즐겁게 하시나이다.
③**말 3:10절** 만군의 여호와가 이르노라 너희의 온전한 십일조를 창고에 들여 나의 집에 양식이 있게 하고 그것으로 나를 시험하여 내가 하늘 문을 열고 너희에게 **복을 쌓을 곳이 없도록** 붓지 아니하나 보라.

금(金) :[히:2091]: זָהָב :(자하브)

:금(金). (금색깔)노란.(반짝이다.는 어근에서 유래)

[분해] ז(자인)무기(검. 빛. 70)- ה(헤)숨구멍(호흡. 생기. 깨닫다)- ב(베트)집(거처. 나라) :-완전케하시는 θ의 성령의 전으로 세우려고 연단하는 복음을

"זָהָב :(자하브)"라 한다..

:[헬:5553]: χρυσίον:(크뤼시온) :금(金). (녹여서 공들여 만든)금전(金錢). 금장식.

기도 :[8085](1159회) : שָׁמַע :(샤마)

:-①θ께서 들으셨다. 응답하셨다.

②[8605]: תְּפִלָּה :(테필라) :-중재. 간구. (함축적)찬송의 기도.

[원형:6419]: פָּלַל :(파랄) ;-화해시키다. 기도하다. 중재하다. 탄원하다.

③[6942]: קָדַשׁ :(카다쉬) ;-거룩하다. 성결하다, 정화하다, 준비하다, 봉헌하다,(기도를 통해서 회개하며, 청결의 은혜를 구하는 것을 뜻한다.)

기둥 :[5982] עַמּוּד :(아무드)

:기둥. 구름 기둥. 성막 기둥. 불기둥. 대. 낭실.(출13:22, 27:2, 왕상 7:2)

기록 :[3789] כָּתַב :(카타브)

: 새기다. 쓰다. (묘사하다, 새기다, 규정하다, 기명하다) 기록하다. 기재하다. [명] 기명(민11;26). 율법책(느8:14). 편지(대하30:1, 32:17, 왕상21:9).

기름 :[2132]: זַיִת :(자이트)

①올리브유 -[2132]: זַיִת :(자이트) ;-올리브. 감람나무.

②기름 [3323]: יִצְהָר :(이츠하르) ;-기름. (유래)[6671]: צָהַר :(차하르) [히필]기름을 짜다.

③향유(香油) [8081]: שֶׁמֶן :(쉐멘) ;-기름. 향유, 감람유.(출29: 2절) ;-땅에서 말씀으로 올바르도록 연단 받아 얻은 생명을 "기름"이라 한다.(마25: 3절 창28:18절 사61: 3절)

④(바르다)기름 [4886] :מָשַׁח:(마샤흐) ;-기름을 붓다. 거룩하게.(붓다. 바르다)(레

2;4절 7:12절) (하나님께)바쳐지다. 는 뜻도 있다.

⑤(최상)**"기름"** [2459]: חֵלֶב :(헤레브) :-살찐. 기름진(창 4: 4절 출23:18절)

[주(註)] "(감람산)**겟세마네**"라는 이름을 들어 보셨을 겁니다. **"겟세마네"**
[히]단어 **갓**(גַּת :누르다)와 **슈마님**(שֶׁמֶן :기름=어원[8081]: שֶׁמֶן :(쉐멘))이 합쳐
진 합성어로 **예루살렘 올리브산**의 기슭에서 수확한 올리브를 짜서 기름을
만들었기에 바로 이 장소를 **겟세마네**라고 불렀다.

> 출27:20절 "감람으로 너는 또 이스라엘 자손에게 명하여 **'감람으로 찧어낸 순
> 결한 기름'**을 등불을 위하여 네게로 가져오게 하고 끊이지 말고 등불을 켜되"

> -예수님께서 십자가에 달려 돌아가시기 전에 **"겟세마네"**에서 기도를 드리신
> 것은 우연이 아니다. **겟세마네가 예수님께서 우리의 죄를 위해 지셨던 십자가
> 의 고통을 표현하고 있기 때문이다.** 올리브를 기름 틀에 넣어 기름을 짜내는
> 것과 같이 **십자가를 짊어진 예수님은 생명의 위협을 받을 정도로 온몸이 "짜
> 내어"** 졌던 것을 성경을 통해 알 수 있다. "예수께서 힘쓰고 애써 더욱 간절히
> 기도하시니 땀이 땅에 떨어지는 핏방울 같이 되더라."(눅 22:44절).

기쁨 :[히:8342]: שָׂשׂוֹן :(샤손)

:-기쁨. 환희. 즐거움. [원형:7797]: שׂוּשׂ :(수스): [명]기쁨. 즐거움.

①[히:2654]: חָפֵץ :(하페츠) :-기뻐하다, 뜻대로, 만족. 좋아하다. :-구원받고 의
(義)에 이르러 날이 선 검으로 무장한 것을 기뻐하는 것 "חָפֵץ :(하페츠)" 라 함.

②[8057]: שִׂמְחָה :(시므하) :기쁨, 환희, 유쾌, 즐거움, 행복한.

③[헬:5479]: χαρά :(카라) :기쁨. 희락. [원형:5463]: χαίρω:(카이로) :기뻐하다.
즐겁다.

깊음(큰 물) :[히:8415]: תְּהוֹם :(테홈)

;-깊음. 깊은 바다. [원형:8415]: תְּהוֹם(테홈) 깊음. 바다. ;-하나님의 증거의
말씀을 못 박음으로 생명을 얻지 못하여 (깊은 슬픔)절망을 뜻한다.(창 1:2
절 시71:20절 사63:13절)

-메시아를 십자가에 못 박아서 죄인으로 죽게 하심으로 백성들을 깊은 혼란과 절망적 어두움에 처하게 하는 것이다./ (렘 4:23절 "내가 하늘과 땅을 보았더니, 보라, 형체도 없고 공허하며 하늘에는 빛이더라.") (즉. "홍수심판"이라는 것을 기억하도록 하신 뜻이 있다.)

[한글 ㄴ자]

나가다 :[3318] יָצָא :(야차)

:-나가다. 나오다. 떠나다. 퇴장하다. 출전하다. (여성)진행하다. 발행하다. (창8:19, 27:30, 출9:29-33, 레25:41, 신14:22, 대상20:1, 렘9:3,) **[히필]** 나가게 하다. 결실을 맺게 하다. 인도해 내다.(출12:51, 16:6,) **[명]** 연말. 출입.(출23:16, 수14:11)

[주(註)] :여호와의 낚시(물고기소유)를 위해 나아가는 것을 뜻한다.

나곤 :[5225] נָכוֹן :(나곤)

:-준비된.(삼하6:6, 대상13:9) [유래:3559] כּוּן (쿤) :-견고하다. 예비되다. 준비하다. 굳게 서다. 갖추다.(왕상2:46, 대상1630, :17:14, 대하29:35, 35:4, 시9:7, 사51:13, 잠19:29) **[필렐]** 세우다. 일으키다. **[히필]** 설립하다. 강하게 하다. **[호팔]** 준비하게 하다. 임명되다. 준비되다. **[니팔]** 떠오르다. 확립되다. **[힛파엘]** 준비하다. 각오하다. 갖추다.

> **삼하 6: 6절** 저희가 **나곤의 타작 마당에** 이르러서는 소들이 뛰므로 웃사가 손을 들어 하나님의 궤를 붙들었더니 (7)여호와 하나님이 웃사의 잘못함을 인하여 진노하사 저를 그곳에서 치시니 저가 거기 하나님의 궤 곁에서 죽으니라.

나귀 :[2543] חֲמוֹר :(하모르)

:-(숫)귀. 당나귀(수컷).(창12:16, 삼상8:16, 대하28:15) [유래:2560] חָמַר :(하마르) :-칠하다. 뛰놀다. 붉다. 괴롭다.(출2:3, 욥16:16, 시46:3, 75:8, 애1:120) : **(1)**발효시키다. 들끓게 하다. 큰 법석을 떨다. 거품이 일다.(시64:4) (거품)부풀다. **(2)**①끓다. ②붉어지다.(욥16:16) **(3)**팽창하다. 부풀다. **(4)**역청을 바르다.

> **창12:16절** 이에 바로가 그를 인하여 아브람을 후대하므로 아브람이 양과 소와 노비와 **암 수 나귀와** 약대를 얻었더라.

> **욥16:16절** 내 얼굴은 울음으로 **붉었고(하마르)** 내 눈꺼풀에는 죽음의 그늘이 있구나

나그네 :[8453] תּוֹשָׁב & תֹּשָׁב :(토샤브)

:-거주하다. 외국인. 체류자. 나그네.(창23:4, 출12:45, 레22:10, 25:47, 민35:15)

[유래:3427]: יָשַׁב :(야샤브) :-앉다.(특히 재판자. 매복하여, 고요하게)(창27:19, 욥2:13, 시9:5). 거하다. 남아있다. 거주하다. 결혼하다. 체재하다. 머무르다. (창20:1, 민25:1, 사13:20, 렘17:6, 26:20)

> **창23: 4절** 나는 당신들 중에 **나그네요.** 우거한 자니 청컨대 당신들 중에서 내게 매장지를 주어 소유를 삼아 나로 내 죽은 자를 내어 장사하게 하시오.
>
> **시119:54절** 나의 **나그네 된** 집에서 주의 율례가 나의 노래가 되었나이다.

나누다 :[0914] בָּדַל :(바달)

:-[칼형으로 사용되지 않음] 나누다. 분리하다. 구별하다.(레1:17, 대상23:13, 겔2226) **[히필]** 배제되다. 내쫓기다.(창1:4-6, 출26:33, 레11:47, 민8:14) **[니팔]** 분리되다. 선택하다.(민16:21, 스6:21, 9:1, 대상23:13, 느13:3)

나단 :[5416] : נָתָן :(나탄)

:-주어진. (하나님께서 주신 자.)선지자 나단.(삼하7:2, 12:1, 왕상1:8)

[유래][어원:5414] : נָתַן :(나탄) :-주다. 허락하다. 봉헌하다, 생산하다, 언급하다, 만들다.(창1:29, 창17:5, 20:6, 출5:18, 레19:28, 민18:8, 욥1:22)

> **삼하 5:14절** 예루살렘에서 그에게서 난 자의 이름은 삼무아와 소밥과 **나단과** 솔로몬과

나라 :[4438]: מַלְכוּת :(말쿠트)

[복수]: מַלְכֻת :(마르쿠트) :-왕국. 왕권. 통치. 왕위. 나라.(민24:7, 대상7:14, 12:23, 대하17:14, 33:13) **[유래:4427]:** מָלַךְ :(말라크) :-통치하다. 지배하다. 다스리다. 보좌에 오르다. 왕이 되다.(창36:31, 삼하15:10, 왕하12:1, 대상16:13, 시93:1) **[사역동사]**충성하도록 인도하다.(삼상15:35, 대하25:1, 단9:2,)

> **제사장 나라** : 출19: 6절 너희가 **내게 대하여 제사장 나라가 되며 거룩한 백성이 되리라.** 너는 이 말을 이스라엘 자손에게 고할지니라.

예수님의 나라 : 요18:36절 예수께서 대답하시되 내 나라는 이 세상에 속한 것이 아니라 만일 **내 나라가 이 세상에 속한 것이었더면** 내 종들이 싸워 나로 유대인들에게 넘기우지 않게 하였으리라. 이제 **내 나라는 여기에 속한 것이 아니니라.**
영원한 나라 : 벧후 1:11절 이같이 하면 우리 주 곧 구주 **예수 그리스도의 영원한 나라에** 들어감을 넉넉히 너희에게 주시리라.
천국 :마 4:23절 예수께서 온 갈릴리에 두루 다니사 저희 회당에서 가르치시며 **천국 복음을** 전파하시며 백성중에 모든 병과 모든 약한 것을 고치시니

나무 :[히:6086]: עֵץ :(에쯔)

:-나무. 목재. 재목. 장대. 십자가.(창1:11, 2:9, 레14:45, 민21:9, 느2:8, 사44:19)

[주(註)] :-빛을 보게 하여 소유하다를 "עֵץ :(에쯔)"라 함.

창 1:12절 땅이 풀과 각기 종류대로 씨 맺는 채소와 각기 종류대로 씨 가진 **열매 맺는 나무를** 내니 하나님의 보시기에 좋았더라.
사 5: 7절 대저 만군의 여호와의 포도원은 이스라엘 족속이요 **그의 기뻐하시는 나무는** 유다 사람이라.
벧전 2:24절 **친히 나무에 달려** 그 몸으로 우리 죄를 담당하셨으니 이는 우리로 죄에 대하여 죽고 의에 대하여 살게 하려 하심이라 저가 채찍에 맞음으로 너희는 나음을 얻었나니

나사로 : אֶלְעָזָר :(엘아자르) =

[기원]-[히:0499] : אֶלְעָזָר :(엘아자르) :-**"하나님께서 도우시다."**(출6:23, 삼7:1, 삼하23:9) ①나사로/ ②대제사장 아론의 아들/ ③벧궤를 보관한 아비나답의 아들/ ④에스라시대 예루살렘 성벽을 재건한 제사장/ ⑤다윗의 용사 중 하나.
[헬:2976] : Λάζαρος:(라자로스)

나실인 :[5139] : נָזִיר :(나지르)

:-뛰어난 자. 존귀한자. 구별하다.(창49:26, 민6:2, 13-20, 신33:16, 삿16:17, 암2:11-12) [어원:5144]: נָזַר :(나자르) :-(θ께 바쳐 거룩히 쓸 목적)구별하다. 헌신하다. 봉헌하다.(레15:31, 22:2, 민6:12, 5:6, 호2:10, 9:10)

삿13: 5절 보라 네가 잉태하여 아들을 낳으리니 그 머리에 삭도를 대지 말라 이 아이는 태에서 나옴으로부터 하나님께 바치운 **나실인이 됨이라.** 그가 블레셋 사람의 손에서 이스라엘을 구원하기 시작하리라.

암2:11-12절 또 너희 아들 중에서 선지자를, 너희 청년 중에서 **나자르(나실인) 사람**을 일으켰나니 이스라엘 자손들아 과연 그렇지 아니하냐 이는 여호와의 말씀이니라.

나아가다(오다) :[0935] בּוֹא :(보)

:-들어가다. 들어오다. 입장하다.(창7:9, 19:8, 신23:25-26, 사3:14, 욥22:4, 시143:2) **[히필]** 들어오게 하다. 가져오게 하다.(창2:19-22, 43:17, 대하9:10, 삿19:22) **[호팔]** 안내 받다. 넘겨지다. 양도되다. 이끌어 오다.(창43:18, 레13:2, 14:2, 시45:15)

나오미 :[5281] נָעֳמִי :(노오미)

:-**"나의 기쁨."**(룻1:2) **[유래:5278]** 즐거운. 아름다움. 선한. 정결한.(출33:19, 시27:4, 90:17, 잠3:17, 15:26, 16:24, 슥11:7)
-**룻의 시어머니.**/ 한 이스라엘 여인./ 엘리멜렉의 아내/ 말론과 기룐의 어머니.
[주(主)] :-성령 충만하여 지혜의 빛의 권능으로 사역하는 자라는 뜻.

* **나오미와 룻의 의미.** :-룻기에서 볼 수 있듯이 **룻**의 남편이 모압에서 죽었을 때, **룻**은 시어머니 **나오미**를 보살피며 함께 베들레헴으로 돌아온다. **나오미**는 이 효심의 댓가로 **룻**을 보호하고 **룻**이 부유한 친척과 결혼 하도록 주선한다.

-나오미의 **방어벽**(보호자) [히·어]로 시어머니를 **하모트**(חמות)라고 하며, 이 단어는 '둘러싸고 보호

하다.'라는 뜻의 '**헤트. 멤. 헤**(ה.מ.ח.)'에서 파생. 이 단어는 "**호마**(חומה):성벽"를 의미하는 어근이기도 하다. (같은 말씀으로 **사62: 6절** "**예루살렘이여 내가 너의 성벽 위에 파수꾼을 세우고 그들로 하여금 주야로 계속 잠잠하지 않게 하였느니라. 너희 여호와로 기억하시게 하는 자들아 너희는 쉬지 말며**) 나오미는 **룻**에게 **성벽**[호마]이 되어 보호해 주었다.
[주(註) :이스라엘 히브리 대학교]

나이(연령) :[3117] יוֹם :(욤)

:-(일몰에서 다음 일몰까지) 날. 일자. 세월. 생애. 시대.(창1:14, 4:3, 14, 22:14) 오늘. 매일. 기한. 항상.(창4:14, 출5:14, 민22:30, 28:3, 신5:29, 삼하19:13)

> 창18:11절 아브라함과 사라가 나이:(יוֹם) 많아 늙었고 사라의 경수는 끊어졌는지라.

나타나다 :[7200]: רָאָה :(라아)

:-보다. 나타나다. 조사하다. 감찰하다.(창7:1, 출2:2, 삼하13:5, 왕하8:29, 대상 29:17, 시31:7, 64:6) **[나팔]** 보여 지다. 나타나다. 준비되다. **[푸알]** 보여지다. **[히필]** 보게 하다. **[호팔]** ~가 보이게 하다. **[힛파엘]** 서로 바라보다. 마주 보다.

나팔 :[3104]: יֹבֵל :(요벨)

:-뿔나팔. 신호. 코넷(관악기) 희년.(출19:13, 레25:10, 27:18, 수6:4-6) **[유래]** [기원:2986] : יָבַל :(야발) :-인도하다. 드리다. 이끌다.(시60:9, 68:29, 108:10, 사 18:7, 55:12, 렘31:9) **[히필]**인도하다. 이끌다. 운반하다. **[호팔]**이끌리다. 인도 되다. 이동되다.

> 민10: 2절 **은나팔 둘을** 만들되 쳐서 만들어서 그것으로 **회중을 소집하며 진을 진행케** 할 것이라.

> 사27:13절그 날에 **큰 나팔을 울려 불리니** 앗수르 땅에서 파멸케 된 자와 애굽 땅으로 쫓겨난 자가 돌아와서 예루살렘 성산에서 여호와께 경배하리라.

> 계 8: 2절 내가 보매 하나님 앞에 시위한 일곱 천사가 있어 **일곱 나팔을** 받았 더라.

나홀 :[5152]: נָחוֹר :(나호르)

:-스룩의 아들, 데라의 아버지, 아브라함의 조부.(창11:22)
[주(註)] :-하나님의 법을 순종함으로 변화(거듭남)되어 하나님의 근원으로 구원받는 자라는 뜻으로 "נָחוֹר:(나호르)"라 한다.(창26:27)

낙(樂) :[5730] עֵדֶן :(에덴)

:-기쁨. 우아한 즐거움.(창18:12, 삼하1:24, 시36:8-9)

(연동형)[1040] בֵּית עֵדֶן:(베트에덴) :-**벧 에덴**(즐거움의 집).(암1:5)

낙심 :[4549] : מָסַס :(마싸쓰)

:-녹다. 낙담하다. 낙심하다. 쇠약하다.(출16:21, 신1:28, 시22:14, 사10:18, 나 2:10) **[니팔]** 누그러지다. 무기력해지다. 나약해지다. 겁쟁이 되다.(신20:8, 시 68:3, 사34:3) **[히필]** 무서워하다. 두려워하다.(신1:28,)

낙헌제 :[5071] : נְדָבָה :(네다바)

:-자발적 예물. 자원제물. 자의적 예물.(레7:16, 22:18-23, 시54:8) :**[유래:5068]:**

נָדַב :(나다브) :-(자원하다)바치다. 기쁘게 드리다. 즐거이 하다. 준비된 마음. (출25:2, 35:21, 삿5:2, 대상29:5, 대하17:16, 느11:2, 시110:3)

> 민15: 3절 여호와께 화제나 번제나 서원을 갚는 제나 **낙헌제나** 정한 절기제에 소나 양으로 여호와께 향기롭게 드릴 때에는

날(日) :[3117] : יוֹם :(욤)

:-(**덮다**. 의미로 사용하지 않음) 일(日). 날. 일자. 때. 오늘. 세월. 년(年). 시기 (時期). 날마다.(창1:8, 14, 4:14, 7:4, 출5:14, 6:28, 29:36)

> 출12:14절 너희는 **이 날을** 기념하여 여호와의 절기를 삼아 영원한 규례로 대 대에 지킬지니라.

(칼)날(刀) :[6310] : פֶּה :(페)

:-입. 명령. 말씀. 먹이. 입구. 테두리. 가장자리. 부분. 측면. 갑절. 초장(사 19:7절). 강물. 소리. 증거. 입술. 입김. 식량.

> 엡 6:17절 구원의 투구와 **성령의 검** 곧 하나님의 말씀을 가지라.

히 4:12절 하나님의 말씀은 살았고 운동력이 있어 **좌우에 날선 어떤 검보다도** 예리하여 혼과 영과 및 관절과 골수를 찔러 쪼개기까지 하며 또 마음의 생각과 뜻을 감찰하나니

계 1:16절 그 오른손에 일곱 별이 있고 그 입에서 **좌우에 날선 검이** 나오고 그 얼굴은 해가 힘있게 비취는 것 같더라.

날개 :[3671] : כָּנָף :(카나프)

:-날개. 깃.(창7:14, 신22:12) 말단. 극단. 끝.(민15:38, 신23:1, 욥37:3, 38:13, 사11:12) (의복)치마. 옷자락. (성전)꼭대기.(단9:27) [유래:3670]: כָּנַף :(카나프) :-덮다. 가리다. 숨기다. 은폐하다. 위장하다.(사30:20)

날카롭다 :[2303]: חַדּוּד :(핫두드)

:-뾰족한 끝. 날카로움.(욥41:30) **[유래]** [기원:2300]: חָדַד :(하다드) :-날카롭다. 예리하다. 신속하다. 사납다. 빛나게 하다.(잠27:17, 겔21:9, 합1:8,)

낡다 :[1086]: בָּלָה :(발라)

:-실패하다. 사라지다. 떨어지다. 소비하다. (의복)찢어지다. (사람)약해지다. (창18:12, 신8:4, 수9:13, 욥13:28, 느9:21) **[피엘]**소모하다. 낭비하다. 낡아지다.

남자 :[2145] : זָכָר :(자카르)

:-**"기억된"**의미: 남성. (사람&동물)수컷. 사내.(창1:27, 출12:5, 레1:3, 민1:20, 31:18) :**[유래:2142]**: זָכַר :(자카르) :-기억하다. 회상하다.(창8:1, 9:15, 민10:9)

남편 :[0582] : אֱנוֹשׁ :(에노쉬)

:-(죽을 수밖에 없는 존재) 남자. 사람. 인생.(창6:4, 13:8, 욥4:17) [기원:0376] אִישׁ :(이쉬) **남자.**(창2:23, 신22:22):[0582(압축형)] 남편.(렘29:6, 44:19, 겔16:45)

"여자"[0802]: אִשָּׁה:(이샤) :-여자. 여인. 아내.(창2:22-24, 12:14, 20:7, 출21:22, 28, 느8:2, 욥14:1)

낫 :[2770]: חֶרְמֵשׁ :(헤르메쉬)

:-(자르는 것)낫. (추수용)갈고리. 보이지 않게 하다. 멸절되다.(민2:12, 신16:9, 23:25, 수2:10, 8:26, 대하32:14 사34:2) (유래)**[어원:2763]**: חָרַם :(하람) :-닫다. 가두다.(레21:18,) **[분사]** 봉헌하다. 헌신하다. 신께 바치다. **[히필]** 봉헌하다. 헌신하다.(레27:28-29, 미4:13) **[호팔]** 봉헌되다. 바쳐지다.(스10:8) 살해되다. 파괴되다.(출22:19, 레27:29)

낭실 :[0197] :אוּלָם:(우람) & אֻלָם:(우람)

:-현관. (성전&왕궁)돌출 현관.(왕상 6:3절)

> 왕상 6: 3절 전의 **성소 앞 낭실의** 장은 전의 광과 같이 이십 규빗이요 그 광은 전 앞에서부터 십 규빗이며
>
> 욜 2:17절 여호와께 수종드는 제사장들은 **낭실과 단 사이에서** 울며 이르기를 여호와여 주의 백성을 긍휼히 여기소서 주의 기업으로 욕되게 하여 열국들로 그들을 관할하지 못하게 하옵소서 어찌하여 이방인으로 그들의 하나님이 어디 있느뇨 말하게 하겠나이까 할지어다.

낮 :[3117] : יוֹם :(욤)

:- "낮". 주간(晝間). 때.(창1:5, 3:5, 7:4, 8:22, 31:39, 출19:1)

> 창 1: 5절 빛을 **낮이라**:(יוֹם) 칭하시고 어두움을 밤이라 칭하시니라. 저녁이 되며 아침이 되니 이는 첫째 날:(יוֹם)이니라.

낮아지다 :[3381]: יָרַד :(야라드)

:-낮아지다. 내려오다. 내려가다. 던져지다.(창43:20, 44:26, 출11:8, 19:18, 신20:20, 28:43, 사34:7, 겔30:6,) **[히필]** 내려오게 하다. (파멸)내려 놓다. (지옥)내려 보내다.(창42:38, 44:29-31, 삼상2:6, 겔26:20,) **[호팔]** 떨어졌음이다.(창39:1, 사14:11절)

낮추다 :[8213]: שָׁפֵל :(샤펠)

:-내리누르다. 낮아지다.(사2:11, 10:33, 40:4,) (품위)낮추다.(욥22:29, 시113:6) (인격)떨어뜨리다.(사2:9-12, 5:15) (비유)비하하다. (도시)파괴하다.(사32:19)

낳다 :[3205]: יָלַד :(얄라드)

:-낳다. 태어나다. 출산. 산고를 겪다.(창4:18, 10:8, 16:2, 30:9, 렘13:21) **[주(註)=θ께]** 창조하시다.(신32:18, 렘2:28) **[니팔]** 낳다. 태어나다. **[피엘]** 조산하다. 해산을 돕다. **[푸알]** 낳다. 창조되다. **[히필]** 여자가 낳게 하다. 열매를 맺게 하다. **[호팔]** 태어나게 되다. **[힛파엘]** 자기 계통을 선언하다.

내다 :[1876]: דָּשָׁא :(다샤)

:-(싹이)움트다. 돋다. 싹 나다. 푸르게 자라다.(창1:11, 욜2:22)

> 창 1;11절 하나님이 가라사대 땅은 풀과 씨 맺는 채소와 각기 종류대로 씨 가진 열매 맺는 과목을 **내라 하시매** 그대로 되어

내리다 :[7971]: שָׁלַח :(샤라흐)

:-보내다(창27:45) 펴다(출9:15 왕상13:4) 전하다(왕하17:13 느6:19) 청하다(욥1:4) 베풀다(시111:9 욥1:7) 훼방하다(사37:17) **[니팔]** 보내지다.(에3:13) **[피엘]** 대리로 보내다. 대리로 임명하다.(창19:13 사43:14) **[푸알]** 보내지다. 해고되다. 버려지다.(삿5;15 잠17:11 사27:10) **[히필]** (전염병&재난)보내다.(레26:22. 암8:11)

> 창19:24절 여호와께서 하늘 곧 여호와에게로서 유황과 불을 비 같이 소돔과 고모라에 내리사
>
> 말 2: 2절 만군의 여호와가 이르노라 너희가 만일 듣지 아니하며 마음에 두지 아니하여 내 이름을 영화롭게 하지 아니하면 **내가 너희에게 저주를 내려** 너희의 복을 저주하리라. 내가 이미 저주하였나니 이는 너희가 그것을 마음에 두지 아니하였음이니라.

내시(內侍) :[5631]: סָרִיס:(싸리스) & סָרִס:(싸리쓰)

:-[어원]거세하다. : 환관. 시종.(에2:3. 14. 15.) 관리.(삼상8:15) 내시(왕상 22:9) 고자(사56:3-4,)

> 왕상22: 9절 이스라엘 왕이 **한 내시를 불러** 이르되 이믈라의 아들 미가야로 속히 오게 하라 하니라

냄새 :[0887]: בָּאַשׁ :(바아쉬)

:-냄새가 나다. 악취가 나다. 악하다.(출7:18, 21, 8:10) **[니팔]** 혐오스럽다. (삼상13:4. 삼하10:6) **[히필]** 가증스럽게 하다.(창34:30. 출5:21) 고약한 냄새 가 나다.(출16:24. 시38:6) **[힛파엘]** 가증스럽다. 싫어하다.(대상19:6)

너그럽다 :[5081]: נָדִיב :(나디브)

:-(1)자발적인. 준비된. 관대한. 아낌없는,(대상28:21) (2)마음에 원하는(출 35:5절 22절 대하29:31절) (3)나눠주기(잠17:7절 26절 19:6절 사32:5-8절) (4)[명] 백성의 귀족. 방백(삼상2:8절 욥34:18절 시107:40절) 귀인(욥12:21절 잠17:26절) **[부정]** 독재군주(욥21:28절 사13:2절)

> 잠19:6절 **너그러운** 사람에게는 은혜를 구하는 자가 많고 선물을 주기를 좋아 하는 자에게는 사람마다 친구가 되느니라.

넉넉하다 :[7227]: רַב :(라브)

:-풍성한(창26:14절) 가득한(창6:5절) 많은(창13:6절) 풍부한(창30:43절) 번 성하는(출23:29절 신26:5절) **[부사]** 많이. 충분히(시62:3절 65:10절) **[장소]** 큰. 광대한. 거대한(창7:11절 에1:20절) 넓은(사51:10절)

> 왕상19:4절 스스로 광야로 들어가 하룻길쯤 행하고 한 로뎀나무 아래 앉아서 죽기를 구하여 가로되 여호와여 **넉넉하오니** 지금 내 생명을 취하옵소서 나는 내 열조보다 낫지 못하니이다.

널판 :[7175]: קֶרֶשׁ :(케레쉬)

:-**"쪼개다"**는 뜻의 사용하지 않는 어근에서 유래. : 석판. 두꺼운 판자. (출 26:15절 36:20절) 배의 갑판(겔27:6절) 널판(민3:36절)

출26:15절 너는 조각목으로 성막을 위하여 **널판을** 만들어 세우되

넓다 :[7337]: רָחַב :(라하브)

:-넓게 하다. 넓히다.(삼상2;1절 사60:5절) 크게열리다.(삼상2:1절) 욕심을 크게 내다.(사5:14절) **[니팔]**넓은(사30:13절) **[히필]** (1)넓게하다.(출34:24절 사5:7절 30:33절) 넓게 열다.(사5:11절 합2:5절) (2)확장하다.(시25:17절)

출34:24절 내가 열방을 네 앞에서 쫓아내고 **네 지경을 넓히리니** 네가 매년 세 번씩 여호와 너희 하나님께 보이러 올 때에 아무 사람도 네 땅을 탐내어 엿보지 못하리라.

넓적다리 :[3409]: יָרֵךְ :(야레크)

:-"부드럽다"는 뜻의 사용하지 않는 어원에서 유래/ **(1)**넓적다리.(창26:2. 9절 46:26절 출1:5절) **(2)**[성전] ①성막의 등대(출25:31절 37:17절) ②장막의 측면(출40:22. 24절) ③제단의 측면(왕하16:14절)

출28:42-43절 또 그들을 위하여 베로 고의를 만들어 허리에서부터 **넓적다리까지** 이르게 하여 하체를 가리게 하라.

넘어뜨리다 :[5557]: סָלַף :(쌀라프)

:-굽게하다.(출23:8절 신16:19절) 넘어뜨리다(욥12:9절) 패망하다(잠13:6절) 던지다.(잠21:12절) (1)빗나가다. 곡해하다(잠19:3절) (2)뒤엎다.넘어뜨리다.(잠13:6절) (3)넘어지게 하다. 실패하게 하다.(출23:8절) (4)미끄럽게 하다.(잠21:12절)

욥12:19절 제사장들을 벌거벗겨 끌어 가시고 권력이 있는 자를 **넘어뜨리시며**

넘치다 :[5140]: נָזַל :(나잘)

:-(10흐르다. 흘러내리다.(시147:18절) **[분사]** 시냇가(출15:8절 시78:16절) (2) 내려오다. 머물다.(삿5:5절) **[히필]** 흐르게 하다.(사48:21절) 진동하다(삿5:5절) 넘치다(민24:7절) 맺히다.(신32:2절) 흘러나다(사48:21절) 흘러내리다.(렘18:14절)

> 민24: 7절 그 통에서는 **물이 넘치겠고** 그 종자는 많은 물 가에 있으리로다 그 왕이 아각보다 높으니 그 나라가 진흥하리로다.

넣다 :[7760]: שׂוּם :(숨)

:-[일반적] 두다. 배치하다. 놓다. [특별한 뜻] **1.**(특정한 곳) **두다. 배치하다.** (창2:8절 대하18;26절) **2.놓다. 두다.**(창31:34절 신10:2절) **덮다.**(창9:23절) **마음에 간직하다**(사57:1절 11절) **3.~가 되게 하다**(출4:11절) **[히필·명령]** 주의 하다. 보내다.(겔21:21절)

> 창24: 2절 아브라함이 자기 집 모든 소유를 맡은 늙은 종에게 이르되 청컨대 네 손을 내 환도뼈 밑에 **넣으라.**

네 귀 :[3671]: כָּנָף :(카나프)

:(1) 날개. 깃. [유래:3670]: כָּנַף :(카나프) :-덮다. 가리다. 숨기다. 은폐하다.(사30:20절) (2)(치마. 옷자락) 말단. 극단. 끝. 가장자리.(민15:38절 삼상24:5절) (3) 새(창1:12절) 날개(출19:4절) 귀(신22:12절) 겉 옷자락(룻3:9절 삼상15:27절) 옷단(렘2:34절)

> 신22:12절 입는 겉옷 **네 귀에** 술을 만들지니라.

네 귀퉁이 :[5439]: סָבִיב :(싸비브)

:-[명·남](1)주위. 사방. 사면. 귀퉁이. **[부사]** 둘레(창23:17절) 사방(출40:33절) 가장자리(겔43:17절) (2)주변. 장소. 이웃(시76:12절 렘33:13절) [여복] 순환. 원(圓). 행로.(민22:4절 렘17:26절)

레 8:15절 모세가 잡고 그 피를 취하여 손가락으로 그 피를 단의 **네 귀퉁이** 뿔에 발라 단을 깨끗하게 하고 그 피는 단 밑에 쏟아 단을 속하여 거룩하게 하고(모퉁이)

네 모퉁이 :[6438]: פִּנָּה :(핀나)

:-구석. 모퉁이.(잠7:12절 왕하14:13절 사19:13절) 어른(삿20:2절 삼상14:38절) 망대(대하26:15절 습1:16절)

출27: 2절 그 **네 모퉁이** 위에 뿔을 만들되 그 뿔이 그것에 연하게 하고 그 단을 놋으로 쌀지며

네피림 [5303] נְפִילִים :(네피림)

:-**거인들. 벌목꾼들. 대장부**(민13:33) [어원:5307]: נָפַל :(나팔르) :-**떨어지다. 추락하다.**(시37:24. 창49:17. 신25:2)
[주(註)] 어원은 불확실하지만 천사의 타락에 대한 창세기 6장 4절의 하나님의 아들을 천사로 해석하며 이들이 타락한 천사들의 후손 **"네피림"**으로 익숙하도록 인정해왔다.

창 6: 4절 기원으로 "타락한 사탄의 천사들에게서 태어난 자들을 **네피림**"이라함.

노(怒) :[2734]: חָרָה :(하라)

:-분하여 하다. 진노하다. 맹렬하다. 분을 품다. **[미완료]** 타다. 뜨겁다. 격노하다. 불타오르다. 화가 나다. 점화되다. **[주(註)]** "노여움"(창30:2절 44:18절 출22:23절) 화나다.(합3:8절) **[니팔]**화나다.성나다. **[히필]** 태우다. 타오르다. 빛내다.(욥19:11절) 진지하다.(느3:20절) **[힛파엘]** 조마조마하다. 조바심. 성내다. 화나다.(시37:1,7,8절 잠24:19절)

창18:30절 아브라함이 가로되 내 주여 **노하지 마옵시고** 말씀하게 하옵소서 거기서 삼십인을 찾으시면 어찌 하시려나이까 가라사대 내가 거기서 삼십인을 찾으면 멸하지 아니하리라.

노래 :[2176]: זִמְרָת :(지무라트)

:-찬양. 노래. 음악. 선율. [어원:2167]: זָמַר :(자마르) :-[사·동]노래하다. 튕기다. 연주하다. 노래하다. 찬송하다. 찬양하다.(시9:12, 30:5, 33:2, 47:7절)

> 출15: 1-2절 (2)여호와는 나의 힘이요 **노래시며** 나의 구원이시로다 그는 나의 하나님이시니 내가 그를 찬송할 것이요 내 아비의 하나님이시니 내가 그를 높이리로다
>
> 계15: 3절 하나님의 종 모세의 노래, **어린 양의 노래를 불러 가로되** 주 하나님 곧 전능하신 이시여 하시는 일이 크고 기이하시도다 만국의 왕이시여 주의 길이 의롭고 참되시도다

노략 :[0962]: בַּזַז :(바자즈)

:-①약탈하다.(겔39:10) 노략하다.(대하28:8, 겔38:12,) 취하다. 탈취하다.(민31:9, 사33:23) ②[7997]: שָׁלַל :(샤랄) :-빼앗다. 노략하다.(겔26:12, 29:19) 탈취당하다.(시76:5, 사59:15) **[명]**약탈. ③[8154]: שָׁסַס :(샤싸) :-약탈하다. 탈취하다. 노략 당하다.(삿2:14, 사42:22, 호13:15) **[분사]** 약탈자. **[명]** 노략꾼.(왕하17:20)

노아 :[5146]: נֹחַ :(노아)

:-**"안식"** : 노아 :-방주를 만든 사람. 셈과 함과 야벳의 아버지.

> 창 5:29절 이름을 **노아라** 하여 가로되 여호와께서 땅을 저주하시므로 수고로이 일하는 우리를 이 아들이 안위하리라 하였더라.

녹 슬다 :[2457]: חֶלְאָה :(헬르아)

:-녹슬다. 녹. : 금속이 부식된 것.(겔24:6,11,12) [유래:2456]: חָלָא :(할라) :-문지르다. 마찰하다. 벗겨내다. 비벼 없애다. 병나다. 병들다.(대하16:12)

> 겔24: 6절 그러므로 나 주 여호와가 말하노라 피 흘린 성읍, **녹슨** 가마 곧 그 속의 녹을 없이 하지 아니한 가마여 화 있을진저 제비 뽑을 것도 없이 그 덩

이를 일일이 꺼낼지어다.
약 5: 3절 너희 금과 은은 **녹이 슬었으니** 이 **녹이** 너희에게 증거가 되며 불같이 너희 살을 먹으리라. 너희가 말세에 재물을 쌓았도다.

녹이다 :[4549]: מָסַס :(맛싸쓰)

:-녹다. 용해시키다. 흘러내리다. 야위다. 쇠약하다.(출16:21, 사10:18) 소멸하다.(시112:10) 낙담하다. 낙심하다(나2:10, 신1:28)(은유)황폐케 하다.

수 2:11절 우리가 듣자 곧 **마음이 녹았고** 너희의 연고로 사람이 정신을 잃었나니 너희 하나님 여호와는 상천 하지에 하나님이시니라.

녹명(祿命) :[3789]: כָּתַב :(카타브)

:-기록하다. 쓰다. 규정하다. 등록하다. 새기다.(출24:12, 신6:9, 10:2, 삼하11:14, 왕하22:13, 스2:10, 느7:5, 에9:23, 시87:6,) 기록하다. 기재하다.(민33:2, 삿8:14) 기술하다. 서술하다. 기입하다.(수6:8, 시87:6, 사4:3)

대상 4:41절 이 위에 **녹명된 자가** 유다 왕 히스기야 때에 가서 저희의 장막을 쳐서 파하고 거기 있는 모우님 사람을 쳐서 진멸하고
사 4: 3절 시온에 남아 있는 자, 예루살렘에 머물러 있는 자 곧 예루살렘에 있어 생존한 자 중 **녹명된 모든 사람**은 거룩하다 칭함을 얻으리니

녹보석 :[8658]: תַּרְשִׁישׁ :(타르쉬쉬)

:-녹주석. 반보석. 아마도 감람석. 황옥이나 다른 노란색의 보석일 것이다. (출39:13, 겔1:16, 10:9, 28:13, 아5:14, 단10:6)

출28:20절 네째 줄은 **녹보석** 호마노 벽옥으로 다 금테에 물릴지니
계21:19절 그 성의 성곽의 기초석은 각색 보석으로 꾸몄는데 첫째 기초석은 벽옥이요 둘째는 남보석이요 세째는 옥수요 네째는 **녹보석이요**

논쟁(論爭) :[7379]: רִיב :(리브)

:-[명·남] 논쟁. 변론. [복] 다툼. 논쟁. 변론. :[어원:7378]: רִיב :(루브) :-[미완·동사] 다투다. 논쟁하다. 시비하다. 변론하다.(창26:22, 욥9:3, 33:13, 삿21:22) 억울함을 풀다(삼상24:15, 25:39)

> 신19:17절 그 **논쟁하는** 양방이 같이 하나님 앞에 나아가 당시 제사장과 재판장 앞에 설 것이요

높다(높이다) :[원형:1361]: גָּבַהּ :(가바흐)

:-①**교만하다.**(대하26:16) **거만하다.**(겔16:50) **높다.**(겔31:5) **존귀하다.**(사52:13, 욥36:7) ②:[5375]: נָשָׂא :(나샤) :-**들어올리다. 쳐들다.**(창7:17, 렘4:6,) 손을 높이다.(시32:40) 기도와 찬양(시28:2, 63:5,134:2,) 소리를 높이다.(창27:38, 29:11,삿2:4,삼상24:17) 견디다.(창4:13) 나르다.(대하16:6) 잡다. 높이다.(삿21:2,삼하13:336)

> 창 7:19절 물이 땅에 더욱 창일하매 천하에 **높은 산이** 다 덮였더니
>
> 민14: 1절 온 회중이 **소리를 높여** 부르짖으며 밤새도록 백성이 곡하였더라.

놓다 :[3332]: יָצַק :(야차크)

:-(붓다)따르다. 쏟다.(출25:12,레2:1, 8:15, 겔24:4) 놓다. [피엘] 퍼내다. 흘리다. 쏟다.(왕하4;5) [히필] 놓다. 두다.(수7:23, 삼하15:24) [호팔] 흘러나가다.쇄도하다.(레21:10, 시45:3,) [주(註)] :본래 의미는 '퍼붓다'(자동사, 또는 타동사) 함축적으로 금속같이 '녹이다', 또는 '주조하다' 연루된 의미로 확고히 '두다', '굳어지다', 또는 딱딱해지다 :- 주조하다, 단단히 붙어있다, 확고하다, 자라다, 딱딱하다, 녹여진, 넘치다, 붓다(퍼붓다), 부어넣다, 굳어지다

> 수 7:23절 그들이 그것을 장막 가운데서 취하여 여호수아와 이스라엘 모든 자손에게로 가져오매 그들이 그것을 **여호와 앞에 놓으니라.**

놓다(풀다):[7971]: שָׁלַח :(살라흐)

:-보내다(창27:45, 삼하11:6) 펴다(출9:15, 왕상13:4, 시144:7) [니팔] 보내지다.(에3:13) [피엘](대리)임명하다.(사43:14) (갇힌자)석방하다(왕상20:42) [푸알] 보내지다(삿5:15,) 해고되다.(창44:3) 버려지다(사27:10) 쫓겨나다(사16:2)

출 4:21절 여호와께서 모세에게 이르시되 네가 애굽으로 돌아가거든 내가 네 손에 준 이적을 바로 앞에서 다 행하라. 그러나 내가 그의 마음을 강퍅케 한 즉 그가 **백성을 놓지 아니하리니**

뇌물 :[7810]: שַׁחַד :(샤하드)

:-뇌물(출23:8, 신10:17, 미3:11) 예물(왕상15:19, 왕하16:8) 값(사45:13) 선물. 기증(왕상15:19, 잠6:35, 21:14)

신10:17절 너희의 하나님 여호와는 신의 신이시며 주의 주시요 크고 능하시며 두려우신 하나님이시라 사람을 외모로 보지 아니하시며 **뇌물을 받지 아니하시고**

뇌성(雷聲) :[6963]: קוֹל :(콜)

:-[주(註) :소리쳐**"부르다."** 의미의 사용하지 않는 어근에서 유래]
(하나님의)**음성**(신4:33, 욘2:2) **소리**(창3:10, 신1:45, 렘2:15) **표징**(출4:8) **[동]** 천둥의(창39:14, 시29:3) 소리를 발하다(창45:2, 시104:12) **말씀**(신13:18, 28:1, 삼상15:1,)

출 9:23절 모세가 하늘을 향하여 지팡이를 들매 여호와께서 **뇌성과** 우박을 보내시고 불을 내려 땅에 달리게 하시니라 여호와께서 우박을 애굽 땅에 내리시매

누룩 :[7603] שְׂאֹר :(세오르)

:-누룩. 효모. 발효소. 부풀리다.(출12:15절 레 2: 5절)

[유래:7604] : שָׁאַר :(샤아르) :-남기다. 남아 있다. 남겨 두다. 따로 있다.(소멸 하시는 불로서 태워질 누룩을 남겨두지 말라)

눈 :[5869]: עַיִן :(아인)

:-(동)흐르다. 초청하다. (명)눈. 눈물. 얼굴. 샘. 빛. 70/ (부·명)소경. (부·사)보지 못하다. 부르다. :-완전한 빛을 볼 수 있도록 성령 충만하게 하는 눈을 뜻한다.
[주(註)] :-(θ님)얼굴을 보고 다스림 권세가 충만하심이 물고기에게 향한

것을 깨닫게 하는 것을 뜻함.

[파자] -온전한 빛의 진리의 성령의 말씀을 볼 수 있는 오순절의 성령 충만한 능력의 눈을 뜻함. (부정사는 보게 하지 않는다. 보려고 하지 않는다. **[명]** 소경이다.)

-"עַיִן:(아인) 눈"은 대개 우리 몸에 있는 신체 기관을 의미하고 있다. 하지만 이 단어는 종종 사람 성격의 특징을 나타내기도 하는데 고대 이스라엘에서는 눈이 **사람의 진정한 성격**을 나타내는 상징으로 여겨졌기 때문이다.

"עַיִן:(아인) 눈"의 숨겨진 의미?

①성경은 가난한 사람들에게 "רַע עַיִן:(라아아인):-**미운 눈. 질시 눈**"이 있다.(신 28:54절)

②자비를 갖거나 동정심 갖는 것은 "חוֹס עַיִן:(하스 아인):-**인색한 눈. 긍휼없는 눈.**"(신7:16절)

③눈은 거만함의 될 수 있습니다. "רוּם עֵינָיו:(룸 에이나브):-**높은 눈. 교만의 눈**"(사10:12절)

④하나님이 구원하는 사람의 눈 "שַׁח עֵינַיִם:(샤흐 에이나임):-**낮은 눈. 겸손의 눈**"(욥22:29절)

눈물 :[1832]: דִּמְעָה :(디무아)

:-눈물. 울음.(출22:29, 시6:7, 39:13, 56:9) **즙**(출22:29)

[원형:1830]: דָּמַע :(다마) :-[동] 눈물으르 흘리다. 통곡하다.(렘13:17)

왕하20: 5절 너는 돌아가서 내 백성의 주권자 히스기야에게 이르기를 왕의 조상 다윗의 하나님 여호와의 말씀이 내가 네 기도를 들었고 **네 눈물을 보았노라.** 내가 너를 낫게 하리니 네가 삼일 만에 여호와의 전에 올라가겠고

뉘우치다 :[5162]: נָחַם :(나함)

:-한탄하다. 후회하다.(창6:6,7, 상삼15:11,35, 렘4:28) 위로하다.(삼상13:39,겔 14:22, 시77:2) 회개하다. 뉘우치다.(욥42:6,렘31:19)

렘 8: 6절 내가 귀를 기울여 들은즉 그들이 정직을 말하지 아니하며 그 **악을 뉘우쳐서** 나의 행한 것이 무엇인고 말하는 자가 없고 전장을 향하여 달리는 말 같이 각각 그 길로 행하도다.

삼상15:29절 이스라엘의 지존자는 거짓이나 **변개**(뉘우침.후회)함이 없으시니

그는 사람이 아니시므로 결코 **변개**(뉘우침.후회)**치** 않으심이니이다.

느브갓네살 :[5019]: נְבֻכַדְנֶאצַּר :(네브카드넷차르)

:-**"느브"**는 나의 경계석을 지켜 주셨다.

[주(註)] : (BC605-562년) 신바벨론 제국의 창시자인 나보폴라살의 아들 **"느브갓네살"** :예루살렘을 멸망시키고 유다 백성을 포로로 잡아간 바벨론의 왕]

왕하24: 1절 여호야김 시대에 **바벨론 왕 느부갓네살**이 올라오매 여호야김이 삼년을 섬기다가 돌이켜 저를 배반하였더니

능력 :[3581]: כֹּחַ:(코아흐)

:-①(확고하다) 힘. 능력. 권능.(삿16:6. 30.욥26:2.) 효력(창4:12)
[주(註)] :-여호와의 권능으로 거듭나게 하여 구원에 이르게 하는 능력을 뜻함.(출9:16. 대하20:12) ②[1369]: גְּבוּרָה :(게부라) :-권능. 힘, 재능. 용맹. 재능. 세력. 강함.(창10:2. 잠30:30. 사11:2. 사36:5)
[주(註)] :-(휴거)들어 올림을 받도록 변화되게 우두머리와 연합하여 하나님 나라에서 영생하는 것을 능력이라 한다.(삿5:31)

능욕 :[2778] חָרַף :(하라프)

:-저가~능욕하므로, When he defied. 질책하다. 꾸짖다. 모독하다. 무시하다. 위태롭게 하다. 울타리로 둘러싸다. 나무라다. 조롱하다. [니팔](여자 사용에 대하여) 약혼하다. 버려 지다. 포기하다. 버림 받다.

여호와닛시 :[3071]: יְהוָה נִסִּי :(예호바 니씨)

:-**"여호와는 나의 깃발"** =(합성어)[3068] יְהוָה :(예호바):-자존자. 영원한 자.
+[5251]: נֵס :(네쓰):-깃대. 표. 군기. 깃발. (접미대명사)[5264]: נָסַס :(나싸쓰) :-빛나다. 들어 올려지다. =여호와의 깃발이 (빛나게)들어 올려지다.

[한글 ㄷ자]

다(모두):[3605]: כֹּל & כּוֹל :(콜)

:전체. 전부. 모두. [남·명] 모두. 전체 :(출2918, 신4:29, 삼하9:9, 사14:29, 겔 29:2) **[부사]**항상. 함께. 아주. 전혀.(렘33:8, 창2:2)

> 창 6:17절 내가 홍수를 땅에 일으켜 무릇 생명의 기식 있는 육체를 천하에서 멸절하리니 땅에 있는 자가 **다 죽으리라.**

다곤 :[1712]: דָּגוֹן :(다곤)

[유래:1709]: דָּג:(다그) **"큰고기"** :아스돗에서 블레셋 사람들이 섬기던 물고기 우상. **"다곤"** (삿16:23, 삼상5:2, 대상10:10)

[주] :블레셋 풍요의 신, 머리와 손은 사람의 모습이며 나머지는 물고기의 모습을 가진 우상

> 삿16:23절 블레셋 사람의 방백이 가로되 우리의 신이 우리 원수 삼손을 우리 손에 붙였다 하고 다 모여 그 **신 다곤에게** 큰 제사를 드리고 즐거워하고

다니엘 :[1840]: דָּנִיֵּאל :(다니엘)

:-"하나님의 재판관" :두 이스라엘 사람의 이름.

[주(註)] 1)갈멜 사람 아비가일이 다윗에게 낳은 둘째 아들. 2)다니엘 선지자.(처음으로 바벨론의 볼모로 잡혀간 가장 위대한 선지자 중 네번째 선지자, 꿈을 해석하는 은사로 바벨론 황제의 제2인자가 되었고 발베론 왕국에서 바사 왕국 때까지 살았다.)

[단어 구성] [1835] דִּין :(단) **판관** + [0410] אֵל :(엘) **하나님 =하나님의 재판관**

> 대상 3: 1절 다윗이 헤브론에서 낳은 아들들이 이러하니 맏아들은 암논이라. 이스르엘 여인 아히노암의 소생이요. 둘째는 **다니엘이라.** 갈멜 여인 아비가일 의 소생이요.

다락방 :[5944]: עֲלִיָּה :(알리야)

:-**지붕방. 다락방. 다락.**(삿3:20, 렘22:13) 문루.(삼하18:33) **계단. 사닥다리.**(대하9:4) **누(樓). 누각**(樓閣)(느3:31, 시104:3, 13)

> 왕상17:19절 엘리야가 저에게 그 아들을 달라 하여 그를 그 여인의 품에서 취하여 안고 자기의 거처하는 **다락에 올라** 가서 자기 침상에 누이고

다르다 :[0312]: אַחֵר :(아헤르)

:-**다른**(창26:21, 왕상3:22, 사28:11) 또다른(처음을 따라가는 두 번째에 대한 쓰임) [유래:0309]:(아하르) :-뒤떨어지다. 지연되다. 머물러있다(창32:4-5) 지체되다.(삼하20:5) 더디하다(출22:29) 늦다(시1272) **[명]** 남(출22:5, 잠5:9) 좌편(대하3:11)

> 출20: 3절 너는 나 외에는 **다른** 신들을 네게 있게 말지니라.

다른 :[히:0312] : אַחֵר :(아헤르)

:다음. 다른, 또 하나, 뒤따르는(배움에 이르게 하는 구원의 진리)
[헬:0243] ἄλλος:(알로스) :(형·목·남단): ἄλλον:(알론) :-다른, another.

따르다 :[7291]: רָדַף :(라다프)

:추격하다. 따르다. 쫓다. 따라가다.(창35:5, 출14:4, 레26:8, 수2:7,) **[니팔]** 추적을 받다.(전3:15) **[피엘]**~을 따르다.(잠12;11) 박해하다.(잠13:21) **[푸알]** 흩어지다(사17:13) **[히필]** 추적하다.(삿20:43)

> 수 2:16절 라합이 그들에게 이르되 두렵건대 **따르는** 사람들이 너희를 만날까 하노니 너희는 산으로 가서 거기 사흘을 숨었다가 **따르는** 자들이 돌아간 후에 너희 길을 갈지니라.

다림줄 :[0594]: אֲנָךְ :(아나크)

:다림줄(벽 쌓을 때 사용하는 측량줄) 추. 납추. [유래: **"좁다"**라는 사용하지

않는 어근에서 유래] (슥4:10절 여호와의 눈)

> 암 7:7-8절 (8)내게 이르시되 아모스야 네가 무엇을 보느냐 내가 대답하되 **다림줄이니이다.** 주께서 가라사대 내가 **다림줄을** 내 백성 이스라엘 가운데 베풀고 다시는 용서치 아니하리니

다메섹 :[1834]: דַּמֶּשֶׂק :(담메세크)

:-**다메섹.** (시리아의 도시. 고대 무역 도시로 예루살렘 북동쪽 205km(130 마일)의 헐몬 동쪽 평지에 위치.) [주(註)] 아브라함의 종 "엘리에셀"이 출생한 고향 다메섹.

> 창15: 2절 아브람이 가로되 주 여호와여 무엇을 내게 주시려나이까? 나는 무자하오니 나의 상속자는 이 **다메섹 엘리에셀이니이다.**

다스리다 :[7287]: רָדָה :(라다)

:-다스리다. 정복하다. 통치하다. 지배권을 가지다. 지배하다.(창1:28, 레26:17, 왕상4:24, 시68:28, 사14:6) 짓밟다(시49:15, 욜4:13) **[명]** 고관(시68:27) 주권자(민24:19)

> 창 1:26절 하나님이 가라사대 우리의 형상을 따라 우리의 모양대로 우리가 사람을 만들고 그로 바다의 고기와 공중의 새와 육축과 온 땅과 땅에 기는 모든 것을 **다스리게 하자** 하시고

다시(두번) :[히:8145]: שֵׁנִי :(쉐니)

:-둘째. 두 번째.(창1:8, 출1:15,) **[부사]** 다시. 두 번.(창22:15) [원형:8138]: שָׁנָה: (샤나) : 반복하다.(왕상18:34) 다르다(에1:7, 3:8) 옮기다(에2:9) 변화하다(말3:6) **[주(註)]**만왕의 왕 또는 신랑되신 어린양으로 변화하셔서 다시 오심을 뜻함.

다시 오리라 : שֵׁנִי :(쉐니) + אָתָה :(아타)

:-만왕의 왕께서 영원한 나라를 위해 다시 오실 것을 동의하다. [참조] **"강림"** [히:3381]: יָרַד:(야라드) :내려오다. 내려가다.

다윗 :[1732]: דָּוִד :(다비드)

:-**"사랑함"** : 이새의 말째 아들 다윗(삼상16:13) 이스라엘의 두 번째 왕 다윗 (룻4:17, 22, 삼상16:13, 19-23, 18:1-30)

단 :[1835]: דָּן :(단)

:-판관(判官)(창30:6절) :야곱의 다섯째 아들(라헬의 여종 빌하의 첫째 아들) 야곱의 후손 12지파 중 단의 지파.

단련 :[2212]: זָקַק :(자카크)

:-당기다. 묶다. 정제하다. 정련하다. 단련하다(욥28:1, 말3:3, 대상28:18, 시 12:7) **[은유]** 추출하다. 깨끗하게 하다. 순화하다.
[주(註)](성령의 검)말씀을 들으므로 우리의 심령을 쪼개 거룩하게 하는 것 을 זָקַק :(메주카크)"라 한다.(참조: 히:4:12절)

단장(丹粧)(치장, 화장) [히:5716]: עֲדִי :(아디)

:-장신구. 장식.(출33: 4절 사61:10절)
[해석]: "עַד"는 ע(눈)과 ד(문)을 합한 단어로 **"증인"**이라는 뜻이다. 여기에 י(주님의 손)을 합하면 뜻이 **"하나님 능력의 증인들"**이 된다. ("**70**" 숫자 값은 **"하나님 시간. & 주의 날"**을 뜻함.)
[어원:5710] (유래)עָדָה :(아다) :-전진하다. (사역동사)제거하고 꾸미다.(장성한 신부로 단장하다).
[주] :하나님 뵙고 주의 날을 위해 능력으로 준비된 **"증인 : עֲדִי :(아디)"**를 뜻한다.

달 (날):[2320]: חֹדֶשׁ :(호데쉬)

:-월. 달. 개월. 새달. 초순(출19:1, 민29:6) 월삭. 음력9창8:5, 29:14, 출13:5,민 11:20)

출12: 2절 이 **달로** 너희에게 **달의** 시작 곧 해의 **첫** 달이 되게 하고

"달" (해,달):[3394]: יָרֵחַ :(야레하)

:-달. 월(月).(신4:19, 수10:12-13, 왕하22:5, 시72:5)

창37: 9절 요셉이 다시 꿈을 꾸고 그 형들에게 고하여 가로되 내가 또 꿈을 꾼즉 **해와 달과 열한 별**이 내게 절하더이다. 하니라.

딸 :[1323]: בַּת :(바트)

:-딸. **[은유]** 손녀(창36:39). 자녀(창5:4, 민18:11) 여자(창31:1,민25:1,) 여인(창36:2, 레18:17) 공주(삼하13:18) 처녀(애1:15) **[비유]** 암양(레14;10, 민6:14) 촌락(민21;25) 마을(민32:42, 수15:45 삿11:26, 대상5:16) 동네(대상18:1, 대하13:19) 눈동자(시17:8, 애2:18)

창 6: 1절 사람이 땅 위에 번성하기 시작할 때에 그들에게서 **딸들이** 나니

담대 :[0553]: אָמֵץ :(아마츠)

:-강하다. 힘세다(삼하22:18, 시142:6) 용감하다(신31:7) [피엘] 강하게 하다(신3:28) 힘을 키우다(사44:14) 회복시키다(대하24:13) [히필] 강하게 하다. [힛파엘] 경계하다. 강해지다(왕상12:18, 대하13:7)

수 1: 6절 마음을 강하게 하라 **담대히 하라.** 너는 이 백성으로 내가 그 조상에게 맹세하여 주리라 한 땅을 얻게 하리라.

담무스 :[8542]: תַּמּוּז :(탐무즈)

:-**담무스** :베니게(페니키아)의 우상 신(神). :-그리스의 신(神).

겔 8:14절 그가 또 나를 데리고 여호와의 전으로 들어가는 북문에 이르시기로 보니 거기 여인들이 앉아 **담무스를** 위하여 애곡하더라.

땅 :[0776] : אֶרֶץ :(에레쯔)

:-(1)①(확고하다)**토지. 땅. 도시. 국가.** ②모든 피조물. ③땅 어두운 속.

[해석] הַ (베하-접·정관) + אֶרֶץ ((아레쯔-땅/ 나라) :-변화된 새 생명의 땅을 뜻한다.

[주(註)] :하나님께서 성도들을 낚시바늘로 소유하여 근원이 회복되게 할 "땅을: אֶרֶץ(에레쯔)"라 한다. [히] הַאֶרֶץ (베하 아레쯔)-새롭게 변화된 땅.

(2)[0127] : אֲדָמָה(아다마하) ;-땅(흙으로 만든 몸). 토지(경작된 땅). [주(註)] :하나님께서 (생명)말씀으로 깨닫게 하셔서 양의 문(첫 사람 아담)안에 살아가는 곳을 "אֲדָמָה:(아다마하)"라 한다.

[헬:1093] : γη'(게):-흙. 경작할 수 있는 땅. 그리고 세상을 의미하기도 한다.

> 레20;22-24절 (24)**땅을 기업으로 받는 다**는 비유적으로 새 하늘과 새 땅의 미래적인 천국을 의미하는 **"하나님 나라와 우리 안에 천국 된 심령 땅"**을 의미하는 것이다.

대(臺) :[4026]: מִגְדָּל :(미그달)

:-탑(창11:4) 망대(삿8:9, 9:46) 성(城)(대상27:25) 망루(望樓)(왕하9:17) 산성(대상 27:25) 높여진 단. 강단(느8:4) 높인 침대(아5:13)

> 창11: 4절 또 말하되 자, **성과 대를 쌓아** 대 꼭대기를 하늘에 닿게 하여 우리 이름을 내고 온 지면에 흩어짐을 면하자 하였더니

때 :[6256]: עֵת :(에트)

:-시간. 기회(욥22:16, 잠15:23, 전3:11, 사60:22) 때. 철(레26:4) 기한(期限)(스 10:14) 날(렘27:7) [부사] 지금. 아무 때나. 때때로(레16:2, 대하24:11)

> 신11:14절 여호와께서 너희 땅에 이른비, 늦은비를 적당한 **때에** 내리시리니 너희가 곡식과 포도주와 기름을 얻을 것이요.

> 렘 5:24절또 너희 마음으로 우리에게 이른 비와 늦은 비를 **때를 따라** 주시며 우리를 위하여 추수 기한을 정하시는 우리 하나님 여호와를 경외하자 말하지도 아니하니

데라 :[8646]: תֶּרַח :(테라흐)

;-아브라함의 아버지.

[주] :십자가 은혜로 구원에 이르러 근원이 되는 자라는 뜻, "תֶּרַח :(테라흐)"라 한다.

도성 :[히:5892]: עִיר :((아이르)

①도시. 성읍. ②흥분. 고통. ③[원형:5782] עוּר (우르) -일어나다. 들어 올리다.

[주(註)] :하나님 보시기에 좋은 근원이 되도록 지배하는 곳을 "עִיר :(아이르)"라 한다.

독수리 :[히:5404]: נֶשֶׁר :(네쉐르)

(복수형)(נְשָׁרִים :네사림) :-독수리.(출19: 4절 내가 어떻게 독수리 날개로 업어 내게로 인도하였음을 너희가 보았느니라)

[주]:물고기들을 우두머리께서 함께하셔서 올바르게 하는 것을 "נֶשֶׁר :(네쉐르)"라 한다.

돌 :[0068]: אֶבֶן :(에벤)

:**돌. 홍옥. 보석. 호마노.**(창2:12, 49:24, 출28:10)

[0072] אֶבֶן הָעֵזֶר :(에벤 에젤) :-**성벽. 반석**(느4:3) **도움의 돌** :하나님이 여기까지 도우셨음을 기념하기 위해 사무엘이 세운 돌.(삼상7:12)

돌리다 :[3051]: יָהַב :(야하브)

;-주다, 제공하다, 드리다.

[주(註)] :아버지의 손에 이끌려 부(父)집 안에서 생령이(살아있는 자) 되어 드리는 것을 "יָהַב :(야하브)"라 한다.

- 107 -

동물(살아있는) :[히:7431] רֶמֶשׂ :(레메쓰)

:-기는(파충류)것. 움직이는(생물)것. [어원7430]: רָמַשׂ :(라마쓰) :-미끄러지다. 네 발로 기다. (또는 총총걸음으로)움직이다.
[주(註)] :하나님의 창조의 올바른 근원이 되도록 말씀으로 단련되어야하는 것(속성)이, 동물이다.

동침(同寢) :[히:3045] יָדַע :(야다아)

:-알다(속속들이 알다. 체험적 지식을 알다. 깊이 이해하다.)

*"동침하매"는 육체적 관계를 뜻하기도 하지만 영적으로 서로를 속속들이 아는 지식으로 아버지의 영원한 약속된 나라에 들어갈 수 있다는 계시의 말씀이다.(엡5:23~30절)

동편 :[6926] : קִדְמָה :(키드마)

:-동편. 전방. 동쪽. 앞으로. [원형:6923]: קָדַם :(카담):-(피)앞서다. 앞서가다. 영접하다. (히필)만나다.

두려워 :[히:3372] :יָרֵא :(야레)

:-두려워하다. 경외하다.(출 1:17절)
-우리는 출애굽기에서 하나님을 두려워한다는 것이 어떤 의미인지를 정확히 알 수 있는 훌륭한 예시를 찾을 수 있다. 이스라엘 민족을 멸종시키려고 했던 애굽 왕, 바로가 산파들에게 유대 남자 아이를 모두 죽이라고 명했던 사건에서 엿볼 수 있다. 하지만, 십브라와 부아, 두 명의 산파는 이 명령을 어는 것은 "산파들이 하나님을 두려워하여(הַיָּראָ:하이라)"

-히브리어에서(하나의 단어가 문장의 의미를 바꿀 수 있다)
"하나님의 두려움"이라는 단어 이라(הַיָּראָ)는 공포의 의미와는 다른 특별한 단어로 "우리에게 경외심을 갖도록 가르치는 단어"로서, 용감한 산파들은 "하나님에 대한 경외심"을 가지고 있었기 때문에 바로의 명령을 그들이 따르지 않았던 것이다.
예수님도 가르침을 전하실 때 "이라(הַיָּראָ)"라는 단어를 사용하셨다. "(마

10:28절)몸은 죽여도 영혼은 능히 죽이지 못하는 자들을 **두려워하지** 말고 오직 몸과 영혼을 능히 지옥에 멸하실 수 있는 하나님을 **두려워하라.**"
  여기서 두려움은 단지 하나님을 존경하거나 두려워하라는 명령이 아닌, "**하나님을 경외하라.**"는 뜻이다.

두루마기 :[3830]: לְבוּשׁ :(레부쉬)

:-**의류, 겉옷, 의복.** (함축적-완곡어법:-아내의 예복.) [원형:4403] הַמַּלְבּוּשׁ :(하말부쉬) :-의상, 겉옷, 예복, 호화로운 옷.

[해석] (관)ה(~의/ 위하여) + הַמַּלְבּוּשׁ :(하말부쉬) :-겉옷 (신부)예복. -내가 입을 거룩한 신부의 옷같이 아름답고 깨끗한 혼인 예복을 두루마기 "הַמַּלְבּוּשׁ :(하말부쉬)"라 한다.

둘. 2 :[8147]: שְׁנַיִם :(쉐나임)

:-둘, 이, 2(연합). 두 번째.
[주(註)] :(육신)땅을 올바르도록 권능의 충만한 말씀과 연합할 성령 충만할 수를 "שְׁנַיִם:(쉐나임)"이라 함.

듣는 자들 :[히:8085]: שָׁמַע :(샤마)

:-듣다. 경청하다. 주목. 소집하다. 순종.(창 3:10절 신 6:4절)
[헬:0191]: ἀκούω :(아쿠오) :-듣다. 청취하다. 순종하다.

[주] :성령의 충만한 지혜의 말씀으로 온전하게 하는 태도를 "שָׁמַע:(샤마)"라 한다.
그래서 계시록의 7교회에게 하시는 권면의 말씀이 "귀 있는 자는 성령이 하시는 말씀을 들을 지어다."라고 하신 말씀이 "שָׁמַע:(샤마)"를 뜻한다.

들어가다 :[히:0935] : בּוֹא :(보)

:-들어가다. 오다. 가다. 통과하다. 성취하다. 침범하다.

[주(註)] :아들이 건설한 하나님 거처에 변화되어 들어가는 것을 "בֹוא:(보)" 라 한다.(이 음성을 들을 수 있는 귀가 있는 자들은 새 예루살렘 성에 들어가게 됨.)

[헬:1525]: εἰσέρχομαι :(에이셀코마이) :-(~통해)들어가다. 들어오다.

[해석][합성어][1519] : εἰς:(에이스):(전치사) ①[장소] ~향하여, ~안에, ②[시간] 그 날까지, 때에 이르러 ③[목적] ~가다. 인도하다. + [2046]: ἐρέω :(에레오) : 말씀하다. 명령하다. 대화하다. 부르다. :-**하나님의 거룩한 성전으로 들어오 라고 부르시다.**

들음 : יִשְׁמַע :(이쉬마)

 =יִ(접두칼동)[8085] שָׁמַע:(샤마) (미3남단) :-듣다. 경청하다. 순종하다. 준행하다.(창3:10, 26:5, 신5:23, 30:2) 청종하다(신4:30, 수1:17)

[주(註)] :땅에서 성령으로 올바르게 하시려고 진리의 말씀을 듣게 하는 것을 뜻함.

등(燈) :[5216]: נִיר :(니르)

 ;-등불. 빛.(상징적-촛불, 등불, 빛) (출27:20, 삼상3:3, 삼하22:29, 왕상11;36, 왕하8:19)=[어원5214](여성) נֵרָה(네라) ;-**반짝이다'** (출25:37절 등잔 일곱을 만들어 지성소 상 위에 두어 비추게 하라.)

[주(註)] :물고기를 근원(θ형상)으로 살리는 **"능력"**을 등불이라 한다./ 또는 נִר(니르) 또는 [기본5135](유래) נוּר (누르) ;-불, 태우다.] (단3:6, 11, 7:9-10)

뜻(하나님의 뜻) :[히:7522] רָצוֹן :(라촌)

[부] 뜻대로/ 기쁨. 은혜. 은총. [형] 기쁨. 만족. 의지. 즐거움.

[원형:7521]: רָצָה:(라차);- ~을 기쁘게 여기다. 특별히 빚을 갚다.(즐거워하다, 찬성하다)(대상28;4, 대하10:7,) 은혜를 베풀다.(시85:1, 77:7) (스10:11절 "하나님 뜻대로")

[주(註)] :(하나님)근원되는 법으로 물고기를 낚시 바늘로 잡아 변화하도록

하는 것을 "רָצׂון:(라촌)"이라 한다.

-요 6: 39절(헬역) '나를 보내신 이의 뜻을 행하려 함이니라. 나를 보내신 이의 뜻은 내게 주신 자 중에 내가 하나도 잃어버리지 아니하고 마지막 날에 다시 살리는 이것이니라. (40)내 아버지의 뜻은 **"아들을 보고 믿는 지마다 영생을 얻는 이것이니"** 마지막 날에 내가 이를 다시 살리리라 하시니라.'

등대 :[4501]: מְנׂורָה:(메노라)

:-촛대. 등잔대.(성막 안에 밝히는 금등잔(그리스도의 교회)을 뜻함.) [어원:4500]: מָנׂור:(마노르) :-멍에. 속박. 쟁기. 배틀 채.(유래:5214: 땅을 쟁기로 엎다. 갈아 경작하다.)

출25:31절 너는 정금으로 **등대를** 쳐서 만들되 그 밑판과 줄기와 잔과 꽃받침과 꽃을 한 덩이로 연하게 하고

등불(잔) :[5216]: נִיר:(니르) & (여성형) נֵרָה:(네라)

:(자녀들에 대한 상징) **등불 촛불. 등잔. "반짝이다."**에서 [유래:5135]: נָכַר:(네케르) :-빛나다. 타다.(출25:37절 민 4:9절 시18:28절 잠20:27절)

출25:37절 **등잔 일곱을** 만들어 그 위에 두어 앞을 비추게 하며
시119:105절 주의 말씀은 내 **발에 등이요** 내 길에 빛이니이다.

띠 (帶) :[2296]: חָגַר :(하가르)

:-허리띠를 매다. 띠를 매다. 띠를 띠다. 동이다. 차다.(신1:14, 출29:9, 삼상 2:18, 삼상25:13, 사15:3, 겔44:18,)

출12:11절 너희는 그것을 이렇게 먹을지니 **허리에 띠를 띠고** 발에 신을 신고 손에 지팡이를 잡고 급히 먹으라 이것이 여호와의 유월절이니라.

[한글 ㄹ자]

라가(욕설) :[히:7386] : רֵיק :(레크)

:-(형용사)가치 없는, 무익한. 텅빈. 헛된. 무가치한. **[명]** 방탕(잠28:19)

[헬:4469] : ῥακά :(흐라카) :-어리석은 사람. 머리가 텅빈. 비방하는 말.(창 41:27, 삿7:16, 신32:47,)

[주(註)] :(부정사)신랑과 연합하는 것과 거룩한 말씀으로 거룩한 신부로 단장하여 여호와의 은혜가 충만하지 못하게 하는 것을 "רֵיק :(레크)"라 한다.

라마 :[히:4100]: מָה :(마)

:-[의문·대명사] 무엇을. 어찌하여, 어떻게, 무엇 때문에,(살리시는 말씀 때문에)(창4:10, 사38:15) **[부정·대명사]** 어떤 것. 무엇이든지(삼하18:22,욥 13:13, 잠9:13) **[관계·대명사]** ~것은(민23:3-4) **[의문부사]** 왜. 얼마나, 많이 (창28:16, 민24;5)

[헬:2982] : λαμά :(라마) :-어찌하여, 무엇,

> 마27:46절 Ηλι ηλι λαμά σαβαχθάνι :엘리 엘리 라마 사박다니/ **나의 하나님, 나의 하나님, 어찌하여 나를 버리셨나이까?**

라멕 :[3929] : לֶמֶךְ :(레메크)

:- **"노아"의 아버지.**(셋으로 7대손이다. 창4:18-21절)

[주(註)] :양육할 능력의 말씀으로 사역할 자를 **"라멕"**이라 한다.(창 5;25, 26, 대상1:4)

라반 :[히:3837] : לָבָן :(라반)

:-리브가의 오빠, 레아와 라헬의 아버지/이스라엘 백성의 광야 진지. (창24:29)

[주(註)] :여호와의 거처에 영속할 수 있도록 가르치는 자를 "לָבָן :(라반)"이라 한다.

라합 :[히:7343] רָחָב :(라하브)

:-자랑하는, 가나안 여인 라합. 여리고의 기생.(욥9:13)

[주(註)] :우두머리와 연합하여 구원 받아 하나님 거처에 거하는 뜻을 " רָחָב :(라하브)"라 한다.(수2:1-8, 마1:5, 히11:31,약2:25)

라헬 :[히:7354] : רָחֵל :(라헬)

:-(동사:여행하다.)야곱의 아내. 암양. 어린양.(창29:6, 9, 10, 렘31:15)

[주(註)] :(우두머리)근원과 연합하여 성령 충만하므로 구원의 울타리(자궁)을 "רָחֵל :(라헬)"이라 한다. (창30:22-24절 하나님이 태를 여신고로 아들을 낳고 나의 부끄럼을 씻으셨다.)

랍비 :[히:7227](형용·부사·명·남): רַב :(라브)

:-(양, 크기, 나이, 수, 지위)풍부한, 충분한(창26:14,민32:1, 수17:14) **[대명·접미]** 존칭 나의 선생님/ (언어력)[3878] : לֵוִי :(레비) **레비이.**("레위" 헬라식 발음에서 변형된 것으로 판단됨.) (창29:34, 34:25, 35:23)

[헬:4461] : ῥαββί :(흐랍비) :-나의 위대한 자. 존경하는 자./ 유대인들의 선생 호칭.

레아 : [3812]: לֵאָה :(레아)

:-야곱의 아내/ [어원:3811] : לָאָה :(라아) :-지치다. 기진하다.

[분해] ל(라멘)소몰이**막대**(양육. 배움. 30)- א(알렙)**숫소·**(유일. 전능. 1.000)- ה(헤) **숨구멍**(호흡. 생령. 5) :-성숙한 아내로 유일하게 생령이 되다.(유다지파를 생산한 민족의 어머니)(창29:16, 30:9, 34:1,)

레위 : [3878]: לֵוִי :(레비)

:-달라붙은. 연합된, (야곱의 셋째 아들) [유래:3867]: לָוָה :(라바) :-꼬아 짜다. 결합하다. 연결하다.(창29:34절 34:25, 35:23, 출2:1절)

로뎀나무 :[7574]: רֶתֶם :(레템) & רֹתֶם :(로템)

:-**금작화. 떨기나무. 로뎀나무.**(왕상19: 4절 시120: 4절 장사의 날카로운 살과 로뎀나무 숯불이로다.) (진리의 말씀에 대한 증거)

롯 :[3876]: לוֹט :(로트)

:-하란의 아들, 아브라함의 조카.(창11:27,31, 12:4-5, 신2;9, 19, 벧후2;7)
[주(註)] : 장성하게 하는 지혜로 변화하게 하는 자를 "롯"이라 한다.

르우 :[7466]: רְעוּ :(레우)

;-(벨렉의 아들)르우 족장. (7453와 동일한 의미로 친구. 동료.)
[분해] ר(레쉬)머리(근원. 첫째. 으뜸)- ע(아인)눈(보다. 70(성령). 깨닫다)- וּ(와우)갈고리 (못. 연결, 변화) ;-(진리)근원의 은혜로 말미암아 변화하여 깨닫는 자라는 뜻으로 "רְעוּ:(레우)"라 한다.(창11:18-20, 대상1:25,눅3:35)

르우벤 :[7205]: רְאוּבֵן :(레우벤)

:-(레아가 낳은 야곱의 아들)**"아들을 보라."**

(합성어): (명령)[7200]: רָאָה :(라아) :보다. 감찰하다. 기쁘게 하다. + [1121]: בֵּן: (벤) :**아들.** :-"기쁘게 하는 아들을 보라." (창30:14, 35:22-23, 출1:2, 6:14, 신11:6, 대상2:1-5,)

> 창29:32절 여호와께서 나의 괴로움을 권고하셨으니 이제는 내 남편이 나를 사랑하리로다.

르우엘 : [7467]: רְעוּאֵל :(레우엘)

:-**"하나님의 친구"**(창36:4, 10-17, 민10:29, 대상1:35-37,)

(합성어)[7466](동사): רְעוּ :(레우)**친구.** (홍수이후)**족장.** + [0410]: אֵל :(엘)**하나님.**

전능자. :-하나님의 친구.

> 창36: 4, 10절 출 2:18절 모세의 장인 **"이드로"**

르호보암 :[7346] : רְחַבְעָם :(레하브암)

:-백성이 넓게 했다. 솔로몬아들. 유다왕.(왕상11:43, 12:1-6, 대상3:10,) (합성어)[7337] רָחַב :(라하브) :넓히다. +[5971] עַם :(암) :백성. 지파. 민족. 무리.

[해석] רָחַב :(라하브) :우두머리의 연합하여 성전 안에서 + עַם :(암) :말씀의 빛을 바라보는 백성들을 " רְחַבְעָם :(레하브암)"이라 한다.

리브가 :[7259]: רִבְקָה :(리브카)

:-(아름다움으로)붙들어 맴. 이삭의 아내 리브가.(창22:23, 24:15, 25:20-21)
[주(註)] :브두엘의 딸. 라반의 누이. 이삭의 아내. 에서와 야곱의 어머니.

리워야단 :[3882]: לִוְיָתָן :(리브야탄)

:-**"휘감는 동물"** 구렁이. 리워야단. 바다괴물. 용(龍). 악어. 큰 바다 괴물.
(욥3:8, 40:25) [비유] 사나운 적(시74:14, 104:26, 사27:1,)

> 사27: 1절 그 날에 여호와께서 그 견고하고 크고 강한 칼로 날랜 뱀 리워야단
> 곧 **꼬불꼬불한 뱀 리워야단**을 벌하시며 바다에 있는 용을 죽이시리라.

[한글 ㅁ자]

마곡 :[4031]: מָגוֹג :(마곡)

:-야벳의 아들. 야벳의 후손들, (창10:2, 대상1:5, 겔38:2, 39:6, 계20:8)

> **겔38:2-3절 (2)** 인자야 너는 **마곡** 땅에 있는 곡 곧 로스와 메섹과 두발 왕에게로 얼굴을 향하고 그를 쳐서 예언하여

마귀&사탄 :[히:7854]: שָׂטָן :(사탄)

:-**사탄. 대적자**.(욥 1: 6절 시71:13절 눅 4:2절 딤전 3:11절) [헬:1228]: διάβολος :(디아볼로스) :-사탄. 거짓 비방자. 모략자. 악마.

[주(註)] : 하늘에서 올바르게 가르쳐야 할 물고기(구원받을 영혼)들을 거짓 지혜를 보게 하는 자를 "שָׂטָן:(사탄)"이라 한다.

(메)마르다 :[3001]: יָבֵשׁ :(야베쉬)

:-**메마르다. 마르다. 말라 버리다**. (욥15:30, 잠17:22, 나1:4) 수치를 당하다(사30:5, 렘2:26) 부끄러워하다.(렘6:15, 욜1:11,슥10:5) 시들다(욜1:12. 욘4:7)

> 창 8: 7절 까마귀를 내어 놓으매 까마귀가 물이 **땅에서 마르기까지** 날아 왕래 하였더라.

마므레 :[4471]: מַמְרֵא :(마므레)

:-**활력있다. 강한**. (창14:13, 24, 23:17, 35:27 욥:39:18)

[유래:4754]: מָרָא :(마라) :-(강한자의 횡포)배반하다. 학대하다.(채찍질하다. 때리다)

[주(註)] 아브라함과 동맹을 맺은 한 아모리 사람/ 팔레스타인의 마므레의 땅(아브라함의 상수리나무 무덤이 있는 곳)

> 창13:18절 이에 아브람이 장막을 옮겨 헤브론에 있는 **마므레** 상수리 수풀에 이르러 거하며 거기서 여호와를 위하여 단을 쌓았더라.

마술 (사):[3785]: כֶּשֶׁף :(케세프)

:-요술. 마법. 사술. 마술.(나3:4, 행8:9, 19:13, 19)

나 3: 4절 이는 마술의 주인된 아리따운 기생이 음행을 많이 함을 인함이라 그가 그 음행으로 열국을 미혹하고 그 마술로 여러 족속을 미혹하느니라.

마술사 :[3049]: יִדְּעֹנִי :(이데오니)

:-아는 자. 마술사. 신접자.(사8:19, 19:3)

사 8:19절 혹이 너희에게 고하기를 지절거리며 속살거리는 신접한 자와 **마술 사에게** 물으라 하거든 백성이 자기 하나님께 구할 것이 아니냐 산 자를 위하여 죽은 자에게 구하겠느냐? 하라.

마시다 :[8248]: שָׁקָה :(샤카)

:-마시게 하다. 적시다. 마시다. 물을 먹이다. 주다. (창19:32, 24:46, 29:3, 민20:8, 시60:3, 렘8:14) [분사] 술잔을 따라주다.(창40:1, 21, 41:9)

창21:19절 하나님이 하갈의 눈을 밝히시매 샘물을 보고 가서 가죽부대에 물을 채워다가 그 아이에게 마시웠더라.

마음 :[3824]: לֵבָב :(레바브)

:-**마음**(창20:5절) **의지**(출35:22절) **심정**(신4:29절 6:5절). **심장.**

[주(註)] : 하나님의 법을 교육받아 하나님의 거처로 세우는 곳을 "לֵבָב:(레바브)"라 한다

[마음] :[3820]: לֵב:(레브) :-히브리어로 **심장**을 의미하는 לֵב:(레브)는 다양한 종류의 인간의 인격을 표현하는 예.

• 존귀한 사람은 *야샤르-레브* : לֵב:(레브) [3477]: יָשָׁר:(야쇠르) :-마음이 정직한 자.(시 7:10)
• 완고한 자는 *카쉐-레브* 라 칭합니다. -"마음이 굳어"(겔. 3:7)
• 교만한 자는 *게바-레브*의 죄입니다. -"높아진 마음"(잠. 16:5)
• 정직하지 못한 자는 *레브 바-레브*를 가진 자이다. **"마음과 마음"** &**"두 마음"**(시12:3)
• 용감한 사람은 *아미츠-레브* 라 함 -"(굳센)용사의 마음"(암 2:16)

마지막 :[0314]: אַחֲרוֹן :(아하론)

:-뒤편에, 후자에, 늦은, 다음의(출4:8, 시48:14, 욥18:20) **마지막**(삼하23:1, 사44:6, 느8:18) **나중**(룻3:10, 삼하19:12) 처음부터 **끝까지**(대상29:29) **둘째**(출4:8)

[주(註)] 히브리어에 나타난 **처음과 마지막**에 대한 계시의 단어 א:(알렙) : 첫 글자. 처음. 하나님"의 뜻 글자를 **처음**이라 하며 ת:(타브) : 십자가. 인. 언약. 완성. 끝."을 **마지막**이라 한다.

> **사44: 6절** 이스라엘의 왕인 여호와, 이스라엘의 구속자인 만군의 여호와가 말하노라. 나는 처음이요 나는 마지막이라 나 외에 다른 신이 없느니라.

마침내 :[0319]: אַחֲרִית :(아하리트)

:-**[동]** 마치다(단8:19) **[명·여]** 후일. 종말(민23:10, 신32:20, 사46:10) 끝날(신4:30, 겔38:16) 마침내. 나중(욥8:7, 잠 29:21) 남은자(겔23:25, 암4;2, 9:1)
[주(註)] : 여호와 하나님께서 처음 언약하신 구원의 진리를 마침내 완성하시다.

> **신 8:16절** 네 열조도 알지 못하던 만나를 광야에서 네게 먹이셨나니 이는 다 너를 낮추시며 너를 시험하사 **마침내 네게 복을 주려** 하심이었느니라.

마할랄렐 :[4111]: מַהֲלַלְאֵל :(마할렐렐)

:-(형용사)**힘 힘센**(신과 같은 사람). (אֵל(미완·관·명) :-힘센 자로 가르칠 자.) [원형:4110]: מַהֲלָל:(마할랄)에서 유래 ;-**칭찬. 자랑. 찬양**의 뜻이 있다.(잠27:21)

[주(註)] מַהֲלָל:(마할랄) **칭찬. 자랑. 찬양** + אֵל(엘) :-신(神)과 같은 힘센 자로 자랑하다. (창5:12, 느11:4,) 또는 성령 충만하여 찬양으로 영광 돌리는 자.

> ※ אֵל(엘)은 (관계 대명사/ 전치사/ 목적어)에서 사용됩니다. "~을, ~를, 또는 ~과 함께" :-하나님에 의해서 낳음의 표(票)를 뜻함으로 사용함.

만국 :[4467]: מַמְלָכָה :(마믈라카)

:-왕국. 왕(주권). 통치. 지배(支配)(수10:2, 삼상27:5, 28:17, 왕상11:11,

14:8) [유래:4427]: מָלַךְ :(말라크) :-다스리다(창36:31) **왕이 되다**(삼하15:10, 왕상6:1, 대하10:17) **치리하다**(왕상2:11) **통치하다**(대상16:13)

[주] θ의 성령의 말씀으로 연합하여 살려야할 나라들을 "מַמְלָכָה :(마믈라 카)"라 한다.

만군 :[6635]: צָבָא :(체바)

:-집단. (전쟁을 위해 조직된 무리)군대. 무리(창21:22, 민31:53, 신24:5, 삼하8:16) **"하늘의 무리"/ "천사들의 무리."**(수5:14-15, 왕상22:19, 대하18:18, 시148:2)

[동사:6633]: צָבָא :(차바) : 회집하다. 싸우다. 수행하다. 소집하다. 전쟁하다. (민1:22, 26:2, 수22:33, 대하25:5)

> **왕상22:29절** 미가야가 가로되 그런즉 왕은 여호와의 말씀을 들으소서 내가 보니 여호와께서 그 보좌에 앉으셨고 **하늘의 만군이** 그 좌우편에 모시고 서 있는데

만나다 :[6293]: פָּגַע :(파가)

:-마주치다. 만나다. 충돌하다. 미치다(수16:7, 17:10, 19:11, 민35:19, 암5:19) 강권하다(룻1:16) 기도하다(욥21:15, 사53:12) **"언약하다"**(사64:4) **[히필]**(무엇인가)**담당시키다.**(사53:2) **간구하게 하다**(렘15:11)

> **창32: 1절** 야곱이 그 길을 진행하더니 하나님의 사자들이 그를 **만난지라.**

만들다 :[원형:6213] : עָשָׂה :(아사)

:-창조하다(창1;7, 16, 2:2, 3:1, 욥4:17, 잠8:22-31, 시96:5) 행하다. 만들다. 생산하다(창3:21, 8:6, 13:4, 출5:16, 신4:16,) 꾸미다.(창 6: 6절)

[주(註)]:집에서 영생을 얻기 위해 빛으로 올바르게 꾸미는 것이 "עָשָׂה :(아 사)"이다.

[파생] [6214] עֲשָׂהאֵל :(아샤엘) :-하나님께서 만드시다. **"하나님은 창조자"**

[주(註)] : 하나님의 거처를 위해서 하나님의 법도를 주셔서 올바른 학문을

연구(훈련)하여서 영생할 수 있도록 하시는 것이 "עֲשָׂהאֵל :(아샤엘)"의 창조(創造)다.

만민 : כל גּוֹי :(콜고이) [3605]: כל :(콜)

:-**모든 것, 전체** + [1472]: גּוֹי :(고이) :**백성. 나라. 이방**. :-(창20:4, 수3:17, 사60:12) 민족(창12:2, 신4:34, 수23:13) 만국(대상16:35)

[주(註)] 여호와와 연합하여 양육 받아 경배할 무리들을 "כל גּוֹי :(콜고이)"라 한다.

> **창18:18절** 아브라함은 강대한 나라가 되고 **천하 만민은** 그를 인하여 복을 받게 될 것이 아니냐?

만유(萬有) :[3605]: כּוֹל :(콜)

:-모든 것. 전부. 전체. 모두(창2:2, 5;5, 9:19, 출29:18, 신1:22, 사2:2,) **[한정되지않는 인칭명사]** 어느 것, 누구든지, 무엇이든지, **[부사]**항상. 함께. 전혀 (욥27:3, 시39:6)

[주(註)] 하나님과 연합하도록 거듭나게 양육할 모든 것을 "만유"라 한다.

> 대상29:11절 여호와여 광대하심과 권능과 영광과 이김과 위엄이 다 주께 속하였사오니 천지에 있는 것이 다 주의 것이로다. 여호와여 주권도 주께 속하였사오니 주는 높으사 **만유의** 머리심이니이다.

만족 :[7646]: שָׂבַע :(샤바)

:-만족하게 되다. 싫증나게 되다.(신31:20, 룻2:14, 사44:16,) 배불리다. 베부르다(신8:12, 사1:11 잠30:22, 호13:6) 가득하다(시88:3, 합2:16) **[비유]** 흡족함(시104:16, 잠30:16, 욜2:19) **[피엘]** 만족시키다.(겔7;19, 시90:14) **[히필]** 충족시키다.(시107:9, 81:17, 겔32:4)

[주(註)] 성령의 빛에 충만하여 안식을 누리다.

> 시105:40절 그들이 구한즉 메추라기로 오게 하시며 또 하늘 양식으로 그들을 **만족케** 하셨도다.

만홀(漫忽) :[5006]: נָאַץ :(나아츠)

:-멸시하다. 업신여기다. 비웃다. 경멸하다. 모독하다. 오만하다. (시107:11, 사60:14, 잠1:30, 렘33:24) **[피엘]** 거절하다. 깔보다.(민16:30, 사60:14) 악담하다.(삼하12;14) **[히필]** 거절당 하다. 무시 당하다(전12;5) **[힛파엘]** 무시하다. 더럽히다.(잠1:30)

> **사 1: 4절** 슬프다 범죄한 나라요 허물 진 백성이요 행악의 종자요 행위가 부패한 자식이로다. 그들이 여호와를 버리며 이스라엘의 거룩한 자를 **만홀히 여겨** 멀리하고 물러갔도다.

맏이 :[1419]: גָּדֹל :(가돌)

:-**큰**(크기, 수, 소리, 나이, 중요성)(창1:16, 신6:10, 왕상19:11) **강대한**(창18:18, 신4:38, 수23:9) **연장자**(창10:21) **교만**(시24:4)

> **창27:19절** 이삭이 나이 많아 눈이 어두워 잘 보지 못하더니 **맏 아들 에서를** 불러 가로되 내 아들아 하매 그가 가로되 내가 여기 있나이다. 하니

말씀하시다 : וַיֹּאמֶר :(바요메르)

(접동칼와3남단)[0559]: אָמַר :(아마르) :-**이르시다**(창12:12, 삼하18:12, 미3:1) **지시하다**(창22:3, 26:2) **말씀하시다**(창31:29,왕상2:4, 대상17:7) **간구하다**(신3:23, 왕상8:47, 대하6:37) **명령하다**(민15:38, 수11:9, 왕상11:18, 대하29:24) 하다.

[해석] (접) וֹ:(바브)**그리고**- אָ:(칼동사)~**하다** + [0559] אָמַר:(아마르)**말. 명령**(왕상11:18)

[주] וֹ:(바브)**갈고리**(못. 거듭남. 연결)- אָ:(칼동사)**손**(권능. 힘. 10)- אָמַר:(아마르)**말씀**(하나님의 근원의 말씀) :-거듭나게 하는 하나님의 충만한 권능을 "וַיֹּאמֶר :(바요메르)"라 한다.

말씀 :[히:1696]: דָּבַר :(다바르)

①(1442회) :-**말씀, 명령, 계명**,(시19:3절 창15:1절 신4:13절)
[헬:3056]: λόγος:(Logos :로고스) ;-(하나님) **말씀**(계시, 예언), **진리. 도**(교훈),
[주(註)] :(심령의) 문을 열어야 (새 하늘과 새 땅)새로 시작된 집에 들어갈 수

있는 것을 "דָּבָר:(다바르)"라 함. (출6:29, 민32:27, 36:5, 시5:7)

[해석]-ד(달레트-문)+בָר(바르-아들) ;-하나님 거처의 문 안에 들어가도록 하는 아들의 말을 "דָּבָר:(다바르)"라 함. (대상17 | 17, 시51:4, 사1:2)

②[8451]: תּוֹרָה:(토라) ;-명령, 율법. 계명. 말씀.(출13:9, 민31:21, 신17:11, 왕하10:31)

[주(註)] : 첫째 계명되게 하시는 십자가에 못 박히는 사랑의 언약의 말씀을 "תּוֹרָה:(토라)"라 함.

"ד"(דָּלֶת 달레트)– ד(달레트)문(길. 열다)- ל(라메드)소몰이 막대(법도. 익힘)- ת(타브)십자가(서명, 인(印) :하나님의 길은 십자가의 법도 "דָּלֶת:(달레트)말씀"이라는 것이다.

[해석] [1247] בַר(바르)는 "하나님의 집의 첫아들"이라는 뜻이다.(시2:12절 스5:2절). ד(달렙=문에 들어가는 십자가의 말씀) + בַר(바르=아들의 길)을 합한 단어이다. 즉. "דָּבָר:(다바르)성경말씀은 "하나님의 아들의 십자가의 길(말씀)"을 기록한 말씀이라는 것이다.

맑다 :[1249]: בַּר :(바르)

:-[형·명] 선택받은, 사랑받는(아6:9) 순수한, 빈, 깨끗한(아6:10, 시24:4, 73:1)

[유래:1305]: בָּרַר:(바라르) :-정화시키다. 고르다. 닦다. 선택하다. 제거하다. 깨끗하게 하다. [원형:1247]: בַּר :(바르) :[명남]"아들. 상속자"

아 6:10절 아침빛 같이 뚜렷하고 달 같이 아름답고 해 같이 맑고 기치를 벌인 군대 같이 엄위한 여자가 누구인가?

망령(妄靈) :[7723]: שָׁוְא :(샤브)

:-황폐하다. 동형에서 유래 [7722]: שׁוֹא :(쇼) :"돌진하다. 파괴하다. 패허가 되다."(욥30:14, 시35:17, 습1:15) [주(註)] [부정사] [7725]: שׁוּב :(슈브) :-회개. 돌이키다. 회복하다. 새롭게 되다.(창8:12, 18:33, 민10:36, 시54:7, 사29:17, 47:10) 돌아오다(레22:13, 사52:8)

출20: 7절 너는 너의 하나님 여호와의 이름을 망령되이 일컫지 말라. 나 여호와는 나의 이름을 망령되이 일컫는 자를 죄 없다 하지 아니하리라.

맡기다 :[5596]: סָפַח :(샤파흐)

:-①**엎드리다**(합2:36) **연합하다**(사14:1) **참여하다**(삼상26:19) **[니팔]** 더해지다(사14:1) **[푸알]** 모으다. 집합하다(욥30:7) **[핫파엘]** 합해지다. 더해지다.(삼상26:19)

> **삼상 2:36절** 네 집에 남은 사람이 각기 와서 은 한 조각과 떡 한 덩이를 위하여 그에게 엎드려 가로되 청하노니 내게 한 제사장의 **직분을 맡겨** 나로 떡 조각을 먹게 하소서 하리라 하셨다. 하니라.

②[1556]: גָּלַל :(갈랄) :-**옮기다.**(창29:3, 8, 29:10) **맡기다**(시37:5,잠16:3) "**구르다.**" **[파생]** 바퀴. 회오리 바람. 반지. 고리. **[니팔]** 회전하다. 구르다. 굽이치다.(암5:24)

> **시37: 5절** 너의 길을 **여호와께 맡기라.** 저를 의지하면 저가 이루시고

맹세(맹약) :[7650]: שָׁבַע :(샤바)

:-맹세하다. 맹약하다.(창21:31, 50:25, 민5;19, 레5:4, 신7;8, 삼상14:28, 겔21:28) 서원하다(민30:2, 시15:4)

> **창21:23-24절** (24)아브라함이 가로되 **내가 맹세하리라.** 하고

먹다 :[0398]: אָכַל :(아칼)

:-먹다. 삼키다. 태우다. 먹이다.(창3;11, 신12:15, 레26:38, 겔19:14,) **[전·명·남]** [3978]: מַאֲכָל :(마아칼) :-음식. 식물. 과일. 양식.("מ(멤)" :**음식/ 양식**이 되게 하는 것. 전치함)

> **창 2: 9절** 여호와 하나님이 그 땅에서 보기에 아름답고 **먹기에 좋은** 나무가 나게 하시니 동산 가운데에는 생명나무와 선악을 알게 하는 나무도 있더라.

멍에 :[5923]: עוֹל :(올)

:-멍에(민19:2, 신21:3, 삼상6:7,사9:3, 애3:27) **[유래:5953]**: עָלַל :(알랄):-**(1)**이삭을 줍다. 곡식을 모으다.(레19:10, 신24:21) **(2)**갈증을 풀다. 욕망을 만족케 하

다(삿19:25, 민22:29) **(3)완성하다. 이행하다.**(시141:4)

> **창27:40절** 너는 칼을 믿고 생활하겠고 네 아우를 섬길 것이며 네가 매임을 벗을 때에는 **그 멍에를** 네 목에서 떨쳐버리리라 하였더라.

메마른 :[6707]: צְחִיחָה :(체히하)

:-(햇빛 비춰서)건조한 땅. 타버린 땅. 바싹 마른. 시들은,(겔24:7-8, 26:4, 14)

> **시68: 6절** 하나님은 고독한 자로 가속 중에 처하게 하시며 수금된 자를 이끌어 내사 형통케 하시느니라. 오직 거역하는 자의 거처는 **메마른 땅이로다.**
>
> **사40: 6-8절** (6)말하는 자의 소리여 가로되 외치라 대답하되 내가 무엇이라 외치리이까? 가로되 모든 육체는 풀이요 그 모든 아름다움은 들의 꽃 같으니 **(7)풀은 마르고 꽃은 시듦은** 여호와의 기운이 그 위에 붊이라. 이 백성은 실로 풀이로다. **(8)풀은 마르고 꽃은 시드나** 우리 하나님의 말씀은 영영히 서리라하라.

메섹 :[4902]: מֶשֶׁךְ :(메쉐크)

:-(노아의 손자)야벳의 아들. 이스라엘 북쪽 백성의 조상.

[주(註)] :하나님의 말씀에 굴복하지도 올바르지 않는 자들을 "מֶשֶׁךְ :(메쉐크)"라 한다.(아르메니아 북부 지방에 거주하는 조상이다.) (창10:2, 시102:5, 겔27:13, 32:26)

메시아 :[4899]: מָשִׁיחַ :(마쉬아흐)

:-기름부음 받은 자.(이스라엘 왕의 호칭) (삼하1:21, 단9:25,)

[주(註)] : 말씀의 능력과 성령 충만하신 생명의 (구원)빛되신 분을 "מָשִׁיחַ:(마쉬아흐)"라 한다.

> **"그리스도"** :[헬:5547]: Χριστός :(크리스토스) :-기름부음 받은 자/ 메시야/ 그리스도. [5548:유래]: χρίω:(chrio: 크리오) 기름을 바르다./ (합성)[5530]: χράομαι:(크라오마이) :-(일을) 맡기다/ 사용하다/ 쓰다. =구원할 자로 쓰시려고 기름을 부은 자. 라는 뜻이다.

멜기세덱 :[4442]: מַלְכִּי־צֶדֶק :(멜르키 체데크)

:-[4428]: מֶלֶךְ :(멜레크) :**왕.** + [6664]: צֶדֶק :(체데크) :진리. 정의. 정직. 의로움.
(사45:19, 52:5, 신33:19) =**진리의 왕. 의의 왕. 샬롬의 왕**.(시110:4)

> **창14:18절** 살렘 왕 **멜기세덱**이 떡과 포도주를 가지고 나왔으니 그는 지극히 높으신 하나님의 제사장이었더라.

> **히 7: 1-3절** (1)멜기세덱은 살렘 왕이요 **지극히 높으신 하나님의 제사장이라** 여러 임금을 쳐서 죽이고 돌아오는 아브라함을 만나 복을 빈자라. (2)아브라함이 일체 십분의 일을 그에게 나눠주니라. 그 이름을 번역한즉 **첫째 의의 왕이요 또 살렘 왕이니 곧 평강의 왕이요.** (3)아비도 없고 어미도 없고 족보도 없고 시작한 날도 없고 생명의 끝도 없어 하나님 아들과 방불하여 항상 제사장으로 있느니라.

면류관 :[히:5145]: נֵזֶר :(네제르)

:-①(구별을 위한) **면류관. 왕관. 제사장의 관. 상급의 관.**
[주(註)] :오순절에 성령 충만하여 장자와 연합하고 복음으로 이긴 자에게 주는 "נֵזֶר :(네제르)면류관"을 뜻한다.

②[히:5850]: עֲטָרָה :(아타라) :-**왕관. 면류관.** :빛의 말씀과 연합하여 우두머리와 같은 빛의 모습을 "עֲטָרָה :(아타라)"라 한다. [헬:4735]: Στέφανος :(스테파노스):-화관. 왕관. 면류관. 상(賞).

멸망 :[5595]: סָפָה : (싸파)

:-①문지르다. 벗겨내다. 제거하다(사7:20) ②멸망. 멸하다. 멸절.(창18:23, 렘12:4) **[니팔]** 빼앗기다. 멸망하다(창19:15) **[히필]** 모으다. 쌓다.(신32:23)

[분해] ס(싸멕)지주(잣대. 버팀목. 의지)- פ(페)입(말. 명령. 80)- ה(헤)숨구멍(호흡. 생령. 빛) :-잣대로 빛의 말씀에 순종한 믿음의 생명 상태를 확인하는 것을 "סָפָה :(싸파)"라 한다. (생명에 이르지 못할 것을 제거한다.)

> **"멸망하다"** [8045]: שָׁמַד :(샤마드) :-멸망하다, 파괴되다, 황폐되다.
> **"멸하다"** [3772]: כָּרַת :(이카레트) ;-자르다, 베어내다, 제거하다, 언약하다.
> [분해] י(요드)손(불.능력, 세력)- כ(카프)굽은팔(발바닥. 굴복. 적용)- ת(래시)머리(시작, 첫째,

근원)- ㄲ(타브)십자가.(표시. 인(印), 완성) :-하나님의 능력으로 근원의 목표완성을 위해서 굴복시킨 표시가 "ㅋㅋㅋㅋ"(이카레트)다. (또는 **하나님의 능력으로 언약을 파기하다**. 라고 할 수 있다.)

"멸절" :[7843]: ㄲㄲㄲ(샤하트) :-부패하다. 썩다. 상하다. 멸망시키다. :-불로서 구원을 완성하지 못하게 되다.(창9:11, 19:13, 출21:26, 수22:33, 삿2:19, 렘13:7, 민32:15)

멸시 :[0959]: ㄲㄲ :(바자)

:-멸시하다. 싫어하다. 경멸하다. 업신여기다.(민15:31, 시22:25, 잠14;2, 삼하12;9-10) **[니팔]** 멸시 받다.(사53:3) (왕의 생명의 칼을 믿지 않는다.)

> **사53: 3절** 그는 **멸시를 받아서** 사람에게 싫어 버린바 되었으며 간고를 많이 겪었으며 질고를 아는 자라 마치 사람들에게 얼굴을 가리우고 보지 않음을 받는 자 같아서 **멸시를 당하였고** 우리도 그를 귀히 여기지 아니하였도다.

명령:[4931]: ㄲㄲㄲㄲ :(미쉬메레트)

:-(동사)**"간직하다. 지키다."**의 명령. 책임. 의무. 직분.

[유래:4929] ㄲㄲㄲ(미쉬마르) :-(명사)**집안. 집. 파수꾼**에서 근거/ 집을 위한 명령. 직분. 책임이라는 뜻이다.
[주(註)] :하나님 말씀은 땅에서 올바르게 (사역)하시는 말씀으로 근원(하나님의 형상)으로 회복하시려는 것을 "ㄲㄲㄲㄲ:(미쉬메레트)"라 한다.

명철 :[0995]: ㄲㄲ :(빈)

:-밝히 알다. 깨닫다.(시139:2, 5:1, 단9:2,) 지혜롭다.(대하11:23) 분간하다.(욥6:30) **[니팔]** 총명. 분별있는(사10:13) **[필렐]** 보호하다(신32:10) **[히필]** 선언하다. 가르치다. 이해하다. 식별하다.(단8:16, 느8:8, 욥32:8, 왕상3:9,) **[힛팔렐]** 숙고하다. 주의를 기울이다(렘2:10, 욥11:11)

> **창41:39절** 요셉에게 이르되 하나님이 이 모든 것을 네게 보이셨으니 너와 같이 **명철하고 지혜 있는** 자가 없도다.

모래 :[2344]: חוֹל:(홀)

:-모래(바람에 흩날리다) [원형:2342] חִיל:(힐) :-꼬이다. 돌리다. 근심하다. 산고를 겪다 에서 유래(성막 안에 (예슈)양육하는 능력을 거부하는 것을 뜻한다) [주(註)] :하나님 나라에 들어가기 위해서 양육 받아서 거듭나야하는 것을 "חוֹל:(홀)"이라 한다.

모략 :[6098]: עֵצָה:(에차)

:-모략(삼하16:20, 사19;11) 상담. 충고(왕상1:12, 시119:24, 사44:26) 지혜. 분별.(잠8:14, 21:30, 사11:2, 렘32:19) **[동]** 자문하다(왕상12:8) 의논하다(대상12:19) 가르치다(욥29:21) 경영하다(시13:2) [주(註)] :빛의 자녀 되지 못하게 의도하다. (청함을 받지 못하게 하다)

신32:28절 그들은 **모략**이 없는 국민이라. 그중에 지식이 없도다.

모레 [4176]: מוֹרֶה :(모레)

:-(이스르엘 골짜기의) **언덕.** 사람 이름. [어원(4175과 동일)]: מוֹרֶה:(모우레) ;-궁사(宮詞). 교사(敎師). 가르침. 선생.(왕하17:28, 사9:14, 30:20) [주(註)] :하나님 말씀의 연단으로 근원이 되어 생령으로 변화된 것을 "מוֹרֶה:(모레)"라 한다.

모르드개 :[4782]: מָרְדְּכַי :(모르드카이)

:-(페르시아 왕비가 된) 에스더의 삼촌. 훗날에 총리가 됨(에2:5-19, 3:2-6) & 스룹바벨과 함께 귀환한 사람(스2:2, 느7:7)

에 2: 5절 도성 수산에 한 유다인이 있으니 이름은 **모르드개**라 저는 베냐민 자손이니 기스의 증손이요 시므이의 손자요 야일의 아들이라.

모사 :[3289]: יָעַץ :(야아츠)

:-가르치다. 작정하다. 훈계하다(대하10:8, 25:16, 시16:7) 경영하다. 계획하다 (사14:24, 32:8) 의논하다. 상의하다. 결의 하다.(시38:5, 잠12:20, 대하25;17, 사 40:14) **[명]** 권면(잠13;10) 계략(삼하16;23) 모사(삼하15:12, 대상27:32, 욥3:14) 자문(왕상12:13) 계획(렘49:20)

[주] : יָעַץ :(야아츠) 손에 빛을 가지고 소유하다(가득 낚는다)

> **사 9: 6절** 이는 한 아기가 우리에게 났고 한 아들을 우리에게 주신 바 되었는 데 그 어깨에는 정사를 메었고 그 이름은 **기묘자라, 모사라, 전능하신 하나님 이라, 영존하시는 아버지라, 평강의 왕이라** 할 것임이라.

모세 :[어원:4872] מֹשֶׁה :(모세)

:-건져내다. 물에서 나왔다.(출2:10, 삼하22:17, 수23:6,)

[주(註)] : (מ)진리의 (שׁ)성령으로 (ה)살리는 자

> -파라오의 딸은 자신이 한 행동을 본 따 모세라 이름 지었지만, 히브리어에서 "Moshe"라는 동사는 능동형으로 **"Meshtihu** (מְשִׁיתִהוּ :메시티후) ;-**그가 물에서 나왔다."**이다. 이는 히브리인을 이집트에서 구해내고 홍해에서 이스라엘을 꺼 낼 지도자로 신이 선택한 자에게 적합한 מֹשֶׁה:(모세) 이름이다. **히브리어성경**은 이렇게 물에서 건져지기를 기다리고 있는 보석으로 가득 차 있다. 우리도 수 면(홍해) 아래에 감춰져 있는 이런 보석을 꺼내야 하는 모세와 같은 지도자이 어야 한다고 생각하지 않는가?

모으다 :[6950]: קָהַל :(카할)

:-모이다. 함께 하다. 모여들다(레8:4, 대하20:26, 에8:11, 렘26:9) **[니팔]** 함께 모으다. 모이다(출32:1, 민16:3, 삼하20:14) **[히필]** 모으다. 소집하다.(왕상8:1) [주(註)] : 구별하여 거룩하도록 양육하여 살리려고 모으다.

> **레 8: 1-3절** (1)여호와께서 모세에게 일러 가라사대 (2)너는 아론과 그 아들들 과 그 의복과 관유와 속죄제의 수송아지와 수양 둘과 무교병 한 광주리를 이 끌고 **(3)온 회중을 회막문에 모으라.**

모양 :[1823]: דְּמוּת :(데무트)

:-모양. 형상. 구조. 같음(창1:26, 5:1, 왕하16:10, 시58:4, 사40:18, 겔1:10, 10:22, 단10:16) **[유래:1820]**: דָּמָה :(다마) :①유사. 닮음. 모양(창1:26, 대하4:3, 사40:18)

②유형. 모형. (왕하16:10) ③형상(창5:1) **[부사]** ~처럼. ~같이(사13:4)

[주(註)] : 아담의 생명이 말씀으로 있는 모양

> **창 1:26절** 하나님이 가라사대 우리의 형상을 따라 **우리의 모양대로** 우리가 사람을 만들고 그로 바다의 고기와 공중의 새와 육축과 온 땅과 땅에 기는 모든 것을 다스리게 하자 하시고

모욕 :[2781]: חֶרְפָּה :(헤르파)

:-부끄러움. 수치. 욕.(창30:23, 34:14, 수5:9, 애5:1, 시69:10, 렘6:10, 미6:16) 모욕거리(렘29:18, 44:8) 비방거리(시22:6, 79:4) 치욕거리(렘42:18) **[유래:2778]**:

חָרַף :(하라프) :책망. 비난. 조롱. 경멸(욥16:10, 시39:9, 79:12, 미6:16)

[파자] : 새롭게 할 생명의 진리를 입으로 모욕하는 것.

[주(註)] 외음부(시47:3)

> **삼상11: 2절** 암몬 사람 나하스가 그들에게 이르되 내가 너희 오른눈을 다 빼어야 너희와 언약하리라 내가 온 이스라엘을 이같이 **모욕하리라.**

모형 :[8403] תַּבְנִית :(타브니트)

:-건물구조. 건축모형. 건축양식. 설계도. 형상. 우상.

[유래:1129] בָּנָה :(바나) :-짓다. 세우다. 회복하다. 복구하다. 건설되다. (언약하신 하나님 거처에 대한 완성하실 세 예루살렘의 설계도를 가리킨다.)(출25:9, 신4:16-18, 대상28:11)

목수 :[2796]: חָרָשׁ :(하라쉬)

:-조각가. 석공. 목수(출21:11, 38:23, 사44:13, 삼하5:11, 왕하12:11, 스3:7) 목공(렘24:1) **[유래:2790]**: חָרַשׁ :(하라쉬) : 새겨넣다. 새기다. 다듬다.(렘17:1) 제조하다. 만들다.(왕상7:14) **[주(註)]** : 구원의 진리를 조각하는 것. (신부들에게 성령을 새겨 넣어 단장하는 것= 예수님께서 성령을 넣어 주셨다. : 요1:32-33절 성령을 주시는 자)

삼하 5:11절 두로 왕 히람이 다윗에게 사자들과 백향목과 **목수와** 석수를 보내매 저희가 다윗을 위하여 집을 지으니

목숨 :[5315]: נֶפֶשׁ :(네페쉬)

:-숨.(욥41:13) 생기(창1;20) 생명. 목숨.(창1:30, 12:13, 출21: 23, 민31:19, 삼하1:9) 생물(창1:20) 사람(창12:5) 영혼(창9:4-5, 레17:11, 신12:23, 삿5:21, 욥10:1) [유래:5314]: נָפַשׁ :(나파쉬) : 거세게 숨을 쉬다. 한숨 돌리다. 숨을 돌리다.(출 23:12, 삼하16:14,)

창12:13절 원컨대 그대는 나의 누이라 하라 그리하면 내가 그대로 인하여 안전하고 **내 목숨이** 그대로 인하여 보존하겠노라 하니라.

목자 :[7473]: רֹעִי :(로이)

:-(명사)**목자**.(사38:12, 슥11:17,) [유래:7462] :[능동태·분사]: רָעָה :(라아) :-(가축)방목하다. 먹이다. 양육하다. (우두머리께서 빛을 보게 하여 살리시는 양육을 "라아"라 한다.) (창37:13, 민14:33, 삼상16:11) [명] 목자(창13:8, 겔34:2, 미5:6) 사귀는 자(잠29:3) 인도자(렘25:34-36)

몰약 :[4753] מֹר :(모르)

:-몰약(아라비아 나무추출물) [유래:4843] מָרַר :(마라르) :-[의역:향료 얻다] 아프다. 슬프다. 혹독하다(출30:23, 시45:8, 잠7:17, 아3:6, 5:5) [명] 괴로움. 비참. [해석] מ-θ님 언약의 말씀을 믿음에 시험에서 이긴 (신부단장)자를 뜻함. "ר"-(레쉬)는 왕(아하스로에로)과 연합(하나 됨)을 위한 단장함을 뜻한다.

몸 :[4578]: מֵעֶה :(메에)

:-**부드럽다**는 뜻의 사용되지 않는 어근에서 유래. [복수로만 쓰임] **몸**(창15:4, 삼하7:12, 아5:14) **복중**(창25:23, 시71:6) **창자**(민5:22, 삼하20:10, 대하21:15)

태중(룻1:11, 사49:1) **마음. 심중**(욥30:27, 시40:8, 아5:4, 렘31:20)

[주(註)] : (㉠)말씀과 (㉡)빛이 있어야 (살아갈 수 있는 것) (㉢)생명이 있어야 하는 것.

> **창15: 4절** 여호와의 말씀이 그에게 임하여 가라사대 그 사람은 너의 후사가 아니라 **네 몸에서** 날 자가 네 후사가 되리라.

못(釘) :[4548]: מַסְמֵר :(마쓰메르)

:-쇄기 못. 못. 징(대하3:9, 22:3, 사41:7, 렘10:4)

> **대상22: 3절** 다윗이 또 문짝 **못과** 거멀 **못에** 쓸 철을 한없이 준비하고 또 심히 많아서 중수를 셀 수 없는 놋을 준비하고

무교병(절) :[4682]: מַצָּה :(마차)

:-달콤한 것은 **'탐욕스럽게'** 삼킨다는 의미로

[유래:4711] **무교병**(창19:3, 출12:18, 레8:26, 23:6, 삼상28:24). **무교절**(출12:17, 레23:6). **무교전병**(민6:15, 삿6:10-21). **누룩없는 떡**(출12:15, 19, 겔45:21). **[주(註)]** 누룩 없는 빵(출12:15, 19, 레2:5, 6:16).

> **출12: 8절** 그 밤에 그 고기를 불에 구워 **무교병과** 쓴 나물과 아울러 먹되

무궁하다 : יִתַּמּוּ :(이타무) לֹא :(로)

=[8552]: תָּמַם :(타맘) :-사망(신2:16) 그치다(욥31:40) 황폐(시73:19) **[명]** 끝 (신31:30) + [3808]: לֹא :(로) : ~아니다(창2:5, 4:5) 전무후무(출11:6) 무죄(호8:5) (종료)~하지 않게 하다(출28:32, 39:23, 욥22:11, 사41:7) =**끝이 없다. 사망이 없다. 황폐가 없다. 죄가 없는 것.**

[주] 하나님의 양육으로 십자가의 못 박히신 말씀의 권세는 무궁하다.(죄 없게 하다)

> **시102:27절** 주는 여상하시고 주의 연대는 **무궁하리이다.**

무덤 :[6913]: קֶבֶר :(케베르)

:-무덤(창23:9, 민19:16, 시88:5, 겔32:23) 묘실(창23:6, 민11:34, 왕하23:6, 대하 24:25) 매장지(창23:4, 49:30) **[유래:6912]:** קָבַר :(카바르):-**[동]** 묻다. 묻히다(창 23:4, 25:10, 왕상2:31, 겔39:12) 장사하다(창23:19, 신34:6, 삿10:5) 매장하다(민 33:4, 시79:3, 렘16:4)

> 욥17: 1절 나의 기운이 쇠하였으며 나의 날이 다 하였고 **무덤이** 나를 위하여 예비되었구나

무릎(꿇다) [1288]: בָּרַךְ :(바라크)

:-**(1)무릎을 꿇다. 꿇어 엎드리다. 절하다.**(대하6:13, 시95:6) **송축하다**(왕상 8:15, 스7:27) **(2)축복하다.**(창1: 22, 27:27, 레9:1, 신27:12, 왕상8:60) **[푸알]** 축복 받다. 찬양받다.(욥1:21, 신33:13) 은혜를 받다(신7:13) **[히필]** 낙타로 무릎을 꿇게 하다(창24:11) **[명]** 찬송(신33:20, 시135:21, 욥1:21)

> **시95: 6절** 오라 우리가 굽혀 경배하며 우리를 지으신 여호와 앞에 **무릎을 꿇자**
>
> **롬11: 4절** 저에게 하신 대답이 무엇이뇨 내가 나를 위하여 바알에게 **무릎을 꿇지 아니한** 사람 칠천을 남겨 두었다 하셨으니

무서워 :[6206]: עָרַץ :(아라츠)

:-무서워 하다(신1:29, 욥13:25, 시10:18, 89:7, 사2;19) 두려워하다(신7:21, 20:3, 수1:9, 욥31:34, 시89:8, 사8:12-13, 29:23) 경외하다(사29:23)

> **신 1:29절** 내가 너희에게 말하기를 그들을 **무서워 말라, 두려워하지 말라.**

무장(武裝) :[2502]: חָלַץ :(할라츠)

:-**(1)꺼내다. 빼내다. 뽑아내다. 벗기다**(레14:40-43, 신25:10,애4:3,) **(2)철수하 다. 떠나다. 물러나다.**(호5:6) **[피엘]** 꺼내다. 옮기다. 제거하다(레14:40-43) **[니팔]** 놓임을 받다. 자유케 하다. 구원받다(삼하22:20, 욥36:15, 시60:7, 108:7,

잠11:8-9, 18) **[명]** 무장한자.(수:7-9) 군대(대하20:21) 병기(대하28:14) 전사(사 15:4) 준비(민31:3)

> **민32:21절** 모세가 그들에게 이르되 너희가 만일 이 일을 행하여 **무장하고** 여호와 앞에서 가서 싸우되

무저갱 :[히:4688]: מְצוּלָה :(메촐라)

:-①(물 & 진흙)**깊은 곳. 밑바닥, 깊이.**(출15: 5절 시69:15절)

[주(註)] מ(멤)물(말씀. 연단.)- צ(짜데)낚시바늘(사냥. 건지다.)- ו(바브)갈고리(못. 변화. 연결)+ ל(라멛)소몰이막대. (양육. 가르침. 익히기)- ה(헤)숨구멍(호흡. 생령) ;-<u>생명의 말씀으로 잘 가르쳐 살아있도록 변화시키는 자들을 낚시로 건져 내야 되는 곳을 "מְצוּלָה :(메촐라)"라 한다.</u> (슥10:11, 느9:11,미7:14)

②[6683]: צוּלָה :(출라) :-('가라앉다'는 어근). (바다의)심연. 바다의 깊은 곳. (깊음에 대(對)하여는 이르기를 마르라 내가 네 강(江)물들을 마르게 하리라 하며, 사44:27절)

[주(註)] צ(짜데-낚시바늘. 사냥. 건지다.)- ו(바브-못. 변화. 연결)- ל(라멛-소몰이막대. 가르침.)- ה(헤-호흡. 생령) :-<u>(세상)깊은 곳에 빠진 자들을 건져 올려야할 곳 "מְצוּלָה:(메촐라)"</u>를 뜻하는 말씀이다.

③[8415]: תְּהוֹם :(테홈) ;-(물의 '파도치는' 큰 더미로서) 깊음. 심연(深淵).(바다-창 7:11절)

[주(註)] ת(타브-십자가. 언약표시. (印)침)- ה(헤-숨구멍. 호흡. 생령)+ ו(바브-못. 변화. 연결)+ מ(멤-말씀, 연단,) ;-<u>언약된 백성을 살리기 위한 변화의 연단의 도구(바다 물결)를 "תְּהוֹם:(테홈)"이라 한다.</u>

[헬:0012]: ἄβυσσος:(아뷔소스) ;-무저갱, (지옥)심연(深淵). 악마의 거처다.

> **계 9:11절** 저희에게 임금이 있으니 무저갱(無底坑)의 사자(使者)라 히브리 음으로 이름은 아바돈이요 헬라 음으로 이름은 아폴루온 이더라.

무지개 :[7198]: קֶשֶׁת :(케쉐트)

:-활(창27:3, 삼상2:4, 느4:13, 시7:12) **화살**(76:3) **활 쏘는 자**(삼상31:3, 렘ᄼ:29) **병**

사의 활(호2;20) **[은유]** 무지개(겔1:28) **[주(註)]** 거룩한(ק) 성령(ש)의 약속(ת: 언약)을 은유적으로 무지개라 한다. **[유래:7185]** **"쏘는데 쓰는 활"** 또는 상징적 **"힘"** =**[어원:6983]**: קַשׁוֹ(코쉬) :-**구부리다'**
[주] :땅(아래)에서 하나님의 말씀을 듣고 올바르게 될 것을 언약하는 표(인(印))이다.

> **창 9:13절** 내가 내 **무지개를** 구름 속에 두었나니 이것이 나의 세상과의 언약의 증거니라.

무화과 :[8384]: תְּאֵנָה :(테에나)

:-무화과나무.(민13:23, 20:5, 신8:8, 시105:33, 학2:19) 무화과 열매.(왕상5:5, 왕하20:7, 미4:4, 슥3:10) 무화과(민13:23, 느13:15, 렘24:1)
[주(註)] :언약 하나님의 살리실 물고기들의 은유적 표현을 **"무화과나무"**라 하심.

> **창 3: 7절** 이에 그들의 눈이 밝아 자기들의 몸이 벗은 줄을 알고 **무화과나무** 잎을 엮어 치마를 하였더라.

> **마24:32-36절 (32)무화과나무의 비유를 배우라** 그 가지가 연하여지고 잎사귀를 내면 여름이 가까운 줄을 아나니

묵상 :[1897]: הָגָה :(하가)

:-**[칼동]** 묵상하다(수1:8, 시77:12, 143:5) 슬피울다(사59:11) 말하다(욥27:4, 사59:13) 으르렁거리다(사31:4) **[미완료형] (1)**중얼거리다. 으르렁 거리다. 마법사의 중얼거림. 비둘기 울음소리. 탄식소리. **(2)**시적표현. 노래하다. 찬양하다. **(3)**숙고하다. 생각하다(수1:8, 시63:7, 잠15:28, 사33:18) **[나쁜 표현]** 계획하다. 음모하다(시2:1, 잠24:2, 사59:13)

> **수 1: 8절** 이 율법책을 네 입에서 떠나지 말게 하며 주야로 그것을 **묵상하여** 그 가운데 기록한 대로 다 지켜 행하라. 그리하면 네 길이 평탄하게 될 것이라 네가 형통하리라.(시1:2절)

문 [6607] (명·남단·전): פֶּתַח (페타흐)

:-출입구. 대문. 열다. 울타리 안에 들어가는 문.

[분해] ㅁ(입. 날선 검. 명령. 80)- ㅗ(십자가. 서명, 인(印)- ㅁ(울타리, 구원, 생령, 8) ;-하나님의 영에 인침 받은 말씀의 능력에 충만하여 구원받은 자들이 들어가는 문을 "פתח (라 페타흐) :구원의 문(門)"이라 한다.

문안(問安) :[히:7592] : שָׁאַל :(샤알)

:-(연루된 의미)문의하다. 요청하다. 부탁하다. 묻다. 구하다.(출18:7절)

[유래:7965] : שָׁלוֹם :& : שָׁלֵם (샬롬) 안녕. 건강. 번창. 평안. 행복. 평화.(삼하8:10절)

[7999] : שָׁלַם :(샬람) (피엘)끝마치다. 온전하다. 건전하다. (히필)완성하다. 화친하다.

[분해] שׁ:(쉰)아랫니-땅(올바르다. 창검. 300)- ל(라멛)소몰이막대.(양육. 익힘)- ם(멤)물(말씀. 연단. 사역) :-성령으로 올바르게 양육할 사역의 말씀을 **"샬롬"**이라 합니다. 또한 **샤알**은 어떤 연관 있는 의미를 묻는 인사이고 **샬롬**은 평안과 건강에 대한 문안 인사다.

[헬:782]: ἀσπάζομαι:(아스파조마이) :-경례하다. 환영하다. 포옹하다. 인사하다.

[유래:4685](연합을 나타내는 불변사): σπάω :(스파오) :-끌어당기다.(롬16:3절)

물 :[4325]: מַיִם :(마임)

:-물. 바다. 생수.(생명의 말씀에 관한 영적표현)

[분해] מ(멤)물(말씀. 연단)- י(요드)손(불. 능력, 세력)- ם(멤)물(말씀. 연단. 사역) ;-하나님의 말씀과 능력의 손으로 살리시는 사역을 "מַיִם(마임)"이라 한다.(살리시기 위한 단련의 말씀이라는 뜻)

물고기 :[1709]: דָּג =דָּאג :(다그)

:-물고기(창9:2, 민11:22, 왕상5:13) **[유래:1711]**: דָּגָה :(다가) :수가 늘어나다. 번식하다. 증가하다 에서 유래함. **[주]** (천국)문에 들어 올림 받을 물고기.

[파자] 마음속에 성령 충만할 물고기.

> **시105:29절** 저희 물을 변하여 피가 되게 하사 저희 **물고기를** 죽이셨도다.

> **마 4:19절** 말씀하시되 나를 따라 오너라 내가 너희로 **사람을 낚는 어부가** 되게 하리라. 하시니

므두셀라 :[4968] מְתוּשֶׁלַח (메투셀라흐)

:-창의 사람.(무기를 사용하는 조상/ 수명 969세로 인류 역사상 최장수의 조상) (창5:21절)

[분해] מ(멤)물(말씀. 연단)- ת(타브)십자가.(서명, 인(印))- ו(바브)갈고리(못. 변화 연결)- שׁ(쉰)(아래)땅(올바름, 창검)- ל(라멧)소몰이막대.(양육. 익힘)+ ח(헤트)울타리,(구원, 생령,) ;-하나님의 말씀으로 땅에서 올바르도록 십자가의 못 박히심을 가르치는 뜻으로 "מְתוּשֶׁלַח(메투셀라흐)"라 한다.

미가엘 :[4317]: מִיכָאֵל :(미카엘)

:-누가 하나님과 같은가? **(1)**군대 천사장 미카엘(단10:13, 12:1, 유1:9, 계12:7) **(2)**아홉 이스라엘인의 이름 미가엘.

[주(註)] [접두·접미][4310] מִי :(미)"**누가, 누가?**"와 [접속부사][3588] כִּי :(키)"~ **때문에, ~일 때,**"와 [전치사 변화][0410] אֵל :(엘)"**하나님. 힘있는**"에서 유래. "하나님과 같은 힘 있는 미카엘"

> **단12: 1절** 그 때에 네 민족을 호위하는 대군 **미가엘**이 일어날 것이요 또 환난이 있으리니 이는 개국 이래로 그 때까지 없던 환난일 것이며 그 때에 네 백성 중 무릇 책에 기록된 모든 자가 구원을 얻을 것이라.

미스바 :[4709]: מִצְפָּה :(미츠파)

:-(길르압 성읍)**미스바.** [유래:6822]: צָפָה :(차파) :[고명] 망루. 망대.(아7:4) 관찰. 파수꾼(삿10:17,삼하18:25) [형·동] 감찰하다(잠15:3) 파수하다(삼하13:34, 나2:1) [피엘] 감시하다(출25:24) 바라보다(삼상4:13) [은유] 선지자(애4:17, 렘6:17, 겔3:17, 미7:4)

창31:49절 또 **미스바라** 하였으니 이는 그의 말에 우리 피차 떠나 있을 때에 여호와께서 너와 나 사이에 감찰하옵소서 함이라.

미치다 :[1692]: דָּבַק :(다바크)

:-**[부정사]** 결합하다. 집착하다(욥19:20, 시102:6, 렘13:11) **[히필]** 집착케 하다 (겔3:26, 29:4, 렘13:11) **[호팔]** 결합하다(창2:24, 삼하20:2) 혼인하다(수23:12) 밀착되다(욥14:23) 추격하다(삿20:42, 삼상14:22, 대상10:2) 쫓아가다(창31:23)

창31:23절 라반이 그 형제를 거느리고 칠일 길을 쫓아가 길르앗산에서 그에게 **미쳤더니**

믿음 : [히:0530]: אֱמוּנָה :(에무나) & (줄임) אֱמֻנָה(에무나)

:-①**믿음**(신실한, 신실함). **확고함, 충성,**

[분해] א(알렙)황소(전능. 부(父))+ מ(멤)물(말씀. 연단)+ ו(바브)갈고리(못. 변화)+ נ(눈)물 고기(구원. 50. 오순절)+ ה(헤)숨구멍(빛, 숨, 생령) :-θ님께서 거듭나게 하는 성령 과 **"빛"의** 말씀으로 삶을 "אֱמוּנָה(에무나)"라 한다.

②[0539]: אָמַן:(아만) :**신뢰하다. 지지하다, 확고하다, 충실하다.**

[분해] א(알렙)숫소(θ님. 지도자. 전능한 힘)- מ(멤)물(말씀. 사역. 연단)- נ(눈)물고기 (겸손. 성도. 50) ;-하나님의 말씀에 충만하여 순종하는 겸손을 **믿음:** אָמַן(아 만)"이라 한다.

③[헬·어:4102]: πίστις(pis_tis :피스티스) ;-진리에 대한 **확신, 믿음**(구원에 그리스 도를 신뢰). [해석] πίστιν(명·목여·단) [4102] πίστι(믿음. faith) + ἐν(전·여격)-(믿 음) 중(in)에

* 믿음은 보석같이 **"신부단장"**되어 새 예루살렘 성의 **보배로운** 기초석이 된다.

"보배로움" :[히·5459]: סְגֻלָּה (쎄구라) :-보석, 보화), 보물.

[분해] ס(싸멕)지주(잣대. 탯줄. 측량)- ג(기멜)낙타(짐지다. 자랑. 보상)- ל(라멧)소몰이막대(양육. 성숙. 익힘)- ה(헤)숨구멍(생명. 구원. 살리다) :-하나님의 언약의 말씀을 잘 (성숙(成熟))익혔는지? 측량 잣대로 재보고 보상받아 생명에 이른 것을 "סְגֻלָּה(쎄구라)"라 한다.

- 138 -

바다 :[히:3220](원형): יָם :(얌)

:-바다.(창1:10, 출14:27) 파도(렘50:42) = "מַיִם :(마임)**물**"의 복수형이다" [유래:3221] ":יָמִים :(야밈) **보호하다**"

[해석] : י(요드)손(권능. 불. 충만)- מ(멤)물(말씀. 단련 시험)- י(요드)손(권능. 불. 충만)- ם(멤)물(말씀. 단련. 세상) :-(말씀의 권위)권능의 충만한 말씀으로 단련하여야 할 세상을 "יָמִים :(야밈)"이라 한다. (창1:10절 모임 물을 바다라. 칭함)

[헬·2281]: θάλασσα :(달랏사) :-바다. sea.(홍해나 지중해를 가리킴) -또는 권능의 말씀으로 단련시켜서 더러움이 없는 정금과 같은 청결한 유리같이 생수 같은 맑은 상태를 은유적으로 표현한 단어라 할 수 있다.

바라다 :[6822]: צָפָה :(차파)

:-살피다(창31:49,시66:27) 감찰하다(잠15:3) 파수하다(삼하13:34) 기다리다(삼상4:13, 욥15:22) 바라다(시5:3, 애4:17) **[명]** 파수꾼(삼하18:25, 사21:5, 겔23:6)

> **시 5: 3절** 여호와여 아침에 주께서 나의 소리를 들으시리니 아침에 내가 주께 기도하고 **바라리이다.**

바람 :[7308]: רוּחַ :(루아흐)

:-**성령. 바람. 호흡. 숨. 영**.(성령이 하시는 사역-단4:5, 5:11-12). :-진리의 영으로 거듭나서 구원에 이르게 하는 것을 "רוּחַ :(루아흐)"라 한다.

[동의어:7307]: רוּחַ :(루아흐) :-**신(神)=**(사11: 2절)"**성령**"/ **바람**(창8:1, 단7:2) "רוּחַ:(루아흐)") **정신**(삿15:19절) **마음**(창26:35, 단5:20, 6:3). **혼.**(전3:21절 짐승의 혼=בְּרוּחַ:(베루아흐)라 한다.)

> 사11: 2절 여호와의 **신**(성령) 곧 지혜와 총명의 **신**(성령)이요 모략과 재능의 **신**(성령)이요 지식과 여호와를 경외하는 **신**(성령)이 그 위에 강림하시리니
>
> וְנָחָה עָלָיו רוּחַ יְהוָה רוּחַ חָכְמָה וּבִינָה רוּחַ עֵצָה
>
> 에차 루아흐 부비나 호크마 루아흐 예호바 루아흐 알라브 붸나하루

וּגְבוּרָה רוּחַ דַּעַת וְיִרְאַת יְהוָה
예호바　 베이르아트　 다아트　 **루아흐**　 부게부라

바르다 :[0571]: אֱמֶת :(에메트)

:-①**바른**(창24:48) **진실한**(출18:21, 렘42:5) **참된**(신22:20, 삼하9:28, 단10:1) 충실한(사16:) **[명]** 성실(창24:27, 왕상3:6, 시71:22) 진실. 진리.(창24:29, 왕하20:3, 창32:9, 시57:3) ②[3190]: יָטַב :(야타브) :-**안전하다**(창12:13) **좋다**(창34:18,레10:19) **잘되다**(창40:14) 복이 되다.(신4:40, 5:16, 6:3, 12:28, 룻3:1) 합당히 여기다(삼상18:5, 욘4:4) **[히필]** 잘하다. 훌륭하게 하다. 올바르다. 즐겁다. 기쁘다 (창12:13, 40:14, 41:37, 레10:19-20, 신4:40, 에5:14, 느2:5-6, 시69:32)

창24:48절 나의 주인 아브라함의 하나님 여호와께서 나를 **바른길로 인도하사** 나의 주인의 동생의 딸을 그 아들을 위하여 택하게 하셨으므로 내가 머리를 숙여 그에게 경배하고 찬송하였나이다

렘 7: 3절 만군의 여호와 이스라엘의 하나님이 이같이 말씀하시되 너희 길과 행위를 **바르게 하라** 그리하면 내가 너희로 이곳에 거하게 하리라.

바리새인 :[히:6567]: פָּרַשׁ :(파라쉬)

:-분리하다. 흩어지다. (소리내어)낭독하다.
[분해] פ(페)입(명령. 80)- ר(레쉬)머리(근원. 200)- שׁ(쉰)아래땅(불. 올바름. 소멸) :-하나님의 명령과 우두머리와 연합하지 못하여 소멸되는 자들을 פָּרַשׁ:(파라쉬)"라 한다.

사단의 회 :계 2:9절 내가 네 환난과 궁핍을 아노니 실상은 네가 부요한 자니라 자칭 유대인이라 하는 자들의 훼방도 아노니 실상은 유대인이 아니요 **사단의 회**라.

계3:9절 보라 **사단의 회** 곧 자칭 유대인이라 하나 그렇지 않고 거짓말 하는 자들 중에서 몇을 네게 주어 저희로 와서 네 발 앞에 절하게 하고 내가 너를 사랑하는 줄을 알게 하리라.

"독사의 자식들" :마 3: 7절 요한이 많은 바리새인과 사두개인이 세례 베푸는 데 오는 것을 보고 이르되 독사의 자식들아 누가 너희를 가르쳐 임박한 진노를 피하라 하더냐?

"바벨" : בָּלַל (발랄)

[유래] "바벨: בָּבֶל" 두 가지가 단어가 있다. ①[1101]: בָּלַל (바랄): **혼잡하다**는 בַלְבֵּל (발르벨르)로 발전되었고 "ל (라멘)"이 생략되면서 **"혼란. בָּבֶל (바벨)"**을 의미하는 **"바벨"**이라는 단어가 된 것이다. ②"(바베-일) בָּבֶל־יל" :**신(神)의 문(門)"**을 [유래:0894]: בָּבֶל (바벨) **"혼란. 바벨"**에서 유래한 것으로 보고 있다. (유브라데 강에 위치한 바벨론의 옛 지역(지금 힐라))

> **계14: 8절** 또 다른 천사 곧 둘째가 그 뒤를 따라 말하되 무너졌도다 무너졌도다 **큰 성 바벨론**이여 모든 나라를 그 음행으로 인하여 진노의 포도주로 먹이던 자로다. 하더라.

바알 :[원형:1166]: בַּעַל :(바알)

:-**(1)**지배하다. 통제하다. 소유하다(사26:13, 대상4:22) **(2)**결혼하다. 아내를 취하다(신21;13, 24:1, 발2:11, 사54:5) **(3)**혐오하다. 거부하다(렘3:14,31;32) **[명]** 남편(신21:13, 사54:1, 렘3:14) **[남·복]** 주인. 소유자 : ①집:(출22:7, 삿19:22) ②돈. 밭. 가축(출21:28, 신15:2, 욥31:39, 사1:3) ③가족(레21:4) ④국가(사16;8) ⑤바알(호2:16)

> **삿 2:11절** 이스라엘 자손이 여호와의 목전에 악을 행하여 **바알들을 섬기며**

[주(註)] 두로의 신으로 아세라 목상과 함께 숭배했던 가족신(삿6:25, 왕하10:18)

> **민25: 3절** 이스라엘이 **바알브올에게** 부속된지라. 여호와께서 이스라엘에게 진노하시니라.

해석 :[1187] בַּעַל פְּעוֹר :(바알 페오르) :-**모압의 신 바알브올**= **"브올의 신"**이라는 뜻으로 **출산**과 **번영**을 기원하는 이방인들의 **"다산과 부와 번영"**을 기복신앙에서 유래 됨.

바치다(드리다) :[5414]: נָתַן :(나탄)

:-주다. 드리다. 상납하다(창1:29, 23:11, 출30:12, 민18:8, 왕하12:11) **[니팔]** 주다(출5:18, 레19:20) 건네 주다(레26:25) 만들어지다(레24:20) **[호팔]**(미완료형) 더 하다. 주되(레11:38, 민26:54)

레27:28-29절 오직 여호와께 아주 **바친 그 물건은** 사람이든지 생축이든지 기업의 밭이든지 팔지도 못하고 속하지도 못하나니 **바친 것은 다** 여호와께 지극히 거룩함이며

반석 :[히:6697] : צוּר :(추르)

:-①**바위. 돌. 반석. 부싯돌.** [동의어:6696:-칼날. 공격. 에워싸다]

[분해] צ(차데)낚시 바늘(소유. 축적. 잡다)- ו(바브)갈고리(접속사)(못. 연결. 변화)- ר(레쉬)머리(근원. 200) :-물고기가 우두머리와 연합하여 변화하게 하는 곳을 "צוּר :(추르)"라 한다.

②[0068] : אֶבֶן :(에벤) **:-호마노. 보석. 반석.**(창49:24, 출17:6, 신8:15, 32:4, 15, 18, 시18:2)

[분해] א(알렙)하나님- ב(베트)집(나라)을 짓다- ן(눈)물고기들(구원 받을 영혼) :-하나님의 자녀들을 위한 나라의 기초를 "אֶבֶן:(에벤)"이라 한다. **[은유]** כ :(카프) 굽은 손. 연합(20) :-**반석**(마16:18, 고전10:4)

[헬:4073]: πέτρα :(페트라) :-반석. 바위. 돌. 페트로.(마7:24, 16:18, 고전10:4)

창49:24절 요셉의 활이 도리어 견강하며 그의 팔이 힘이 있으니 야곱의 전능자의 손을 힘입음이라 그로부터 **이스라엘의 반석인 목자**가 나도다. 라고 예수님의 초림을 예언하고 있다.

반차 :[4256]: מַחֲלֹקֶת :(마 하로케트)

:-**[명복]** [유래:2505]: חָלַק :(할라크) :-(1)매끄러움. 유창함. 감언(甘言). 교언(巧言). 빠져나감. 도주(삼상32:28) (2)한 무리. 한 집단. 반열. 분깃(대상27:1) 구분(수11:23) 분파(수18:10) 반열(대상27:1, 대하5:11, 31:15) 계열(대상24:1) 몫(겔48:29)

대상24: 1절 아론 자손의 **반차가** 이러하니라 아론의 아들들은 나답과 아비후와 엘르아살과 이다말이라.

받다 :[7521]: רָצָה :(라차)

:-(1)기쁘게 여기다.(욥14:6, 시49:14,사42:1, 렘14:10) 받아들이다(창33:10, 욥33:26, 시51:18) (2)만족하다. 빚을 갚다.(레26:34, 대하36:21) [니팔] 호의를 가지다. 애정을 품다.(레7:18, 19:7, 22:20-23) [피엘] 호의를 보이다. 만족하다.(욥20:10) [힛파엘] 기쁘게 하다. 만족하게 하다.(상상29:4) & 기쁘게 하다. 은혜를 베풀다(시85:1, 77:7) 연합하다(시50:18) 화합하다(삼상29:4) [명·남] 기쁨. 만족.(출28:38, 잠14:35, 사56:7) 즐거움(잠11:1, 12:22) 의지(에1;8,느9:24, 시40:9) 은총(시30:5, 잠8:35) 뜻(대하15:5, 시103:21)

> 출28:38절 이 패가 아론의 이마에 있어서 그로 이스라엘 자손의 거룩하게 드리는 성물의 죄건을 담당하게 하라 그 패가 아론의 이마에 늘 있으므로 그 성물을 여호와께서 **받으시게** 되리라

발 :[히:7272]: רֶגֶל :(레겔)

:-발.(창8:9, 18:4, 왕하4:27, 사20:2) 길(창29:1) 걸음(창33:14) (실)족(신32:35, 욥12:5, 시66:9) 발바닥.(신28:56)

[분해] ר(레쉬)머리(장자. 첫째. 근원. 200)- ג(기멜)낙타(짐. 보상. 높이다.)- ל(라멜) 양몰이막대(양육. 교육. 30) :-장자와 연합하도록 성령으로 가르치는 겸손한 표현을 "רֶגֶל:(레겔)"이라 한다. [유래:7270]: רָגַל :(라갈) : ~을 따라 **"걷다."** 정탐하다. 답사하다.(수14:7, 삿18:2, 삼하10:3) [헬:4228]: πούς :(푸스) :-발. foot. [명여] ~뒤를 쫓다(출11:8, 삿4:10, 삼상25:27) ~후에(창30:30, 삼상25:42, 욥18:11 합3:5) [은유] 한걸음. 발거음.(창33:14, 출23:14, 민22:28)

> 창18: 4절 물을 조금 가져오게 하사 당신들의 **발을** 씻으시고 나무 아래서 쉬소서

밝다 :[6491]: פָּקַח :(파카흐)

:-(눈)뜨다. 열다.(왕하4:35, 19:16, 욥27:19) 시력을 회복시키다(왕하6:17, 20, 시146:8,사42:7) [니팔] 눈이 열려지다.(창3:5, 사35:5) 밝히다(창21:19, 사42:7)

> 창 3: 5절 너희가 그것을 먹는 날에는 너희 **눈이 밝아** 하나님과 같이 되어 선악을 알 줄을 하나님이 아심이니라.

밤 : [3915]: לַיִל :(라일/ 렐)

:-밤.(창1:5, 삼상14:34, 사4:5) 야간. 어둠(창1:14, 7:4, 32:14, 시6:7,) (사21:11
절)(**본래 의미** :빛의 빗나감/ 상징적 :역경) 밤에, 밤중에(창14:15, 출13:21, 레
8:35, 민9:21, 사27:3, 렘14:17) **[비유]** 재해. 재난. 재앙. 불행(욥35:10, 사21:11,
미3:6)

[분해] לַ(라멘)소몰이막대(목자의 지팡이)- יִ(요드)손(권능. 불)- ל(라멘)소몰이막대(교육.
성숙) ;-목자의 지팡이(토라와 복음)의 권능으로 가르쳐야 할 때를 "לַיִל :(라
일)"이라 한다.

[어원:3883]: לוּל :(룰) :-"접어 젖히다"는 뜻의 사용하지 않는 어근에서 유래
한 나선형 계단.

> 출12:42절 이 **밤은** 그들을 애굽 땅에서 인도하여 내심을 인하여 여호와 앞에
> 지킬 것이니 이는 **여호와의 밤이라** 이스라엘 자손이 다 대대로 지킬 것이니라.

밥 :[3899]: לֶחֶם :(렘헴)

:-음식. 양식. 빵. 곡식. 떡.(창14:18, 28:20, 37:25, 45:23, 출16:8, 32, 출25:30,
35:13, 레3:11, 수9:5, 사28:28) **[동]** 먹다. 먹이다. 소모하다.(창3:19, 출16:22, 신
32:24, 43:25, 시141:4, 147:9, 잠4:17, 28:19)

> **민14: 9절** 오직 여호와를 거역하지 말라 또 그 땅 백성을 두려워하지 말라 그
> 들은 **우리 밥이라** 그들의 보호자는 그들에게서 떠났고 여호와는 우리와 함께
> 하시느니라. 그들을 두려워 말라.

방언 :[히:3956]: לָשׁוֹן :(라숀)

:-**혀.**(출4:20,삼하23:2, 시15:3) **말**(시31:20,잠16:1, 21:6) **언어**(창10:5, 느13:24, 겔
3:5) **주술**(전10:11) -"**불꽃**"(사5:24절 하나님의) / **해만**(海灣)(수15:2, 5절)

[유래:3960]: לָשַׁן :(라샨) :-혀로 핥다. 혀를 사용하다. **[포엘]** 헐뜯다. 욕지거
리다. 비방하다.

[분해] לָ:(라멘)**막대**(익힘. 양육. 성숙. 30)- שׁ:(쉰)아랫니, **땅**(불. 창검. 300)- וֹ:(바브)**갈
고리**(못. 거듭남. 연결)- ן:(눈)**물고기**(법. 영속. 다시 싹트게, 50) :-(신부 단장한)불같은
성령 충만함으로 거듭난 자들의 창검의 언어를 "**방언**"(히 4:12절 좌우 날선
검)을 뜻한다.

[헬:1100] : γλῶσσα:(글롯사) :-언어. 방언. 신비로운 말. 하늘 언어.

[주(註)] 화술(욥15:5, 잠16:1) 격언 속담(창10:5, 단1:4) 금덩이(수7:21-24) 불꽃. 화염(사5:24)

> **사 5:24절** 이로 인하여 **불꽃이** 그루터기를 삼킴 같이, 마른 풀이 불속에 떨어짐 같이 그들의 뿌리가 썩겠고 꽃이 티끌처럼 날리리니 그들이 만군의 여호와의 율법을 버리며 이스라엘의 거룩하신 자의 말씀을 멸시하였음이라.

> **히 4:12절** 하나님의 말씀은 살았고 운동력이 있어 **좌우에 날선 어떤 검보다도 예리하여** 혼과 영과 및 관절과 골수를 찔러 쪼개기까지 하며 또 마음의 생각과 뜻을 감찰하나니

방주 [8392] : תֵּבָה :(테바)

:-**방주(方舟)**, **법궤(法櫃)**.(창 6:14절 7: 1절 9;10절) ;-(말씀)법궤 안에서 유숙하다. (**잣나무:** 살아나다. :하나님의 말씀으로 구원을 얻게 될 것을 의미하고 있다.)

[분해] ת(타브)십자가(인(印), 표, 서명)- ב(베트)집(거처, 성전)- ה(헤이)숨구멍(호흡, 영(靈), 생령) :-"십자가로 만들어진 살리는 성령의 전(殿)"을 "תֵּבָה(테바)"라 함.(언약의 영생의 나라의 그림자를 뜻함)

방탕 :[히:7386] רֵיק :(레크)

:-가치없는. 헛된. 무의미한. [원형:7324]: רוּק:(루크):-쏟아내다. 비우다.

[분해] ר:(레쉬)**머리**(근원. 첫째. 200)- י:(요드)**손**(권능. 지배. 10)- ק:(코프)바늘**귀**(듣다. 거룩. 구별) :-(진리)근원의 말씀과 연합하지 않으며 여호와의 권능에 순종하지 않는 것을 "רֵיק:(레크)"라 한다.

[헬:0811]: ἀσωτία :(아소토스) :-**방탕하다. 낭비하다. 제멋대로**(신21:20절 엡5:18절)

> **신21:20절** 그 성읍 장로들에게 말하기를 우리의 이 자식은 완악하고 패역하여 우리 말을 순종치 아니하고 **방탕하며** 술에 잠긴 자라 하거든

> **갈 5:21절** 투기와 술 취함과 **방탕함과** 또 그와 같은 것들이라 전에 너희에게 경계한 것같이 경계하노니 이런 일을 하는 자들은 하나님의 나라를 유업으로 받지 못할 것이요.

방패 :[4043]: מָגֵן :(마겐)

:-[유래:1598]: גָּנַן :(가난) :-보호하다.(왕하19:34, 사37:35, 슥12:8) 호위하다(사 31:5, 슥9:15) **방패**(창15:1, 삼하1:21, 22:31, 왕상10:16-17, 사21:5) **(1)**보호자로서 하나님.(창15:1, 시3:4, 18:3, 31, 144:2) **(2)**세상의 방패(시47:10, 호4:18) 군사(잠 6:11, 24:34)

> **창15: 1절** 이 후에 여호와의 말씀이 이상 중에 아브람에게 임하여 가라사대 아브람아 두려워 말라 나는 **너의 방패요** 너의 지극히 큰 상급이니라.
>
> **시 7:10절 나의 방패**는 마음이 정직한 자를 구원하시는 하나님께 있도다.
>
> **시84:11절** 여호와 하나님은 해요 **방패시라.** 여호와께서 은혜와 영화를 주시며 정직히 행하는 자에게 좋은 것을 아끼지 아니하실 것 임이니 이다.

밭 :[7704] : שָׂדֶה :(샤데)

:-밭. 들. 땅. 토지. 옥토.(창2:5, 3:18, 14:7, 레25:3, 신32:13, 겔17:5-8) [정 관사] הַשָּׂדֶה(하사데) :생명 있는 밭.

[분해] ה(헤)숨구멍(호흡. 소망)- שׂ(신)하늘(올바름. 학문)- ד(달렙)문(열다)- ה(헤)숨구멍(호흡. 소망) ;-생령의 (복음)말씀 연마를 통해서 하늘 문이 열릴 때까지 소망하는 삶을 "הַשָּׂדֶה:(하사데)"라 한다.

> **창 3:18절** 땅이 네게 가시덤불과 엉겅퀴를 낼 것이라 너의 먹을 것은 **밭의** 채 소인즉
>
> **고전 3: 9절** 우리는 하나님의 동역자들이요 **너희는 하나님의 밭이요** 하나님의 집이니라.

배(舟) :[0591]: אֳנִיָּה :(오니야)

:-배(船).(창49:13, 대하8:18, 몬1:3) 선박(船舶).(왕상22:48, 시10426, 107:23) 사 공(沙工)(왕상9:27) 선단(船團)(왕상9:26)

> **신28:68절** 여호와께서 너를 **배에 실으시고** 전에 네게 고하여 이르시기를 네 가 다시는 그 길을 보지 아니하리라 하시던 그 길로 너를 애굽으로 끌어가실 것이라 거기서 너희가 너희 몸을 대적에게 노비로 팔려하나 너희를 살 자가 없으리라.

배도(背道) :[7750]: פוּס & שׁוּט :(슈트)

:-**빗나가다.**(잘못 행하다. 즉 우상숭배하다) **돌아보지 않다.**(시40:5) **멸시하다.**
(겔16:57, 28:24-26) **길을 잘못 들다.** [명] 배도자(시101:3)

> **시101: 3절** 나는 비루한 것을 내 눈 앞에 두지 아니할 것이요 **배도자들의** 행
> 위를 미워하니 이것이 내게 붙잡지 아니하리이다.

배반(背叛) :①[4775]: מָרַד :(마라드)

:-반역하다. 배반하다. 반항하다. 거역하다. 선동하다. (창14:4, 레26:15-16,
수22:16, 왕하18:7, 대하13:6, 겔23:3, 단9:9)

②[6565]: פָּרַר :(파라르) :-**[히필]** 분쇄하다. 깨뜨리다.(레26:44, 사33:8, 겔17:16)
(상징적으로 "어기다. 좌절시키다") **[호팔]** 무효화 하다.(민30:8, 사8:10, 렘33:21)
[포엘] 나누다. 가르다.(시74:13) **[힛폴엘]** 부서진 갈라진(사24:19) [필펠] 흔들
다. 흔들리다.(욥16:12) 취소하다.(욥15:4,)

> **창17:14절** 할례를 받지 아니한 남자 곧 그 양피를 베지 아니한 자는 백성중
> 에서 끊어지리니 그가 내 언약을 **배반하였음이니라.**

배우다 :[3925]: לָמַד :(라마드)

:-배우다.(신5:1, 시106:35, 렘12:16) 본받다.(신18:9) 연습하다(사2:4, 미4:3) 교
훈을 받다.(사29:24) 명령하다.(신4:14) & **[비유]** 응징하다. 매질하여 벌하다.
훈련받다. (대상15:18, 렘10:2, 사1:17, 26:10) **[피엘]** 훈련시키다 숙달되게 하
다. 능통하게 하다.(대상5:18, 아3:8, 렘9:4) **[푸알]** 익숙해지다. 숙달되다. 훈
련되다.(아3:8, 사29:13, 호10:11,)

> **신 4:10절** 네가 호렙산에서 네 하나님 여호와 앞에 섰던 날에 여호와께서 내
> 게 이르시기를 나를 위하여 백성을 모으라. 내가 그들에게 내 말을 들려서 그
> 들로 세상에 사는 날 동안 **나 경외함을 배우게 하며** 그 자녀에게 가르치게
> 하려 하노라. 하시매

백성 :[1471]: גּוֹי :(고이)

:-①**백성. 국민. 나라. 만민.** ②[5971] : עַם :(암) :-**무리. 민족. 백성. 지파.**

("**빛을 먹는 무리**"를 "**암**" : 백성이라 함)

[분해] ג(기멜)낙타(짐. 올리다. 성령)- ֹו(바브)갈고리(못. 변화)- ׳(요드)손(불. 10) :-성령의 능력으로 변화되어야할 무리를 "גוֹי:(고이)"라 한다.

창35:11절 그에게 이르시되 나는 전능한 하나님이니라 생육하며 번성하라 **백성과** 많은 **백성이** 네게서 나고 왕들이 네 허리에서 나오리라.

사 1: 4절 슬프다 범죄한 나라요 허물 진 **백성이요** 행악의 종자요 행위가 부패한 자식이로다. 그들이 여호와를 버리며 이스라엘의 거룩한 자를 만홀히 여겨 멀리하고 물러갔도다.

뱀 :[히:0660]: אֶפְעֶה :(에프에)

:-휙 소리 내다. 독사. 뱀. (휙, 미혹하는 소리를 내다.)

[분해] א(알렙)숫소(하나님. 유일)- פ(페)입(날선 검. 명령)- ע(아인)눈(빛. 유혹)- ה(헤)숨구멍(호흡. 생령) ;-하나님께서 생령 되게 하신 말씀을 미혹한 짐승을 "**뱀 -אֶפְעֶה:(에프에)**"라 한다.

[헬:3789]: ὄφις :(오흐피스) ;-뱀. 악마. 마귀.(기만. 사도바울은 하와를 유혹한 뱀을 사단으로 봄)

마23:29-33절 **뱀들아** 독사의 새끼들아 너희가 어떻게 지옥의 판결을 피하겠느냐?

계12: 9절 큰 용이 내어 쫓기니 **옛 뱀** 곧 마귀라고도 하고 사단이라고도 하는 온 천하를 꾀는 자라 땅으로 내어 쫓기니 그의 사자들도 저와 함께 내어 쫓기니라.

버리다 :[히:5493]: סוּר :(쑤르)

:-(하나님을)**벗어나다. 빗나가다. 떠나가다. 범하다.**(호 9:12)

[분해] ס(싸멕)지주(잣대. 공급. 60)- ֹו(바브)갈고리(못. 연결. 변화)- ר(레쉬)머리(근원. 200) :-(생명의 말씀) 공급을 버리고 근원과 연합하지 않는 것을 "סוּר:(쑤르)"라 한다.

[헬:3089]: λύω :(luo :뤼오) :-(언약)버리다. 깨다. 범하다. 벋다.

번성(繁盛) :[7235]: וּרְבַהּ :(우르바후)

:-①증가하다' 풍성하게 하다. 성장하다.

[분해] ו(바브)못(접속사, 변화)- ר(레쉬)머리(시작. 근원)- ב(베트)집(거처. 세움)- ה(헤트)울타리(구원. 살리다)- ו(바브)못(갈고리, 변화) :-(접속사) ו(바브)못 박히신 분과 함께 근원의(상속자들)이 되도록 변화시켜 구원받게 하는 것을 "וְרְבָהוּ:(우르부후)"라 한다.

　②"번성케 하리라." :(형용동사)[7235]: רָבָה:(라바) :-증가하다. 풍성하다. 많아져가다.

[해석] בַר(1247:바르)아들 + הֵא(1887:헤이) 보라 ;-**하나님께서 아들을 살리신 것을 보라.**

[분해] ר(레쉬)머리(아들. 우두머리. 근원)- ב(베트)집(아들. 거처. 성전. 건축)- ה(헤)숨구멍(호흡. 생기. 생명) :-하나님의 영원한 근원되시는 거처를 세우는 것을 "רָבָה:(라바)"라 한다.

번제(燔祭) :[5930]: עֹלָה 또는 עוֹלָה:(올라)

:-[유래:5927]의 [능동·분사]로서 **"올라가다"**의 [여·명] 번제(창8: 20, 22;3, 레 1:4, 10:19) 번제물(출10:25, 레3:5, 민6:11) [동] 올라가다.(창49:9, 수2:8, 사14:14, 겔40:26) 드리다(레14:20, 욥1:5, 사57:6,)

[주(註)] 청함을 받은 자들이 거듭나도록 양육받아 생명의 희생제물 드리기 위해 올라가는 것을 "עוֹלָה:(올라)"라 한다.

[한글사전] 제물을 불에 태워드리는 화제(火祭)를 뜻한다.

> **창 8:20절** 노아가 여호와를 위하여 단을 쌓고 모든 정결한 짐승 중에서와 모든 정결한 새 중에서 취하여 **번제로** 단에 드렸더니

> **출10:25절** 모세가 가로되 왕이라도 우리 하나님 여호와께 드릴 희생과 **번제물을** 우리에게 주어야 하겠고

벌(罰) :[8201]: שֶׁפֶט :(쉐페트)

:-**[남·명복]** 재판. 형벌.(출12:12, 18:26, 민33:4) 벌(겔5:10) 심판(왕상8:32, 욥 22:13, 잠19:29, 사11:4, 겔28:22, 44:24) **[분사]** 재판장(신16:18, 스7:25)

> **출12:12절** 내가 그 밤에 애굽 땅에 두루 다니며 사람과 짐승을 무론하고 애굽 나라 가운데 처음 난 것을 다 치고 애굽의 모든 신에게 **벌을 내리** 라. 나

는 여호와로라.

벌거벗은 것 :[히:6174](부정사): עָרוֹם :(아롬)

:-나체. 발가벗은 [유래:6191]: עָרַם :(아람) :-간계를 꾀하다. 발가벗다. 교활하다. 간사하다. :-**교활함으로 벌거벗게 되다.** 라는 뜻이다.

[분해] ע(아인)눈(빛. 보다. 70)- ר(레쉬)머리(우두머리. 200)- וֹ(바브)갈고리(접속사. 못. 변화)- ם(멤)물(말씀. 단련. 지혜) :-빛을 보지 못하여 연합하지 못하고 거듭나지 도 못하므로 말씀의 옷을 입지 못한 것을 "עָרוֹם :(아롬)"이라 한다.

[헬:1131]: γυμνός :(gum-nos :귐노스) :-나체. 맨몸. 벗은 몸. 가리지 않은.

베냐민 [1144]: בִּנְיָמִין :(빈야민)

:-오른손의 아들. 야곱의 막내아들. 남쪽의 아들.

: **라헬**은 마지막 비극적인 순간에 자신의 아들의 이름을 (어미변화)[0205]

: בֶּן אוֹנִי :(벤 오니) :**슬픔의 아들**라 지었다.

히브리어의 의미는 "**나의 슬픈(אוֹנִי:오니) 아들(בֶּן:벤)**"의 뜻으로 '**아이의 탄 생이 나의 죽음을 가져왔다.**' 라고 말하고 있다.

> **라헬**은 야곱에게 사랑 받았지만, 오랫동안 임신을 하지 못했다. 오랜 시 간을 희망을 가지고 기다린 끝에 라헬은 임신을 할 수 있었고 요셉을 낳았다. 하지만 몇 년 뒤, 그의 두 번째 임신은 재앙으로 끝이 났다.

범죄(犯罪) :[어원:0818]: אָשֵׁם :(아쉠)

:-죄 범함. 죄 지은, 죄(罪)있는.

[분해] 하나님 말씀으로 올바르게 되지 못한 것을 "אָשֵׁם :(아쉠)"이라 한다.

> **창20: 6절** 하나님이 꿈에 또 그에게 이르시되 네가 온전(穩全)한 마음으로 이 렇게 한 줄을 나도 알았으므로 너를 막아 내게 **범죄(犯罪)하지 않게** 하였나니 여인(女人)에게 가까이 못하게 함이 이 까닭이니라.)

-창42:21절 그들이 서로 말하되 우리가 <u>아우의 일로 인(因)하여</u> **범죄 하였도다.** 그가 우리에게 애걸할 때에 그 마음의 괴로움을 보고도 듣지 아니하였으므로 이 괴로움이 우리에게 임하도다.

법도 :[8451] תּוֹרָה :(토라)

:-율법. 십계명. 모세오경. :(유래) :[3384] יָרָה :(야라) :-(화살을)쏘다. 겨냥하다. 발사하다. 가르치다. 알게 하다. 교훈하다.

출 15:25절 모세가 여호와께 부르짖었더니 여호와께서 그에게 한 나무를 지시하시니 그가 물에 던지매 물이 달아졌더라 거기서 여호와께서 그들을 위하여 **법도와 율례를 정하시고** 그들을 시험하실새

시119: 4절 주께서 주의 **법도로** 명하사 우리로 근실히 지키게 하셨나이다.

벧엘 :[1008] : בֵּית־אֵל :(베트-엘)

:-하나님의 집. 1)베냐민 경제에 있는 에브라임에 속한 옛 장소이며 경배의 중심지, 2)브엘세바와 시글락에서 멀지 않은 유다 남쪽의 장소.

[분해] בּ(베트)집(거처. 건축)- י(요드)손(권능. 지배)- ת(타브)십자가(표, 인)- אֵל(엘)하나님(에게서) :-하나님의 성전 건축을 권능에 의해서 (신부단장)완성하여 영원히 세울 곳을 <u>"בֵּית־אֵל:(베트-엘)"이라 함.</u>

벨렉 :[6389]: פֶּלֶג :(Peleg ;펠레그)

:-셈의 5대 손(孫). 욕단의 형제(에벨의 아들)

[어원:6385]: פֶּלֶג :(펠레그) ;-쪼개다, 나누어지다. 분할하다(창10:25절. 대상 1: 29절)

[분해] פּ(페)입(말. 명령. 소리)- ל(라멘)소몰이막대(법도, 가르침)- ג(기멜)낙타(짐, 통과(합격), 보상) ;-하나님의 명령에 가르침을 받아 통과하다, 라는 뜻으로 "<u>פֶּלֶג:(펠레그)"라 한다.</u>

뼈 :[6106] : עֶצֶם :(에쳄)

:-뼈. 뼈마디. 골육. 몸체. 백골. 기골 [형] 동일한. 같은. 본질. 실체. (빛의 말씀으로 소유할 본질/ 지체들/ 몸체들/ 골육들)

> **창 2:23절** 아담이 가로되 이는 내 뼈 중의 뼈요 살 중의 살이라 이것을 남자 에게서 취하였은즉 여자라 칭하리라 하니라.

벽돌 :[3843] : לְבֵנָה :(레베나)

:-벽돌. 기와. 박석(薄石)(흰색 진흙). [어원:3835]: לָבַן:(라반) :-벽돌을 굽다. ~ 만들다.

[분해] ל(라멛)소몰이**막대**(법도. 가르치다.)- ב(베트)집(안(內), 거처)- נ(눈)물고기(생명. 구원.)- ה(헤)숨구멍(호흡. 깨닫다. 생령) ;-(방주에서 하나님으로 잘 양육 받은 법도) 하나님의 법도에 따라 구원을 받아 하나님의 집 안에서 살아갈 수 있도록 만든 것을 "לְבֵנָה:(레베나)"라 한다. ("ה"(히필)부정관사가 붙으면 "**하나님의 법도를 따르지 않음**"으로 해석해야 한다.)

별 :[히:3556]: כּוֹכָב :(코카브)

:-별. 왕. 방백. 성신. [유래:3554]: כָּוָה:(카바) :-빛나다/ 뛰어나다.

[분해] כ(카프)굽은손(능력. 순종. 20)- ו(바브)갈고리(접속사. 못. 거듭남)- כ(카프)굽은손(능력. 20)- ב(베트)집(거처. 건설. 성자θ님) :-능력의 손과 연합하여 하나님의 거처를 건설하는 사자를 "כּוֹכָב:(코카브)"라 한다.(계1:20절 일곱별은 "일곱 교회의 사자요")
[헬:0792]: ἀστήρ :(아스텔) :-**별. star.**(하나님께서 흩뿌려 놓다, 에서 유래)

병고침(신유) :[히:7495] : רָפָה :(라파)

:-고치다. 치료하다. 낫게 하다. 수선하다. 의사. 치료자. (여호와 라파)

[분해] ר:(레쉬)머리(근원. 우두마리. 200)- פ:(페)입(명령. 복음. 80)- ה:(헤)숨구멍(호흡. 생명. 8) :-우두머리의 복음으로 새로운 생명으로 치유하는 것을 뜻한다. (**여호와 라파**=치료의 하나님)

[헬:2390]: ἰάομαι(이아오마이) :-치유하다. 고치다. 치료하다. 구원하다.

보다 :[히:7200]: רָאָה :(라아)

:-보다. 감찰하다. 주목하다. 분별하다. 깨닫다. (하나님의 근원의 생명이신 것을 보다)

[분해] ר(레쉬)머리(근원, 첫째, 우두머리)- א(알렙)숫소(θ님. 지도자, 권세)- ה(헤)숨구멍(호흡. 깨닫다. 생령) ;-(진리)근원과 하나님을 깨닫는 것 "רָאָה:(라아)"라 한다.

[헬:0991]: βλέπω :(블레포) :-보다. 주목하다. 깨닫다. 밝아지다. [목격] :들보. 여자. 빛. 표적. 환상. 짐승. 나체. 연기. 등을 보게 되다. :

보배로움 :[히·5459]: סְגֻלָּה :(쎄구라)

:-보석(寶石), 보화(寶貨), 보물(寶物).

[분해] ס(싸멕)지주(잣대. 탯줄. 측량)- ג(기멜)낙타(짐지다. 자랑. 보상)- ל(라멛)소몰이막대(양육. 성숙. 익힘)- ה(헤)숨구멍(생명. 구원. 살리다) :-하나님 언약의 말씀으로 성숙하였는지? 측량 잣대로 재보고 보상받아 생명에 이른 것을 "סְגֻלָּה(쎄구라)"라 한다.

보좌(寶座) :[히:3678]: כִּסֵּא :(키쎄)

:-보좌(寶座). 왕좌(王座). 권위(權威).(창41;40절 렘 3; 17절)

[분해] כ(카프)굽은손(θ의 손, 그릇. 굴복시키다)- ס(싸멕)지주(자(尺). 방패. 의지)- א(알렙)숫소(지도자. 권능) ;-하나님의 능력과 권능으로 다스리는 자리를 "כִּסֵּא:(키쎄)"라 한다.

[헬:2362]: θρόνος :(드로노스) ;-국가의 권좌. 왕좌. 권세.

보혈(寶血) :[1818]: דָּם :(담)

:-(1)피. 피 값. 피 흘림(창4:11, 신19:10-13, 삼상14:32, 왕하3;22, 겔35:6) (2)유혈. 살해. 학살. 살인(창37:26, 레17:4, 19:16, 신17:8) (3)포도즙(창49:11, 신32:14) [유래:1826]: דָּמַם :(다맘) :-(1)침묵하다. 고요하다. 조용하다(레10:3, 애3:28, 겔2417) (2)놀라다. 동요하다(출15:6, 사23:2) (3)멈추다. 그만두다(삼상14:9, 욥31:34, 시4:5, 애2:18)

[파자] 성소의 문을 통과하도록 하는 피(성소 휘장을 열게 한 말씀) (상징-유월절의 문에 바른 피/ 속죄의 피-출30:10절)

> **레17:10-14절** (11)육체의 생명은 **피**에 있음이라 내가 이 **피**를 너희에게 주어 단에 뿌려 너희의 생명을 위하여 속하게 하였나니 **생명이 피에** 있으므로 **피가** 죄를 속하느니라.

> **행20:28절** 너희는 자기를 위하여 또는 온 양떼를 위하여 삼가라 성령이 저들 가운데 너희로 감독자를 삼고 **하나님이 자기 피로 사신 교회를** 치게 하셨느니라.

> **고전6:19-20절** (19)너희 몸은 너희가 하나님께로부터 받은바 너희 가운데 계신 성령의 전인 줄을 알지 못하느냐 너희는 너희의 것이 아니라. (20) **(피)값으로** 산 것이 되었으니 그런즉 너희 몸으로 하나님께 영광을 돌리라.

보혜사(保惠師) : אֶמֶת :(에메트)진리 + רוּחַ:(루아흐)

:-①"**진리의 영**". θ님. 영(靈)" =보혜사. 성령.

[헬·3875]: παράκλητος(파라클레토스) :-중보자. 위로자, 변호자. ②"**보혜사**"

:[헬:3875] : παράκλητος :(파라크레토스) :- 중보자. 돕는 자. 위로자. 변호자.

[어원:3870](유래): παρακαλέω(파라칼레오) "**보혜사**"(요일 2: 1절 "대언자") :-가까이서 부르다. 초청하다, 기원하다.(행 13:42절 청하다. 요구하다. 위로하다. 훈계하다. 기도하다.)(요14:16절)

> **행13:42절** 청하다. 요구하다. 위로하다. 훈계하다. 기도하다.
> **요14:17절** (보혜사)저는 **진리의 영**이라. (요15:26절 보혜사. 아버지께로서 오시는 곧 진리의 영이 오실 때에 나를 증거 하실 것이다.

> "**진리**" [0571]: אֶמֶת :(에메트) ;-진리. 진실. 확고함.
> [분해] א(알렙)숫소(지도자.)+ מ(멤)물(40. 생수. 말씀)+ ת(타브) 십자가(인(印), 표) ;-하나님 십자가의 언약된 말씀을 "**진리(眞理)- אֶמֶת :(에메트)**"라 한다.

> "**성령**" :[7307]: רוּחַ:(루아흐) :-하나님의 영(靈) [분해] ר(레쉬):**머리**(우두머리. 근원)- ו(바브)**갈고리**,(못, 연결, 변화)- ח(헤트)**울타리**(구원, 생령, 생명) ;-근원의 생명 회복

이 거듭나게 되어 구원의 울타리에 거하는 능력을 성령이라 함. (우두머리께서 못 박히심의 살리는 능력을 성령이라 한다.)

복(福) : [1288]: בָּרַךְ :(바라크)

:-①**복(福)주다. 은혜를 베풀다.** (반대의미 하나님께)(숭배, 경배하다).무릎 꿇다. (하나님께)송축하다. ②[1293] : בְּרָכָה :(베라카) :-**축복. 선물.**(아들의 권능을 선물로 받는 것을 뜻함)

[분해] בּ(베트)집(안(內), 거처)- ר(레시)머리(근원, 첫째, 우두머리)- ךְ(카프)굽은손(강한 능력, 굴복, 반석) :-여호와 하나님 거처의 상속자로 회복되는 것이 복(福)이다.

-영원토록 하나님의 거처와 나라에서 함께하시니 모든 것이 형통하고, 또한 하나님의 능력이 나타나기 때문에 능히 못할 것이 없을 것이다. 어디 이런 축복이 또 어디 있겠는가? "복(福) 중에 복(福)이라" 할 수 있다.

[예] :(창14:19절) -And he blessed(그가~축복하여) (사65:16절)

[해석] 3단어가 합성됨. וַיְבָרֲכֵהוּ (바예바르케후) =①(접·동·피엘) וַיְ(바예) + ②"복" בָרֲכֵ(바르케) + ③(명·여복·접미) הוּ(후) :-[1293]: בָרֲכָהּ(바라카ㅎ) ;-복. 선물.(아들의 생명과 능력 안에 거하는 자들이 복되다.

[분해] וַיְ(바예 -못 박힌 손)+ בָרֲכָה(바라카 -복 :생명과 강한능력)+ הּ(후-희생 후 살아나심) ;-여호와께서 못 박히신 능력의 손으로 아들의 강한 권능을 주시려고 생명을 희생하시다. 라는 **"거룩한 신부 단장의 복"**을 뜻하고 있다.

복음 :[히·8342](원형): שָׂשׂוֹן (샤스온)

:-기쁨. 환희. 기뻐 날뜀. [헬·2098]: εὐαγγέλιον(유앙겔리온) :-좋은 소식, 기쁜 소식.

[해석] שׂ(신)하늘(위, 상아탑-학문연구)- שׂ(신)하늘(위, 연마, 훈련)- וֹ(와우)갈고리(접속사)(못, 변화)- ן(눈)물고기(법(法)) ;-하늘의 학문을 단련하여 (자녀로)변화되게 하는 법(말씀)을 **복음**이라 함.

* ן(눈)의 뜻은 "지혜가 있는 물고기(하나님의 지혜의 말씀을 받은 성도)"라는 의미가 있습니다.

:**눅 2:10-11절** 천사가 이르되 무서워 말라. 보라 내가 온 백성에게 미칠 큰

기쁨의 좋은 소식을 너희에게 전하노라. (11)오늘날 다윗의 동네에 너희를 위하여 구주가 나셨으니 곧 그리스도 주시니라.

본 받다 :[히:3162] יַחַד :(야하드)

:-(부사)**일심으로, 똑같이. 결합. 연합체.**

[분해] יְ:(요드)**손**(권능. 힘. 10)- חַ:(헤트)**울타리**(살아나다. 구원. 8)- ד:(달렙)**문**(열다. 휘장. 4) :-**야훼의 권능이 충만한 사람 되게 하여 구원받게 하는 것을** "יַחַד :(야하드)"라 한다.

[헬:3666]:ὁμοιόω :(호모이오오) :-**같게 하다. 비교하다.** (수동태)같아지다. 같다. 닮다.

본 :(본):형상 [히:1823] דְּמוּת :(데무트)

-유사. 본. 모양. (부사)같게. 모양 닮음. ~과 닮게. ~처럼.

[해석] (양의)문에 들어갈 거듭나게 할 진리를 증인(표시. 나타내다. 단장)이 되다.

[헬]"μιμηταί :(미메타이)"는 [원형:3402] μιμητής :(미메테스):-**"모방자. 추종자"**란 뜻.

부대(포대) :[히:4997]: נֹאד :(노다)

:-가죽부대. 병. -백성들을 주의 나라에 들어가 살게 되는 것을 "נֹאד :(노다)"라 함. [헬:0779]: ἀσκός:(아스코스) :가죽부대. 가죽주머니. [원형:0778]: ἀσκέω:(askeo :아스케오) : 힘쓰다. 훈련하다. 실천하다.

예수님의 지체로 되도록 훈련시켜서 복음을 실천하게 하는 도구를 **"부대(負袋)"**라 한다.

부자(富者) :[히:6223]: עָשִׁיר :(아쉬르)

:-부유한. 부자. 돈 많은,/ (부정사)거만한. 사악한. 불경건한.

[분해] ע(아인)눈(빛. 보다. 70)- שׂ(쉰)땅(불. 올바름. 300)- ׳(요드)손(불. 10)- ר(레쉬)머리(근원. 200) :-온전케 하시는 빛의 말씀에 충만치 못해 근원과 연합하지 못하는 것을 "עֲשִׁיר:(아쉬르)"라 함.

부활 :[히:6965]: קוּם :(쿰)

:-일어나다. 세우다. 성취하다. 입증되다. 확증하다. **[어원]**[아람:2924] : טְלֵה:(타레) :-**어린양.** + [아람:6965]: קוּם :(쿰) :-일어서다. 성취하다. 설립하다, 세우다.

[분해] ק(코프)바늘귀(듣다. 거룩. **100**)- ו(바브)갈고리(못, 변화. 연결)- ם(멤)물(말씀. 연단. 사역) :-하나님의 말씀을 듣고 거룩함에 충만하여 거듭나서 말씀대로 확증된 것을 "קוּם:(쿰)"이라함.

[헬:0386]: ἀνάστασις:(아나스타시스) :-다시 살아남. 죽음에서 일어남. Resurrection.

[헬:5008]: ταλιθα :(탈리다) :신선한. 어린소녀. +[헬:2891]:κοῦμι:(쿠미):일어나라. "**(부활)**달리다 쿰" - ταλιθά:(탈리다) + κοῦμι:(쿠미) : "소녀야 일어나라."

"거룩한 성전" -고전 6:14-20절(P-269) **(19)** 너희 몸은 너희가 하나님께로부터 받은바 너희 가운데 계신 성령의 전인 줄을 알지 못하느냐 너희는 너희의 것이 아니라. (20) 값으로 산 것이 되었으니 그런즉 너희 몸으로 하나님께 영광을 돌리라.(고후 6:16절/ 고전12:27절/ 벧전 1:14-19절)

-이 말씀은 하나님의 거룩한 성전이 된 것과 그리스도의 지체로 거듭난 거룩한 상태를 부활이라 한다. 또한 이를 신령한 부활이라 한다.

분별 :[0995]: בִּין :(빈)

:-①**구별하다. 분리. 식별. 총명한.**(여호와의 집에 거할 자를 분별함을 뜻함) ②[0914] : בָּדַל:(바달) :-**분리하다. 구별하다.** (선택)**지명하다. 갈라내다.**
[히필] 분리하다. 나누다. [니팔] 분리되다. 선택되다. 배제되다.
[분해] ②:בָּדַל:(바달) = ב:(베트)집(성전. 나라. 건축)- ד:(달렙)문(열다. 휘장. 마음)- ל:

(라멛)소몰이**막대**(양육. 가르침. 성숙. 30) :-성령의 전을 심령에 거처로 양육될 자를 분별하시는 것을 뜻한다.

[헬:1253] : διάκρισις:(디아크리시스) :-구별. 구분. 비판. (사법적)평가. 총명한. 논쟁.

불못 :[히:0784] : אֵשׁ :(에쉬)

:-불(火). 화염. 불길. :-①땅을 올바르게 하는 소멸의 θ능력의 창검. ②땅을 올바르게 하려고 태우는 θ의 불. 성령.

> 일반적으로 지옥(γεεννα)을 의미한다. 이 "γεεννα"는 **힌놈 골짜기**를 뜻하는 히브리어 "גֵּי־הִנֹּם(게 힌놈)"을 의미한다. **"게 힌놈"**은 예루살렘 성 밖 쓰레기 태우는 장소였으며, 몰렉 우상의 숭배 인간제물을 드리던 장소로 멸망 골짜기로 지옥을 비유하는 단어로 성경에서 쓰이고 있다. (왕하16:3절/ 21: 6절)
> [주] 호크마 주석(마13:40절 행 2:3절 계 8:5절)

뿔라 :[1166] : בָּעַל :(바알)

:-주인이 되다. 지배하다. 다스리다./ **결혼하다.** 아내를 취하다. 가지다. 동침하다. 소유하다.(사54:5절 62:4절)

[유래:1167] : בַּעַל :(바알) :-남편. 주인. 임자. 소유자. 주권자.(출21:22절 사람이 서로 싸우다가 아이 밴 여인을 다쳐 낙태케 하였으나 다른 해가 없으면 그 **남편의** 청구대로 반드시 벌금을 내되 재판장의 판결을 좋아 낼 것이니라.)

"비밀" :[8587]: תַּעֲלֻמָה :(타알루마)

:-**비밀. 감추어 진 것. 오묘함.** [유래:5956]: עָלַם :(아람) :-시야를 '**가리다**', 즉 '**숨기다**. 감추다, 숨기다, 은밀하다, 위선자.

빚 :(부채) :[3867]: לָוָה :(라바)

:-빚을 내다. 꾸어 주다. 연합하다. 결합하다. **[명]** 채주. 빚진 자. **[니팔]** 합

하다. 만나다. 가입하다. 결합하다. **[히필]** 빌려주다. 대부하다.

> **고전 6:20절** "**값으로 산 것이** 되었으니 그런즉 너희 몸으로 하나님께 영광을 돌리라"
>
> **행20:28절** 너희는 자기를 위하여 또는 온 양떼를 위하여 삼가라 성령이 저들 가운데 너희로 감독자를 삼고 하나님이 자기 피로 사신 교회를 치게 하셨느니라
>
> **롬 8:12절** 그러므로 형제들아 **우리가 빚진 자로되** 육신에게 져서 육신대로 살 것이 아니니라

빛 :[히:0215]: אור :(오르)

:-(사역동사) 빛을 비추다. 빛이 되다. 밝히다.(머리이신 하나님)

[분해] א(알렙)수소(지도자, 배움, 권세)- ו(바브)못(갈고리, 변화)- ר(레시)머리(근원, 첫째, 우두머리) ;-하나님의 근원(상속자들)이 되도록 변화하게 하는 것을 "אור:(오르)**빛**"이라 한다.

[어원:0216](여·명유래) : אור(오르) 어두움(죄의 속성)을 밝혀내시려는 것을 "אור:(오르)"라 한다.(창 1: 3~5절 삼하23: 4절 시 27: 1절/ 37; 6절 요 1; 4절/ 8:12절 엡 5:8-9절)

[한글 ㅅ 자]

사갈 [7940]: שָׂכָר :(샤카르)

:-[유래:7939] **"보상. 상급. 삯. 임금. 품삯"** 뜻.(창15:1, 30:18, 28, 출22:14, 신 15:18, 24:15, 민18:31, 슥8:10, 11:12, 사62:11) :-(하늘로부터 받을 우두머리의 능력을 뜻함.)
[주(註)] 다윗의 용사 중 하나인 아히암의 아버지/ 고라 자손 레위인 문지 기/ 다윗 때에 오벳에돔의 넷째 아들.(대상26:4, 11:35)

> **대상11:35절** 하랄 사람 **사갈**의 아들 아히암과 울의 아들 엘리발과

사냥 [6679]: צוּד :(추드)

:-**(1)**사냥하다.(창27:3-5, 욥38:39, 렘16:16:16, 잠6:26) **(2)**잡다. 함정을 놓다.(레 17:13, 시14012, 잠6:26, 미7:2) **[피엘]** 함정을 놓다(겔13:18-20) **[힛파엘]** 양식 을 취하다(수9:12) **[명]** 사냥꾼(창10:9, 25:27,

> **창25:28절** 이삭은 에서의 **사냥한** 고기를 좋아하므로 그를 사랑하고 리브가는 야곱을 사랑하였더라.

> **시91: 3절** 참으로 그가 너를 **새 사냥군의** 올무에서와 극한 염병에서 건지실 것임이로다.

사단 :-[참조] 단어 **사탄**에서 찾아보기

사라 :[8297]: שָׂרַי :(사라이)

:-**지배하는. 우세한. [고·명]** 아브라함 아내 사라.(창17:15) [유래:8269]: שַׂר : (샤르) :-지도자. 감독. 통치자. 군대 대장. 우두머리.(창21:22, 출1:11, 18:25, 삼하 23:19, 왕상1:19, 9:22, 대상29:6, 욥39:25,) 고관(창12:15, 에3:1) 천부장(대상27:1) **[주(註)]** שַׂ (신)하늘(상아탑. 올바름)+ ר(레쉬)머리(첫, 근원, 우두머리)+ י(요드) 손(권능. 힘. 능력) :-하늘의 올바르게 하시는 말씀의 권능을 입은 첫(조상) 근원을

"שָׂרַי:(사라이)"라 한다.

사람 :[0120]: אָדָם:(아담)

:-①**인간. 남자. 인류. 인자.** (첫 사람)**아담. 붉어지다. 붉다.**

[주(主)] 하나님 말씀으로 하늘 문을 여는 자를 "אָדָם:(아담)"이라 한다.

 : 하나님의 말씀으로 문에 들어가는 자. (하나님의 영원한 나라에 들어가기 위해서는 예수 그리스도로 말미암아 들어가기 때문에 "**천국을 들어가는 기준이 아담의 후손이어야 한다.**" 라는 것의 의미다.)

②[0582]: אֱנוֹשׁ:(에노쉬) :-**사람. 인류(人類). 무리. 후손. 백성.**(창6:4, 26:7, 수8:14, 9:14, 삿9:23, 삼하1:11, 시9:20, 겔9:2,)

> **창 1:26절** 하나님이 가라사대 우리의 형상을 따라 우리의 모양대로 **우리가 사람을 만들고** 그로 바다의 고기와 공중의 새와 육축과 온 땅과 땅에 기는 모든 것을 다스리게 하자 하시고

> **약 3: 9절** 이것으로 우리가 주 아버지를 찬송하고 또 이것으로 **하나님의 형상대로 지음을 받은 사람**을 저주하나니

사랑 : [0157]: אָהַב:(아하브)

:-①**사랑하다. 좋아하다.**(시11:7, 슥8:17, 호10:11) (하나님)**사랑.**(출20:6, 호3:1)

[유래:0160]: אַהֲבָה:(아하바):-**순수한 사랑**(사56:6, 창29:20, 삼상18:3, 아3:5)

[주(註)] א(알렙)**숫소**(θ. 지도자. 왕)- ה(헤)**숨구멍**(생명, 호흡. 빛)- ב(베트)**집**(거처. 세움)- ה(헤)**숨구멍**(생명, 살리다) ;-남편(신랑)의 생명을 주고 신랑 집에 영생하게 하는 사랑을 "אַהֲבָה:(아하바)"라 함.

②[히:0157]: אַהֲבָתָה:(붸 아하베타) ;-**애정. 사랑.**(인간사랑. 친구사랑. 의(義)사랑)(창22:2, 잠17:17, 호3:1)

[주(註)] ו(바브)**못**(갈고리, 변화)- א(알렙)**지도자**(아버지. 권세)- ה(헤)**울타리**(생명, 호흡. 빛)- ב(베트)**집**(거처. 세움)- ת(타브)**십자가**(인(印), 서명, 표,) ;-못 박히신 하나님 집에 살아가게 하려고 십자가의 표현을 "사랑-אַהֲבָתָה:(붸 아하베타)"

라 한다. (히·어는 접속사로 **"너는 ~사랑하라"**의 **"여호와 하나님"**의 접속사
"אֵת"(에트 :**십자가의 하나님**)가 연결되어 있다.

[헬·0026]: ἀγάπη:(아가페) :-**사랑. 하나님의 사랑. 애정.**(신6:5)

> **창22: 2절** 여호와께서 가라사대 네 아들 네 사랑하는 독자 이삭을 데리고 모
> 리아 땅으로 가서 내가 네게 지시하는 한 산 거기서 그를 번제로 드리라.
>
> **아 7:12절** 우리가 일찌기 일어나서 포도원으로 가서 포도 움이 돋았는지, 꽃술
> 이 퍼졌는지, 석류 꽃이 피었는지 보자 거기서 내가 **나의 사랑을 네게 주리라.**

사망 :[히:4194]: מָוֶת :(마베트)

:-**죽음. 지옥(地獄). 스올. 사망.**(시9:13절 욥28:22절)

[분해] מ(멤)**물**(40. 말씀. 지혜)- ו(바브)**갈고리**(못, 변화)- ת(타브)**십자가**(표. 인(印)
언약) ;-말씀의 언약을 지키지 못하여 거듭나지(**십자가 신앙 삶**) 못한 삶을
"מָוֶת(마베트)"라 한다. [헬:2288]: θάνατος:(다나토스) :-**죄(罪)로 인한 영혼의
비참함. 악한 자들의 죽음.**

> **롬 6:23절** 죄의 삯은 사망이요. 하나님의 은사는 그리스도 예수 우리 주 안에
> 있는 영생이니라.

사모(思慕) :[2530]: חָמַד :(하마드)

:-**(1)바라다. 갈망하다. 탐내다.**(출20:17, 34:24, 미2:2) **(2)기뻐하다. 즐거워
하다.**(욥20:209, 시68:17, 사1:29, 53:2, 잠12:12) **[니팔] 바람직하다. 탐나다.
기쁜. 즐거운**(창2:9, 3:6, 출20:17, 신5:21 수7:21, 잠12:12)

[파생] [명여][2532]: חֶמְדָּה :(헴다) :-**사모하는 자. 은총을 받은 자.**(삼상9:20,
단9:23, 10:11,) **[형] 좋은.**(창27:15, 단10:3) **보배로운**(스8:27, 호13:15, 학2:7)

> **시19:10절** 금 곧 많은 정금보다 **더 사모할** 것이며 꿀과 송이 꿀보다 더 달도다.

사모(紗帽) [6287]: פְּאֵר :(페에르)

:-화관(花冠). 머리 장식. 관(冠). 터번. [유래:6286]: פָּאַר :(파아르) :-[동] 아름답게 꾸미다.(스7:27, 시149:14, 사60:13) 영화롭게 하다(사55:5, 60:7-9) [피엘] 꾸미다. 장식하다(사 55: 5, 60:7, 13) [힛파엘] 영예를 얻다. 영화롭게 되다. (사60:21, 61:3)

> **사61:10절** 내가 여호와로 인하여 크게 기뻐하며 내 영혼이 나의 하나님으로 인하여 즐거워하리니 이는 그가 **구원의 옷**으로 내게 입히시며 **의의 겉옷**으로 내게 더하심이 **신랑이 사모를 쓰며 신부가 자기 보물로 단장함** 같게 하셨음이라.

사무엘 [8050]: שְׁמוּאֵל :(샤무엘)

:-**"하나님께서 들으심"** 세 이스라엘인의 이름, **"사무엘"**(민34:24, 삼상1:1, 20, 대상6:13, 18, 7:2) [원형][8085]: שָׁמַע :(샤마) "듣다. 청종하다." + [0410]: אֵל :(엘)"하나님. " = שְׁמוּאֵל :(샤무엘) :-**"하나님께서 들으심"**

> **삼상 1:20절** 한나가 잉태하고 때가 이르매 아들을 낳아 **사무엘이라** 이름하였으니 이는 내가 여호와께 그를 구하였다 함이더라.

사시(춘하추동(春夏秋冬)) [4150]: מוֹעֵד (모에드)

:-(정해진)**시간,** (정해진)**절기,**(창 1:14, 17:21, 레23:2, 37, 민29:39, 삼상13:8-11) (정해진)**표시,** (정해진)**장소.**(수8:14, 시74:4, 애2:6)

[분해] מ(멤)**물**(말씀. 연단. 사역)+ ו(바브)**갈고리**(못, 연결)+ ע(아인)**눈**(보다, 허물 벗다)+ ד(달렙)**문**(휘장, 열다) ;-하나님 말씀 빛을 볼 수 있도록 휘장을 열어 단장하게 하시는 과정을 **"사계절"**이라 함.

[어원:3259](유래): יָעַד:(야아드) :-지적하다. 정하다. 명하다.(삼하20:5, 민14:35, 16:11, 수11:5) 고정하다, 모으다, 만나다, 약혼시키다.(출21:8-9, 25: 22, 29:42-43, 민10:3-4, 16:11, 27:3, 수11:5)
[주] 하나님 능력의 손으로 휘장을 열어 빛을 볼 수 있는 기간을 "사계절"이라 한다.

사악(邪惡) [1100]: בְּלִיַּעַל :(벨리야알)

:-[생략형] 사악함. 파괴자.(삼하16:7, 시18:5, 23:6, 욥34:18,) **"벨리야알(사단의 호칭)"** **[원형]** [1097]: בְּלִי :(벨리) "멸망. 파괴. 실패. 무(無)" +[3276]: יַעַל :(야알) "위로 올라가다. 유익하다." **[명]** 소득. 유익(삼상12:21, 사47:12, 48:17, 렘12:13, 23:32) =결실을 없게 하다. 소득을 파괴하다. 악함.(삼상1:16, 25:17, 25, 30:22, 잠6:12, 나1:11)

> **삼하23: 6절** 그러나 **사악한 자는** 다 내어 버리울 가시나무 같으니 이는 손으로 잡을 수 없음이로다.

> **고후 6:15절** 그리스도와 **벨리알이** 어찌 조화되며 믿는 자와 믿지 않는 자가 어찌 상관하며

사업 : [1870]: דֶּרֶךְ :(데레크)

:-①길. 행위. 도리. ②[4399]: מְלָאכָה:(멜라카) :-**사역. 일. 사업.**

[주] ד(달렙)문(열다 휘장 마음)- ר(레쉬)머리(첫째 근원 200)- ךְ(카프)굽은손(팔 연합 능력) :-하나님 집 문에 들어가도록 우두머리와 연합하는 사역을 "דֶּרֶךְ:(데레크)"라 한다.

[헬:2041]: ἔργον :(에르곤) :**행동. 행위. 일. 직업.** (교회로서의 말씀을 따르는 행위를 사업으로 해석하였다. 즉. 교회의 사업은 하나님의 말씀을 지켜 행하는 것.) (행 5:38)

> **창12: 2-3절** (2)내가 너로 **큰 민족을 이루고** 네게 복을 주어 네 이름을 창대케 하리니 너는 복의 근원이 될지라.

> **요 4:34절** 예수께서 이르시되 나의 양식은 나를 **보내신 이의 뜻을 행하며 그의 일을 온전히 이루는** 이것이니라

> **요 6:38-40절** (40)내 **아버지의 뜻은 아들을 보고 믿는 자마다 영생을 얻는 이것이니** 마지막 날에 내가 이를 다시 살리리라 하시니라.

사울 :[7586]: שָׁאוּל :(샤울)

:-**"간구하다. 문의하다"**라는 의미. 이스라엘의 초대 왕 **"사울"**

> **삼상 9: 2절** 기스가 아들이 있으니 **그 이름은 사울이요** 준수한 소년이라 이스라엘 자손 중에 그보다 더 준수한 자가 없고 키는 모든 백성보다 어깨 위는 더 하더라. (삼상9:2, 대상6:24)

싸움 [3898]: לָחַם :(라함)

:-먹다. **싸우다.** 소모하다. 파괴하다. 부식시키다.(민14:9, 신32:24, 시35:1, 56:2-3, 141:4, 잠4:17,) **전쟁하다.**(출1:10, 14:14, 신1:30, 수10:25, 대상18:10,) **공격하다.**(삿9:17, 시109:3) **[니팔]** 싸우다. 전쟁하다. 에워싸다. 쇄도하다(출1:10, 14:25, 왕하10:3, 렘1:19, 사7:1)

> **출17: 8-9절** (8)때에 아말렉이 이르러 이스라엘과 르비딤에서 **싸우니라.** (9)모세가 여호수아에게 이르되 우리를 위하여 사람들을 택하여 나가서 아말렉과 **싸우라** 내일 내가 하나님의 지팡이를 손에 잡고 산꼭대기에 서리라.

사자(동물) :[히:0738]: אֲרִי :(아리)

:**사자.** [유래:0717]: אָרָה :(아라) :-(포도나무에서 포도열매를 따다. 에서 유래)**수확하다. 모으다.** (맹렬하게)**잡아 찢다. 뜯다. 뽑다.**

[해석] אֲרִי :(아리) :-하나님 아들의 능력으로 사역하는 것을 뜻한다. 또는 "אָרָה :(a'rah :아라)" :-하나님 아들의 구원하는 사역이라 한다.

사자(使者):[4397]: מַלְאָךְ :(말라크)

:-"**대리로 파견하다**"의 뜻. 보내진 자. 사자. 전령. 심부름 꾼.(삼상16:19, 19:11, 20, 왕상19:2, 욥1:14) 대리. 전령. 천사(창16:7, 21:17, 출23:20, 민)

[주(註)] 하나님 말씀의 능력으로 양육하는 지도자를 "מַלְאָךְ(말라크)"라 한다.

> **출23:20절** 내가 **사자를 네 앞서** 보내어 길에서 너를 보호하여 너로 내가 예비한 곳에 이르게 하리니

> **단 3:28절** 느부갓네살이 말하여 가로되 사드락과 메삭과 아벳느고의 하나님을 찬송할지로다. 그가 **그 사자를 보내사** 자기를 의뢰하고 그 몸을 버려서 왕의 명을 거역하고 그 하나님 밖에는 다른 신을 섬기지 아니하며 그에게 절하지 아니한 종들을 구원하셨도다.

사치(奢侈) :[5727]: עָדַן :(아단)

:-**[칼동]** 부드럽다. 방종하다. 즐기다.(느9:25) **[힛파엘]** **사치하다.**(느9:25)

[5719]: עָדִין :(아딘) :-부드러운. 섬세한.(사47:8, 삼하23:8, 대상11:11)

> **잠19:10절** 미련한 자가 **사치하는** 것이 적당치 못하거든 하물며 종이 방백을 다스림이랴?

> **사47: 8절** 그러므로 **사치하고** 평안히 지내며 마음에 이르기를 나 뿐이라 나 외에 다른 이가 없도다. 나는 과부로 지내지도 아니하며 자녀를 잃어버리는 일도 모르리라.

> **"사치에 대한 경고" 사 3:16-26절** (18)주께서 그 날에 그들의 장식한 발목 고리와 머리의 망사와 반달장식과 (19)귀고리와 팔목 고리와 면박과 (20)화관과 발목 사슬과 띠와 향합과 호신부와 (21)지환과 코 고리와 (22)예복과 겉옷과 목도리와 손주머니와

사탄 :[히:7854]: שֵׂטָן :(사탄)

:-**사탄. 반대자. 대적자.**(삼상29:4, 왕상5:18, 11:14, 욥1:6-7, 2:2, 슥3:1-2)

[주(註)] שׁ(신)**하늘**(불. 올바름. 상아탑)- ט(테트)**뱀**(지혜. 점술. 구리. 9)- ן(눈)**물고기**
(법. 영속. 50) :-올바르게 할 성령의 충만한 영속의 말씀을 부족하게 하는 것을 "שֵׂטָן :(사탄)"이라 함.

[헬:4567]: Σατανᾶς:(사타나스) :-**고소자. 마귀. 사탄.**(계20:2) [헬:기원:4566]: Σατάν:(사탄) :-**사탄. 마귀. 악령(惡靈)들의 우두머리. θ님의 대적 자.**

사특하다 :[0898]: בָּגַד :(바가드)

:-**배반하다.**(삿9:23, 호5:7) **잠행하다. 부정하게 행동하다.**(출21:8, 삼상14:33, 욥6:15) **억압하다.**(사24:16, 33:1)

> **잠11: 3절** 정직한 자의 성실은 자기를 인도하거니와 **사특한 자의** 패역은 자기를 망하느니라.

사(赦)하다 :[5375]: נָשָׂא :(나사)

:-**들어 올리다. 고개를 들다. 용서하다.**

[분해] נ(눈)**물고기**(법, 성도)- שׁ(신)**하늘**(올바름. 연마)- א(알렙)**숫소**(왕. 지도자) :-(구

원)성도로서 하나님 나라에 올라갈 수 있도록 올바르게 하는 것을 "נָשָׂא:
(나사) 죄사함"이라 함.

[헬:0863](동·직·과·능-1복) ἀφίημι (에피에미) :-(죄)**빚을 탕감. 취소.** (수동·완-1인
복) ἀφήκαμεν (에페카멘) :-(죄)용서하다. (빚)탕감하다. forgive. have
forgiven.

> 출 32:32절 '그러나 합의하시면 이제 그들의 "죄를 사(赦)하시옵소서" 그렇지
> 않으면 원컨대 주의 기록하신 책에서 내 이름을 도말(塗抹)하옵소서 (고전
> 6:19-20절/ 롬 8;12절)

산(山) :[히:2042]: הָרַר :(하라르)

:-**산. 언덕.**(창23:7, 시30:7, 렘17:3, 합3:6) [헬:3735]: ὄρος:(오로스) :-**산. 언덕.**
(기원): ὄρω:(오로) :-일어나다. 세우다.(마4:8절)

[해석] 살리는 진리의 근원을 보게 하는 곳.(신8:9)

> 출 3: 1-4절 모세가 산에 나타난 불꽃을 희미하여 자세히 보려고 호렙 산에
> **오르는 의미**

살(육신) :[1320]: בָּשָׂר :(바싸르)

:-**살아있는 몸**/ 육체. 몸. 자아. 피부. 고기덩이.

[유래:1321] בָּשַׂר :(바싸르) :-기뻐하다. **[피엘]** 기쁜 소식을 전하다. 알게 하
다. **[힛파엘]**기쁜 소식을 받다. 기쁨을 전하다. 선포하다.(아담이 뼈 중에
뼈요. 살 중에 살이로다. 하며 기쁨의 의미가 있다.

> 창 2:23절 아담이 가로되 이는 내 뼈 중의 뼈요 살 중의 살이라 이것을 남자
> 에게서 취하였은즉 여자라 칭하리라 하니라.
>
> **고전12:27절 너희는 그리스도의 몸이요 지체의 각 부분이라.**

샬롬 :[원형:7999]: שָׁלֵם :(샬람)

:-완성하다. 평안하다. 완성하다. 라는 뜻이다.

[8002]: "שָׁלֵם:(셀렘)" :-보응. 보상. 감사. 지불하다. 희생하다. **[명]** 희생제
(출20:24, 수8:31, 잠7:1) 화목제물(민6:14,10:10, 수22:23) 감사제(겔43:27, 46:12)
[피엘] 안전하게 하다. 완전하다 끝마치다.(왕상9:25, 욥8:6) **[푸알]** (언약)이
행되다. 보상되다.(시65:2, 잠11:31, 렘18:20) **[히필]** 완성하다. 수행하다. 화목하
다.(신20:12, 수10:1-4, 왕상22:45, 욥23:14, 사44:26-28) **[호팔]** 친구가 되다(욥5:23)

[3389]: יְרוּשָׁלַיִם:(예루샬라임) :-θ님의 아들을 통해서 평화를 완성하여 살리는
터.(수10:1, 5, 15:8)

상(床) :[7979]: שֻׁלְחָן :(슐르한)

:-**식탁. 탁자.** (유래):[7971](부정사로서) :-**보내지다.**(창27:45, 삼하11:6) **전하
다.**(왕하17:13, 느6:19, 슥7:12) **내어 버려지다.**(창8:10, 사50:1,) **해고 통보하다.**
(창44:3, 50:3) **던지다.**(욥30:11, 전11:1) 등 많은 동사의미로 광범하게 사용함.
[주] :성령의 먹이로 물고기를 양육하여 구원에 이루도록 하는 것을 의미
하고 있다.

사43:14절 너희의 구속자요 이스라엘의 거룩한 자 여호와가 말하노라 너희를
위하여 내가 바벨론에 **보내어** 모든 갈대아 사람으로 자기들의 연락하던 배를
타고 도망하여 내려가게 하리라.

삼상20:20절 내가 과녁을 **쏘려**(샬라흐) 함 같이 살 셋을 그 곁에 쏘고

상속(소유) [4181] : מוֹרָשָׁה :(모라샤)

:-**소유. 유산. 기업. 상속.**(출6:8, 신33:4, 겔11:15, 36:5)

[분해] מ:(멤)**물**(말씀. 사역. **40**)- ו:(바브)**갈고리**(못. 거듭남. **6**)- ר:(레쉬)**머리**(근
원. 첫째. **200.**)- שׁ:(쉰)아래**땅**(불. 성령. **300**)- ה:(헤)**숨구멍**(호흡. 소망. **5**) :-말씀과
연합하여 성령 충만하므로 거듭나 영생을 소유한 것을 "**모라샤**"라 한다.

히브리어 **모라샤**는 약속의 땅에만 사용되는 특별한 단어다. "**상속**"을 뜻하는
예루샤라는 일반적인 단어와는 달리, **모라샤**는 소중한 **유산**을 뜻한다. 쉽게 소
비 될 수 있는 "**상속**"인 **예루사**와는 달리 **모라샤는** 다음 세대를 위해 각 세대
가 적극적으로 보존에 노력해야 한다.

롬 8:17절 자녀이면 또한 **상속자** 곧 하나님의 **상속자**요 그리스도와 함께 한 **상
속자니** 우리가 그와 함께 영광을 받기 위하여 고난도 함께 받아야 될 것이니라.

상수리나무:[0436]: אֵילוֹן :(엘론)

:-**상수리. 강한나무.**(창12:6, 신11:30, 사61:3) [유래:0352] אַיִל(아일) **:-숫양. 영웅. 기둥.**(창15:9, 출15:15, 25:5, 삼상15:22, 욥41:25, 겔40:49) **[복]** 힘. 힘센 것. 상수리나무.

[분해] א:(알렙)**숫소**(지도자. 전능.)- ל(라멜)소몰이 **막대.**(양육. 성숙.)- ו(바브)**못**(변화연결)- ן(눈)**물고기**(영속. 다시싹트다. 영혼) :-하나님 말씀으로 힘센 (영웅)장성한 나무됨을 אֵילוֹן:(엘론)"이라 함.

> **사61: 3절** 무릇 시온에서 슬퍼하는 자에게 화관을 주어 그 재를 대신하며 희락의 기름으로 그 슬픔을 대신하며 찬송의 옷으로 그 근심을 대신하시고 그들로 **의의 나무** 곧 여호와의 심으신바 **그 영광을 나타낼 자**라 일컬음을 얻게 하려 하심이니라.
>
> **성소 건축 :** 출25: 5절 붉은 물 들인 수양의 가죽과 해달의 가죽과 **조각목과**

새 : [5775]: עוֹף :(오프)

:-새. 나는 것, 날다, 날아다니다, 날아가다

[해석] 눈으로 거듭나게 하는 말씀을 증거하는 의미를 뜻한다.(휴거를 상징함)

[분해] ע:(아인)**눈.**(얼굴. 빛. 부르다. 70)- ו(바브)**갈고리**(못. 거듭남. 사망. 6)- ף:(페)**입**(명령. 좌우·날선·검. 80) :-완전한 빛으로 부르셔서 새롭게 변화하는 것을 "עוֹף:(오프)"라 함.

새로운/ 새것 [2318]: חָדָשׁ:(하다쉬)

:-①**새로운.**(레23:16, 삼하6:3, 사65:17, 42:9, 43:19) **새것. 신선한. 새로워진**(욥29:20) **[피엘]** 새롭게 하다. 갱생하다.(삼상11:14, 욥10:17, 시51:12) 수선하다. 재건하다.(대하15:8, 사61:4) **[힛파엘]** 새로워 지다.(시103:5)

[해석] חָדָשׁ(새로운. 신선한. 거룩한) ;-창세 때부터 약속하신 예수님으로 말미암은 새로운 하늘과 땅.(레23:16, 신20:5, 사66:22,)

②[4605]: מַעַל :(마알) :-**위로부터, 위에서, 위에 가까이,**(창27:39, 49:25, 50:4, 출14:2, 민24:6, 단2:10, 3:12) :-"**위로 부터 새로워지게 되다.**" 거듭남.

[헬:0509]: ἄνωθεν :(어노덴) :-(위로부터)새로. 다시. 처음부터(마27:51, 요3:31, 8:23)

> **시51:10절** 하나님이여 내 속에 정한 마음을 창조하시고 내 안에 정직한 영을 **새롭게 하소서**

> **사61: 4절** 그들은 오래 황폐하였던 곳을 다시 쌓을 것이며 예로부터 무너진 곳을 다시 일으킬 것이며 황폐한 성읍 곧 대대로 무너져 있던 것들을 **중수할 것이며**

> **요 3: 3절** 예수께서 대답하여 가라사대 진실로 진실로 네게 이르노니 사람이 **거듭나지 아니하면** 하나님 나라를 볼 수 없느니라.

샘(泉) [어원:4599] : מַעְיָן :(마얀)

:-①**샘의 곳**(창7:11, 왕하3:25 시84:7) ②**샘물. 우물.** 근원(창7:11, 8:2, 수18:15, 왕상18:5, 대하32:4, 사12:3) ③**큰 기쁨. 즐거움**(시87:7)

[분해] מ(멤):물(말씀,사역,연단)- ע(아인)눈(샘. 얼굴,)- י(요드)손(하게함, 세력)- ן(눈):물고기(법, 다시 싹트게함) ;-(영혼 구원을 위하여)하나님의 말씀으로 다시 싹트게 하시려고 샘들을 열기도 하시고 닫기도 하시는 것이라는 뜻이다.

④**[집합명사] 샘물** 또는 מַעְיְנוֹ(마예노) ;-(만족의)**근원**(반석의 샘물), 또는(여성형) מַעְיָנָה :(마야나하) **:-분천. 샘.**(기쁨의 즐거움의)(시114:8) [원형:5869]: עַיִן :(아인) :-[동] 흐르다. 흘러나오다. [명] 눈. 눈물. 우물.

> **잠10:11절** 의인의 입은 **생명의 샘**이라도 악인의 입은 독을 머금었느니라.
> **잠14:27절** 여호와를 경외하는 것은 **생명의 샘이라.** 사망의 그물에서 벗어나게 하느니라
> **요 4:14절** 내가 주는 물을 먹는 자는 영원히 목마르지 아니하리니 나의 주는 물은 그 속에서 영생하도록 솟아나는 **샘물이** 되리라.

생기(生氣). 생(生). :[2416]: חַי :(하이)

:-①**산**(살아있다). **생(生). 생명.** (여·단&남복)활동 [원형:2421]: חָיָה :(하야) :-보존하다. 생존하다. 살리다.(창12:13, 20:7, 민4:19, 느9:29, 렘38:20, 슥10:9)
[분해] ח(헤트)울타리(생명. 살다)- י(요드)손(권능. 10) :-생명의 능력이 충만한 것을 חַי :(하이)라 한다.

②기(氣):호흡 :[5397]: נְשָׁמָה :(네솨마) :**호흡. 생기. 정신. 영혼.**

[분해] נ(눈)물고기(50. 영혼. 가지)- שׁ(쉰)아래땅(올바름. 불. 임재)- מ(멤)물(말씀. 연단. 교육)- ה(헤트)울타리(생명, 살다) :-구원받을 백성에게 좌우 날선 검(말씀)으로 올바르도록 가르쳐 생명에 이르게 하는 것을 " נְשָׁמָה :(네솨마) :-라 한다. (창2:7, 신20:16, 수11:11, 왕상15:29, 욥26:4, 잠20:27, 사2:22, 단10:17)

생령(生靈) :[5315]: נֶפֶשׁ :(네페쉬) [753회]

①숨. 냄새. ②영혼, 혼령(魂靈).③마음, 감정.

[분해] נ-물고기(생명. 싹트다)+ פ-입(깨달아 말하는 것. 좌우로 날선 검. 명령)+ שׁ-땅(아래, 올바름,) ;-구원받은 자녀는 올바르도록 (θ 증거-את)를 보게 하여 깨닫게 하는 것을 "נֶפֶשׁ:(네페쉬)"라 함.

생명 :[원형:2421]: חָיָה :(하야)

 :-**(1)**살다, 호흡하다(창12:12, 20:7, 출1:17, 욥33:4,) **(2)**생존하다. 안전하다. 살아있다(창12:13, 19:20, 민14:38, 수5:8, 사55:3) **(3)**다시살다. 소생하다. 부활하다(겔37:5, 왕상17:22, 4) **[피엘]** 살게하다. 살아나게 하다. 생명을 주다.(욥33:4, 시119:37, 138:7) **[히필]** 살아남다. 살려주다(창6:19, 수6:25, 14:10, 삼하8:2,) 생기를 되찾다(왕하5:7)

[해석] [2416]: חַי:(하이) :-**살아있는. 생(生)**-[5315]: נֶפֶשׁ:(네페쉬) :-(살아있는)**혼.** (창35:18, 삼하11:11) **숨.**(욥41:13) **피조물.** =(하이 네페쉬)**살아 있는 영혼이 되다.**(창43:7, 민14:21, 신32:40, 렘22:24, 겔5:11) **생명.**(창1:30, 출4:19, 신28:66) **목숨**(시74:19)

[주(註)] 살리는 능력의 말씀으로 땅에서 올바르게 된 영혼을 "חַי נֶפֶשׁ:(하이 네페쉬)라 한다.

창 1:30절 또 땅의 모든 짐승과 공중의 모든 새와 **생명이 있어** 땅에 기는 모든 것에게는 내가 모든 푸른 풀을 식물로 주노라 하시니 그대로 되니라.

생물 :[2416]: חַי:(하이)

;-살아있는, 생명(生命). 생물(生物). 사람(단2:30절) [분해] ח(헤트)울타리(구원, 생령, 생명)- ׳(요드)손(움켜 쥔. 강한 손) ;-생명을 움켜잡은 것을 "חַי:(하이)"라 한다.

> **창 1:20절** 하나님이 가라사대 물들은 **생물로** 번성케 하라 땅 위 하늘의 궁창에는 새가 날으라 하시고

생육(生育) :[6509]: פָּרָה:(파라)

:-생육하다.(창8:17, 9:1, 28:3) 번성하다(창26:22, 출23:30, 렘3:16) 무성하다.(창49:22) [명] 생육.(출1:7 렘23:3, 겔36:11) 열매.(사32:12, 겔19;10)

[분해] פ(페)입(명령. 날선 검)- ר(레쉬)머리(첫, 근원, 우두머리)- ה(헤)숨구멍(호흡. 소망) :-명령은 (상속자)아들이 되도록 살게 하는 것을 "פָּרָה:(파라)"라 한다.

> **창 9: 1절** 하나님이 노아와 그 아들들에게 복을 주시며 그들에게 이르시되 **생육하고** 번성하여 땅에 충만하라.

서기관 :[히:5608]: סָפַר:(싸파르)

:-(분사)서기관. (니필)계산되다. (피엘)기록하다. 변론하다. 계산하다.

[분해] ס:(싸멕)**지주**(자(尺). 버팀목. 60)- פ:(페)**입**(명령. 표현. 80)- ר:(레쉬)**머리**(우두머리. 근원. 첫째. 200.) :-진리의 잣대로 하나님의 명령에 대한 것을 기록하는 자를 뜻함.

[헬:1122] :γραμματεύς :(그람마튜스) :-기록자. 서기관. 비서.

선(善) [원형:3190]: יָטַב (야타브)

;-①좋다, 즐겁다, 훌륭하다, 기쁘다. [사역동사]좋게 만들다,/ [문자적으로] 건전한, 아름다운,/ [상징적으로] 행복한, 성공적인, 올바른./ 또는 받아들이다, 수정하다, 올바르게 사용하다, 유익을 끼치다, 더 잘되다(잘되게 하다), 최선일 것 같다. ②[3190](동히미남단) הֵיטַב(테-야타브) :- (여호와)**즐겁게 하다. 기쁘게하다**(포도주 드리다.)

[분해] ח(타브)**표**(인(印). 십자가)+ ׳(요드)**손**.(불)[접미요소:7227]=나의 주인.+ ט(테

드)뱀(지혜. 예지. 점술)+ ב(베트)집(거처. 세워가다) [사역동사-좋게 만들다] :-십자가 θ님 지혜의 가르침으로 선하심을 세워가는 것을 뜻한다.

[주해]- ﬞﬞ(테드)]의 알파벳의 의미와 뜻을 먼저 살펴보아야 한다. -지혜. 예지. 경험. 뱀. 그러므로 ח(테)+ יֵשִׁי-(야티):-(테-야티) :-나의 선생님 가르침에 깨달아 나를 십자가에 희생하는 삶을 "선(善)"이라 한다.

-마23:23절 "화(禍)있을 진저," 외식하는 서기관들과 바리세인들이여 너희가 박하와 회향과 근채의 십일조를 드리되 율법의 더 중요한바 "의(믿음)와 **인애**와 **신실함**"은 버렸도다.

-"**선과 악**"을 알게 하는 나무 : טוֹב:(토브) **옳은**. + רַע:(바라) **악(惡)한**.

"**선**" :[2896]: טוֹב:(토브) :-좋은. 선한. 행복. 옳은.

[분해] ﬞﬞ(테트)뱀(지혜. 점술. 구리)- ﬞ(바브)갈고리(접· 못. 거듭남)- ב(베트)집(아들. 거처. 건축) :-지혜로운 아들을 영접하여 거듭나는 것을 "טוֹב:(토브)"라 함.(구리 뱀을 바라보고 토라에 순종한 믿음을 성경에서 선(善)이라 한다)

"**악**" :[7451]: רַע:(바라) :-나쁜. 악(惡)한. 사악(邪惡)한,

[분해] ﬞ(바브)갈고리(접· 못)- ﬞ(레쉬)머리(첫째. 근원. **200**)- ﬞ(아인)눈(빛. 얼굴.) :-빛의 근원을 못 박는 것을 "רַע:(바라)"라 함.(빛으로 오신 못 박히신 우두머리를 바라보지 못하게 하는 것을 악이라 한다)

<선악을 알게 하는 나무의 특징.>

"**먹음직**": לְמַאֲכָל:(레 마아칼) :먹기에 좋은 것.

[어원:3978]: מַאֲכָל:(마아칼) -(식물, 과일, 고기, 양식)

[분해] ﬞ(전치사)- ﬞ(멤)물(**40**. 말씀. 지혜)- א(알렙)숫소(지도자. 왕. 영원)- ﬞ(카프)굽은손(지배. 복종. 적용)- ﬞ(라메드)양몰이막대(성숙. 양육) :-(θ님께 대하여)+ 말씀으로 양육과 지배를 받지 않아도 될 영원한 먹기에 좋은 "לְמַאֲכָל:(레 마아칼)" 열매 같다는 뜻이다.

"**보암직**" : לָעֵינַיִם:(라 에나 임) "눈에 탐스럽고"

[어원:5869]: עַיִן:(아인) :-눈. 보다.

[분해] ﬞ(전치사)~사이- ﬞ(아인)눈(보다. **70**. 깨닫다)- ﬞ(요드)손(권능. 힘.)- ﬞ(눈)물고기(영혼. 법. 성도)- ﬞ(요드)손(권능. 힘.지배)- ﬞ(라메드)양몰이막대(성숙. 양육) ;-(θ님에

대하여)+ 영안능력과 권능을 가져 영혼들을 양육할 능력이 있을 것 같은 "לְעֵינָיִם:(라 에나 임)"한 열매로 보았다. 는 뜻이다.

"지혜롭게 할" : לְהַשְׂכִּיל(레하스킬) "지혜롭게 하는 좋은" [어원:7919] : שָׂכַל:(싸칼) :-지혜. 명철. 형통. 감찰하다.

[분해] לְ(전치사)- הַ(헤)숨구멍(호흡. 생명. 생명)- שׂ(신)위하늘(올바른. 명철. 학문.)- כִּ(카프)굽은손(지배. 복종. 적용)- ִי(요드)손(권능. 힘.지배)- ל(라멜)양몰이막대(성숙. 양육) ;-(θ님과 같은) + (영혼)살리는 능력과 명철로 지배하고 양육할 지혜로움을 "לְהַשְׂכִּיל(레하스킬)"이라 한다.

선물(膳物) :[4979] מַתָּנָה :(맛타나)

:**선물. 예물. 성물.** (하나님께 드리는)**헌물. 뇌물.**

[헬:5486]: χάρισμα:(charisma :카리스마) ①신성한 선물. ②고난에서 구속(救贖). ③θ의 은혜의 선물. ④성령의 신비한 능력.

①[4991]: מַתָּת:(맛타트) :-**선물. 보상.**(전 3:13절)

[분해] מ(멤)물(**40.** 말씀. 지혜)- תָּ(타브)십자가(표. 인(印) 언약)- ת(타브)십자가(표. 인(印) 언약) ;-θ님의 언약의 말씀을 받은 증거가 "(은사) מַתָּת:(맛타트)"라 한다.

②[4978]: מַתְּנָה:(맛테나) :-**선물. 희생제물**(구속과 구원).(민18:6절 단 2: 6절)

[분해] מ(멤)물(**40.** 말씀. 지혜)- תּ(타브)십자가(표. 인(印) 언약)- נ(눈)물고기(법, **50.** 충성)- ה(헤)숨구멍(호흡. 생령. 소망) ;-말씀의 성령의 은사로 인(印)치시고 생령되게 하시는 것을 "מַתְּנָה(맛테나)"라 한다.

③[2898]: טוּב:(투브) ;-선한. 은총(恩寵), 아름다움, 기쁨. [어원:2895] טוֹב:(토브) :-유익하다. 즐겁다. 에서 유래(렘31:12절)

[분해] ט(테트)뱀(지혜. 예지. 복술)- וּ(바브)갈고리(못. 변화. 접속사)- ב(베트)집(거처. 안. 세움) ;-지혜로움으로 변화되어 (θ)아버지의 집(건축하는 재능) 안에 거하는 복을 "טוּב:(투브)"라 한다.

선지자 : [5030]: נָבִיא :(na-byi :나비)

:-예언자. 영감(靈感)된 자. 대언자. 선지자.

[분해] נ(눈)**물고기**(자녀. 법·50. 영속.)- ב(벧트)**집**(거처. 건축. 성전)- י(요드)**손**(불. 권능.10)- א(알렙)**숫소**(θ님. 유일) :-성령의 법의 말씀에 충만한 자녀(신부)들과 권능의 손과 연합하여 하나님의 전을 건축하는 자를 "נָבִיא :(나비)"라 한다.

(그래서 선지서(先志書)를 "נְבִיאִם :나비임이라 한다)

[해석] נָבִיא(나비)-**선지자/ 예언자** + ם(임)-능력의 말씀 :-**성령의 능력으로 예언하는 자**"라 한다.

하나님 예언의 목적은 "הֹורָה(토라):(계명. 율례 법도)" 즉 하나님의 영원하신 거처를 건축을 위한 설계도면과 재료와 방법과 기간과 모양과 색깔과 구조까지를 깨닫게 하시며 그곳을 소망하며 성령의 하시는 말씀과 연합하여 성취를 이루자는 것이다. 그러므로 선지서는 토라를 반석으로 하여 400년을 전하도록 하신 것이다.

선지서(先知書) :[원형:5030]: נָבִיא :(나비)

:-예언자. 영감된 사람. 선지자.(창20:7, 신18:22, 왕상18:4, 렘28:9) **"나비임 -נְבִיאִם"**을 통한 예언의 말씀.(왕상20:35, 왕하2:3-7, 4:1, 38)

[해석] נָבִיא :(나비-선지자/ 예언자) +ם.(임-능력의 말씀) :-성령의 능력으로 하신 예언의 말씀.

왕상22: 7절 여호사밧이 가로되 이 외에 우리가 물을만한 **여호와의 선지자가** 여기 있지 아니하니까

섬김 :[히:5656] : עֲבֹדָה (아보다)

:-노동. 섬김. 봉사. 직분. [헬:1248]: διακονία:(디아코니아) : 봉사. 섬김. 사역. 사명.

[분해] ע(아인)**눈**(빛. 보다. 70)- ב(베트)**집**(거처. 세움)- ד(달렙)**문**(열다. 마음)- ה(헤)**숨구멍**(호흡 생명) :-빛의 바라보고 마음을 열게 하므로 θ님 성전 되게 하여 생명을 누리게 하는 것을 "עֲבֹדָה:(아보다)"라 한다.

성(城) :[히·5892]: עִיר :(이르)

:-성읍(城邑). 도시. 지키는 자.(깨어 지키는 곳/ 파수하는 곳)

[분해] עַ(아인)눈(빛. 70)- יִ(요드)손(권능. 힘. 10.)- ר(레쉬)머리(우두머리. 근원. 시작)
:-빛을 볼 수 있는 근원의 능력이 충만한 곳을 "עִיר(이르)"라 한다.

[헬·4172]: πόλις:(폴리스):-도성(都城). 도시, 성(城). city, town;

"성경" :유대인들은 성경을 **"타나크** : תַנַ"ךְ라고 한다.

-"**토라**(모세오경)- תּוֹרָה"와 "**느비임**(선지서)- נְבִיאִים"과 **"케투빔**(성문서)- כְּתֻבִים"
의 알파벳 첫 글자를 합하여 **"타나크**-תַנַ"ךְ"라 한다.

-**"타나크**-תַנַ"ךְ"를 통해서 예수님과 제자들과 바울과 스테판 집사가 전파
한 것이다.

[분해] תּ(타브)**표**(십자가, 인(印))- נַ(눈)**물고기**(생명, 법)- ךְ(카프)θ의**손**(그릇, 적용) ;-
십자가의 못 박하신 능력의 손으로 살리신다는 생명의 말씀을 "타나크
-תַנַ"ךְ"라 한다.

(마 5: 18절 요 5:39절 행 17: 2-3절/ 28:23절 롬 3: 1-2절 딤후 3; 15절 호 4:
1~6절) 이 성경을 개혁주의 교회들이 **"구약성경"**이라 한다.

---

①[8451]: תּוֹרָה (토라) ;-계명. 법. 율법.

[분해] תּ(타브)**십자가**(인(印), 서명. 표)- /(와우)**갈고리**(못. 연결. 변화)- r(레쉬)**머리**(근
원, 첫째)- h(헤)**숨구멍**(생령. 호흡) ;-("תּוֹ"-십자가에 못 박히신 하나님 언약)표(表)를
통해서 근원의 생령이 되도록 살리시려는 것을 "תּוֹרָה(토라)"라 한다.

---

② נְבִיאִים:(나비딤)-[원형:5030]: נָבִיא :(나비) :-예언자. 영감된 사람. 선지자.

[해석] נְבִיא:나비-선지자/ 예언자) + יִם:(임-능력의 말씀) :-성령의 능력으로 하신
예언의 말씀.

[분해] נְ(눈)**물고기**(구원. 50. 생명 충만)+ ב(벧)**집**(거처. 안. 건축)+ א(알렙)**숫소**(지도자. 영원
함. 권능)+ יִ(요드)**손**(권능. 지배. 10)+ ם(멤)**물**(40. 생수. 말씀) :-구원을 위해 θ께서 권능
의 말씀으로 집을 건축의 소식을 "נְבִיאִים:(느비딤)이라 한다.

---

③[3789](완료형) כְּתֻבִים:(케투빔) :-역사서. 두루마리. 시서(詩書)를 합한 단어
를 케투빔.

[원형:3789](미완료): כָּתַב :(카타브) :-묘사하다. 편지. 기록하다. 함축적으로 쓰다.

[분해] כָּ:(카프)-**굽은손**/ 힘. 능력. 20)- תּ(타브)**십자가**(인(印), 서명. 표)- ב(베트)**집**(거
처. 세우다. 안) ;-능력의 손으로 세워 가시는 뜻을 표시한 말씀을 "כְּתֻבִים(케투

빔)"이라 한다.(신6:9절)

כתב:(카타브):-역사 기록문. 두루마리. 시서(詩書)를 합한 단어가 성문서. 또는 **"거룩한 기록물"**

④"진리(眞理)" [0571]: אמת :(에메트);-진리. 진실. 확고함.

[분해] א(알렙)숫소(지도자.)+ מ(멤)물(40. 생수. 말씀)+ ת(타브)십자가(인(印), 표) ;-지도자의 십자가의 말씀이 "진리(眞理)- אמת :(에메트)"라 한다. [0543]: אמן(아멘) ;-진실. 이루다.

성도 :[히:6918] : קדוש :(카도-쉬)

:-(형용사)**신성한. 거룩한. 성도. 분리되다.** (전-형남복) ל קדושים :(리 카도쉼) :-성도들은/ But to the saints. (시 16: 3절)

[해석] ל:(전치사)**양육 받고.** - קדוש :(카도쉬) (성령이 하시는 말씀)**듣는 귀로 장성한 신부로 단장한** -(남복) ים:(쉼)**진리를 먹은 무리들을 "קדושים ל :(리 카도쉼)"라 한다.

[헬:0040] : ἅγιος :(하기오스) **성도** -[원형:0053] (형용사): ἁγνός:(하그노스) :-청결한. 순결한. 깨끗한. 신성한.(롬 1:7절)

성령(聖靈) [7307](378회): רוח (루아흐)

;-**바람, 숨, 마음, 영, 생기, 공기, 기분, 경향.**

[분해] ר(레쉬):(남자)**머리**(처음, 근원)+ ו(와우)**못, 고리,**(연결, 변화)+ ח(헤트)**울타리**(구원, 생령, 생명) ;-처음의 생명을 주기 위해서 못 박히심의 믿음을 가질 수 있도록 연결(변화)하는 것을 **"성령-רוח:(루아흐)"**이라 함. ("ר" 알파벳은 첫 아담되신 예수님의 상징한다)

-**"생기. 영**(성령)"(창 1:2절 삼상10:10절 시41:13절 사11: 2절 63:11-12절 단 4: 5-8절 호 9:7절)

-**"기운,** (창 6:17절) **마음,**(창26:35절 수 2:11절 전 1:17절 단5:20절)

-**"바람,"**(창 8: 1절 시11: 6절 욥 1:19절 사32: 2절 단 2:35절 7:2절)

성전(聖殿) :성막 :[4720]: מִקְדָּשׁ :(미케다쉬)

;-①**신성한, 지성소, 거룩한 곳, 성전, 성막.** [헬·3485]: ναός:(나오스): **성전.**

[분해] מ(멤)**물**(말씀. 단련. 지혜. **40**)- ק(코프)바늘**귀**(거룩. 듣다. 구별. **100**)- ד(달렛)**문**
(열다. 휘장. 마음)- שׁ(쉰)아래**땅**(불. 창검. 올바름. **300**) :-하나님의 말씀을 통해서 성
령 충만하여 거룩하도록 구별된 곳을 "מִקְדָּשׁ:(미케다쉬)"라 한다.

> 출15:15절-17절 (15)주께서 그 구속하신 백성을 은혜로 인도하시되 주의 힘으
> 로 그들을 주의 **성결한 처소**에 들어가게 하시나이다. (17)주께서 백성을 인도
> 하사 그들을 주의 기업의 산에 심으시리이다. 여호와여 이는 **주의 처소**를 삼
> 으시려고 예비하신 것이라 주여 이것이 주의 손으로 세우신 **성소**로소이다.

②**성전(聖殿)** :[히·1964]: הֵיכָל:(헤칼) :-**전(殿), 성소. 사원,** [히·6944]: קֹדֶשׁ (코
데쉬) **[명남]** ;-**거룩한 곳. 성소. 지성소**(출28:43, 29:30, 35;19) **성전**(왕상8:8, 대
하29:7, 시20:3,) **성도**(시5:7, 욘2:4) [어원:6942]: קָדַשׁ :(카다쉬) [미완] **거룩하다**(출
29:21, 사29:23)

[분해] ק(코프)바늘**귀**(듣다. 거룩. **100.** 구별)- ד(달렙)**문**(열다. 휘장. 양의 문)- שׁ(쉰)아
래**땅**(창검. 불. 올바름) :-거룩하고 올바르게 구별되어 양의 문을 통해서 들어
가는 곳을 "קָדַשׁ:(카다쉬)"라 한다.

[해석] הֵיכָל:(헤칼)+ קָדַשׁ:(카다쉬)=**거룩한 성전/ 하나님 거처/ 거룩한 백성들
처소**

> 육신에 보이는 여호와 하나님께서 임재(臨齋)하셔서서 거하시는 예배드리는 처
> 소 하나님의 장막, 성전을 뜻하는 것이 아니다. 이전 것은 다 지나가고 새로
> 운 여호와 하나님의 나라 새 예루살렘으로 하나님의 참 성전으로 그리스도께
> 서 장막이며 그 장막 안에 그리스도의 지체들인 성도들을 뜻하는 것으로 하
> 나님의 거하시는 성전인 우리 안에 함께 거하신다는 뜻.

성취: [6743]: צָלַח :(찰라흐)

:-**임하다.**(삿14:19, 삼상10:6) **건너가다.**(삼하19:17-18) **형통하다.**(대하20:20, 렘
12:1, 겔17:15, 단6:28) **성취하다.**(스6:14, 사5419) [미완] **돌진하다. 번성하다.
성공하다.** (삼상10:10, 삼하19:18, 삿14:19, 겔17:9-10)
[주(註)] : 낚시 바늘로 소유하여 장성한 분량(신부단장)에 이르게 하여 성막

안에 이르는 것을 **성취**라 한다.

> **사53:10절** 여호와께서 그로 상함을 받게 하시기를 원하사 질고를 당케 하셨은즉 그 영혼을 속건제물로 드리기에 이르면 그가 그 씨를 보게 되며 그 날은 길 것이요 또 그의 손으로 **여호와의 뜻을 성취하리로다.**

세겜 :[7927]: שְׁכֶם :(세켐)

;-산마루. 히위 족장(하몰의 아들). (창12:6, 33;18, 34:2, 수20:7) [유래:7926]: שְׁכֶם :(세켐) :-(짐지다) 어깨(사9:3.) 세겜 땅.창48:22 **[동]** 몸을 돌이키다(삼상10:9) [분해] שׁ(땅)올바른(창검)+ כ(카프)굽은 손(지배. 복종. 강한 손)+ ם(멤)물(말씀. 연단. 사역) :-땅에서 올바르게 하는 말씀에 복종하게 하는 것을 שְׁכֶם:(세켐)이라 함. **[주]** 에발산과 그리심 산 사이에 있는 에부라임 지파의 성읍.

세마포 :[8336]: שֵׁשׁ :(쉐스)

:-세마포 옷.(창41:42, 사3:23, 단10:5,) 세마포(출38:16, 레6:10, 16:4, 잠31:22, 계15:6, 19:8) 세마포 휘장(출27:9, 18) 가는 베실(출25:4, 39:27-29, 에1:6, 겔16:10)

> **창41:42절** 자기의 인장 반지를 빼어 요셉의 손에 끼우고 그에게 **세마포 옷을** 입히고 금사슬을 목에 걸고

세우다(건축) :[히:1129]: בָּנָה :(바나)

:-**(1)짓다. 세우다. 만들다.**(창8:20, 스4:2, 렘7:31, 겔27:5) **(2)회복하다. 재건되다.** (수6:26, 왕상16:34, 왕하14:22, 시122:3, 암9:14) **[명]** 건축가.(왕상5:18, 6:9, 스3:10) [헬:3619] οἰκοδομή :(오이코도메) :-**건축** :(상징)**건물을. 교회를.** [주(註)] : 하나님 집에 물고기들이 살아가도록 세우는 것.

세우리니 : [6966]: קוּם :(아람어 :쿰)

:-①**지명하다**(지정하다), **일어서다, 세우다. 확립하다.** [어원:6965]: קוּם :(쿰)과 일치함 :-지탱하다, 성취하다,

[분해] ק(코프)바늘귀(들어옴, 소리를 듣다,)+ ﬦ(와우)갈고리(접속사), (연결하다, 있게 되다.)+ ﬦ(멤)물(말씀, 연단, 사역) :-하나님 말씀을 들을 수 있게 될 때까지 단련하는 언약을 세우다.

②[5416]: נָתַן(나탄) ;-(하나님이) **"주셨다"**(세우셨다)라고 함.

> 창9:12절에 나오는데, 언약은 하나님의 무조건 적인 은혜로 **"주어졌다"**는 것을 강조한다.

> 유래 :[어원5414] נָתַן(나탄 :고명,남) :-**다섯 이스라엘인의 이름, '나단'**: ①밧세바가 낳은 다윗의 아들, ②다윗과 솔로몬 시대의 선지자, ③소바 사람, 다윗의 용사 중 하나의 아버지, ④유다 지파 요엘의 형제 ⑤)에스라와 함께 바벨론에서 돌아온 족장 중 하나,

③[2145] זָכָר(자카르)(명남형) ;-**기억하다.**(지속되다, 약속을 지킬 때까지) [어원:2142] זָכַר(자카르) :-기억된 것, (알아보기 위하여)표하다.

셈 [8035]: שֵׁם :(쉠)

;-노아의 아들 셈, 셈족의 조상.(종종 그의 후손도 포함함) [어원:8034]: 동일함: שֵׁם(쉠) ;-**이름, 평판, 명성, 영광, 기념물.**

[분해] שׁ(쉰)땅(아래, 올바름, 창검)- ﬦ(멤)물(말씀, 사역, 연단) :-말씀으로 올바른 사역을 뜻함.
[주(註)] 하늘 아래에서 말씀으로 사역하여 올바르게 하는 자. "שֵׁם"(쉠)이라 한다.

셀라 :[7974]: שֶׁלַח :(셀라흐)

;-**"셀라"**(아르박삿의 아들, 에벨의 아버지)
[분해] שׁ(쉰)아랫니(땅에서 올바름) ל(라멤)소몰이막대(법도, 가르침)- ﬣ(헤트)울타리(생명. 구원.) ;-땅에서 구원에 이르기 위하여 법도를 가르치는 자라는 뜻으로 "שֶׁלַח :(셀라흐)"라 한다.

셋 [8352]: שֵׁת :(쉐트)

;-**대신하다, 놓다.**(즉 '대체). **인(印)치다,**(서명하다).

[분해] שׁ(쉰)땅(아래, 올바름, 창검)- ת(타브)십자가(인(印), 서명, 표시) ;-땅을 (창검으로)올바르게 하려고 십자가에 놓다(죽으시다).

① **"땅에서 올바르게 얻은 약속의 표(票)."** 라는 뜻이다.

② **"셋"**은 아담의 장자의 축복을 받고 여호와를 섬기는 자의 시조가 되고 그 자손 중에서 구주 탄생했다.

③아벨을 대신하여 얻은 아담의 셋째 아들. 이름의 뜻도 **'대신함, 택함 받음'**이다.

> -**영적 의미의 말씀**으로 창5장에서는 셋의 후예들이 경건하고 하나님의 구속 사를 이러나가는 계보로 제시된다. 인간들은 하나님의 명령에 불순종하여 하나님 곁을 떠났으나 인류를 향한 하나님의 사랑이 거룩한 자들의 씨를 통하여 면면히 이어 나가게 되는 것을 계시하시는 것이다. **"셋의 계보"**는 죽은 자들을 대신해서 주신 여호와 하나님의 은총과 사랑의 표다. 이를 여호와 하나님께 대한 경배와 찬양의 내용이 **창 4:26절**에 비로서 여호와의 이름을 불렀더라. 라고 기록하신 것이다.

소금 :[히:4417]: מֶלַח :(멜라흐)

:-[명] 소금. [유래:4414]: מָלַח:(마라흐) :-[동] 미끄럽게 하다. 반들반들 하게 하다. 고르게 하다. 사라지다.(창14;3, 레2:13, 민34:12, 신3:17, 수15:2, 왕하2:20,)

[헬:0217] ἅλας :(할라스) :-**"영원"**을 상징하는 **"지혜와 은혜"**를 뜻하기도 한다.

[주(註)] 하나님 말씀으로 양육하여 구원에 이르는 하나님 사역 =**소금 언약**(레2:13))

> **민18:19절** 이스라엘 자손이 여호와께 거제로 드리는 모든 성물은 내가 영영한 응식(應食)으로 너와 네 자녀에게 주노니 이는 여호와 앞에 너와 네 후손에게 변하지 않는 **소금 언약이니라.**

소리 :[6963]: קוֹל 또는 קֹל :(콜)

:-**"부르다"**에서 유래 =**음성**(신4:33, 욘2:2) **말씀**(신13:18, 28:1, 삼상15:1) **(1)**목소리.(창3:8, 27:22, 신1:45, 렘2:15) **(2)**소문(창45:16, 렘3:9) **(3)**소리. 소음.(삼하15:10, 사13:4, 33:3, 겔1:24,) 말. 연설(신1:34, 전3:2, 렘35:8,)

창 3:10절 가로되 내가 동산에서 **하나님 소리를** 듣고 내가 벗었으므로 두려워하여 숨었나이다
계 1:10절 주의 날에 내가 성령에 감동하여 내 뒤에서 나는 **나팔 소리 같은** 큰 음성을 들으니

소망 :[8431]: תּוֹחֶלֶת :(토헬레트)

:-**기대. 소망.**(욥41:9, 시39:8, 잠10:28, 애3:18) [**유래**:3176]: יָחַל :(야할) :-기다리다.(겔19:5, 욥29:21 왕하6:33) 바라다(욥29:23, 시130:7, 애3:24) 앙망하다.(사42:4) 의지하다(사51:5) [**명**] 소망(욥13:15, 시119:49)

시39: 7절 주여 내가 무엇을 바라리요 **나의 소망은 주께 있나이다.**
벧전 1: 3절 너희는 저를 죽은 자 가운데서 살리시고 영광을 주신 하나님을 그리스도로 말미암아 믿는 자니 너희 믿음과 **소망이 하나님께 있게** 하셨느니라.

소식 :[히:1319]: בָּשַׂר :(바샤르)

:-**소식 전하다. 전파하다.**(삼하18:20, 사41:27, 렘20:15) 기뻐하다.(꽃이 만발한 즐거운) [**피엘**] 기쁜 소식으로 즐겁게 하다. 알려 주다.(삼상31:9, 삼하18:19, 시68:12) [**힛파엘**] 기쁜 소식을 받다.(삼하18:31, 대상10:9)

[**분해**] בּ(베트)집(거처. 나라. 건설)- שׂ(신)하늘(올바름. 단련. 300)- ר(레쉬)머리(첫째. 근원. 200) :-영원히 거할 나라를 성령에 충만한 자들과 우두머리와 연합하여 건설하는 소식을 "בָּשַׂר:(바싸르)"라 한다.

[**헬**:2097]: εὐαγγελίζω (유앙겔리조) :**좋은 소식. 복음.**

사40: 9절 아름다운 소식을 시온에 전하는 자여 너는 높은 산에 오르라. **아름다운 소식을** 예루살렘에 **전하는 자여** 너는 힘써 소리를 높이라. 두려워 말고 소리를 높여 유다의 성읍들에 이르기를 너희 하나님을 보라 하라.

소유 :[4181] : מוֹרָשָׁה :(모라샤)

:-**소유. 유산. 기업.**(출6:8, 신33:4, 겔11:15) [3424에서 유래]

[**분해**] מ:(멤)물(말씀. 사역. 40)- ו:(바브)갈고리(못. 거듭남. 6)- ר:(레쉬)머리(근원. 첫째. 200.)- שׁ:(쉰)아래땅(불. 성령. 300)- ה:(헤)숨구멍(호흡. 소망. 5) :-말씀과

연합하여 성령 충만하므로 거듭나 영생을 소유한 것을 "모라샤"라 한다.
[주(註)] 모라샤는 약속의 땅에만 사용되는 특별한 단어다.

> **출 6: 8절** 내가 아브라함과 이삭과 야곱에게 주기로 맹세한 땅으로 너희를 인도하고 그 땅을 너희에게 주어 (소유: **모라샤)기업을** 삼게 하리라. 나는 여호와로라 하셨다 하라.

소제(素祭)(물) :[4503]: מִנְחָה :(민하)

:-"**분배하다. 수여하다**" 의미의 사용하지 않는 어근에서 유래.(레2:1, 5:13, 6:14) **(1)**선물. 예물. 기증(창32:13-14, 43:11, 삼상26:19) **(2)**헌물. 공물. 조공(삼하8:2, 왕하5:1, 17:4, 시72:10) **(3)**제물. 희생제물. 소제물(창4:3-5, 레2:4-6) **소제**(출30:9)

> **출29:41절** 한 어린 양은 저녁때에 드리되 아침과 일반으로 **소제와** 전제를 그것과 함께 드려 향기로운 냄새가 되게 하여 여호와께 화제를 삼을지니

송아지 :[히:7794]: שׁוֹר :(쇼르)

:-**숫소. 소. 황소. 송아지.**(호12:11-12, 레1:3, 3:1)

[분해] <u>성령으로 땅에서 올바르도록 우두머리와 연합하게 하여 거듭나게 하는 것을 "שׁוֹר(쇼르)"라 한다.</u> **수소**(출21:36, 레18:17, 22:23, 27:26, 신14:4)

[해석] [원형:7788] : שׁוּר(슈르) :-**돌아다니다. 순회하다.** 또는 "ב"(전치사와 함께) **~와 함께 하다. ~을 제공하게 하다.**에서 유래/ "**하나님과 함께 순회하다/ 하나님의 명령을 전하다**"의 사역의 존재를 뜻함.

> 히브리 언어 연구된 자료에서 **황소**는 하나님의 사역의 양육을 뜻하며 또 가르치는 자라는 뜻을 의미하기도 한다. 그러므로 히브리인들의 **황소**는 곧 하나님이시며 양육하시는 아버지시라고 이해한다.

손(오른손) : [히:3233]: יְמָנִי :(예마니)

:-**오른쪽. 오른손. 바른. 바른편.** [헬:1188]: δεξιός :(덱시오스) :-오른편. 오른손. 은유(恩宥). 명예. 권위.

[헬:5495]: χείρ :(케일) :-**손.** (상징적)**힘.** (수단)**손.** (하님)**능력. 심판의 권위.**

[해석] δεξιός:(덱시오스):오른손.+ χείρ:(케일):권능. 심판권위. -**오른손에 능력을 가지고 있음.**

송축하라 :[8416]:תְּהִלָּה :(테히라)

:①**찬미. 찬송. 찬양.** :-예배하며 고백하는 송축(頌祝)의 뜻.(신10:21, 대하 20:22, 시9:15, 22:3, 26, 48:11,)

[분해] תְ:(타브) **표.**(십자가. 언약. 인(印). 완성)- הִ:(헤)**숨구멍**(호흡. 생기. 살리다.)- לָ:(라멛)소몰이**막대**(양육. 가르치다. 성숙)- ה:(헤)**숨구멍**(호흡. 생령. 영생.) :-십자가 언약을 이루시려고 살리시는 생령으로 양육하여 영생에 이른 자들의 예배를 뜻한다.

②[1288] בָּרַךְ :(바라크) :**무릎 꿇다. 송축하다. 높이다. 축복하다.** :-경배하는 꿇어 복종하는 섬기는 높이는 의미를 뜻한다.(창9:26, 대하6:13, 왕상1:48, 8:15, 시95:6, 창27:33, 민23:11)

[분해] בָּ:(베트)집(성전. 거처. 세우다)- רַ:(레쉬)머리(근원. 진리. 첫째)- ךְ:(카프)굽은팔 (권능. 굴복. 순종. 경배) :-아들(בָּרַ:바라)의 권능 앞에 경배하는 행위를 뜻한다.

수정(水晶) :[7140]:קֶרַח :(케라흐)

:-얼음. 수정. 깨끗함. 차가움. 추위.(창31:40, 렘36:30, 욥6:16, 겔1:22)

[분해] קֶ(코프)바늘귀(거룩. 듣다. 100)- רַ(레쉬)머리(시작. 근원. 200)- ח(헤트)울타리 (생령. 구원. 부활. 8) :-거룩하여 생령의 부활로 θ님 아들의 근원이 된 것을 "קֶרַח:(케라흐)"라 한다.

[해석] (원형)[히:7144]: קָרְחָה :(코르하) :-**벗겨짐.** 그러므로 수정 바다에 서면 우리의 덮혔던 것들이 **벗겨지게 되어** 죄와 허물이 들어나게 되는 기능을 뜻한다.

스룹바벨 :[2216]: זְרֻבָּבֶל :(제루바벨)

:-①바벨론에서 태어나다. ②여호야긴 왕의 손자이며 바벨론에서 제1차로 귀환한 다윗의 자손.(스2:2, 3:2, 학1:1) **[유래]** [2215] זָרַב :(자라브)-멸망하다.

황폐해지다.(욥6:17) + [0894] בָּבֶל :(바벨)-혼란. 혼돈.(창10:10, 왕하17:24, 20:12, 미4:10)

스룩 :[8286]: שְׂרוּג:(세루그)

;-(소다, 발사하다) (셈의 후손)르우의 아들,(창11:20)

[분해] שׁ(쉰)아랫니(땅에서 올바름)- ר(레쉬)머리(근원. 첫째. 으뜸)- ו(와우)갈고리(못. 연결, 변화)- ג(기멜)낙타(짐, 통과(합격), 보상) ;-땅 아래에서 올바르게 변화하므로 낙타가 통과하는 것 같이 (하나님 창조)근원으로 회복되는 자라는 뜻을 "שְׂרוּג:(세루그)"라 한다.

스바 :[5434] סְבָא :(세바)

:-[외래어] "빨아들이다. 흡수하다." 라는 뜻.(창10:7, 시72:10, 사43:3, 45:14) 스바(구스의 아들), 팔레스타인의 남쪽에 있는 나라(아마도 에디오피아),

[분해] ס-지주(공급, 견고, 자(尺),)- ב-집(거처. 세움)- א(지도자. 권세) ;-하나님의 거처를 더 견고하도록 세우는 자들을 "סְבָא(세바)"라 한다.

시온 :[히:6726]: צִיּוֹן :(치욘)

:-예루살렘의 언덕 (은유적: 승리한 교회). 예루살렘의 산 시온.(대하5:2, 시97:8, 사2:3, 8:18, 습3:16)

[헬:4622]: Σιών :(시온) (삼하 5:7절 다윗이 시온 산성을 빼앗았으니 이는 다윗 성이더라.)

시험(試驗): [5254]: נָסָה :(나싸)

;-시험하다. 시도하다. (창22:1, 왕상10:1, 대하9:1, 전2:1, 단1:12) (하나님의 역경으로)신앙을 시험하다.(창22:1, 출16:4, 신8:2, 16, 13:4, 삿2:22)

[분해] נ(눈)물고기(법, 성도,)- ס(싸멕)지주(자(尺). 의지. 견고함)+ ה(헤)숨구멍(호흡, 성령, 소망) :-(구원받는)성도로서 영생에 이를 수 있는 잣대(기준)를 "נָסָה(나싸)"라 한다.

씨 :[2233]: זֶרַע :(제라)

:-**씨. 종자. 자식. 후손. 자손.**(창3:15, 4:25, 12:7, 47:19, 레11:37,

18:21, 20:2, 22:3, 신4:37, 왕하17:20, 사57:4, 렘22:28, 겔17:5) 아들.(삼상1:11)

[분해] ז(자인)무기(복음. 안식. 실천. 7)- ר(레쉬)머리(우두머리. 첫째. 근원. 200)- ע(아인)눈(빛. 보다. 샘. 70):-복음의 충만한 빛으로 우두머리와 연합하여 충만하게 될 것을 " זֶרַע :(제라)"라 한다.

신(神) :[7307] [여·명] : רוּחַ(루아흐)

:**(1)영(靈). 호흡. 바람. 숨.**(창1:2, 6:17, 8:1, 욥17:1, 시33:6, 135:17, 사25:4, 30:28) **(2)하나님의 영. 성령.**(민27:18, 시41:13, 사63:11-12, 호9:7) **(3)생기. 생령.**(창45:27, 삿15:9, 삼상30:12) 정신.(창41:8, 시51:12, 잠18:14, 사19:14) [은유] 경향(傾向) :현상. 사상. 형세가 기울어지다.

[분해] ר(레쉬)머리(첫째, 근원, 시작- ו(와우)갈고리(못, 연결)+ ח(헤트)울타리(구원, 살다, 목숨) ;-첫째 근원이 구원을 위해 못 박히다.

신랑 : [2860]: חָתָן :(하탄)

:-**신랑, 남편, 사위.**("할례 받은 갓난 아이") [어원:2859에서 유래)]: חָתָן :(하탄) :-딸을 내 주다. 사위가 되다, 사위 삼다.(창34:9, 신7:3, 왕상3:1)

[분해] ח(헤트)**울타리**(생령, 목숨) + ת(타브)**십자가**(인(印), 서명, 표시) + ן(눈)**물고기**(생명, 법) :-(하나님께서) 물고기에게 생명을 주시려고 십자가에 못 박히심으로 서명하신 분을 **"신랑"**이라함.(시19:5절 사61;10절 렘 7:34절)

신부(처녀) :[1330]: בְּתוּלָה :(베투라)

:-**소녀, 처녀.**(창24:16, 신22:23-28, 삿19:24) 신부.(욜1:8) [은유] 도시. 국가.(렘 18:13, 31:4, 21, 암5:2)

[분해] בּ:(베트)**집**(안(內), 거처) + ת(타브)**십자가**(인(印), 서명) + ו(와우)**갈고리**(못, 변화) + ל(라멜)소몰이**막대**(법도, 자(尺)) + ה(헤이)**호흡**(생령, 빛) :-(하나님 집에)

거하는 자(者) 되기 위해 십자가의 못 박히신 분의 양육으로 (거룩한 신부 단장)영생의 삶을 서약한 자를 "בְּתוּלָה:(베투라)"라 한다.

신원하여 :[히:4941]: מִשְׁפָּט :(미쉬파트)

:-정직한 심판. 공의. 정의. 법.(창18:19, 신16:18, 욥34:6, 시119:84, 렘30:11)

[분해] מ:(멤)**물**(말씀. 사역)- שׁ:(쉰)아래**땅**(창·검. 불. 300)- פ:(페)**입**(명령. 80)- ט:(테트) **뱀**(수렁. 부족한9) :-말씀으로 새롭게 될 충만 상태를 위해 성령의 불로 부족한 땅을 소멸할 것을 " מִשְׁפָּט:(미쉬파트)"라 한다.(살후 1: 5-9절)

[헬:1556]: ἐκδικέω:(에크디케오) :-갚다. 벌하다. 복수하다.(롬 12:19)

심연(深淵) :[8415]: תְּהוֹם :(테홈)

;-(물의 **'파도치는'** 큰 더미로서)깊음. 심연(深淵).(바다-창 7:11절) [헬:0012]: ἄβυσσος:(아뷔소스) :-**무저갱,** (지옥)**심연.** :-특별히 악마의 거처로 사용된다.(계 9:11절 저희에게 임금이 있으니 무저갱의 사자라 히브리 음으로 이름은 아바돈이요 헬라 음으로 이름은 아폴루온 이더라.)(출15: 5절 시69:15절)

[분해] ה(타브-십자가. 언약표시. (印)침)+ ה(헤-숨구멍. 호흡. 생령)+ ו(바브-못. 변화. 연결)+ ם(멤-물, 말씀, 연단,) ;-언약된 백성을 살리기 위한 변화(거듭남)의 연단의 도구(바다물결)를 "תְּהוֹם:(테홈)"이라 한다.

"깊은 곳" ①[히:4688]: מְצוֹלָה :(메촐라) :-(물 & 진흙)깊은 곳. 밑바닥, 깊이.

[분해] מ(멤-말씀, 연단,)- צ(짜데-낚시바늘. 사냥. 건지다.)- ו(바브-못. 변화. 연결)- ל(Ramet-소몰이 막대. 가르침. 익히기)- ה(헤-숨구멍. 호흡. 생령) ;-생명의 말씀으로 잘 가르쳐 살아있도록 변화시키는 자들을 낚시로 건져야 되는 곳을 "מְצוֹלָה:(메촐라)"라 한다. (세상의 깊은 곳에 "מְצוֹלָה:(메촐라)"에 빠진 자들을 말씀으로 건져 올려야 할 곳을 뜻하는 말씀이다)

---

②[6683]: צוּלָה :**(출라)**:-**가라앉다**'는 뜻. 사용 않는 어근. (바다의)심연(深淵). 바다의 깊은 곳.
(깊음에 대(對)하여는 이르기를 마르라 내가 네 강(江)물들을 마르게 하리라 하며, 사44:27절)

[분해] צ(짜데-낚시 바늘. 사냥. 건지다.)- ו(바브-못. 변화. 연결)- ל(라멜-소몰이 막대. 가르침. 익히기)- ה(헤-숨구멍. 호흡. 생령) :-(세상의 깊은 곳에) מְצוּלָה :(메쭐라)"에 빠진 자들을 건져 올려야할 곳을 뜻하는 말씀이다.

심판하여 :[히:8199]: שָׁפַט :(샤파트)

:-심판하다. 재판하다. 판결하다. [헬:2919]: κρίνω :(크리노) 판결하다. 심판하다.

[분해] שׁ:(쉰)아래**땅**(창·검. 불. 300)- פ:(페)**입**(명령. 80)- ט:(테트)**뱀**(수렁. 갈라진 지혜. 9) :-땅을 소멸할 성령의 충만한 불로서 부활의 말씀의 부족한 것을 판결하는 것을 "שָׁפַט:(샤파트)"라 한다.(출18:26, 왕상8:32, 욥22:13, 겔44:24,)

심판(審判) :[8199]: שָׁפַט:(샤파트) ;-축복으로 주신 땅에서 올바르도록 날선 검과 같은 명령을 순종하였는지? 뱀의 지혜를 따른 것인지? "שָׁפַט:(샤파트)" 심판한다.(시9:19, 사66:16)

십계명:[6235]: עֶשֶׂר :(에쎄르)+[1697]: דָּבָר :(다바르)

10계명. :-עֶשֶׂר:(에쎄르)열. 십.(창31:7, 출27:12, 수22:14) + דָּבָר :(다바르) :-계명. 말. 언어. 교훈.(창24:52, 44:18, 출34:28, 신4:13, 수1:13) [유래:1696]: דָּבַר :(다바르):-**[동사]** 통치하다. 명령하다.(창12:4, 출1:17, 23:22, 민32:27, 삿1:20) 약속하다.(민10:29, 신19:8,)

[분해] עֶשֶׂר :(에쎄르) -[파자] 빛의 근원으로 성령 충만하게 채우다. + דָּבָר :(다바르) :-아들의 통치와 함께 성전의 문을 열고 들어가도록 하는 것을 **"계명"**이라 한다.

십자가 :[히:6086]: עֵץ :(에츠)

:-나무-(창2:9, 민31:30) [원형:8518] וְתָלִיתָ :(베타리타)-**달리다.**(창40:19, 신21:22, 에8:7, 아4:4, 애5:12) :-(죄로)네가 그를 죽여 나무에 달거든(신21:22) [해석](합성어) ו:(접속사-**못**)+ תָּלָה :(타라-**증거를 교육**)+ עֵץ:(에츠-**나무**) :-나

무에 못 박혀 죽으신 것과 (부활)다시 살아나신 생명을 위한 교육의 증거를 말씀하신다.

[분해] ת(타브)**십자가**(인(印), 서명, 표,)+ ל(라멜)소몰이**막대**(법도, 성숙(배움)+ ה(헤이)**숨구멍**(호흡, 성령, 소망) ;-하나님의 법도에 의해서 생령 될 자들의 표시를 "תָלֻה:(타라)"라 함.(사22:24절)

[헬:4716] σταυρός (스타우로스) :-(위로 향한)**세우다. 십자가**(형벌). **확증하다.**

(이를 약자로 אוֹת:오~트 -**십자가에 못 박힌 지도자)** [עַל:(알-위에) אוֹת:(오토-증거)][원형:8518]: תָלֻה:(타라) :-**교수형. 매달다.**(신 21:23절 애 5;12절)

[한글 ㅇ자]

아가(雅歌)(서) :[여명] [7892]: שִׁירָה :(쉬라)

[남명] : שִׁיר :(쉬르) :-노래. 찬송.(민21:19, 신31:19, 삿5:12, 삼상18:6, 시 5:1, 사 23:15) 수금에 맞춘 노래. 레위인들의 찬양. 즐거운 노래(암8:10)

> **아 1: 1절** 솔로몬의 **아가라.** (솔로몬의 시 : 시72:19절)
>
> **시 7:17절** 내가 여호와의 의를 따라 감사함이여 지극히 높으신 여호와의 **이름**을 찬양하리로다.

아끼다 :[2820]: חָשַׂךְ :(하샤크)

:(1)억제하다. 자제하다. 절제하다.(삼하18:16,욥7:11,16:5, 잠1019, 사58:1) **(2)** 간직하다. 보존하다. 안전하게 지키다.(욥33:18, 시78:50, 잠24:11) **(3)**보류하다. 억누르다. 거절하다.(창39:9, 22:12) **(4)**아끼다. 절약하다.(창39:9, 왕하5:20, 잠11;24, 13:24, 사14:6, 54:2) **[니팔]** 억제되다. 제지되다.(요16:6)

> **창22:12절** 가라사대 그 아이에게 네 손을 대지 말라 아무 일도 그에게 하지 말라 네가 네 아들 네 독자라도 내게 **아끼지 아니하였으니** 내가 이제야 네가 하나님을 경외하는 줄을 아노라.

아내: [히:0802] : אִשָּׁה :(이쏴)

:아내. 처(妻). 부인.(wife)

[분해] א(알렙)숫소(왕. 본질)- שׁ(쉰)땅(올바름. 불. 창검)- ה(헤)숨구멍(호흡. 생명.)

:-하나님의 생명으로 올바르게 할 자를 "אִשָּׁה : (이쏴)"라 한다.(하나님께로 생명을 낳아 올바르게 잘 양육하도록 위임받은 여성을 "아내"라 한다. 이는 곧 거룩한 신부로서 교회를 의미한다)

아담 :[남명] [0120] אָדָם :(아담)

"산 영이 되는 아담과 살려주는 영의 둘째 아담"을 의미한다.(고전15:44-50)

즉, **하나님의 문**(거처)**에 들어가는 말씀**(사역할 사람)을 뜻함. (하나님의 영원한 나라에 들어가기 위해서는 예수 그리스도로 말미암아 들어가기 때문에 **"천국을 들어가려면 둘째 아담이어야 한다."** 의미다.) (요 1: 1절)

아도나이 :[0136] : אֲדֹנָי :(아도나이)

:**주**(主)(θ대명사). **여호와 호칭**(하나님 이름 약칭) **Lord.**

[분해] א(소뿔)지도자, 왕. + ד(문)휘장을 열다. + נ(물고기)법, 영속하다, + י(손)(θ의 능력 불)세력, 힘:-(왕)지도자께서 영원한 법을 위하여 하나님의 능력으로 휘장을 열게 하시는 분을 "אֲדֹנָי:(아도나이)주(主)"라 함.(창15:2)

아들 :[1121]: בֵּן :(벤)

;-①**아들, 손자, -사람의 아들, 후손. 하나님의 아들들.**

[분해] ב(베트)집(거처. 건축)+ נ(눈)물고기(50. 성도)- 하나님의 거처에 들어갈 성령에 충만한 자를 "בֵּן:(벤)"이라 합니다. -이를 소망하지 않는 자들은 이미 여호와 하나님의 상속권을 포기한 사람들이다. 이 말씀은 약속이다.

②[1248](남1단) : בַּר :(바르) :-**아들. 상속자.**(하나님의 아들. 첫째아들. 장자.)

[분해] ב(베트)집(거처. 건축)- ר(레쉬)머리(첫째. 근원. 아들) :-**하나님 집의 (근원)첫째 아들.**[헬:5207]: υἱός:(휘오스) :-**아들. 자손. 후손들.**(마 4:3/ 눅9:22/ 요 3:36/롬8:14절)

아르박삿 :[0775]: אַרְפַּכְשַׁד :(아르파크샤드)

:-**아르박삿**(셈의 셋째 아들-창10:22절)

[분해] א(알렙)**숫소**(지도자, 왕. 권세)- ר(레쉬)**머리**(근원. 첫째)- פ(페)**입**(말. 명령. 소리)- כ(카프)굽은 **손**(구원의 손. 그릇)- שׁ(쉰)**아랫니**(땅에서 올바름)- ד(달렙)**문**(열다, 낮추다) :-지도자(권세자로)명령과 강한 손으로 땅에서 우두머리 되어 하늘의 문을 여는 "אַרְפַּכְשַׁד:(아르파크샤드)"라 한다.

아론 :[0175]: אַהֲרוֹן :(아하론)

:-**아론 :** 모세의 형.(출4:14, 5:1, 7:1, 8:5-6, 9:8, 10:3, 11:10) 레위인으로 첫 번째 대제사장.(레1:5-13, 시99:6, 105:26-27) **아론의 수염**(시133:1-3)

> **출 7: 1절** 여호와께서 모세에게 이르시되 볼지어다 내가 너로 바로에게 신이 되게 하였은즉 네 형 **아론은** 네 대언자가 되리니

아뢰다 :[7121]: קָרָא :(카라)

(1)부르다. 외치다.(창45:1, 레13:45, 삿7:20, 18:23, 삼하20:16, 왕하11:14, 에6:9-11, 겔9:1) **(2)**도움을 청하다(시4:2, 22:3, 69:4, 삿15:18, 왕하20:11 호7:7) **(3)**초대하다. 청하다.(출34:15, 삼상9:13, 왕상1:9, 삿14:15) 선포하다.(레23:21, 삿21:13, 잠1:21, 사40:6)

> **삼상12:17절** 오늘은 밀 베는 때가 아니냐 **내가 여호와께 아뢰리니** 여호와께서 우뢰와 비를 보내사 너희가 왕을 구한 일 곧 여호와의 목전에 범한 죄악이 큼을 너희로 밝히 알게 하시리라

> **시18: 3절** 내가 찬송 받으실 **여호와께 아뢰리니** 내 원수들에게서 구원을 얻으리로다

아말렉 :[6002]: עֲמָלֵק :(아말레크)

:-에서의 손자와 나라. **'아말렉'**(창36:6) (창14:7, 출17:8-16, 민24:20, 삿3:13, 삼상15:7) 엘리바스의 첩 딤나가 낳은 아들,(창36:12)

> **출17:8-16절** (8)때에 **아말렉이** 이르러 이스라엘과 르비딤에서 싸우니라.

아멘 [0543]: אָמֵן :(아멘)

:-아멘, 그렇게 되다, 확실한(Surely), 진실로(Truly). 정말(Indeed). [유래:0539]: אָמַן :(아만) :-**양육자.**(룻4:16, 삼하4:4, 사49:23) **충성된 자.**(삼하20:19, 시101:6, 욥12:20) **믿는 자.**(사28:16) [니팔] 부양하다.(사60:4) 확고해 지다.(삼상2:35, 왕상11:38) 신뢰하다.(호5:9) [히필] 기대다. 신뢰하다. 믿다.(창15:6, 신1:32, 대하39:12, 사28:16, 욥4:8, 사7:9)

[분해] א(알렙)숫소(지도자, 왕. 권세)- מ(멤)물(말씀, 연단, 사역)- ן(눈)물고기(구원, 50) ;-하나님 성령의 말씀을 믿고 구원 받음을 고백하는 것을 "אָמֵן:(아멘)"이라 한다.

> **사65:16절** 이러므로 땅에서 자기를 위하여 복을 구하는 자는 (아멘)**진리의 하나님**을 향하여 복을 구할 것이요 땅에서 맹세하는 자는 (아멘)**진리의 하나님**으로 맹세하리니 이는 이전 환난이 잊어졌고 내 눈앞에 숨겨졌음이니라.

아벨 :[1893]: הֶבֶל :(헤벨)

:-'**아벨**'(아담의 아들)(창4:2) -**허세, 공상, 허영.**

[분해] -הֶבֶל(하벨) 이름의 뜻은 **"하나님의 집의 일을 하는 자들의 본이다."**로 해석.

[3925]: לָמַד :(라마드) :-[**피엘**] **"본이 되다."**(신18:9) 훈련시키는 지팡이(소몰이 막대).(렘9:4) 숙달되게 하다. 가르치다. 익숙하게 하다. 성숙하게 하다.(신4:5, 14:23, 대상5:18, 사29:13)

> - ה(헤) ;-**"공기통"** :하늘의 그릇(영적 그릇), 하늘의 일을 하는 직분자. + ב(베트) ;-**"집**(하나님의 거처)**"** (구원받은 자녀들의 영원한 집) + ל(라메드) ;-**"막대기"** (원형 =가축을 훈련시키다, (대상15:18절)

> **히11: 4절** 믿음으로 **아벨은** 가인보다 더 나은 제사를 하나님께 드림으로 의로운 자라 하시는 증거를 얻었으니 하나님이 그 예물에 대하여 증거하심이라.

※[분해] אַבְרָם(아브람) 과 אַבְרָהָם(아브라함)의 비교

아브람 :[0087]: אַבְרָם:(아브람)

;-**고귀한 아버지. 아브라함의 본이름.** [유래][0048] אֲבִירָם:(아비이람) :-높음의 아버지. 고상한 아버지.

[분해] א(알렙)**숫소**(지도자, 왕)- ב(베트)**집**(거처, 건축)- ר(레쉬)**머리**(근원. 으뜸)- ם(멤)**물**(말씀, 40. 연단) :-하나님 근원의 말씀으로 연단 받아 (θ님)거처를 건축하는 자를 "אַבְרָם:(아브람)"이라 함.

아브라함 : [0085]: אַבְרָהָם :(아브라함)

① אָב :[0001] 아버지. 조상이라는 뜻의 합성어

[분해] אָב(아바)조상 + ר(레쉬)머리(근원. 으뜸)- ה(헤)호흡(생령. 소망)- ם(멤)물(말씀, 40)
;-하나님으로부터 근원의 말씀으로 연단 받아 영생의 거처를 건축하는 자를 "אַבְרָהָם :(아브라함)"라 한다.

②[0085] אַבְרָהָם(아브라함) :-열국의 아버지. 이스라엘의 조상.

[분해] (알렙)숫소(지도자, 왕. 권세)- ב(베트)집(거처, 건축)- ר(레쉬)머리(근원. 으뜸)- ה(헤)숨구멍(호흡. 생기. 빛)- ם(멤)물(말씀. 연단. 지혜) :-하나님께서 세우신 지도자로서 아들의 (언약)말씀을 믿음으로 생명이 있는 집을 건축하는 자를 "אַבְרָהָם :(아브라함)"이라 한다.

아비[히:0001] : אָב(아비)

:-**아버지,** (자기백성의)**아버지 하나님,**

[분해] א(알렙)황소(힘. 지도자. 하나님)- ב(베트)집(거처, 성전. 세우다) :-하나님의 거처가(성전. 통치) 되시는 분이시다. (신27:16, 삼상22:3, 잠17:6, 단2:23)
[주(註)] 가나안 땅을 홍수심판 이후부터 **"하나님의 거처"**를 세우실 분의 호칭이다.(창9:18)

> **창 2:24절** 이러므로 남자가 **부모를** 떠나 그 아내와 연합하여 둘이 한 몸을 이룰지로다.

아비멜렉 :[0040]: אֲבִימֶלֶךְ :(아비멜레크)

[유래:0001]: אָב :(아브) :-아버지. +[4428]: מֶלֶךְ :(멜렉크) :-왕(王). =**왕은 나의 아버지. :-"왕은 나의 아버지"** (1)여러시대에 걸친 불레셋 왕의 호칭.(창20:2) (2)기드온의 아들(삿8:31)(기드온의 첩이 낳은 아들)

> **창20: 2절** 그 아내 사라를 자기 누이라 하였으므로 **그랄 왕 아비멜렉이** 보내어 사라를 취하였더니

아비야 :[0029]: אֲבִיָּה :(아비야)

:-(유다 2대 왕.) **아비얌**(아비야) **"아버지의 생명이 되다"**[유래] [0001]:אָב :(아브) **"아버지"** + [3050]: יָהּ :(야) **"야훼"**=[3068]: יְהֹוָה :(예호바의 압축형.)

> **대상 3:10절** 솔로몬의 아들은 르호보암이요 그 아들은 **아비야**(아비얌)요 그 아들은 아사요 그 아들은 여호사밧이요. (왕상15:1절)

아사 :[0609]: אָסָא :(아싸)

:-**"해로운"** : (유다의 3대 왕. 41년 통치) **아싸.** (르호보암의 손자이며 아비야의 아들 여호샤밧의 아버지.) (왕상15:9-24, 대상9:16, 대하14:16)

> **왕상15: 1-8절 (8)**(아비야)아비얌이 그 열조와 함께 자니 다윗성에 장사되고 그 아들 **아사가** 대신하여 왕이 되니라.

아삽 :[0623]: אָסָף :(아싸프)

:-**"모으는 사람"** : **(1)**아삽 :히스기야의 신하의 아버지.(대하29:3, 왕하18:18) **(2)**베레갸의 아들, 다윗 수하의 레위의 "신령한 노래하는 자."(대상16:4-6, 대상25:1) **(3)**왕의 산림을 관리하던 바사인.(대하20:14, 느2:8)

> **시50: 1절 (아삽의 시)** 전능하신 자 하나님 여호와께서 말씀하사 해 돋는 데서 부터 지는 데까지 세상을 부르셨도다.

아세라 :[0842]: אֲשֵׁרָה :(아세라)

:-바벨론-가나안의 (행운과 행복)여신. 바알의 배우자.(신16:21, 왕상15:13, 왕하17:10, 대하15:16, 삿6:25-27)

> **출34:13절** 너희는 도리어 그들의 단들을 헐고 그들의 주상을 깨뜨리고 그들의 **아세라 상을** 찍을지어다.

아침 :[1242]: בֹּקֶר :(보케르)

:-새벽. 아침. 낮,

[분해] ב(베트)**집**(거처. 세움. 열다)- ק(코프)**바늘귀**(거룩. 들어 올림)- ר(레쉬)**머리**(첫째. 머리. 근원) ;-하나님께서 세워 가시는 거룩한 것을 열어 근원들이 되게 하는 **"빛"**이 있는 때를 "בֹּקֶר:(보케르)"라 한다.

아합 :[0256]: אַחְאָב :(아흐아브)

:-**"아버지의 형제"** : [파생] :[0251]: אָח :(아흐) :**형제** + :[0001]: אָב :(아브) :**아버지**./ 이스라엘 왕 아합.(왕상16:28, 22:40) 바벨론 선지자(렘29:31절)

> **왕상16:28절** 오므리가 그 열조와 함께 자매 사마리아에 장사되고 그 아들 **아합이** 대신하여 왕이 되니라.

애굽 :[히:4714] : מִצְרַיִם :(미츠라임)

:-**애굽. 애굽 땅.** [어원:4712] : מֵצַר:(메차르) :-**고난. 재난.**

> [해석] : מִצְרַיִם:(미츠라임)" :-여러 언어에서 **"무수루, 미시르 혹은 마스리"**라고 불렸기 때문에, **"미츠라임"**은 여러 이름들의 단순한 음역이었을 수 있다. 하지만 단어 **미츠라임**(מִצְרַיִם)은 히브리어 어근 **메차르**(מֵצַר)와 비슷하다. 이 어근의 의미는 무엇일까? 단어 **메차르**(מֵצַר)는 **"걱정거리, 괴로움, 고통"**을 의미한다. 이 단어의 이중 형태로 **미츠라임**(מִצְרַיִם)이라는 단어를 형성할 때, **"갑절의 곤경, 또는 두 배의 고통"**으로 해석한다.
>   -예를 들어서, **예레미아 애가 1장 3절**에 단어 **메차림**(מְצָרִים)이야말로 **"곤경"**의 의미를 가지고 있으며 **애굽**과는 아무런 관련이 없다. (어떤 학자들은 이스라엘 백성이 애굽으로 내려간다는 것을 고통과 곤경으로 해석한 것으로 생각된다.)

악(惡) : [히:7451]: רַע:(라)(345회)

:-**나쁜.** (명사)**악한. 사악한,** [헬:4190]: πονηρός:(포네로스)

[분해] ר(레쉬)**머리**(근원, 첫째)+ ע(아인)**눈**(보다. **70.** 깨닫다) :-(하나님)**첫 아**

들을 보고 깨닫지 못하는 것을 "עֵר:(라) **죄(罪)**"라 함.(독생자 예수님을 보고도 믿지 않음이 죄악이다.)

> (창 6: 5절 "여호와께서 사람의 죄악이 세상에 관영함과 마음의 생각의 모든 계획이 항상 악(惡)할 뿐임을 보시고.")
>
> ①[ו(바브)접속사]: וְרַע:(바 라) ;-**나쁜. 악(惡)한.** 사악(邪惡)한,
>
> [분해] ו(바브)갈고리(접· 못· 거듭남)- רֵ(레쉬)머리(첫째. 근원. 독약)- ע(아인)눈(빛. 얼굴. 허물) ;-빛의 근원을 못 박는 것을 "רַע:(바라)"라 함.(못 박히신 빛 되신 근원을 바라보지 못하게 하는 것을 악이라 함)
>
> ②[어원:7489] (유래): רָעַע(라아) ;-(첫 아들을 닮지 않고 **상하게 하다. 깨뜨리다, 박살내다.** (하나님 닮은 형상을 우리가 회복하지 못함을 죄악이라 한다.)
>
> "선(善)" [2896]: טוֹב:(토브) ;-**좋은. 선한. 행복. 옳은.**
>
> [분해] ט(테트)뱀(지혜. 점술. 구리)- ו(바브)갈고리(접· 못· 거듭남)- ב(베트)집(아들. 거처. 건축):-지혜로운 아들을 영접하여 거듭나는 것을 "טוֹב:(토브)"라 한다.(구리 뱀을 바라보고 토라에 순종한 믿음을 성경에서 선이라 함) [합성어: ו(바브: 못· 거듭남) ט(자인: 무기. 성령. 안식)]

안식 :[7673]: שָׁבַת :(샤바트)

;-**쉬다. 안식하다. 중지하다,**(언약으로 돌아가면 일을 **"쉬다."**)(창2:3, 출16:30, 31:17, 느6:3) [니필] 끝내다(사17:3, 사17:3) [히필] 쉬게 하다(출5:5, 대하16:5, 시8:3)

[해석] שׁ(슈브-돌아가다)+ ת(십자가. 언약. 완성) ;-언약으로 돌아가면 일을 중지한다.

[파자] 옛 집을 부수고 언약 안으로 들어가는 것. / 성령 충만하여 언약의 집에 거함.

[분해] שׁ(쉰)땅(아래. 올바르다. 창검)+ ב(베트)집(아들. 건축. 안(內))+ ת(타브)십자가(인(印), 표) ;-땅을 올바르게 하시려고 아들을 십자가에 달리므로 "שָׁבַת:(샤바트)**안식**"하게 하다.(출16:30)

안개:[0108]: אֵד :(에드)

:-**안개. 수증기. [파생]** [0181] אוד :(우드) :-긁어 모으다. (은혜)감싸다.에서
파생한 단어.(고난과 괴로움. 어려움을 감싸다.)(창2:6, 욥36:27)
[파자] 하나님 집의 문을 가리다./ 십자가의 은혜로 양육 받을 마음.

안약 :[히:7499]: רְפֻאָה :(레푸아)

:-**약(藥). 치료.** :[원형:7495]: רָפָא :라파) :수선. 고치다. 치료하다.
[헬:2854]: κολλούριον:(콜루리온) [유래]: κολλύρα(콜루라) : **과자. 안약. [치
료의 하나님** : יְהוָה-רָפָא :(라파-예호바)**]**
[분해] ר(레쉬)**머리**(우두머리. 200)- פ(페)**입**(명령. 날선 검. 80)- א(알렙)**숫소**(지도
자. 권세. 1)- ה(헤)**숨구멍**(빛. 소망. 깨닫다. 5) :-우두머리와 연합하여 θ님 자녀
로 새롭게 되도록 날선 검으로 깨닫게 하는 것을 "רְפֻאָה:(레푸아)"라 한다.

알리야 - עֲלִיָה(알리야) :[원형:5927]: עָלָה(알라)

:-(번제를 위한)**오르다. 올라가다.**(창49: 9절) [5930] עֹלָה :(올라)하나님께 영광
을 돌리다.(시47:10절) [어근]- עָלָה(알라)에서 [파생] [여명]"**알리야** : עֲלִיָה " :-
"하나님을 바라보고 주의 권능의 능력으로 가르침을 받는 것을 עֲלִיָה(알라
이)"라 함.
① **"산에 오른다."**라는 뜻으로 **"알리야"**라 함.(3대 절기를 드리러 산에 오를
때 **"알리야"**라 함)
② 이스라엘의 고향으로 돌아가는 것을 **"알리야"**라 한다.

야곱 :[히:3290]: יַעֲקֹב :(야아코브)

:-**발꿈치 잡다. 속여 넘기다. [피엘]** 숨기다.
[분해] י(요드)**손**(권능. 하게하다. 사자(使者))- ע(아인)**눈**(허물을 벗다. 70. 깨닫다)-
ק(코프)**바늘귀**(거룩. 들어 올림)- ב(베트)**집**(거처. 건축) :-여호와의 거룩함에
들어 올림을 받아 허물을 벗고 온전케 되어 하나님의 거처를 세울 자의
조상을 "יַעֲקֹב:(야아코브)"라 한다.

야벳 :[3315]: יֶפֶת :(예페트)

:-**확장.** (노아의 둘째 아들)**야벳**(야벳족속). [어원6601](유래): פָּתַח :(파타) :-열리다, 넓게 하다, 단순하다, 유혹하다.

[분해] יַ(요드)**손**(불, 능력, 세력)- פ(페)**입**(명령, 불다, 소리)- ת(타브)**십자가**(표, 인(印), 서명) :-여호와의 불같은 능력의 손으로 십자가를 지도록 명령받은 사람. (ו(바브)를 접속시키면 "십자가에 못 박는 사람"을 가리킨다)

야렛 :[3382]: יֶרֶד :(예레드)

[유래:3381] יָרַד :(야라드) :-'**내려가다'. 강림하다. 낮아지다. 파괴하다. 나아가다.**

[분해] יָ:(요드)**손**(하게하다. 사자(使者))- ר(레쉬)**머리**(우두머리, 근원)- ד(달렙)**문**(메달림, 얻다) :-하나님의 사자가 되는 조상이 되다.

양(羊) [6629]: צֹאן :(체온) 또는 צאֹון :(체온)

:-이동하다. [명] 양. 염소. 목자. 가축.(창12:16, 38:17, 47:3, 민32:16) (시144:13절)

[분해] צ(차데-낚시바늘.) +א(알렙-뿔. 지도자.) +ו(와우-못.) + ן(눈-물고기) :-못에 박히신 지도자가 낚시 바늘로 낚은 물고기를 **양(羊)**이라는 의미로 해석할 수가 있다.

양식(빵-떡) :[히:3899] :לֶחֶם :(레헴)

:**양식. 빵. 음식. 곡식.**(양육하는 생명의 말씀을 양식이라 함)

[히:1035](합성어)(베들레헴)=לֶחֶם :(레헴) בֵית :(베트):(양식)**빵의 집.**

[헬:1035]:βρῶσις:(브로시스) :**먹는 것. 양식. 음식. 영혼의 빵.**

[파자] בֵית :(베트) :천국을 완성할 권능으로 לֶחֶם :(레헴) : 양육할 구원에 이르는 양식이 있는 곳을 **"베들레헴"**이라 한다.

왕 :[4428]: מֶלֶךְ :(메레크) [유래:4427] מָלַךְ :(말라크)

:-왕. 다스리다. 통치하다. 보좌에 오르다. 왕이(왕비)되다.

[분해] מ(멤)**물**(40. 말씀. 단련)- ל(라멜)양몰이**막대**(가르침. 양육. 30)- ךְ(카프)굽은**손**

(통치. 능력. 20) :-말씀으로 통치할 능력의 양육할 자를 "מֶלֶךְ :(멜레크)"라 한다.

왕국(王國) :[히:4438]: מַלְכוּת :(말쿠트)

:- 왕국. 왕위. 나라. 통치.(θ님 통치하시는 왕국)

[분해] מ(멤)**물**(40. 말씀)- ל(라멜)양몰이막대(양육. 30)- כ(카프)굽은 손(지배. 능력.

20)- וּ(바브)갈고리(못. 변화)- ת(타브)십자가(표. 언약) :-말씀의 능력으로 양육하여

거듭나게 할 약속된 나라를 "מַלְכוּת :(말쿠트)"라 한다.

애통하는 자. :[히:0060]: אָבֵל :(에벨)

:-슬픔, 비탄. 곡하다.(독생자의 죽음을 곡하다)

[헬:3996]: πενθέω :(펜데오) :-**슬퍼하다, 애통하다, 울부짖다. 한탄하다,**

[분해] א:(알렙)숫소(지도자. θ. 권세)- ב(베트)집(거처. 건축)- ל(라멜)소몰이막

대(익힘. 성숙) :-아버지의 집에 들어가기 위한 (법을)익히는 것을

"אָבֵל:(에벨)"이라 함.

(목자의 지팡이의 가르침에 배움을 애통이라 한다. 이 뜻은 **"제 십자가를**

지고 주님을 따라가려면 애통하게 된다." 그러나 위로를 받을 것이다)

어둠(흑암) :[2822]: חֹשֶׁךְ :(호쉐크)

:-**어두움. 흑암. 암흑.**-(은유 :불행, 파멸, 죽음, 무지, 사악)

[분해] ח(헤트)울타리(구원. 은혜)+ שׁ(쉰)(하늘)아래에서(올바른)+ ךְ(-카프) 굽은 손(굴복.

순종. 적용) ;-(양의 울타리) 은혜 안에서 순종하지 않으면 땅에서 올바르게

살지 못하는 곳을 "חֹשֶׁךְ:(호쉐크)"라 한다.

어린양 :[7716] ① שֶׁ :(쉐이) 또는 ② שֵׂי :(쎄이)

;-**어린양, 양(羊)**,(창22:7, 30:32, 출22:10) 또는 염소

①[분해] שׁ(신)하늘(연구, 올바름)+ ה(헤)숨구멍(생령, 기운) ;-하늘나라에서 영원히 살리시려고 생령을 주실 분을 **"어린양"**라 함. ②שׁ(신)하늘(올바름)+ י(요드)손(권능) ;-하늘나라에 들어가게 할 수 있는 권능을 가지신 분을 **"어린양"**이라 함.

언어 :דְּבָרִים (다바르임)

[1697]: דָּבָר :(다바르)**언어. 말씀. 명령.**(창11:1, 15:1, 44:2) **[어원:1696]**: דָּבַר (다바르);-**말씀하시다. 통치하다. 지배하다. [피엘형]**이야기하다. 말하다.

[분해] ו(바브)못(변화. 접속사)+ ד(달렡)문(門. 열다. 휘장)+ בַ(베트)집(안(內), 거처)+ ר(레쉬)머리(근원. 첫째)+ י(요드)손,(⊕의 능력 불. 세력, 힘)+ ם(멤)물(말씀 연단. 사역) ;-(거듭나게 하는) 하나님 휘장을 열어 거처 안에 거하게 하시려는 말씀을 "דְּבָרִים ו(바 다바르임)"이라 한다.

언약 :[1285] בְּרִית (베리트)

:-①**아들의 구원의 능력에 대한 십자가 증거를 나타냄을 뜻함.**

[해석] בַּר(바르)**독생자 아들**+ רִית(리트) :-✝에 **죽으심. 구원의 약속**을 "בְּרִית (베리트)"라 함. :-**"⊕님" 약속하신 것을 아들의 십자가를 통해서 증거한 것을** "בְּרִית(베리트)"라 함.

②[8420]: תו(타브) :**서명. 표시. 언약. 인(印)**(십자가에 못 박힌 표.)

③[어원1262]: בָּרָה :(바라) 유래 :-**선택하다, 골라내다,**(전 3:18절)

[원형·1254]: בָּרָא(바라) **창조하다**(하나님 근원에 회복하다).

=[1262]: בָּרָה :(바라) :-선택하여, (깨끗하게 하기 위하여 번제물)같이 **"자르다."**는 의미로 피의 언약(희생 제물의 언약)을 뜻한다.

<예> 의형제를 맺거나 할 때에 서로 피를 흘려서 언약하는 것을 의미한다.

겔 9: 4/ 6절 늙은 자와 젊은 자와 처녀와 어린 아이와 부녀를 다 죽이되 **이**

마에 표 있는 자에게는 가까이 말라 내 성소에서 시작할 지니라, 하시매 그들이 성전 앞에 있는 늙은 자들로부터 시작하더라.

계 7:2~4절 또 보매 다른 천사가 살아 계신 **하나님의 인**을 가지고 해 돋는 데로부터 올라와서 땅과 바다를 해롭게 할 권세를 얻은 네 천사를 향하여 큰 소리로 외쳐 (3)가로되 우리가 우리 **하나님의 종들의 이마에 인(印)치기까지** 땅이나 바다나 나무나 해하지 말라 하더라. (4)내가 **인(印)맞은** 자의 수를 들으니 이스라엘 자손의 각 지파 중에서 **인(印)맞은 자들이 십사만 사천이니**

얼굴 :[히:6440]: פָּנִים :(파님)

:-**얼굴. 면전. 사람. 대면하다.** :[히:6437](원형): פָּנָה :(파나):-돌아보다. (피형) 제거하다. 정돈. 길을 예비하다. 유래.

[분해] 하나님 말씀으로 거듭나서 호흡하는 물고기의 모습을 "פָּנִים :(파님)" 이라 한다.

에노스 :[0582] אֱנוֹשׁ :(에노쉬)

:-(인류)사람. 남자. 보통사람. 백성. 주민. 족속. 남편. :-**사람의 한계** :[0605] אָנַשׁ (아나쉬):-**약하다, 병들다, 허약하다. 깨지기 쉽다.** 에서 유래한 단어이다.

[분해] א(알렙)숫소(지도자. 가르치다.)- נ(눈)물고기(법, 보다.)- ו(바브)갈고리(변화시키다.)- שׁ(쉰)아래땅(올바름. 성령) :-하나님의 법으로 올바르게 변화시키다.

에녹 :[2585]: חֲנוֹךְ :(하노크) [유래:2596] חָנַךְ :(하나크)

:-**봉헌. 좁히다. 봉헌하다. 낙성식하다.**

[해석] : חֲנוֹךְ :(하노크) :-**시작한.** :[원형:2596] : חָנַךְ :(하나크) :-(1)**좁히다.** (2)(어떤 것을=말씀)**입에 넣다. 맛보게 하다./** ①**감화시키다. 교훈하다. 교육하다. 가르치다.** ②**봉헌**하다. **시작**하다. ③**집**(을 낙성식하다. -신20:5절). **성전**(을 낙성식하다. -왕상 8:63절).

[분해] ח:(헤트)**울타리**(살아나다. 구원. 성막. 8)- נ:(눈)**물고기**(영속. 성도. 50)- ו:(바브)**갈고리**(못. 거듭남. 사망. 6)- ךְ:(카프)굽은**손**(권능. 적용. 경배. 20) :-(8=단장된 신부)**새롭게**

된 영원한 성도되어 사망을 당하지 않고 (20)하나님과 연합하다.

에벨 :[5677]: עֵבֶר :(에베르)

:-①이스라엘의 이름 ;-"에베르"(셀라의 아들, 셈의 증손) ②히브리족의 조상
(민24;24절) ③예수아의 아들 요야김 시대의 제사장(느12:1~20절).

[분해] עֵ(아인)눈(보다. 70(성령). 깨닫다)+ בֶ(베트)집(안. 거처. 세움)+ ר(레쉬)
머리(근원. 첫째. 으뜸):-**빛을 보고(성령으로 깨달아) 하나님의 으뜸으로 세
움을 받는 자를** "עֵבֶר:(에베르)"라 한다. [어원(5676와 동일)]: עֵבֶר :(에베
르) :-건너편에 건너온 자(이스라엘)라는 지역 이름,
-**"에벨"**은 벨렉의 아버지이며 (25)**"벨렉"**은 아브라함의 조상이다.(창
11:18-26절).

에하드 :[0259]: אֶחָד :(에하드)

:-**"통일된"** **"하나"** : 똑같이. 오직 하나. 유일함.(창11:1, 40:5, 욥23:13, 겔7:5)
연합한.(겔37:17) 함께(사65:25, 스2:64, 전11:6)

> " אֶחָד:에하드"는 **"하나"**를 의미한다. 하지만 하나님이 여럿이 아닌 유일한 하
> 나님인 관념은 단지 시작일 뿐이다.
> " אֶחָד:에하드"는 **"특별한"**이라는 뜻도 가지고 있기 때문에 **오직** 하나님께서
> 성경에 나오는 진정한 신이 된다는 것을 알려준다. 그러므로 **유대교와 기독교
> 에서는 유일신 하나님은 자연의 힘을 가지고 계시며 스스로 모든 것에 속한다
> 고 믿고 있다.** (한 새사람 : 엡2:2-21, 4:3-16)

엘리야 :[0452] : אֵלִיָּה :(엘리야)

:-**나의 하나님은 여호와시다.**(왕상17: 1절)

(합성어)[0410] : אֵל :(엘) : **하나님.** +[3050] : יָה :(야) : **여호와.** (약칭)**주(主)** :-살리
시기 위해서 양육하시는 분은 **여호와** 이심을 증거하는 자. 라는(형용사적
고유명사)
1)이스라엘 아합 왕 시대 살아서 하늘로 올려간 위대한 선지자.(왕상 17: 1절)

[해석] אֵל :(엘) :-장성한 신부로 단장하도록 양육하시는 하나님을 뜻함. +

הָ :(야) :-여호와께서는 생명의 권능을 가지신 분이시라는 뜻.

엘리에셀 :[0461] : אֱלִיעֶזֶר :(에리에제르)

:-**도움의 하나님** =(합성어): אֵלִי :(엘리)-나의 하나님" + עֶזֶר :(에셀) :도움. 조력자. :-**하나님은 나의 도움이시다.**
1)아브라함의 다메섹의 종. **2)**모세의 아들. **3)**베냐민 사람. **4)**벱궤를 옮길 때 도운 레위인.

엘아자르(나사로) :(기원)[히:0499]: אֶלְעָזָר :(엘아자르)

:-하나님께서 돕는 자. (합성어)[0410] אֵל :(엘):전능자. 능력의 하나님 +
[5826] עָזַר :(에제르) :-돕는다. 원조하다. 조력하다. =**"돕는 능력자 하나님"**
이라는 뜻이다.
[헬:2976] :Λάζαρος:(라자로스) :-**나사로**

여자(女子) : [0802]: אִשָּׁה :(잇샤)

:-①**여자. 아내. 여성.**(창 7:2절/ 24: 3-4절 출21:22절 28절)
[분해] א(알렙)숫소(힘. 리더. 아버지)+ שׁ(쉰)(아래)땅(올바름. 300)+ ה(헤이)숨구멍(호흡, 깨닫다) ;-하나님의 성령의 힘으로 말미암지 않고는 (생령)호흡 할 수가 없다. 또 אֵשׁ(에쉬)"**소멸하는 불**+ ה(헤)**호흡:소멸하는 불로 올바르게 살아가야 할 "여자"**라 함.

②**여성** :[5347]: נְקֵבָה :(네케바) :-여성, 여자, 암컷. 딸. ;-하나님 거처에 살게 하려고 거룩한 빛으로 살리는 물고기(성도, 교회)를 **"여자"** & **"아내"**라 함.(사54:5-6절 렘 3:14절 31:32절 엡 5:22~30절)

③**"처녀(處女)"** :[1330]: בְּתוּלָה :(베투라);-**소녀(少女). 처녀(處女). 신부(新婦).**

[분해] ב(베트)집(안(內), 거처)+ ת(타브)십자가(인(印), 서명)+ ו(바브)못,(갈고리, 변화)+ ל(라멛)소몰이막대(법도, 자(尺))+ ה(헤이)호흡(생령, 빛) ;-(하나님)거처가 되기 위해 십자가의 못 박히신 분의 인(印)침의 양육을 받아야 할 자를 뜻한다.

여호와 :[3068]: יְהֹוָה :(예호바)

:-**자존자. 영원한 자.** (하나님의 명칭)**여호와.** 한 분이신 진정한 하나님에 대한 올바른 명칭.(출20:7절/ 레24:11절)

[어원:1961] :(미완) הָיָה :(하야) :-**존재하다.**(있다, 발생하다, 일어나다)(창1:2절 3:1절 4:8절)

[분해] י(요드)**손**(10. 권능의 손. 창조)+ ה(헤)**숨구멍**(보다. 생령. 호흡)+ ו(와우)**갈고리**(못. 연결)+ ה(헤)**숨구멍**(보라. 생령. 호흡) :-손을 보라 못을 보라/ 그 못박힌 손을 보라./ 창조하신 손을 보라.

[주(註)]권능의 빛으로 생령을 주시려고 손에 못 박히신 분을 " יְהֹוָה(예호바)"라 함.

여호수아 :[3091]: יְהוֹשׁוּעַ :(예호슈아)

:**여호와의 구원**이라는 뜻이다.

[분해] י(요드)손(불, 능력. 10)- ה(헤)숨구멍(호흡. 생기. 생명)- ו(바브)갈고리(못. 변화)- שׁ(쉰)아래땅(불. 올바름)- ו(바브)갈고리(못. 변화)- ע(아인)눈(빛. 초청, 보다) ;-못 박히신 능력의 손으로 땅에서 올바르게 거듭나므로 초청된 자를 " יְהוֹשׁוּעַ:(예호슈아)"라 한다.

역청 [3724] כֹּפֶר :(코페르)

"**역청으로**" 1)속죄금. 속죄제. 몸값/ 2)아스팔트, 송진. [유래:3722]: כָּפַר (카파르) :-(특히 역청으로)**덮다.**/ (상징적으로)①**속죄하다. 용서하다, 달래다, 지워버리다.** ②**가라앉히다, 취소하다, 자비롭다,**

[분해] בְּכֹפֶר :(베-코페르) :-**생명의 값으로, ~몸값으로,** :- בּ(바브)**집**(접속/ θ~~에 의해서, 안에) + כ(카프)**굽은 손**(굽히다.)+ פ(페)**입**(불어서 날리다. 끝.) +

ㄱ(레쉬)**머리**(우두머리. 근원. 첫째) :-우두머리의 능력의 손으로(굽은 손) 보호하시고 (심판)끝마칠 때까지 하나님의 거처가 되게 하신다. 라는 의미가 있다.

연합 :[3867]: לָוָה :(라바)

:-**부착하다. 연결되다. 연합하다.** (니팔)합하다. 결합하다.

[분해] לֹ :(라멜)소몰이**막대**(성숙. 길들이다. 30.)- וֹ:(바브)**갈고리**(못. 연결. 부활)- הֹ:(헤)**숨구멍**(호흡. 살리다):-성령 충만한 호흡으로 하나되어 신령한 부활을 "לָוָה :(라바)"라 함.

[파자] 양육하시는 진리의 성령과 호흡(먹다)하여 신부 단장하는 것을 연합이라 함.

> **고전11: 3**절 남자의 머리는 그리스도요, 여자의 머리는 남자요, 그리스도의 머리는 하나님이시라.

열/ 10 [6240]: עָשָׂר :(아싸르)

;-**열. 십. 10**(충만 수(數)).

[분해] 온전케 하는 충만한 빛과 연합하여 하늘나라에 들어가도록 성령 충만, 진리 충만, 수를 "עָשָׂר :(아싸르)"라 한다.

열납(悅納) :[8159]: שָׁעָה :(솨아)

:-①**보다, 응시하다, 경배하다.** (경이로워)**놀라서 보다. -보시고 기쁘게 받으시다.** (히·원어 ;-주목하셨다.)

[분해] שׁ(쉰)-(하늘아래)땅에서(올바른) + עָ:(아인)얼굴(보다) + הֹ(헤)숨구멍(생령. 호흡) ;-하늘위에 계신 경이로운 여호와를 보고 깨달아 산 제물을 드리니 받으셨다.

(하나님을 볼 수 있는 영적 능력을 받았기 때문에 경이로움을 깨닫고 경배하여 산 제물을 드리게 된 것이다.)

> **고전 2:10**절 하나님의 깊은 것을 통달하는 영적 눈으로 제물을 보았다.

②[8159]: עָשָׁיַ:(야샤아)+ וֹ(베)[접속사] ~열납 받으셨다.(경배 받으시다. 하나님

을 보다. 경이롭다.)

[분해] ᵂ(바브:접속사)못. 연결하다. 그리고 + ˀ(요드)손. 능력. 불(火).+ ᵂ(쉰)(하늘)아래 + ᵁ(아인)얼굴. 보다. 빛 ;-땅에서 아벨은 얼굴을 들고 경이로운 하나님을 바라보며 경배하여 제물을 드리니 불이 내려와서 **"열납"** 받으시다.

[어근]: ˥ˀˑ(하일) ;-힘, 군대, 권력.(=영적능력) ;-잘 행함의 성숙된 열매와 예배가 구원하는 **"힘이 되다"**의 뜻이다. (영적능력으로 받으시는 **신령한 예배**"를 뜻함. 롬12: 1)

열다 [6605]: פָּתַח :(파타흐)

:-**열다. 풀어지다. 해방하다.**(심령골수를 쪼개어 살리다)

[분해] פ(페)입**(명령. 80)-** ת(타브)십자가(언약)- ח(헤트)울타리(생명. 8) :-새롭게 할 충만한 언약의 말씀을 열다/ 풀어 해석하다. (감춰진 비밀을 말씀을 열어 보다.-계 1:2-3절)

열매 :[6529]: פְּרִי :(페리)

:-**열매. 소출. 과일. 씨**. (요 15: 2/ 4절 시 1: 1-3절)

[분해] פ(페)입**(명령. 80. 날선·검)-** ר(레쉬):머리(처음, 으뜸, 근원. 200)- ˀ(요드)손**(권능. 힘. 10)** ;-θ의 권능의 날선 검으로 충만하여 우두머리와 연합한 상태를 "열매 : פְּרִי:(페리)"라 한다. (θ의 새롭게 할 말씀으로 아들과 연합한 은혜의 성취를 결과를 말한다.)

열쇠 :[4668]: מַפְתֵּחַ :(마프테아흐)

:-**여는 것. 열쇠. 푸는 것.**

[분해] מ(멤)물(말씀 연단 시험)- פ(페)입(명령 날선·검 80)- ת(타브)십자가(표. 인(印). 언약)- ח(헤트)울타리(생명. 부활. 새롭다. 8) :-하나님의 언약과 새롭게 할 명령으로 부활하게 하는 것을 "מַפְתֵּחַ:(마프테하)"라 한다.

> 사 22:22절 "내가 또 다윗 집의 열쇠를 그의 어깨에 두리니 그가 열면 닫을 자가 없겠고 닫으면 열 자가 없으리라."

영광 :[히:0142]: אָדַר :(아다르)

:-지도자의 으뜸 되시는 것이 열린 것을 "אָדַר(아다르)"라 한다.(마5:16절)

[니팔] 위대한. 영광. 존귀. **[히필]** 장엄하다. 빛나다,

[헬:1392]: δοξάζω(독사조) ;-**영광스럽다. 찬양하다. 찬란하다.**

영생 :[히:5769] : עוֹלָם :(오람)

:-**항상. 영원한.** + (생生)-[2425] : חָיַי :(하야이):-**살다. 살아있다.**

[헬:0166]: αἰώνιος:(아이오니오스) :-**영원한. 영원히. 끝이 없는**

[분해] עוֹלָם:(오람) :-빛으로 거듭나도록 말씀으로 양육 받아 + חָיַי:(하야이) :-(성막)울타리 안에 거할 권능의 힘으로 살아가는 것을 **"영생"**이라 한다.

영원(永遠) :[5769]: עוֹלָם :(올람)

:-**영원(永遠). 영구(永久). 영원무궁. 항상. 언제나.**

[분해] :-①성령의 능력의 말씀으로 양육 받아 거듭난 삶을 살아가는 것을 "עוֹלָם:(올람)"이라 한다. ②완전히(70) 깨달을 수 있도록 말씀으로 성숙시켜서 (근원으로)변화시키는 것을 "עוֹלָם (올람)"이라 한다.

[헬:0165]: αἰών(아이온) :-영원, 끝없는 시간, 영원토록. 세세토록.(요 6:51절)

> 출15:18절 "여호와의 다스리심이 영원(永遠) 무궁하시 도다."

영적 예배 :[헬:3050] : λογικός :(로기코스)

:-**합리적인. 합당한.** [어원:3056] : λόγος :(로고스) :-하나님의 말씀. 진리의 성령. 구약 예언의 성취. =진리의 성령으로 드리는 합당한 예배를 영적 예배라 한다.

영접(迎接) [7125]: קִרְאָה :(키르아)

:-**영접하다. 만나다. 찾다. 일어나다.**

[분해] 거룩함에 충만한 지도자의 생명의 빛과 연합하는 것을 "קִרְאָה:키르아)"라 한다.

예루살렘 :[3389]: יְרוּשָׁלַםִ (예루샬라임)

:-**평화의 땅. 평안의 도시.** [원형·3385]: יָרָה(야라) :기초/ 토대/ 양육/ 창설. + [3091]: יְהוֹשֻׁעַ(예호슈아) :-여호와의 구원. (눈의 아들)여호수아.

[3385]: יְרוּאֵל(예루엘) :-θ님 기초/ 거처를 놓으심.

예슈아 :[히:3442]: יֵשׁוּעַ (예슈아)

:-"여호와께서 구원하실 것이다."(스2:2절 3:2절 느7:7절 8:17절) [기원:3091]
여호수아 :יְהוֹשֻׁעַ(예호슈아) :**여호와는 구원이시다.**

[분해] יֹ(요드)손(불, 능력,)- שׁ(쉰)(하늘)아래(올바름)- וֹ(바브)갈고리(못. 연결. 변화)- עַ(아인)눈(얼굴. 초청. 50) :-손에 못 박히신 형상을 보라./ 구원을 위해 성령의 빛으로 거듭나게 하는 분을 **예슈아**라 한다. [헬:2424]: Ἰησοῦς(이에수스) :-**예수. 예호수아.**

-야훼께서 변화시킴으로 땅에서 올바르게 된 자를 초청하시는 분 "예슈아(יֵשׁוּעַ)"라 한다.

[파자] 못 박히신 손의 능력으로 땅에서 올바르게 거듭난 자, 초청하는 자를 "יְהוֹשֻׁעַ(예호슈아)"라 한다.

---

1)예수아 [3442]: יֵשׁוּעַ(예슈아) ;-그가 구원하실 것이다. 에브라임 지파 눈의 아들- **여호수아**/ **2.**여호사닥의 아들 **예수아**(스 3: 2절 예루살렘성전 복구 이후 대제사장)/ **3.**느헤미야 때 예루살렘 성벽을 쌓은 자의 아버지 **예수아**(느8:17절) [7965]: שָׁלוֹם(샬롬) ;-안전한. 평안함. 평화로움.

[해석](합성어)- יְרוּאֵל(예루엘) :θ님 거처를 놓으심. + יְהוֹשֻׁעַ(예호슈아) :여호와의 구원. + שָׁלוֹם(샬롬) ;-안전. 평안함. :-여호와 하나님께서 거하실 평안의 거처를 יְרוּשָׁלַםִ(예루샬라임)" 뜻함.

예언(豫言) :[히:5012]: נָבָא :(나바)

:-(니필형)-**예언하다, 영감의해 말하다.**

[분해] :-성령에 충만한 자녀들을 하나님 나라에 대한 소식을 "נָבָא :(나바)" 라 한다.

[헬:4394]: προφητεία :(프로페테이아) :-**예언. 예견.**

[기원:4396]: προφήτης :(프로페테스):미리 말하는 예언자. 영감을 말하는 자. 비밀한 것의 해석자. 성령 감동된 θ님 대변인.

온유(溫柔) :[히:6035]: עָנָיו :(아나브)

:-**온유(溫柔)한. 가난한, 겸손한, 비참한,**(민12:3절) [헬:4240] πραΰτης :(프라우테스) ;-온유. 겸손. 온화함. 유순함.(겸손한 사람이 온유하다. 벧전3:15절, 마 5:5절)

[분해] :-성령의 권능으로 (거듭남)변화시켜 구원받게 하는 것을 "עָנָיו:(아나브)"라 한다.

> **요 3:3~5절** 말씀에 "물과 성령으로 거듭나지 아니하면 하나님 나라를 볼 수도 없고 들어갈 수도 없다."

온전한(완전한). :[히:8549]: תָּמִים :(타밈)

:-**정결한. 흠 없는. 온전한. 진실한.** :-언약의 말씀으로 단련하여 말씀이 온전히 채워진 것을 **"온전함"**이라 한다.

[헬:4137]: πληρόω :(플레로오) :-**가득하다. 충만하다. 채우다.** [동·완·수·목·복] : 이루어지다. 충만하다. 완전하다./

옳은 :[3474] : יָשַׁר :(야솨르)

:-[형] 좋아하다. 곧다. 정직하다. 옳다, 정직하다.(삿14:3, 대상`13:4, 30:4,) [동] 바르게 하다. 바로 행하다.(여호와의 올바르게 하시는 근원의 진리를 뜻함) [피엘] 곧게 하다. 똑바르게 하다.(잠3:6, 11:5, 시119:128) [푸알] 고르게 되다. 평평하게 되다. [히필]곧게 만들다. 직진하게 하다.(시5:9, 사45:2, 잠4:5)

렘27: 5절 나는 내 큰 능과 나의 든 팔로 땅과 그 위에 있는 사람과 짐승들을 만들고 나의 소견에 **옳은 대로** 땅을 사람에게 주었노라.

완성 :[3615]: כָּלָה :(칼라)

:-완성하다. 끝내다. 성취하다. 준공하다. 멸망하다.

[분해]:-하나님과 연합하여 살리시는 빛으로 성령을 가득 채워진 상태를 "כָּלָה :(칼라)"라 한다.

다 행하고 : 출 39:32절 이스라엘 자손이 이와 같이 성막 곧 회막의 모든 역사를 준하여 여호와께서 모세에게 명하신 대로 다 행하고

다 이루니라. :창 2: 1절 천지와 만물이 다 이루니라

왕 :[4428]: מֶלֶךְ :(메레크) [유래:4427] מָלַךְ :(마라크)

:-왕. 다스리다. 통치하다. 보좌에 오르다. 왕이(왕비)되다.

[분해] מ(멤)**물**(40. 말씀. 단련)- ל(라멘)양몰이**막대**(가르침. 양육. 30)- ך(카프)굽은**손**

(통치. 능력. 20) :-말씀으로 통치할 능력의 양육할 자를 "מֶלֶךְ :(메레크)"라 한다.

[파자]진리의 능력으로 양육하는 자를 "מֶלֶךְ :(메레크)"라 한다.

왕관 :[5145] נֵזֶר :(네제르)

:-구별되다. 분리하다. 왕관. 나실인. [유래:5144] נָזַר :(나자르) :-봉헌하다, 거룩하게 하다, 구별하다. & [6797] צָנִיף :(차니프) :-왕관. 터번 두건. 관.

왕국(王國) :[히:4438]: מַלְכוּת :(말쿠트) & [4467]: מַמְלָכָה :(맘라카)

:-**왕국. 왕위. 나라. 통치.**(θ님 통치하시는 왕국)

[분해] מ(멤)물(40. 말씀)- ל(라멘)양몰이막대(양육. 30)- ך(카프)굽은 손(지배. 능력. 20)- ו(바브)갈고리(못. 변화)- ת(타브)십자가(표. 언약) :-말씀의 능력으로 양육하여

거듭나게 할 약속된 나라를 מַלְכוּת:(말쿠트)"라 한다.

(백성:[5971]: עַם:(암) :-무리. 민족. 백성. 지파. :-"말씀을 먹는 **무리**"를 "**암** :백성"이라 함]

옷 :[3801]: כְּתֹנֶת :(케토네트)

;-① **겉옷. 외투. 의복. 옷**.(창 3:21절)

[분해];능력의 언약 말씀을 물고기(자녀)에게 입히신 표시를 "כְּתֹנֶת:(케토네트)" 라 한다.

②[히:4598]: מְעִיל:(메일) :-**의복. 겉옷. 대제사장 옷**.+ [6944] : קֹדֶשׁ:(코데쉬) :- **거룩한 옷.**

[분해] :-말씀이 충만하도록 양육하여 온전케 된 "**옷: מְעִיל:(메일)**"을 입히다.

[헬:1746]: ἐνδύω:(엔뒤오) :-옷 입다. 정장하다. 붙이다.

용(龍) :[히:8577]: תַּנִּים :(타님)

;-(해상이나 육상의) **괴물. 바다뱀. 용(龍)**.(렘51:34절 겔29:3절)

[분해] ;-하나님의 인친 백성을 지배하므로 연단(영속을 위한 훈련)하는 짐승을 "תַּנִּים:(타님)"이라함.

[헬1404]: δράκων:(드라콘) ;-**용, 큰 뱀**, 사탄의 이름(계12:3절) **(어원):** 아마도 [(델코마이)**보다.** (미혹하여)**보게 하다**의 대체 형으로부터 유래.] [3789]: ὄφις:(오흐피스) ;-**뱀. 악마. 마귀.**(사도바울은 하와를 유혹한 뱀을 사단으로 봄)

용서-"사(赦)함" [5375]: נָשָׂא :(na-sa :나사)

;-(방주가 물에)**올리다. 높이다. 받아들이다.**

[힛파엘형] - הַנָּשָׂא(하 나사) ;-용서(容恕). 사죄(赦罪)함 받다.

[분해] ;-살리는 법으로 지도자께서 올바르도록 훈련시키는 것을 "**용서**"라 한다.

원망 :[1696] דָּבַר :(다바르)

:-**말씀하다. 명령하다. 선언하다. 선포하다.**(민21:7절)

[동·피·완형] (하나님 언약에 대해) "말했다. 약속을 물었다. 처방을 말했다."

위대하다 :[1420]: גְּדוּלָה :(게두라)

:-위대하다. 광대하다. 크고 크시다. 장엄하다.

[분해] :-(겸손으로 최고의)높임 받을 수 있도록 변화로 양육 받아 영생의 문에 들어가는 것을 "위대하다. גְּדוּלָה :(게두라)"라 한다.

유업(유산) :[어원 :5157]: נָחַל :(나할)

;-소유. 유산. 기업. 상속된 것.

①[5159]: נַחֲלָה :(나할라) ;-물려받다' 획득하다, 상속하다, 소유하다, 분배받다.

[분해] : 성령의 법에 충만하도록 양육 받은 빛이 된 구원받은 자들의 소망을 "נַחֲלָה :(나할라)"라 한다. ②[3423]: יָרַשׁ :(야랴쉬) :-유업(遺業). 상속하다. (상속시키다, 상속받다, 상속자)

유월절 [6453]: פֶּסַח :(페싸흐)

:-묵과함. 면제. 유월절. (1)유월절의 어린양의 희생제물.(출12:48, 민9:4, 대하30:15-18, 35:1-6) (2) 유월절(니산월의 14일-무교절의 7일 이후 이어지는 절기 유월절.)(레23:5절)

[유래]:[원형:6452]: פָסַח :(파싸흐) :-넘어가다. 통과하다.(출12:13, 23:27, 사31:5) 넘다(출12:23, 27). 건너뛰다.(출12:21, 27, 48)

[주(註)] (부활)성령의 말씀으로 살리시기 위한 방패가 되시는 것을 "פֶּסַח :(페싸흐)"라 한다.

유혹(誘惑) [히:5254]: נָסָה :(나싸)

;-시험하다. 유혹하다. 꾀임. 입증하다.(창 22: 1절)

[분해] (구원받는)성도로 영생에 이를 수 있는 의지에 대한 잣대를 "נָסָה:(나싸)"라 한다.

[헬:3986] (명·목남·단)πειρασμός (페이라스모스) ;-시험. 유혹(temptation) 꾀임. (πειρασμόν :페이라스몬) :-유혹에 빠지다. 유혹에 빠지게 하다.

육체(肉體) :[1320]<남·명> בָּשָׂר :(바싸르)

;-살. 고기. 몸. 육신.(썩어질 고기 덩어리)

- בְ(베트)는 하나님 거하는 거처로서 진리와 성령으로 세워지는 곳을 뜻하는 알파벳이다. [분해] θ의 거처가 되도록 성령 충만하여야 할 곳을 בָּשָׂר (바싸르)라 한다.

율법(律法) [8451]: - תּוֹרָה :(토라)

:-**율법. 십계명. 오경(五經). 명령.**(출13:9절 수 1: 8절 삼하 7:19절) ;-십자가의 못 박힌 아들의 가르침.

[해석]" תּוֹ:(토부)"**십자가 못 박히심.** + " רָה:(라하)"첫 아들의 생명 ;-첫 아들의 생명을 십자가에 못 박음.

[주(註)] (" תּוֹ"-십자가에 못 박히신 하나님의 언약의) 표(表)를 통해서 근원의 생령이 되도록 살리시려는 것을 " תּוֹרָה(토라)"라 한다.

의(義) :[히:6662]: צַדִּיק (차디크)

;-(하나님의 말씀에) **올바른, 의로운, 진실한,**하나님께서 받으실 의(義).

[헬:1343]: δικαιοσύνη:(디카이오쉬네):-칭의. 의(義). 올바름.

[주(註)] ①(θ님 백성)채우려고 권능의 손으로 거룩함을 충만하게 건설하는 것을 " צַדִּיק:(짜디크)"라 한다. ②하나님 복음을 믿고 전파하여 영혼 구원하는 것을 " צַדִּיק(차디크)"라 한다.

은사 :[히:4991]: מַתָּת :(맛타트)

:①**선물. 보상.**-θ님의 언약의 말씀을 받은 표증(은사)를 " מַתָּת :(맛타트)"라 한다.(전3:13) ②**[4979]**: מַתָּנָה :(맛타나) :-**선물. 희생제물** -진리의 성령으로 인 치시고 생령되게 하는 것을 " מַתָּנָה :(맛타나)"라 함.(구속과 구원) (민18:6절 단 2: 6절) ③[2898]: טוּב :(투브) :-**선한. 은총(恩寵), 아름다움, 기쁨.** (어원:2895):

טוֹב :(토브) :-유익하다. 즐겁다)에서 유래(렘31:12절) ;-지혜로움으로 변화되어 (θ)아버지의 집 안(건축할 능력)에 거하는 것을 복을 "טוּב :(투브)"라 한다.

[헬:5486]: χάρισμα :(카리스마) :-①신성한 선물. ②은혜의 선물. ③성령의 능력.

은혜 :[히:2580](명) : חֵן :(헨)

:-"(주관적)은혜. 은총." 자비함. 호의./ "(객관적)아름다운" :-구원받는 성도 되게 하시는 것을 "חֵן :(헨)"이라 한다.)

[원형:2583]: חָנָה :(하나) :-(빛이)기울다. 거하다. 장막치다.(구원받은 성도에게 영생 되게 하는 것) (파생)[2603] (명·남단): חָנָן :(하난):-은혜롭다. 호의를 보이다. 동정하다.(구원받을 성도를 성령 충만하게 하는 것을 은혜라 한다.)

[헬]:χάρις:(카리스) :은혜. 기쁨. 즐거움. 자비. 선. 호의. 긍휼.

음부(陰府) :[히:7585]: שְׁאוֹל :(쉐올)

;-스올. 지옥, 구덩이. 무덤, (창37:35, 시6:5, 아8:6, 호13:14)

[주(註)] ;-창조하신 땅에서 θ님 법도로 거듭나지 못한 자의 영원한 멸망의 거처를 "שְׁאוֹל :(쉐올)"이라 한다.(창37:35절)

[헬:0086]: ἅδης:(하데스) ;-Hades. 1)저승의 신 하데스 또는 플루톤의 이름. 2)지하세계, 죽음의 왕국의 오르쿠스. 3)죽은 영혼의 거처. 무덤, 지옥.(눅 10:15계 1:18절)

음성(音聲) :[히:6963]: קוֹל (kole :콜)

(또는 קל 콜 ;-부르다) -목소리, 소리, 소음. (창 3: 8절 신 4:33절 시 95 7절 계 3:20절)

[분해] :-("ק"는 알파벳 중에서 가장 낮은 글자이다) 겸손함으로 하나님의 말씀으로 듣고 교육을 받아 변화하도록 하는 것을 "음성 קוֹל(kole :콜)"이라 한다.

음욕 :[히:5691]: עֲגָבָה :(아가바ㅎ)

:-음란한 사랑. 호색. [유래:5689]: עֲגַב :(아가브) :-마음속에 강력한 애정/ 연애하다. (신랑의 혼인 잔치에 청하는 집에 거하지 않음을 뜻함.)

[헬:1937] : ἐπιθυμέω :(에피뒤메오) :-**마음을 두다. 간절히 원하다. 욕정이 불타다.** -이는 선악과를 먹고 하나님과 분리된 인간이 **자기**(신부)가 **주인이 되어** 있는 것을 뜻한다. 즉 (성경)이혼증서를 받은 여자는 더 이상 남편을 위해서 살지 않는다.

이기다 :[히·3201]: יָכֹל :(야콜)

:-**이기다. 용납하다.**(창13:6, 30:8, 삿16:5, 렘38:22,) **능력이 있다, 극복하다, 승리를 얻다.**(신9:8, 삼상26:25, 왕상22:22, 렘3:5, 호12:5)

[헬·3528]: νικάω :(니카오) :-**정복하다, 승리를 쟁취하다, 승리하다. 극복하다,**

[**주(註)**] :권능의 손과 능력의 팔로 양육되어 거듭나게 된 것을 יָכֹל (야콜)" 이라 한다.

이디오스 =자기 -ἴδιος :(이디오스) : [1167]: בַּעַל :(바알)

:-**주인. 남편. 주권자.** (유래):[1166] :(동사)지배하다/ 통치하다/ 소유하다)

[**분해**] :-하나님의 성전을 건축할 자와 연합하지 않으려고 청함을 거절하고 가르침을 받지 않는 것을 בַּעַל :(바알)"이라 한다.

[**복음적 해석**] 신랑과 연합하지 않으려 빛을 보지 않고 스스로 주인이 되는 것.(신부의 위치를 망각한 상태를 "**이디오스=바알**"이라 한다.

이름 :[8034]: שֵׁם :(셈)

:-**명성, 영광, 평판.** :-(성령으로)땅을 올바르게 할 (연단)**이름.**

> 창 6: 4절 "유명한" :[8034] שֵׁם :(셈) **명성. 평판. 성호. 이름.**

이삭(첫 열매/ 알곡) ①[3327]: יִצְחָק :(이츠학)

: "그가 웃을 것이다" 뜻의 이츠학 : 아브라함의 아내 사라가 낳은 아들로 야곱과 에서의 아버지.

②[7225]: רֵאשִׁית :(레쉬트) :-(특히 첫 열매) **첫 번째. 최초. 최고.**

[분해] ;-처음 것으로 능력의 힘으로 올바르게 완성된 것을 하나님 드리는 결실을 "רֵאשִׁית(레쉬트)"라 한다. (레23:10절 고전15:23절)

[주(註)] 창 1: 1절은 **"아들을 위하여"** 또는 **"아들에 의해서"** 그리고 **"아들로부터"** 하나님은 천지를 창조하시니라. 라고 번역할 수 있다.(골 1: 16절)

<u>**이삭은 어디로 사라졌을까요?**</u> :-모리아 산에서의 희생 이후에 이삭은 어디로 갔을까요? 이 질문은 수많은 추측과 걱정들을 유발시키고 있다.
 -성경은 우리에게 오직 아브라함이 돌아온 것에 대해서만 알려주고 있으며 이때부터 이삭은 사라져서 창세기 24장에 리브가와 만나기 직전까지 등장하지 않는다.

 -창세기 **24장 62절**에 이삭이 **브엘라해로이**(나를 지켜 보시는 존재하는 분의 우물에서 왔다)고 나와 있다. 히브리어를 알지 못한다면 이 이름에는 아무 의미도 없다. 하지만 이 이름은 심오한 의미를 가지고 있다. **이삭이 성경에서 사라졌을 때에도 그는 결코 하나님의 시야에서는 사라지지 않았습니다.** 비록 그의 부모님은 그를 볼 수 없었고, 우리도 성경에서 그를 볼 수 없었지만 하나님께서는 여전히 이삭을 보고 그에 대한 모든 것을 알고 계신다. 하나님께서 저나 여러분을 보고 있는 것처럼, **나를 지켜보시는 존재하는 분은 바로 하나님이시다.** 히브리어에는 여러분의 세계를 변화시킬 수 있는 메시지가 숨겨져 있다.

이스라엘 [3478]: יִשְׂרָאֵל:(이스라엘)

:-**하나님과 겨루어 이겼음.**(창32:28) [유래:8280]: שָׂרָה(샤라)-겨루다. 싸우다.
+ [0410]: אֵל(엘)-힘. θ님.= **"샤라엘 : שָׂרָה אֵל"** :-하나님과 겨루어 권력을 쥐다를 "שָׂרָה אֵל(샤라엘)"이라 한다. **[주]**: 하늘의 생명으로 양육하고 가르치는 것.

이스마엘 [3458]: יִשְׁמָעֵאל:(이슈마엘)

;-[8085]: שָׁמַע:(샤마)**들으라. 들어야 한다.** 와 [0410]: אֵל:(엘)**하나님의 양육.**의 합성어(창25:12-18, 대하23:1, 스10:22, 렘40:~41장) =아브라함이 하갈에게서 낳은 아들.(아랍 족속의 조상이됨.)(대상8:38, 대하23:1, 스10:22)
[주(註)] 하나님의 권능의 말씀을 (שָׁמַע들어야)바라보고 올바르게 양육 받아야 할 민족을 "יִשְׁמָעֵאל:(이쉬마엘)"이라 한다.

이웃 :[7934]: שָׁכֵן :(샤켄)

:-**이웃. 거주민. 가까이 사는 자.**(왕하4:3, 시44:14, 79:12, 잠27:10, 사33:24, 렘 49:18, 겔16:26) :[7453]: רֵעַ:(레아) :-동료. 친구. 애인. 이웃.(창38:12, 출11:2, 신13:6, 19:5, 욥2:11) **[주(註)]** [유래:7931] 정착하다. 거주하다.(창3:24, 출24:16, 민9:17, 14:30, 렘50:39)

읽는 자 :[7121]: קָרָא :(카라)

:-**부르다. 선포하다**(출33:19, 레23:21, 삿21:13, 애1:21). **외치다**(삼상26:14, 왕상 13:32). **선언하다**(신20:10, 렘34:8). **읽다**(신17:19, 왕하22:16, 사34:16). **청함 받 은 자. 초대하다**(출34:15, 삿14:15, 삼상9:24). **[니팔]** 크게 읽혀지다(신17:19, 에 6:1, 느13:1). 불리다. 소집하다.(룻4:14, 에3:12, 렘44:26) **[푸알]** 불리다. 뽑히다 (사48:12, 65:1, 62:2, 겔10:13).

[분해]거룩함에 충만하도록 하나님의 근원을 배우려는 것을 "קָרָא:(카라)"라 한다.

> **창16:14절** 이러므로 그 샘을 브엘라해로이라 **불렀으며** 그것이 가데스와 베렛 사이에 있더라.
>
> **출33:19절** 여호와께서 가라사대 내가 나의 모든 선한 형상을 네 앞으로 지나 게 하고 여호와의 이름을 네 앞에 **반포하리라.** 나는 은혜 줄 자에게 은혜를 주고 긍휼히 여길 자에게 긍휼을 베푸느니라. (반포는 거룩하신 여호와의 뜻을 읽고 깨닫고 선포하라. 이렇게 이해하여야 한다)

인내 :[0662]: אָפַק :(아파크)

:-억누르다. 억제하다. 인내하다. 제한하다. ="오래 참음"

[힛파엘] 자제하다. 삼가다(창43:31, 삼상13:12, 사42:14, 에5:10). 참다(사42;14, 에5:10). [주(註)]:-하나님의 명령을 거룩함이 충만함이 채워질 때까지를 **인내**라 함.

인도 :[원형:5148] : נָחָה :(나하)

[히필] 인도하다, 이끌다(출32:34, 민23:7, 삼상22:4, 왕상10:26, 왕하18:11, 욥 38:32, 시5:9, 27:11).

[주(註)] : (נ)물고기를 (ח)생명의 (ה)울타리로 인도하다.

> **시23: 2-3절** 그가 나를 푸른 초장에 누이시며 쉴만한 물 가로 **인도하시 는 도다.**

(3)내 영혼을 소생시키시고 자기 이름을 위하여 의의 길로 **인도하시는 도다.**

인(印)침 [4886]: מָשַׁח (마샤흐)

:-①**기름을 바르다. 거룩하게 하다. 기름 붓다**(창31:13, 출28:41, 29:2, 30:30, 40:15, 민7;1, 레2:4, 7:12, 삼상10:1, 왕상5:1, 19:16, 사61:1)**.**

[분해] מ(멤)물(말씀. 연단)- שׁ(쉰):땅올바른(창검)- ח(헤트)울타리(구원, 생령) ;-하나님의 말씀으로 올바르게 되어 울타리 안에 들어가도록 하는 것을 "מָשַׁח(마샤흐)"라 한다.

②[2856]: חָתַם(하탐**) :-봉인하다. 인봉(印封)하다. 밀봉하다**(왕상21:8, 에8:8, 욥9:7, 사8:16, 렘32:10 느9:38)**.**

[분해] ח-울타리(구원, 생령)- ת-십자가(인(印). 표)- ם-물(말씀. 연단) ;-하나님의 구원의 말씀으로 "חָתַם(하탐)"을 받다. 라는 뜻이다.(레2:4, 렘22:14, 단9:24)

일곱 : [히:2109] זַיִן :(자인)

:-①**무기. 연장. 검.** [게마트리아] : "**7**" :-**다 이룬 수. 안식의 수. 온전한 수.**

②[히:7651]: שֶׁבַע:(셰바) :-(서수(序數))**일곱. 칠**(7)**. 완전하다. 언약하다.** (아람어) **거룩한 수.**

③[히:7658] (남성형): שִׁבְעָנָה:(쉬브아나) :-(서순(序順))**일곱째. 일곱 번.** :-성령의 빛의 말씀으로 초청하여 하나님의 집에 완전하게 채운 수(數)를 "שֶׁבַע:(셰바)"라 한다. & 행함에 온전하다.(성령의 검으로 완성을 이룬 수(數)엡 6:17절)

④[헬:2033]: ἑπτά :(헵타) :-**일곱.** (7)**칠. 이레. 일곱째.**

일으키시다 [히:7055] קְמוּאֵל :(카무엘)

:-"**하나님께서 일으키심.**"(거룩하도록 말씀으로 거듭나게 하다.) (나홀의 아들)크므엘(창22;21절/ 민 34:24절/ 대상27:17절)

일점 :[5348] : נָקֹד :(나코드)

:[원형:2921] טָלָא :(타라) :-**[형·분사]** 점 있는(창30:32-39, 겔16:16). (히브리어

열 번째 알파벳 י(요드)가 기원이며 점같이 가장 작은 글자입니다.)

[주(註)-양과 염소에 대한] 작은 반점. 점 찍힌.(창30:32, 31:8,)

[분해] :-<u>물고기들의 법</u>(성령 충만)을 마음에 새긴 거룩한 표를 "נָקֹד(나코드)"
라 합니다.

임마누엘 :[6005]: עִמָּנוּאֵל :(임마누엘)

:-<u>אֵל</u>이 우리와 함께 계시다. 메시야 예언적 이름.

[해석] עִמָּ :(임)**함께** + נוּ :(nu :누)**우리와** + אֵל :(엘)**하나님**. :-<u>우리와 함께 하시</u>
<u>는 하나님 (빛의 말씀으로 성령에 충만케 양육하셔서 거듭나게</u>(부활)<u>하시는</u>
<u>하나님을 임마누엘이라 한다.</u>)

①[5973]: עִמָּ :(임마) : **함께.** 동시. 동질. 동행. 동거함.	
② נוּ :(nu :누) :-**우리**(1인칭 대명사 축소형)[0587]: אֲנַחְנוּ :(아나흐누) :-(1인칭 대명사)**우리**	
③[0410]: אֵל :(엘) :-**하나님.** (양육하시는)전능자. (유일한)**신**(神) :-양육하시는 하나님.	

입 :[6310]: פֶּה :(페)

:-**입**(출4:11, 민12:8, 수9:2). **먹이**(창42:27). **식량**(출16:16). **말씀**(민3:16, 신34:5,
시19:14). **명령**(창41:40, 민3:39, 수21:3). **입구**(창42:27, 29:2, 시41:7, 잠8:3). **증인**
(신31:21).

> **민30: 2절** 사람이 여호와께 서원하였거나 마음을 제어하기로 서약하였거든 파
> 약하지 말고 그 **입에서** 나온 대로 다 행할 것이니라.

> **신31:21절** 그들이 재앙과 환난을 당할 때에 그들의 자손이 부르기를 잊지 아
> 니한 이 노래가 그들 앞에 **증인처럼 되리라.** 나는 내가 맹세한 땅으로 그들을
> 인도하여 들이기 전 오늘날에 나는 그들의 상상하는 바를 아노라

잎사귀 :[5929]: עָלֶה :(알레)

;-**나무잎. 잎사귀. 나무가지, 잎.**(창3:7, 8:11, 느8:15, 시1:3, 사1:30, 34:4, 렘
17:8,) **[분해]** ע(아인)눈(보다. 샘. 초청. 70)- ל(라멜)양몰이막대(양육. 교육. 30)- ה(헤)

숨구멍(호흡. 생기. 5) ;-생명의 충만한 빛으로 살아나도록 길러야 하는 것을 **"알레"**라 한다.

[한글 ㅈ 자]

자긍(自矜) :[6286]: פָּאַר :(파아르)

:-영화롭게 하다.(사55:5, 60:7-9) 아름답게 꾸미다.(스7;27, 시149:14, 사60:13) 스스로 자랑하다.(삿7:2, 사10:15) [피엘] 꾸미다. 장식하다(사60:7, 13) [힛파엘] 영예를 얻다. 영화롭게 되다.(사60:21, 61:3) 자랑하다.(삿7:2, 사10:15)

> 삿 7: 2절 여호와께서 기드온에게 이르시되 너를 좇은 백성이 너무 많은즉 내가 그들의 손에 미디안 사람을 붙이지 아니하리니 이는 이스라엘이 나를 거스려 **자긍하기를** 내 손이 나를 구원하였다 할까 함이니라.

자기 :[히:1167]: בַּעַל :(바알)

:-**주인. 남편. 주권자.** [유래1166] :(동사) בַּעַל :(바알) :-**지배하다/ 통치하다/ 소유하다.** [헬:ἴδιος :(이디오스)] **자아(自我)**

[분해] בַ:(베트)**집**(거처. 안에. 연합)- עַ:(아인)**눈**(보다. 청하다. 70)- ל:(라멜)소몰이 **막대**(양육. 성숙. 가르침) :-하나님의 성전을 건축할 자와 연합하지 않으려고 청함을 거절하여 가르침을 받지 않는 것을 "בַּעַל :(바알)"이라 한다.

[복음적 해석] 신랑과 연합하지 않으려고 빛을 보지 않고 스스로 주인이 되는 것.(신부의 위치를 망각한 상태를 "**이디오스 =바알**"이라 한다.

> 딤후 4: 3절 때가 이르리니 사람이 바른 교훈을 받지 아니하며 귀가 가려워서 **자기의 사욕을 좇을** 스승을 많이 두고 (4)또 그 귀를 진리에서 돌이켜 허탄한 이야기를 좇으리라.

> 잠 25:27절 꿀을 많이 먹는 것이 좋지 못하고 **자기의 영예를 구하는 것이 헛되니라.**

> 마 7:21절 나더러 주여 주여 하는 자마다 천국에 다 들어갈 것이 아니요 다만 하늘에 계신 **내 아버지의 뜻대로 행하는 자라야** 들어가리라.

자녀 :[1121]: בֵּן :(벤)

:-아들. 자식. 자손. 아이들.(창3:16, 4:17, 창10:20, 출2:2, 민4:2, 삼하12:14, 사13:18, 욜 2:23절) 천사.(창6;2, 욥1:6, 2:1, 시29:1, 89:7) ;-하나님의 거처가 된

물고기(구원 받은 성도)를 "בָּנֶה(bane :벤)"이라 한다.

[어원:1129] : בָּנָה :(바나) ;-번성하다.(말3:15) 아이를 얻다. (미완)건축하다. 만들다. 세우다.(창8:20, 11:5, 신27:5, 민33:37, 대하6:2, 렘35:9) 회복하다.(수6:26, 왕상16:34, 암9:14, 시122:3, 147:2) ;-하나님의 거처가 된 물고기(구원받은 성도)를 호흡(살아가도록)하도록 하는 것을 "בָּנָה :(바나)"라 한다.

자손 :[2233]: זֶרַע :(zehrah :제라)

;-씨. 후손. 자손.(창3:15, 4:25, 13:16, 21:13, 신4:37, 레22:3, 시89:29, 렘22:28) 자녀. 자식.(레18:21, 20:2, 사57:4) **[유래][어원:2232]**: זָרַע :(자라) ;-파종하다. 씨 뿌리다.(창47:23, 출23:10, 레25:3 26:16, 신22:9, 삿9:45, 욥31:8, 사30:23) 열매 맺다.(창1:29) 퍼뜨리다. **[니팔]** 잉태되다. 임신하다.(민5:28, 레12:2) **[히필]** 씨를 맺다.(창1:11, 29)

[분해] ז(자인)무기(많다, 제사장의 칼)- ר(레쉬)머리(근원. 시작)- ע(아인)눈(보다. 빛) ;-많은 무리가 빛을 보고 (진리)빛이 되는 것을 "זֶרַע :(자라)"라 한다.

자원(自願) :[5081]: נָדִיב :(나디브)

:-(1)자발적인. 준비된. 아낌 없는, 자원하는(출35:5, 대상28:21, 시51:12,) **(2)** 마음에 원하는(대하29:31, 시51:12) **[유래:5068]**: נָדַב :(나다브) :-자원하다. 기쁘다. 헌신하다.(출25:2, 느11:2, 삿5:2, 9) **[힛파엘]** 감동되다. 자발적이다.(대하17:16, 시110:3)

> **신16:10절** 네 하나님 여호와 앞에 칠칠절을 지키되 네 하나님 여호와께서 네게 복을 주신 대로 네 힘을 헤아려 **자원하는 예물을 드리고**
>
> **시51:12절** 주의 구원의 즐거움을 내게 회복시키고 **자원하는** 심령을 주사 나를 붙드소서

자칭(自稱) :[7121]: קָרָא :(카라)

:-부르다. 외치다.(창45:1, 레13:45, 사7:20, 삼하20:16, 왕하11:14, 에6:9-11) **[니팔]** 불리다. 소집하다.(룻4:14, 에3:12, 렘44:26) **[푸알]** 불리다. 뽑히다.(사48:12,

65:1, 61:3, 62:2, 겔10:13) 청하다(출34:15, 삿14:15)

사44: 5절 혹은 이르기를 나는 여호와께 속하였다 할 것이며 혹은 야곱의 이름으로 **자칭할 것**이며 혹은 자기가 여호와께 속하였음을 손으로 기록하고 이스라엘의 이름으로 칭호하리라.

계 2:2절 내가 네 행위와 수고와 네 인내를 알고 또 악한 자들을 용납지 아니한 것과 **자칭**(自稱) 사도라 하되 아닌 자들을 시험하여 그 거짓된 것을 네가 드러낸 것과

잔치 :[4961] : מִשְׁתֶּה :(미쉬테)

:-잔치. 연회. 향연. 주연.(단5:10, 창21;8, 사25:6, 렘16:8, 에2:1) [유래:8354]:
שָׁתָה :(샤타) :-마시다.(출17:6, 레11:34, 사62:9, 겔31:14) 취하다.(시69:12)

[주(註)] מ(멤)물(말씀. 생수)- שׁ;(쉰)땅(올바른. 300)- ת(타브)십자가(약속·완성)- ה(헤)
호흡(생령, 빛) :-생수의 말씀과 성령·충만함으로 새 땅을 완성하신 ת(타브)의
빛·잔치를 "מִשְׁתֶּה :(미쉬테)"라 한다.

욥 1: 4절 그 아들들이 자기 생일이면 각각 자기의 집에서 **잔치를 베풀고** 그 누이 셋도 청하여 함께 먹고 마시므로

잘하다 :[2896]: טוֹב :(토브)

:-**(1) 좋은, 선한**(창1:4, 2:12, 26:29, 출3:8, 18:17, 왕하3:19). **[부사]** 잘. 훌륭히, 충분히, 능숙한(신23:17, 삼하3:13, 룻3:13,, 욥7:7). **(2)** 훌륭한. 상당한. 아름다운.(창6:2, 출2:2, 3:8, 신6:10, 민14:7) **(3)** 즐거운, 유쾌한, 마음에 듬(창3:6, 삿16:25, 시133:2, 아1:2-3, 7:10, 사39:2). **(4)** 유복한. 번영하는, 순조로운,(느2:10, 시112:5, 전5:4, 7:18, 사3:10, 렘44:17) **(5)** 구별된, 뛰어난, 위대한(시69:17, 109:21)

전 8:12절 악인은 **잘 되지** 못하며 장수하지 못하고 그날이 그림자와 같으리니 이는 하나님 앞에 경외하지 아니함이니라.

잠들다 : [3462]: יִישָׁן :(바이 쉔)

:-①**잠자다, 잠들다, 재우다.**(창2:21, 41:5, 시4:9, 13:3, 사5:27, 렘51:39) [은유] :
만성이다. 묵은 곡식. **[피엘]** 잠들게 하다. 잠자게 하다.(삿16:19)

[주(註)] יָד(바이-못 박힌 손)- י(요드-능력의 팔, 10.)- שׁ(쉰-땅에서 올바른.)- נ(눈-물고기. 생명) ;-하나님께서 못 박히신 손으로 물고기를 신령하게 하려고 "잠들게 하셨다."

②[8639]: תַּרְדֵּמָה :(타르데마) ;-**깊은 잠.**(창2:21, 15:12, 삼상26:12, 사29:10, 잠19:15)

[유래][원형:7290]: רָדַם :(라담) :-**(1)깊이 잠들다. 잠들다.**(삿4:21, 잠10:5, 욘 1:5-6) **(2)기절하다. 정신을 잃다.**(시76:7, 단8:18, 10:9)

[주(註)] 언약대로 말씀을 열어 진리로 살리시려고 "잠들게 하셨다."

> **창 2:21절** 여호와 하나님이 아담을 깊이 **잠들게** 하시니 **잠들매** 그가 그 갈빗 대 하나를 취하고 살로 대신 채우시고, (창15:12절)

잣나무 :[원형:1613] : גֹּפֶר :(고페르)

:-**[명]**잣나무.(백향목과) (법궤 만들 때 사용한 나무)(창6:14, 왕상5:10, 왕하19:23, 시104:17, 호14:8) 사이프러스. 고퍼나무. **[동]**유숙하다의 뜻.

> **왕상 5: 8절** 이에 솔로몬에게 기별하여 가로되 당신의 기별하신 말씀을 내가 듣 고 내 백향목 재목과 **잣나무 재목에** 대하여는 당신의 바라시는 대로 할지라.

[주(註)] :-(죄의)짐을 대신 지시고 순종하여 우두머리와 연합하다. 라는 은 유적 의미의 나무를 뜻한다. (그러므로 방주 안에 들어가는 것은 십자가로 만 들어진 하나님 성령의 전에서 함께 유숙한다./ 연합하다.(고전 3:16-17절)

장관(將官) :[8269]: שַׂר :(샤르)

:-**(1)**군대 장관. 지도자. 통치자. 대장.(창21:22, 37:36, 삼상12:9, 왕상9:22, 욥 39:25). **(2)**군주. 대신(大臣). 환관장(창12:15, 출2:14, 사23:8, 단1:7-11). **(3)** 천 부장(대상27:1). 우두머리(출18:25, 삼하23:19). 방백(삿5:15, 스10:8, 사32:1).

> **창21:22절** 때에 아비멜렉과 그 군대 **장관** 비골이 아브라함에게 말하여 가로 되 네가 무슨 일을 하든지 하나님이 너와 함께 계시도다.

장래 :[0319]: אַחֲרִית :(아하리트)

:-**(1)**마지막 부분 -종말. 장래. 미래.(민23:10, 민24:14, 신4:30, 11:12, 32:20, 잠

23:18, 사2:2, 46:10, 렘29:11) 후일(창49:1, 민24:14). **(2)**후손. 남은 자(시109:13, 암4:2, 9:1, 겔23:25). 자손(단11:4).

> **렘29:11절** 나 여호와가 말하노라 너희를 향한 나의 생각은 내가 아나니 재앙이 아니라 곧 평안이요 **너희 장래에 소망을** 주려하는 생각이라.

장로(長老) :[2205]: זָקֵן :(자켄)

:-노인. 늙은이. 나이가 많음(창18:11, 19:4, 25:8, 출3:16, 4:29, 신19:12, 21:3-6, 욥12:20). 장로(출3:16, 삼상4:3, 겔7:26). 어른(신32:7, 사37:2, 렘19:1).

> **레 9: 1절** 제 팔일에 모세가 아론과 그 아들들과 이스라엘 **장로들을** 불러다가

장막(帳幕) :(1)[0168]: אֹהֶל :(오헬)

:-①**장막**(성막)(창4:20, 출16:16, 26:27, 36, 왕상1:39, 대하1:4). ②(주택개념)**천막. 거처**(대하14:15, 사16:5, 렘4:20).

(2)[2583]: חָנָה :(하나):-**막사**(민1:52). **장막**(창26:17, 출13:20, 민1:51). **[동]** 기울다(삿19:9). 진(陣)치다(민2:34, 삿6:4, 렘50:29). 주둔하다. 야영하다(출13:20, 17:1, 민31:19).

(3)[4908]: מִשְׁכָּן :(미쉬칸) :-①거구. 거처. 성전(출26:1, 민3:26, 대상23:26, 욥18:21, 시46:5, 84:2,). ②천막. 장막. 성막. 성소(출25:9, 26:1, 레15:31, 대하1:5). 처소(시132:5, 사22:16, 겔37:27).

> **레 8:10절** 모세가 관유를 취하여 **장막과** 그 안에 있는 모든 것에 발라 거룩하게 하고

장성(長成) :[1431]: גָּדַל :(가달)

:-**(1)**함께 꼬다. 단결시키다. 함께 묶다. **(2)**위대해지다. 커지다. 성장하다. 자라다(창21:8, 25:27, 38:14, 출2:10-11, 욥31:18, 단8:9-10). **(3)**좋은 평가를 받다. 존중 받다. 찬양 받다(삼상26:24, 삼하7:26, 시35:27, 40:17). **[피엘]** 자라도록 돌보다. 기르다. 훈련시키다(민6:5, 왕하10:6, 사44:14, 겔31:4). **[히필]** 크다. 위대하다(창19:19, 사9:2, 28:29) 높이다. 올리다(시41:10). **[힛파엘]** 자신을 위대하게 보이다. 자신을 강하게 보이다(대상29:12, 겔38:23,). 교만하다(시38:16,

사10:15, 렘48:26, 단11:36-37). 자랑하다(겔35:13). 자기를 높이다(단8:11).

> **창21:20절** 하나님이 그 아이와 함께 계시매 그가 **장성하여** 광야에 거하며 활 쏘는 자가 되었더니

> **히 5:14절** 단단한 식물은 **장성한 자의** 것이니 저희는 지각을 사용하므로 연단 을 받아 선악을 분변하는 자들이니라.

장자(長子) :[1060]: בְּכוֹר :(베코르)

:-**장자**(창10:15, 민1:20, 신21:16, 슥12:10). **맏아들**(창22:21, 대상1:13, 미6:7). **처음난 것**(출11:5, 12:12, 레27:26). **초태생**(민8:16). **처음난 자**(민3:13, 시135:8). **첫 새끼**(신15:19). **첫 아들**(신25:6). **첫 열매**(느10:36). **우두머리**(욥18:13).

> **출 4:22절** 너는 바로에게 이르기를 여호와의 말씀에 이스라엘은 내 아들 내 장자라.

재난(災難) :[0611]: אָסוֹן :(아쏜)

:-(불확실한 파생어) :손해. 재난(창42:4, 38, 출21:22-23). 재해(災害)(창44:29). 해(害)(출21:22-23).

> **창42: 4절** 야곱이 요셉의 아우 베냐민을 그 형들과 함께 보내지 아니하였으니 이는 그의 말이 **재난이** 그에게 미칠까 두렵다 함이었더라.

재물 :[7399]: רְכוּשׁ & רְכֻשׁ :(레쿠스)

:-**소유**(창12:5, 31:18, 대하35:7, 스8:21). **재물**(창14:11, 대하21:14, 단11:24). **재산. 부(富)**(창14:16, 대상27:31, 대하31:3, 35:7, 스10:8). **[참조 : 약5:1-8절]**

> **창14:12절** 소돔에 거하는 아브람의 조카 롯도 사로잡고 그 **재물까지** 노략하여 갔더라.

> **마 6:24절** 한 사람이 두 주인을 섬기지 못할 것이니 혹 이를 미워하며 저를 사랑하거나 혹 이를 중히 여기며 저를 경히 여김이라. 너희가 하나님과 **재물** 을 겸하여 섬기지 못하느니라.

재앙(災殃) :[7451]: רַע :(라아)

:-**(1)**나쁜.(레27:10, 민13:19, 신17:1, 왕하2:19) 사악한(창6:5, 41:21, 삼상25:3, 삼하3:39, 왕상11:6). 해로운(창26:29, 37:33, 왕하4:41). 유해한(잠23:6, 28:22). **(2)**잘못된(창41:3). **(3)** 불행한. 불운한(사3:11, 렘7:6, 25:7). 재앙(창19:19, 44:29, 48:16,).

> **창19:19절** 종이 주께 은혜를 얻었고 주께서 큰 인자를 내게 베푸사 내 생명을 구원하시오나 내가 도망하여 산까지 갈 수 없나이다. 두렵건대 **재앙을** 만나 죽을까 하나이다.

재판 :[8199]: שָׁפַט :(샤파트)

:-**(1)**심판하다. 판결하다. 선고하다(창16:5, 출18:16, 26, 민35:24, 신1:16, 왕상8:32, 욥22:13, 겔44:24). **(2)**저주하다. 벌하다(삼상3:13, 대하20:12, 시109:3). 변호하다(삿16:31, 시10:18, 사2:10). **(3)**지배하다. 다스리다(삿16:31, 왕하23:22, 시2:10, 암2:3). **[니팔]** 정죄받다. 소송하다. 제소하다(시37:33, 잠29:9, 사43:26). **[명]** 재판장. 재판관(신1:16, 16:18, 삼하15:4, 욥9:24, 미5:1). 심판자(욥23:7). 사사(삿16:31, 삼상4:18).

> **출18:13절** 이튿날에 모세가 백성을 **재판하느라고** 앉았고 백성은 아침부터 저녁까지 모세의 곁에 섰는지라.

쟁변(爭辯) :[7378]: רִיב :(리브)

:-**(1)**다투다. 싸우다(창26:20-22, 욥9:3, 40:2, 시35:1, 사45:9). **(2)**변론하다. 논쟁하다(삼상24:16, 욥9:3, 33:13, 미6:1). **[히필]** [분사] 싸우다. 논쟁하다(출21:18, 삼상2:10, 호4:4). **[명]** 원통(시74:22, 애3:58). 변호(시119:154, 사1:17). 원한(잠23:11). 송사(렘51:36). 다툼(렘2:29).

> **렘12: 1절** 여호와여 내가 주와 **쟁변(爭辯)할** 때에는 주는 의로우시니이다 그러나 내가 주께 질문하옵나니 악한 자의 길이 형통하며 패역한 자가 다 안락함은 무슨 연고니이까?

저녁 :[6153] : עֶרֶב :(에레브)

:-저녁, 밤. 해질 때.(창1:5, 출12:18, 18:13, 27:21) :-①**70(완성)**하게 하려고 건축을 시작하는 때를 "עֶרֶב :(에레브)"라 한다. ②**"빛"**을 보고 근원이 되기 위

해 하나님의 거처을 세워가는 때를 뜻 한다. (레6:20, 민9:15, 시65:8)**[명]** 조석(朝夕)(삼상17:16).

[주(註)] 유대인들은 하루 시작을 해지는 저녁부터 시작한다. 해지는 시각부터 **24**시간후 해지는 시각까지를 하루라 한다.

저물다 :[6150]: עָרַב :(아라브)

:-(해가)지다. 멀리 떠나다. 저녁이 되다(창30:16, 삿19:9). **[은유]** 모든 기쁨이 지다. 사라지다(사24:11). **[히필]** 저녁까지 ~하다(삼상17:16, 욥7:2)

> **창19: 1절** 날이 **저물 때에** 그 두 천사가 소돔에 이르니 마침 롯이 소돔 성문에 앉았다가 그들을 보고 일어나 영접하고 땅에 엎드리어 절하여

저울 :[3976]: מֹאזֵן :(모젠)

:-천칭(天秤). 저울(사629 잠20:23, 호12:7). 막대 저울(사40:12).

[유래:0239]: אָזֵן :(아잔) :-숙고하다. 깊이 생각하다(전12:9).

> **레19:36절** 공평한 **저울**과 공평한 **추**와 공평한 에바와 공평한 힌을 사용하라 나는 너희를 인도하여 애굽 땅에서 나오게 한 너희 하나님 여호와니라.

저장(貯藏) :[6487]: פִּקָּדוֹן :(피카돈)

> **창41:36절** 이와 같이 그 곡물을 이 땅에 **저장하여** 애굽 땅에 임할 일곱해 흉년을 예비하시면 땅이 이 흉년을 인하여 멸망치 아니하리이다.

:-공탁. 저장(창41:36, 레5:21-23). 맡은 것(레6:2-4).

저주 :[0779]: אָרַר :(아라르)

:-①**저주하다.** (θ님의 맏아들의 형제가 되지 못하게 하다.)(창3:14, 12:3, 민22:6, 24:9, 삿5:23, 시119:21, 렘48:10, 말2:2, 3:9)

②[7045] : קְלָלָה :(켈랄라) ;-**저주. 비방**. ;-하나님의 생령에 이르는 말씀을 듣지 않으므로 성숙치(다산, 번성, 다스릴 능력없음) 못하여 생명에 이르지 못함을 "קְלָלָה :(켈랄라)"라 한다.

창12: 3절 너를 축복하는 자에게는 내가 복을 내리고 너를 **저주하는** 자에게는 내가 **저주하리니** 땅의 모든 족속이 너를 인하여 복을 얻을 것이니라 하신지라.

적군 :[1416]: גְּדוּד :(게두두)

:-**군대**(창49:19, 삼상30:15, 대하25:9). **떼**(왕상11:24, 왕하5:2, 호6:9). **부대**(왕하6:23, 24:2, 대하22:1). **군사**(대하25:13).

시18:29절 내가 주를 의뢰하고 **적군에** 달리며 내 하나님을 의지하고 담을 뛰어 넘나이다.

적막(寂寞)한 :(1)[1745]: דּוּמָה :(두마)

:-**"침묵하다"** 뜻의 사용하지 않는 어원에서 유래. **침묵**(94:17). **적막한데**(시115:17). : 죽음의 세계(시94:17, 115:17).

(2)[1565]: גַּלְמוּד :(갈무드) :-캄캄함(욥30:3). 외로워진(사49:21). 자식을 낳지 못함(욥15:34). (상징적)적막한. 고독한.

시115:17절 죽은 자가 여호와를 찬양하지 못하나니 **적막한데** 내려가는 아무도 못하리로다.

적시다 :[8248]: שָׁקָה :(샤카)

:-적시다(창2:6). 마시다(창24:46, 민20:8, 시60:3, 렘8:14). 물을 대다(신11:10, 겔32:6, 욜3:18). **[히필]** 물을 주다. 마시게 하다.(창19:32, 민5:24, 삿4:19, 시60:5)

창 2:10절 강이 에덴에서 발원하여 동산을 **적시고** 거기서부터 갈라져 네 근원이 되었으니

적신 :[6174]: עָרֹם :(아롬)

:-벌거벗은(창2:25, 욥24:10, 미1:8). 벗은(삼상19:24, 욥24:7, 사20:2). 벌거벗긴(호2:3). **[명]** 적신(욥1:21).

욥 1:21절 가로되 내가 모태에서 **적신이** 나왔사온즉 또한 적신이 그리로 돌아 가올지라 주신 자도 여호와시요 취하신 자도 여호와시오니 여호와의 이름이 찬송을 받으실지니이다.

전(殿) :[1005]: בַּיִת :(바이트)

:-[1004]와 동일. : 여호와의 전(殿)(출34:26, 신23:18). : **(1)집**(창7:1, 레14:35). **(2)궁전**(대상17:1, 단4:27,). **(3)성전**(삼상5:2-5, 왕하16:18, 스5:2, 사37:38,).

출23:19절 너의 토지에서 처음 익은 열매의 첫 것을 가져다가 너의 하나님 **여호와의 전(殿)에** 드릴지니라 너는 염소 새끼를 그 어미의 젖으로 삶지 말지니라.

전능 :[7706]: שַׁדַּי :(샤다이)

:-전능자. 능력있는 자.(창17:1, 출6:3, 민24:4, 욥5:17, 6:4, 사13:6) **[주(註)]** "엘 샤다이" : אֵל שַׁדַּי : 전능하신 하나님.

창17: 1절 아브람의 구십 구세 때에 여호와께서 아브람에게 나타나서 그에게 이르시되 **나는 전능한 하나님이라.** 너는 내 앞에서 행하여 완전하라.

전심(全心) :[3820]: לֵב :(레브)

:-[3605]: כֹּל :(콜):-**모든 것. 전부.**+ 마음.(삼상7:3, 왕상14:8, 대하17:6, 시86:12, 사38:3)

시 9: 1절 (다윗의 시) 내가 **전심으로** 여호와께 감사하오며 주의 모든 기사를 전하리이다.

전쟁 :[4421]: מִלְחָמָה :(미르하마)

:-**(1)싸움, 전투, 투쟁,**(창14:2, 출13:17, 민31:14, 삼상4:1, 욥39:25, 삿20:34, 사7:1) **(2)전쟁. 전투. 전쟁도구. 무기.**(출1:10, 민31:28, 신20:12, 수8:1, 삼하21:15, 사42:13, 호1:7) **(3)승리. 승전.**(전9:11)

출 1:10절 자, 우리가 그들에게 대하여 지혜롭게 하자 두렵건대 그들이 더 많게 되면 **전쟁이** 일어날 때에 우리 대적과 합하여 우리와 싸우고 이 땅에서 갈

전제(剪祭) :[5262]: נֶסֶךְ :(네세크)

:-(1)전제. 제주(祭主).(창35:14, 출29:40, 민6:15, 왕하16:13, 렘7:18,) (2)주상(主喪)(사41:29, 48:5) [동] 붓다. 부어 만들다.(민4:7, 사41:29, 렘10:14)

> **출29:40절** 야곱이 하나님의 자기와 말씀하시던 곳에 기둥 곧 돌 기둥을 세우고 그 위에 **전제물을** 붓고 또 그 위에 기름을 붓고

절제 :[히:0662]: אָפַק :(아파크) "자제"

:-억누르다. 제한하다. 억제하다. 지연시키다.(창43:31, 45:1, 사42:14) [힛파엘] 자제하다. 삼가다.(창43:31, 사42:14, 에5:10)

[헬:1466] ἐγκράτεια :(엥크라테이아) –**절제.** temperance.(자제. 절제)

[주(註)] :-하나님의 명령을 지켜 거룩함이 충만하도록 채워질 때까지를 **절제**라 합니다.

정결한 :[원형:2889] : טָהוֹר :(타호르) 또는 טָהֹר :(타호르)

:-**"순수한"** : 정결한. 깨끗한. 흠 없음.(창7:2, 8:20, 출37:29, 레7:19, 민19:19, 대하13:11, 시12:6, 겔22:26) **성결한.**(대하30:17)

[주(註)] :-지혜로 거듭나게 되어 생령의 근원으로 회복되는 것을 정결한 것이라 함.

정신 :[5397] : נְשָׁמָה :(네샤마)

:-정신. 영혼. 호흡. 생기.(창2:7, 신20:16, 수10:40, 11:11, 욥26:4, 32:8, 잠20:27, 사2:22, 30:33) **숨**(왕상17:17) **생명**(왕상15:29)

[주(註)] ;-구원받을 백성(물고기)에게 좌우 날선 검(생명의 말씀)으로 올바르도록 가르쳐 생명에 이르게 하는 것을 "(네솨마):호흡"이라 한다.

정탐 :[7270]: רָגַל :(라갈)

:-[명] 정탐(창42:9, 수2:1). [분사] 스파이. 정탐꾼(창42:9, 수6:22). [형·동] 걷다. 비방하다(시15:3, 삼하19:27-28). [피엘] 정탐하다. 돌아다니다.(수14:7, 삼하10:3)

민13:1-3절 (2)사람을 보내어 내가 이스라엘 자손에게 주는 가나안 땅을 **정탐하게 하되** 그 종족의 각 지파 중에서 족장 된 자 한 사람씩 보내라.(민21:32)

정(淨)하다 :[2889]: טָהוֹר :(타호르)

:-**정결한**(창7:2, 8:20, 출37:29, 레10:10, 민19:19,). **깨끗한**(레17:19, 대하13:11, 사66:20, 슥3:5). **정(淨)한**(레10:10, 민19:19, 겔22:26). **성결한**(대하30:17).

레10:10절 그리하여야 너희가 거룩하고 속된 것을 분별하며 부정하고 **정한 것을** 분별하고

젖(乳) :[3243]: יָנַק :(야나크)

:-①[동] 젖 빨다. 젖먹이다. 양육하다(창21:7, 출2:7-9, 민11:12, 삼상1:23, 욥20:16, 사60:16,). ②[7699]: שַׁד :(샤드) :-젖. 젖가슴(욥24:9, 시22:9, 아8:1, 사60:16, 66:11, 애4:3). 젖 먹임(창46:25). 유방(아7:7, 호2:2).

창49:25절 네 아비의 하나님께로 말미암나니 그가 너를 도우실 것이요 전능자로 말미암나니 그가 네게 복을 주실 것이라. 위로 하늘의 복과 아래로 원천의 복과 **젖먹이는** 복과 태의 복이리로다.

제단(祭壇) :[4196]: מִזְבֵּחַ :(미즈베하)

:-**제단**(출30:27-28, 레1:9-15, 민16:38, 왕상1:53, 8:31, 시84:3). **번제단**(레4:7). **향단**(香壇)(출40:5, 26, 레4:7).

레 3: 2절 그 예물의 머리에 안수하고 회막문에서 잡을 것이요 아론의 자손 제사장들은 그 피를 **제단** 사면에 뿌릴 것이며

제물 :[7133]: קָרְבָּן :(코르반)

:-[명] 예물(레1:2, 27:9, 민5:15). 제물(레4:32, 7:13, 9:7, 겔20:28,). 희생(겔40:43). [동] 드리다(레2:12, 느10:34).

> 레 1: 3절 그 **예물(제물)**이 소의 번제이면 흠 없는 수컷으로 회막 문에서 여호와 앞에 열납하시도록 드릴지니라.

제사 :[원형:2076]: זָבַח :(제바흐)

:-**살륙하다.**(창31:54, 삼상28:24) **제사드리다.**(신16:2, 삼상1:4, 16:2, 왕상8:63, 시106:37) **희생을 드리다.**(출8:27, 13:15, 왕상3:2, 호4:14) :-ד(자인·7)온전케 되어 흠이 없는 하나님의 거처에 들어가는 단장된 신부들을 계시하고 있다.

> 출 8:27절 우리가 사흘 길쯤 광야로 들어가서 우리 **하나님 여호와께** (제사)**희생**을 드리되 우리에게 명하시는 대로 하려하나이다.

> 롬12: 1절 그러므로 형제들아 내가 하나님의 모든 자비하심으로 너희를 권하노니 너희 몸을 하나님이 기뻐하시는 **거룩한 산 제사로** 드리라 이는 너희의 드릴 **영적** (제사)**예배**니라.

제사장 :[3548]: כֹּהֵן :(코헨)

;-제사장, 제사의 관리(官吏)(창14:18, 41:45, 출2;16, 3:1, 레14:18, 21:10, 민35:25, 수20:6, 대하19:11). (최고 통치자)대 제사장(레4:3-5). ;-능력의 손으로 물고기들을 다시 소유하여 빛으로 호흡하도록 충성하는 자를 **"제사장"**이라 한다.

쪼개다 :[1334]: בָּתַר :(바타르)

:-[동] 자르다. 나누다. 쪼개다.(창15:10) 쪼개고, 쪼갠(렘34:18-19). [명] 부분.(창15:10, 렘34:19) 분활. 구분(아2:17).

> 창15:10절 아브람이 그 모든 것을 취하여 그 중간을 **쪼개고** 그 **쪼갠** 것을 마주 대하여 놓고 그 새는 **쪼개지** 아니하였으며 **(17)**해가 져서 어둘 때에 연기 나는 풀무가 보이며 타는 횃불이 **쪼갠 고기 사이로 지나더라.** (언약하심을 의미함.)

> 렘34:18절 송아지를 둘에 쪼개고 그 두 사이로 지나서 내 앞에 언약을 세우고 그 말을 실행치 아니하여 내 언약을 범한 너희를

족속 :[4940]: מִשְׁפָּחָה :(미쉬파하)

:-(1)종족. 족속. 지파. 민족.(창10:5, 12:3, 민26:12, 대상2:53, 5:7, 렘8:3, 25:9, 겔20:32, 미2:3) (2)가족. 가문. 지파.(출6:14, 민1:2, 26:5, 신29:17, 수7:14) 권속. (레20:5) 자손.(민28:30) 친족.(민27:11, 수26:23, 룻2:1) (3)종류.(창8:19)

> **창12: 3절** 너를 축복하는 자에게는 내가 복을 내리고 너를 저주하는 자에게는 내가 저주하리니 땅의 모든 **족속이** 너를 인하여 복을 얻을 것이니라 하신지라.

족(足)하다 :[3426]: יֵשׁ :(예쉬)

:-["존재하다"는 뜻에 사용하지 않는 어원에서 유래] (1)존재하다. 현존하다.(잠8:21) 소유하다.(창33:11, 39:4-5) (2)있다. 있었다.(창28:16, 민22:29, 왕2:16, 10:5, 대하6:19, 스10:4, 느5:2-4, 렘31:6) (3)이미 있다. 현재 있다. 존재하다.(민9:20, 룻3:12, 잠11:24, 18:24, 전2:21, 렘5:1) [형] 뜻하다(창23:8). 계시다(창24:16). 얻다(잠18:24, 전4:9).

> **창33:11절** 하나님이 내게 은혜를 베푸셨고 나의 소유도 **족하오니** 청컨대 내가 형님께 드리는 예물을 받으소서 하고 그에게 강권하매 받으니라.

존경 :[5313]: כָּבַד :(카바드)

:-[피엘] 존경하다. 존중하다. 경의를 표하다. 영광돌리다.(삿13:17, 삼하10:3, 시86:9, 사29:13, 단11:38) [푸알]영광을 받다. 존경받다.(잠13:18, 27:18, 사58:13) [히필] 무겁다. 힘들다. 고통스럽다.(왕상12:10, 느5:15, 사47:6, 애3:7) [니팔] 영광을 받다. 존경을 받다. 영광을 누리다.(창34:19, 신28:58, 삼상9:6, 삼하23:19) [힛파엘] 자랑하다. 떠벌리다.(잠12:9, 나3:15) (1)무겁다. 비중이 크다.(욥6:3) (2)영광스럽다. 명예롭다. 뿌듯하다.(욥14:21, 사66:5) (3)열렬하다. 열성적이다. 격렬하다.(창18:20, 삿20:34, 삼상31:3) (4)[부정적] 골치 아프다. 귀찮다. 힘들다. 번거롭다.(삼상5:11, 삼하13:25, 느5:18) (5)나태하다. 게으르다. 굼뜨다. 둔하다.(창48;10, 사59:1)

> **사29:13절** 주께서 가라사대 이 백성이 입으로는 나를 가까이하며 입술로는 나를 **존경하나** 그 마음은 내게서 멀리 떠났나니 그들이 나를 경외함은 사람의 계명으로 가르침을 받았을 뿐이라.

존귀(위엄) :[1926]: הָדָר :(하다르)

:-(1)화려함. 장식(시45:4, 96:6, 110:3, 잠20:29, 사5:14, 겔16:14). 위엄. 존귀. 권위 (신33:17, 대상16:27, 욥40:10, 시8:5, 29:4, 잠31:25). (2)영예. 영광. 영화(욥40:10, 시 90:16, 149:9, 사2:10). [형] 화려하다(겔16:14). 아름답다(레23:40, 시45;4, 잠20:29). [주(註)] : 새롭게 되어 우두머리와 연합하여 양의 문에 들어가 누리는 것을 "존귀"라 한다.

존재하다 [1961] הָיָה :(하야)

:(1)존재하다, 있다(창1:2, 3:1, 4:8). (2)~이다, ~되다. ~이루다(창1:3, 2:24,출 4:4, 사1:31,).

> 나는 스스로 있는 자. = אֶהְיֶה אֲשֶׁר אֶהְיֶה :(예흐에 르세아 예흐에)

[정관사가 붙으면 הָיְתָה :(하예타) :-"~~가"/ ~~하고"가 된다.]

[주(註)] :계시(啓示)하신 여호와의 생명이 존재하다/ "스스로 존재하시는 여호와"

> 출 3:14절 하나님이 모세에게 이르시되 나는 스스로 있는 자니라. 또 이르시되 너는 이스라엘 자손에게 이같이 이르기를 스스로 있는 자가 나를 너희에게 보내셨다 하라.

종(從) :[5650]: עֶבֶד :(에베드)

:-하인(下人). 노예. 종(從).(창12:16, 17:23, 출12:30, 삼상16:17, 18:22, 사63:9) :-완전한 빛으로 청함(부름·기름) 받아 θ님 거처(나라)를 건설하는 종들을 "עֶבֶד :(에베드)"라 한다. (하나님 집으로 인도하는 종) (수24:29, 삿2:8, 느1:10, 스5:11, 34:23, 욥1:8, 사42:1-7) 메시야(슥3:8,사41:8, 42:1-2, 45:4, 49:1-9, 52:13~5312)

[원형:5647유래]: עַָבַד :(아바드) :-일하다. (사역동사)예속시키다. 노예의 신분, :-(빛에 충만하지 못함)허물로 인하여 아버지의 집에서 낮은 자로 일하는 종 (從)을 "עַָבַד :(아바드)"라 한다.

종려나무 :[8558]: תָּמָר :(타마르)

:-"똑바로 세우다"는 뜻의 사용하지 않은 어원에서 유래됨. 종려(출15:17,

신34:3). **종려나무**(삿1:16, 느8:15, 아7:7). **종려가지**(레23:40). 또는 **야자수. 대추야자**(아7:9, 욜1:12).

> **출15:27절** 그들이 엘림에 이르니 거기 물샘 열 둘과 **종려나무 칠십주가** 있는지라 거기서 그들이 그 물 곁에 장막을 치니라.

종말 :[0319]: אַחֲרִית :(아하리트)

:-**(1)**마지막 부분(잠15;11, 단8:23). 종말(민23:10, 24:14, 신11:12, 32:20, 사46:10). 장래. 미래(신4:30, 사2:2, 잠23:18, 렘29:11). **(2)**후손 남은 자(시109:13, 겔23:25, 암4:2, 단11:4). 마치다(단8:19).

> **사46:10절** 내가 **종말을** 처음부터 고하며 아직 이루지 아니한 일을 옛적부터 보이고 이르기를 나의 모략이 설 것이니 내가 나의 모든 기뻐하는 것을 이루리라. 하였노라.

죄(罪) :[원형-2398] : חָטָא :(하타)

:-①**빗나가다. 죄를 범하다. 과오를 범하다.**(창20:6, 삿20:16, 삼상2:25, 7:6, 잠19:2) **속죄**(레6:19, 26, 10:19, 민8:7, 시40:6-7).

②[2401]: חֲטָאָה :(하타아) :-**위법. 죄**(창4:7, 20:9, 출28:9, 레4:3, 대하6:25, 사6:27,).:-구원의 가르침에 온전치 못하여 살아있지 못한 것을 "חֲטָאָה:(하타아)"라 한다.(스6:17, 시40:6-7)

③[2403] : חַטָּאת :(하타트) :-**죄인, 속죄제.** ;-생명을 구원할 지도자를 십자가에 못 박는 일을 하는 것을 "죄(罪)"라 한다. **(1)**죄(창4:7, 출28:9, 사6:27). **(2)** 속죄제(출29:14, 레4:32, 민8:7-8, 15:27, 왕하12:16). **(3)** 형벌(레5:7, 애3:39, 잠20:2, 슥14:19).

["죄(罪)" י(못)- ב(처소) =(보) ;-하나님 처소(성전)에 못을 박는다. (더럽힌다. 고난을 준다)

> **히 6: 5-6절** 하나님의 말씀과 내세의 능력을 맛보고 (6)타락한 자들은 다시 새롭게 하여 회개케 할 수 없나니 "이는 자기가 하나님의 아들을 다시 **십자가에 못 박아 현저히 욕을 보임이라.**"

죄악 [7451] : רַע :(라아)

:-**악한. 악**(惡)**. 악행.**(창6:5, 8:21, 출10:10, 삿9:23, 삼하3:39, 렘48:2) **나쁜.**(레27:10, 민13:19, 신17:1) **해**(害)**하는,**(창26:29, 31:33) **흉악한.**(창41:21) **[명]** 행악자.(잠24:20)

[7489](유래) רָעַע(라아~) :-(히필) 악하게 하다. 나쁘게 하다. (여·명단): רָעַת :(라아트): 죄악. ;-하나님의 우두머리를 십자가에 죽게 하는 것을 "רָעַת:(라아트)"라 한다. (창조의 근원이신 예수님을 십자가에 돌아가시게 하는 것이 죄악이다.)

주인 :[0113]: אָדוֹן :(아돈)

:-①**강함, 주인/** (성호)**나의 주. 나의 여호와. 나의 하나님.**
[주(註)] :-하나님의 못 박히심으로 물고기들을 성전의 문을 열어 들어가게 하시는 분을 "אָדוֹן:(아돈)"이라 함.

②[1166]: בָּעַל :(바알) :-**(1)**지배하다. 통제하다. 소유하다.(사26:13, 대상4:22) **(2)**결혼하다. 아내를 취하다.(신21:13, 24:1, 사54:5, 말2:11) **(3)**혐오하다. 거부하다.(렘3:14, 31:32)

[유래:1167]: בַּעַל :(바알) :-**(1)**주인. 소유자.(출21:34, 22:7, 민21:28, 삿19:22, 욥31:39) **(2)**남편.(출21:22, 삼하11:26, 에1:20) **(3)**성의 주인.(수24:11, 삿9:2, 삼하21:12)
[주(註)] 나 자신이 주인이며, 지배하며, 통제하며, 스스로 (영적)남편으로 자처하는 것을 우상. 바알이라 한다. **(이것을 인본주의적 신앙이라 하며 종교 행위다)**

> **삼상 7: 4절** 이에 이스라엘 자손이 **바알들**과 아스다롯을 제하고 여호와만 섬기니라.

주춧돌 :[0068] : אֶבֶן :(에벤)

:-호마노(창2:12). 돌(창11:3, 수4:3). 반석(창49:24). 보석(출28:10, 삼하12:30, 단11:38). :-하나님 아들들과 오순절의 충만한 기초를 "אֶבֶן:(에벤)"이라 한다.

[유래:1129]: בָּנָה :(바나) :-**(1)**짓다. 세우다.(창8:20, 왕상6:15, 스4:1, 렘7:31, 겔27:5) **(2)**회복하다. 재건하다.(수6:26, 왕상16:34, 왕하14:22, 시122:3, 암9:14) **[니팔]** 지어지다. 세워지다. 재건하다.(민13:22, 심13:17, 사44:28)

[주(註)] "에벤 에셀" :[0072]: אֶבֶן הָעֵזֶר :(에벤 하에제르):-**도움의 돌**(반석)(삼상
4:1, 7:12) :[7819]: שָׁחַט :(샤하트) **"죽이다"**(잡다)

:-(제물을)죽이다. 잡다(창22:10, 출12:6, 사22:13, 57:5, 호5:2). 드리다(출34:25). 희생
제물(레1:5, 11, 대하30:17). 살인하다.(창37:31, 사22:13) 살해하다(왕하25:7, 렘39:6).

창22:10절 손을 내밀어 칼을 잡고 그 아들을 **(죽이려)**잡으려 하더니

죽음 :[4191] מוּת :(무트)

:**죽다. 죽이다. 사망. 사형 집행을 하다. 죽음.**(창7:22, 수1:2, 삼하21:9,
레10:6, 신2:16, 18:20) **낙담하다.**(삼상25;37)

즐거워하다 :[히·8055]: שָׂמַח :(싸마흐)

:-기쁘다, 환희하다, 유쾌하다. 즐겁다.(삼상2:1, 왕상4:20, 느12:43, 시16:9, 33:21)
[해석] 즐거워 할 것이다. (신24:5, 왕상1:40, 대하20:27, 시30:2, 잠27:11, 렘2:17)
וְשִׂמַחְתֶּם :(부 쎄마흐템) -**초막절을 인하여 즐거워 할 지라.** (레23:40절 잠40:18, 렘
31:13)

[주(註)] :-땅에서 생명의 말씀으로 즐거워하는 것을 "שָׂמַח:(싸마흐)"라 한다.

증거(證據) [0226](여·명): אוֹת (오트)

;-**(1)**서명(誓命). 기호(旗號). 표.(창4:15, 민2:2, 신6:8, 11:18,) **(2)**상징. 기(旗).
(창1:14, 민2:2) 표적.(창4:15, 출12:13 사19:20)
[어원:0225] (유래): אוֹת :(우트) :-찬성하다. 동의하다. ;-지도자께서 연결(사역)
하시는 것을 나타내는 표시(십자가)가 증거다.(창34:15, 22, 왕하12:8)

증인(證人) [5707]: עֵד :(에드)

;-증인, 증언, 증거.(창31:44, 출23:1, 민35:30, 수22:28, 사55:4)
[분해]: עַ(아인)**눈**("빛"보다. 70)- ד(달렙)**문**(마음, 매달림, 열다) ;-**빛**(예수님)을 보고

(양의 문=예수)마음에 믿어 증거하는 자를 "증인(證人)"이라 한다.(출23:1, 시35:11, 사19:21)

[어원:5749](유래한-압축형) : עֵד(우드) :-(회복)복구하다. 돌아가다.(시146:9, 147:6) :-빛을 보고 변화(거듭남)되어서 못 박히신 주를 믿는 자를 증인이라 한다.(애굽에서 이끌어내신 야곱의 아들들 **70명**=עַיִן:(아인) 즉 구원받은 자의 숫자를 뜻한다.)(창43:3, 신8:19, 32:46, 왕상2:42 슥3:6)

[주(註)] : "עַיִן:(아인) **눈**"은 두 가지의 "**눈**"이 있다. ①하나님께서 지켜보시는 "**눈**"을 말하고, ②우리가 하나님을 바라보는 (깨닫는)**눈**을 말한다.

지식 :[1847] : דַּעַת :(다아트)

:-**(1)**지식. 앎.(신4:42, 19:4, 수20:3, 렘22:16, 호4:1, 6:6) **(2)**지혜. 지성. 이해.(욥35:16, 36:12,잠1:4, 2:6, 24:5) (천국 문에 들어갈 빛의 증거를 아는 것)

[유래:3045] : יָדַע:(야다) :-알다. 동침하다. 사랑하다.(창4:1, 19:33, 신9:6, 왕상1:4, 사6:9)(신부가 신랑을 알다. 신9:24, 민14:31) 지식을 갖고 있다.(창19:33, 삼상22:15, 렘38:24)

[주(註)]:-"יָדַע:(야다)-예수님을 보고 깨달아 영접한 것을 뜻함."에서 유래된 "דַּעַת:(다아트)"는 "예수님을 영접한 심령이 십자가의 빛의 말씀이 마음에 새겨진 것"을 "**지식**"이라 한다.

지옥 :[게-힌놈 : גֵּיא־הִנֹּם]

①[1516]: גַּי :(가이) =**[명]** גַּיְא:(가이)] :-**계곡. 협곡. 깊은 골짜기**(형벌장소) (왕하2:16, 겔6:3, 35:8)

[주(註)]:1466-교만에서 유래] + [2011] : הִנֹּם :(힌놈) :-깊은 협곡(峽谷). 힌놈.(수15:8, 18:16)

[주(註)] 예루살렘 남서쪽에 위치한 양면이 절벽과 바위로 이루어진 계곡. **여부스족 사람.**

[분해] :(징벌&)보상하시는 지도자께서 생명의 빛에 이르는 신부 단장하는데 성령 충만한 믿음에 이르지 못하도록 지배(억압. 미혹)하는 것을 "הִנֹּם:(힌놈) גַּיְא:(가이)"라 한다.

 -정리하면 영생(永生)에 이르는 말씀의 연단의 삶에 "**믿음**"을 가지지 못

한 자들이 처한 **"생명의 빛이 없는 어두운 곳을 지옥(地獄)이라"** 한다.

지키는 자들 :[히:8104]: שָׁמַר :(샤마르)

:-(언약)**지키다. 관찰하다. 준수하다. 경배하다.**(창2:15, 17:9-10, 18:19, 왕상 11:10, 시31:7, 호4:10) **[니팔]** 보호받다. 보존되다.(출23:20, 신23:10, 삿13:13, 시 37:28,) **[피엘]** (우상)숭배하다.(시31:7, 욘2:9) **[힛파엘]** 준수하다. 조심하다.(수23:11, 시18:24, 미6:16) **[명]** 문지기.(왕하25:18, 느11:19) 감독.(느2:8) 파수꾼.(사62:6)

[헬:5083]: τηρέω:(테레오) :-지키다. 간직. 준수. 보존하다.

[주] :성령 충만한 지혜의 말씀으로 올바르도록 연합한 자들을 "שָׁמַר:(샤마르)"라 한다.

지혜로운 :[히:2451]: חָכְמָה :(호크마)

;-지혜로운. 총명한. 명철(明哲)한. :-구원받아 새롭게 될 말씀과 연합하여 영생에 이르는 것을 "חָכְמָה:(호크마)"라 한다. [원형:2449]: חָכַם :(하캄):-현명해지다. 지혜롭게 되다. 총명해지다.(신32:29, 왕상5:11, 욥32:9, 잠6:6, 23:15, 전2:19) **[피엘]**지혜롭게 만들다. 지혜를 가르쳐주다.(욥35:11, 시105:22) **[푸알]** (분사)지혜로워진, 현명해진, 교양 있는, 학식 있는(잠30:24, 전2:15) **[힛파엘]** 스스로 지혜롭게 여기다.(출1:10, 전7:16)

직분 :[직임]:[히:5656] :עֲבֹדָה :(아보다)

:-(모든 종류의 일)종. 사업. 노동. 봉사. 일. 섬김. (사역사) : 빛을 보게 하여 성전의 문을 열고 영생의 집에서 거하게 하는 사역을 맡은 일을 뜻한다.
[헬:3622] οἰκονομία:(오이코노미아) :-관리. 청지기직. 경영 직무.(눅16: 3절 내 직분을 빼앗으니)

진리(眞理) [0571]: אֶמֶת :(에메트)

:-**(1)**확고함. 안전성. 영원성(수2:12, 사39:8). **(2)**성실함. 충실한.(대하32:1, 시 54:5, 사16:5, 59:14,) **(3)**정직한. 진실함. 바름(창24:48, 출18:21, 느7:2, 삿9:16,

렘42:5). **[명]** 진리(창32:9, 42:16, 신22:20, 시57:3, 단10:21). 진실(창24:29, 왕하 20:3, 시111:7). 성실(창24:27, 왕상3:6, 시71:22). **[0543]:** אָמֵן(아멘) :-아멘(민5:2, 왕상1;36, 시41:14, 렘11:5, 28:6). 진리(사65:16). 참으로, 진실로.

[주(註)] ;-하나님의 십자가에 대한 말씀이 "진리(眞理)-אֱמֶת :(에메트)"라 한다.

진실 :[히:0571]: אֱמֶת :(에메트)

;-①**바름.**(창24:48) **진리.**(창32:9, 시57:3, 단10:21) **참으로**(신13:14, 삿43:15, 삼하 9:28, 대하15:3, 렘10:10) **진실.**(출18:21, 렘42:5) :-하나님 언약하신 말씀을 " אֱמֶת :(에메트)"라 한다.(창42:16, 신22:20, 사30:10)

②**[여명][0530]:** אֱמוּנָה :(에무나):-진리. 진실함. 확고함. 성실.(신32:4, 시37:3, 89:5, 렘5:3) 정직.(렘5:1) ;-하나님의 말씀으로 거듭나서 영생에 이르는 구원 의 삶을 "אֱמוּנָה (에무나)"라 한다.

[원형:0539]: אָמַן :(아만) :-양육자(룻4:16). 양부(養父)(사49:23). 충성된 자(삼하 20:19). 성실한 자(시31:23) **[니팔]** 부양하다. 팔로 나르다(사60:4) 확고하다. 견고하다.(삼상2:35, 시93:5, 55:3) 신뢰하다. 확실하다(호5:9) **[히필]** 신뢰하다. 믿다.(욥4:8, 사7:9)

[헬:0228]: ἀληθινός:(알레디노스) : 진실한, 참된, 정확한, 진정한(요 1:9절)

집 :[1004]: בַּיִת :(바이트)

:-**집.**(창7:1, 레14:35, 삼상1:7, 미2:2) **(1)**장막.(창27:15, 33:17, 대상9:23) **(2)**성전 (聖殿).(출23:19, 34:26, 수6:24, 삿18:31, 삼상1:7, 왕하16:18, 대상29:3, 사66:1) 성 막.(왕하23:7) **(3)**왕궁.(삼하11:2, 왕상9:1, 14:26, 대상14: 1, 17:1, 에1:9,) **(4)**거주 지. 처소.(창24:31, 대하5:7, 욥17:13) **(5)**가족.(창5:22, 12:17, 신11:6, 시68:6) 식구 (출12:3) 자손(창18:19, 출2:1, 수17:17, 삼상20:16) 지파(수22:14) 종족(민1:2, 대상 7:4) **(6)** 옥(獄)(창39:20, 삿16:21) 간수장.(창39:21)

[주(註)] : 안식할 거처(하나님 거처)를 십자가의 능력으로 완성하는 성전을 뜻 한다. (이 집(나라)을 언약하신 것이다.)

징조(徵兆) :[히:0226]: אוֹת:(오트)

;-**징조**(창1:14, 삼상10:7, 시78:43). **증거**(證據)(창9:13, 출3:12). **표. 표징**(창4:15, 17:11, 출31:13, 신11:18, 삼상2:34. 사8:18, 겔14:8). **이적과 기사**(출12:13, 신 13:1-2, 시74:4, 사19:20). **서명**(誓命), **문장**(文章). **완성**(完成). **[어원**:0225](유래):אוּת(우트) :-**[니팔]** 찬성하다. 동의하다. 허락하다.(창34:15, 22, 왕하12:8-9)

[주(註)] 창1:1절의 히브리어 단어 6번째 단어 [목접:0853]: וְאֵת :(베에트)와 동일한 의미를 뜻한다. : 지도자께서 못 박히심을 나타내는 **계시(啓示)적 증거**를 뜻한다.

창 1: 1절	בְּרֵאשִׁית בָּרָא אֱלֹהִים אֵת הַשָּׁמַיִם וְאֵת הָאָרֶץ :**7단어 계시**

차다(기한) :[4390] : מָלֵא :(마레)

:-(1)[타동] 채우다. 가득하게하다. 만족시키다.(창1:22, 9:1, 출40:34, 왕상 8:10-11, 렘51:11) (2)[자동] 차다. 충만하다. 가득하다. 넘치다. 성취하다. 확인하다.(창6:13, 25:24, 레8:33, 12:4절 삿16:27, 욥32:18, 시10:7, 26:10, 사11:9, 렘25:34, 애4:18) [니팔] 차다. 충만하다. 가득하다.(창6:11, 출1:7, 7:25, 삼하23:7, 왕상7:14, 욥15:32, 전6:7, 겔32:6) [피엘] 채우다. 가득하게 하다. 메우다. 충족시키다.(출23:26, 28:41, 레21:10, 삼상18:27, 욥39:2, 겔32:6, 단9:2) [푸알](분사) 채워진. 가득찬(아5:14).
[주(註)] (하나님께서)진리로 양육하셔서 장성하게 되어 **"만족케 하시다"**를 뜻한다.

차리다(음식) :[6213] : עָשָׂה :(아사)

:-(1)일을 하다. 노동하다.(출5:9, 31:4, 느42:15) (2)만들다. 생산하다. (유에서) 창조하다(창1:1, 3:21, 8:6, 출5:16, 신4:16, 삼상8:12, 왕하12:12, 22:5, 느11:12). 준비하다. 예정하다. 드리다(창18:7-8, 21:8, 출10:25, 12:39, 29:36, 레9:7, 15:15, 신21:12, 삿6;19, 왕상18:23, 대하24:7, 렘46:19, 호2:10,). [니팔] 만들어 지다.(창29:26, 34:7, 20:9, 출2:4, 레7:24, 사26:18) [피엘] 일하다(겔23:3, 8, 10, 21). [푸알] 만들어 지다.(시139:15)
[주]:-(빛의)청함을 받아 성령 충만함으로 생명에 이르게 하는 것을 "עָשָׂה : (아사)"라 한다.

> **창 3:21절** 여호와 하나님이 아담과 그 아내를 위하여 가죽옷을 (만들어)**지어** 입히시니라.

착념(着念) :שִׁית :(쉬트) :-놓다. -לֵב :(레브)

:**심중(心中).** :-심중에 놓다.
"착" [7896] : שִׁית :(쉬트) :-놓다. 두다. 관심을 가지다. 적용하다. 숙고하다.
"념" [3820]: לֵב :(레브):속사람. 심중. 가슴. :[원형3824] : לֵבָב :(레바브) :-속사람.

마음. 전심.

[분해] שׁית :(쉬트) :-올바르게 할 성령 충만한 + לֵב :(레브):-성숙된 마음 안에 :- 단장된 신부 심령 안에 올바르게 할 성령을 충만하게 하려는 것을 "(레브 쉬트) לֵב- שׁית "라 한다.

착함 :[히:3190]: יָטַב :(야타브)

;-(1)좋다. 훌륭하다. 아름답다. 즐겁다.(창12:13, 40:14,45:16, 레10:19-20, 신 4:40, 에5:14, 느2:5-6, 시69:32) (2)즐겁다. 기쁘다. 유쾌하다.(삿19:16, 룻3:7, 전 7:3) [히필] (1)잘하다. 올바로 하다. 정직하게, 능숙하게,(신5:25,9:21, 13:15, 삼상16:17, 렘2:33, 7:3) (2)선행을 하다. 선을 베풀다. 호의를 베풀다.(창 12:16,32:10, 출1:20, 민10:32, 신8:16,30:5) (3)기쁘게 하다. 즐겁게 하다.(삿 19:22) (4)~에 알맞다. 적합하다. 맞추다.(출30:7, 왕하9:30) (5)좋다. 훌륭하다. 기뻐하다.(삼상20:13)

[주(註)] (θ)권능의 손에 순종함으로 (父)거처에 들어가는 것을 "יָטַב(야타브)"라 한 다.[헬:0019]: ἀγαθωσύνη :(아가도쉬네) :-선. 착함. 정직함. 친절(롬15:14절 갈 5:22절)

> -하나님의 권능이신 예슈아의 말씀에 순종함으로 아버지의 집에 돌아오는 것을 **선(善)한** 것이라 말씀하신다. 물론 도덕적으로나 신앙적으로 충성과 봉사와 헌신도 중요하지만 더 중요한 것은 아버지 하나님께로 돌아오는 순종이 가장 **선(善)한** 것이라 할 수 있다.

찬송(讚頌) [1288]: בָּרַךְ (바라크)

:-(1)무릎 꿇다. 엎드리다. 절하다.(대하6:13, 시956) (2)하나님께 기원하다. 복 을 구하다.(창28:6, 수24:10, 삼상13:10, 삼하8:10, 대상18:10) [피엘](θ님께)기원 하다. 찬양하다.(대하6:13, 시95:6, 104:1, 단6:11,) 송축하다.(시26:12, 34:2, 63:5) 축복하다.(창27:27,레9:23, 민6:23,) 번성하다.(창1:22, 12:2) [푸알] 축복 받다. 찬양받다.(출23:25, 신33:13, 욥1:21) [히필](낙타를)무릎 꿇게 하다.(창24:11) [힛 파엘] 자신을 축복하다.(신29:18, 욥31:21)

[주(註)] 성전에서 구원(ר(레쉬)-아들이 못 박히심)하심을 경배하는 것을 "찬송" (찬양)이라 한다.

참되다 :[0571]: אֱמֶת :(에메트)

;-확고함, 충실함, 진리. 참으로. 성실. ;-하나님께서 십자가의 약속하신 말씀을 **"참**-אֱמֶת:(에메트)"라 한다. [주(註) -진리와 동일함]

> **신13:14절** 너는 자세히 묻고 살펴보아서 이런 가증한 일이 **참 사실로** 너희 중에 있으면

참다(자제) :[0750] : אָרֵךְ :(아레크)

:-**[형] (1)**긴.(겔17:3) **(2)**느린. 더딘. 참음.(출34:6, 민14:18, 느9:17, 잠14:29, 15:18, 전7:8, 겔12:22) 오래.(창26:8, 렘15:15)
[주(註)] 하나님 (진리)근원의 능력을 적용하는 것을 "אָרֵךְ:(아레크)"라 한다.

> **전 7: 8절** 일의 끝이 시작보다 낫고 **참는** 마음이 교만한 마음보다 나으니

참담 :[3766] : כָּרַע :(카라)

:-**[자동사]** 무릎을 꿇다. 굴복하다. 참담하다. 절하다. 굽히다.(삿7:6, 11:35, 왕상8:54, 왕하1:31, 스9:5, 시20:8, 72:9, 사46:2) **[히필]** 넘어드리다. 뒤엎다. 굴복시키다.(삼하22:40, 시17:13, 18:40, 78:31) 약화시키다. 낮추다. 억압하다.(삿11:35)
[주(註)]:-권능을 가지신 분께 연합하기 위해 완전하신 빛의 우두머리께 경배하는 것을 **"참담**=카라"라 한다.

> **삿 7: 6절** 손으로 움켜 입에 대고 핥는 자의 수는 삼백명이요 그 외의 백성은 다 **무릎을 꿇고** 물을 마신지라.

참새 : [6833] : צִפּוֹר :(칩포르)

:-(깡충 뛰는)**새. 참새.**(시11:1, 104:17, 124:7, 잠6:5, 7:23, 26:2) **모든 새.**(창7:14, 15:10, 레14:4, 신4:17, 14:11) (유래)[6852] : צָפַר :(짜파르) :-깡충깡충 뛰어다니다. 되돌아오다.(삿7:3) :-(θ님께서)우두머리에게 좌우·날선·검을 주셔서 새롭게 하여 돌아오게 하는 은유적 표현이다.

> **시124: 7절** 우리 혼이 **새가** 사냥군의 올무에서 벗어남 같이 되었나니 올무가 끊어지므로 우리가 벗어났도다

참소 :[7270] רָגַל :(라갈)

:-걷다. 비방하다.(삼하19:28) **[피엘]** 비방하다. 정탐하다. 모함하다.(신1:24, 수7:2, 14:7, 삿18:2, 삼하10:3, 19:27) **[분사]** 정탐꾼. 스파이.(창42:9, 수6:22)

[주(註)] 진리의 말씀으로 성숙하지 못하여 남의 허물을 덮어주지 못하는 모습을 뜻한다.

창(窓) :[원형:0699]: אֲרֻבָּה :(아루바)

(1)격자 창(왕하7:2, 전12:3). 창문. 수문.(창7:11,사24:18, 말3:10) **(2)**비둘기 장. (사60:8) **(3)**굴뚝.(호13:3) **(4)하늘의 창.**(창7:11, 8:2, 왕하7:19, 사24:18, 말3:10)

[분사] :[0693]: אָרַב :(아라브) :-**(1)**결합하다. 엮다. 얽히게 하다.(사56:3-6, 렘50:5) **(2)**잠복하다. 숨어 기다리다., 복병시키다.

[주(註)] (하나님 백성을 위해서)지도자께서 거처를 세우기 위해서 호흡의 근원을 열기도 하고 닫기도 하심의 "창(窓)"이라는 감춰진 말씀의 뜻이다.

[참조] (은유적 표현) 결합은 하나됨 :"에하드"로 연상하는 단어.(구원의 문이신 예수님과 하나되어야 함. :왕상20:13, 욥23:13, 겔7:5, 엡4:3-6, 2:12-16)

> **창 7:11**절 노아 육백세 되던 해 이월 곧 그 달 십칠일이라 그 날에 큰 깊음의 샘들이 터지며 **하늘의 창들이 열려**

창조(創造) :[1254] : בָּרָא :(바라)

:-창조. 명확한 형태를 주다. 형성하다.(창1: 1절)

[주(註)]하나님의 나라를 우두머리가 (진리)처음 만든 것을 "בָּרָא:(바라)"라 한다.

> **창 1: 1**절 태초에 하나님이 천지를 **창조**하시니라.

[6213] עָשָׂה :(아사) :-**만들다. 창조. 일하다.** (창1:7, 16, 창2;2, 출5;6, 욥35:10, 38:4, 사51:13)

채소 :[6212]: עֵשֶׂב :(에세브)

:-"반짝이다"는 뜻의 사용하지 않는 어원에서 유래. :(사람의 식물되는) 풀. 목초. 푸른 채소.(창1:22-12, 3:18, 출10:12-15, 시104:14) 초목.(사42:15)

[주(註)] 완전한 빛의 말씀으로 아버지의 거처 건축을 위한 성령 충만한 식물을 "עֵשֶׂב :(에세브)"라 한다.

책망(責望) :[3198]: יָכַח :(야카흐)

:-[동] 앞에 나서다. 표면에 나서다. 밝아지다. 명료하다. 논증하다. 입증하다. **[히필]** (1)논증하다. 다투다. 입증하다. 증명하다.(욥13:15, 19:5, 23:7) **(2)** 주장하다. 책망하다. 꾸짖다.(창21:25, 왕하19:4, 욥13:10, 32:12, 잠9:7-8, 15:12, 19:25, 겔3:26 사29:21,암5:10) **(3)**고치다. 바로잡다. 징계하다.(욥517, 시6:2, 38:2, 94:10, 105:14, 잠3:12) **(4)**판단하다. 판결하다. 심판하다.(창31:37, 욥9:33, 사2:4, 11:3-4) **[호팔]** 징계받다.(욥33:19) **[니팔]** 책망받다. 견책하다. 징계받다.(욥23:7, 사1:18) **[힛파엘]** 분쟁하다. 다투다.(미6:2).
[주(註)] 충만하신 권능과 연합하도록 굴복시켜 새롭게 하시는 것을 "יָכַח :(야카흐)"라 한다.

처녀(處女) :[1330]: בְּתוּלָה :(베툴라)

(1)(정절을 지킨)처녀(處女).(창24:16, 레21:13, 신22:23, 삿11:37, 19:24, 21;12, 삼하13:2, 왕상1:2, 겔23:3) **(2)**새 신부(新婦).(욜1:8) **(3)**도시. 국가. 교회.(렘18:13, 31;4, 21, 암5:2, 엡3:10, 5:23-27, 골1:18)
[주(註)](하나님)거처가 되려고 십자가의 못 박히신 분의 생명의 법으로 단장할 자를 "בְּתוּלָה :(베투라)"라 한다.

처소(處所) :[4583]: מָעוֹן :(마온)

:-거처. 하나님의 처소(성막, 성전. 집).(출15:13-17, 신26:15, 33:27,왕상8:13)
-"여호와의 의로운 처소"(렘50:7절) "너희가 하나님의 성전"(고전 3:16-17, 6:19)

천국(왕국)" :[히:4438] :מַלְכוּת :(말쿠트)

;-나라. 왕국, 백성. (히·어는 하나님 나라만을 적용함)
[헬] οὐρανός :(우라노스)+ βασιλεία :(바실레이아) :천국.

"하늘"[3772]: οὐρανός :(우라노스) :-(하나님 처소)**하늘.** (우주, 공중)

"나라"[0932]: βασιλεία :(바실레이아) ;-**왕국. 지배권, 통치.**

　[분해] θ의 말씀의 강한 능력으로 잘 단장된 거듭난 (신부들)믿음의 능력으로 세우신 나라를 "מַלְכוּת:(말쿠트)"라 한다.

천사(天使) :[히:4397] (파견하다에서 유래) : מַלְאָךְ :(말라크)

:-**(1)**보내진 자. 사자. 전령. 심부름꾼.(삿2:1, 삼상16:19, 19:11, 왕상19:2, 욥1:14) **(2)**하나님의 사자(使者). **천사.**(창16:7, 21:17, 22:11, 출23:20, 33:2, 민22:22, 삿6:11, 삼하24:16, 대하32:21, 욥33:23, 단3:28, 6:22) **선지자.**(학1:13, 말3:1) **제사장.**(전5:5, 말2:7,)

[헬:0032]: ἄγγελος :(앙겔로스) :-[소식을 가져 오다 에서 유래] : **천사. 전령. 사자**(使者)(마1:20, 11:10, 막1:2, 눅7:27, 행5:9, 19, 10:22, 히1:4, 약2:25, 계1:1, 14:10)

> **창16: 7절** 여호와의 **사자**(使者)가 광야의 샘 곁 곧 술 길 샘물 곁에서 그를 만나

천하 :천(天)(הַשָּׁמַיִם:하샤마임) + 하(下)(מִתַּחַת:밑타하트)

:-**하늘과 땅 아래에 있는 모든 것.**

[해석] [8478](מִן전·전-from) + : תַּחַת :(타하트) :-(하늘)아래 있는 ~들/ 밑에 있는 ~들,

[분해] :-생명의 말씀으로 자녀들과의 십자가 언약하신 성취 표시가 있는 성막을 세우신 곳을 "מִתַּחַת:(밑타하트)"라 한다.

-자녀들을 살리실 생명의 말씀의 언약을 성막을 통해서 보여주시고 성취하시려고 하늘 아래에 세워주신 것을 계시하시는 은유적 말씀이다.

청황색 :[히:8504]: תְּכֵלֶת:(테케레트)

:-청색. 푸른. 하늘색. :(ת(언약) ל(도구) כ(승리) ת(한계 긋다))

[분해] :-θ님 언약의 승리의 도구로 한계를 표시하는 것을 "תְּכֵלֶת: (테케레트)"라 한다.

[헬:5515]: χλωρός:(클로로스) :-녹색. 푸른. 초록.(계6:8절)

첫째 :[0259]: אֶחָד :(에하드)

:-(1)똑 같은,(창40:5, 출12:49, 레24:22, 삼상6:4, 욥31:15,) (2)오직 하나.(출11:1, 욥23:13, 겔7:5-6, 습3:9) (3)첫째.(창1:5, 8:5, 욥42:14, 스10:16-17) (서수로 :첫째, 하나의, 같이, 열한 번째. 열하나) (4)함께,(스2:64, 전11:6, 사6525, 겔37:17, 엡 2:12-18, 4:4-6)

[주(主)] 하나님께서 양들을 위해 시작하신 날. 첫날을 "אֶחָד :(에하드)"라 한 다.(하나님께서 구원의 문이 되신 것.)

> **겔 7: 5-6절** (5)주 여호와께서 가라사대 재앙이로다. **비상한**(유일한) 재앙이로다. 볼지어다. 임박하도다. (6)끝이 났도다, 끝이 났도다, 끝이 너를 치러 일어났나 니 볼지어다. 임박하도다.

첫 이삭 [7225] : רֵאשִׁית :(레쉬트)

:-(1)처음. 시작.(창1:1, 10:10, 49:3, 출23:19, 느10:37, 욥8:7, 전7:8, 렘28:1, 겔 48:14) (2)(특히 처음)첫 열매. 최초. 최고의,(창49:3, 레2:12, 23:10, 신18:4, 26:10, 33:21, 잠8:22) (3)이전의 상태. 이전의 때.(욥42:12, 사46:10) (4)(첫째의, 주요한,) : 으뜸. 장자. 근본. 제일.(민24:20, 신21:17, 욥40:19, 시111:10, 잠1:7, 잠4:7, 렘49:35, 미1:13,)

[주(註)] 첫 것을 능력의 힘으로 올바르게 완성한 결실을 "רֵאשִׁית:(레쉬트)" 라 함.

> **레23:10절** 이스라엘 자손에게 고하여 이르라 너희는 내가 너희에게 주는 땅 에 들어가서 너희의 곡물을 거둘 때에 위선 너희의 **"곡물의 첫 이삭 : רֵאשִׁית (레쉬트):한 단"**을 제사장에게 가져갈 것이요.

> **고전15:23절** '그러나 각각 자기 차례대로 되리니 먼저는 "첫 열매: רֵאשִׁית(레 쉬트)"인 "그리스도(메시야)"요. 다음에는 그리스도 강림 하실 때에 "그리스도 (메시아)"에게 속한 자요.'

초목(草木) :[7880]: שִׂיחַ :(시아하)

:-(1)식물, 관목. 먹을 거리,(창2:5, 21:13, 욥30:4-7) (2)[유래:7878] 전파하다(삿 5:10). 읊조리다(시119:148, 145:5). 생각하다. 근심하다.(시77:3, 사53:8,).

[주(註)] 하늘에 이르는 말씀과 권능의 손으로 살아가도록 하는 것을 "שִׂיחַ

. :(시아하)"라 한다.

> **욥30: 4절** (먹을)떨기나무 가운데서 짠 나물도 꺾으며 대싸리 뿌리로 식물을 삼느니라.

> **사53: 8절** 그가 곤욕과 심문을 당하고 끌려 갔으니 그 세대 중에 누가 **(시아하)생각하기를** 그가 산 자의 땅에서 끊어짐은 마땅히 형벌 받을 내 백성의 허물을 인함이라 하였으리요.

촛대 :[히:4501] : מְנוֹרָה:(메노라)

:-**등불. 촛대. 등잔대.**(출25:31-32, 30:27, 31:8, 37:17, 39:37, 레24:4, 왕하4:10, 슥4:2, 렘52:19) [원형:5216] : נֵר(네라) :-**등불. 등(燈). 등잔대.**(출27:20, 40:4, 민8:2, 삼상3:3, 삼하22:29, 왕상11:36, 왕하8:19, 대상28:15, 대하21:7, 습1:12,) [헬:3087]: λυχνία :(뤼크니아) :-등잔대.(히9:2) 촛대.(계1:13, 2:5) [유래:3088] : λύχνος :(뤼크노스) :-등. 등불.(마5:15, 눅11:33, 벧후1:19, 계21:23)

[주(註)] "항상 하나님의 자손에 대한 상징적 의미로 쓰인다.(빛되신 말씀을 받은 그릇의 비유) -말씀으로 연합하여 생명을 충만케 하는 생령의 빛을 "מְנוֹרָה:(메노라)"라 한다.

최고(우두머리) :[7218]: רֹאשׁ :(로오쉬)

[명·남·복](흔든다는 뜻의 사용하지 않는 어원에서 유래) **(1)**우두머리.(창3:15, 28:18, 40:16, 삿5:30, 대상12:23, 겔9:10) **(2)**최고의 것. 정상(頂上). 꼭대기, 으뜸(창8:5, 출6:14, 25, 삼상15:17, 삼하22:44, 왕상7:19, 데상9:34, 사7:8, 겔27:22) **(3)**처음. 개시(開始).(창2:10, 사40:21, 48:16, 겔16:25,) **(4)**총액. 합계.(레5:24, 시119:160,) 군대 무리. 군중.(삿7:16-20, 9:34-37, 삼상11:11) **[명]** 근원.(창2:10, 잠8:26) 천부장.(민10:4) 지휘관.(민14:4, 신20:9) 장자.(대상26:10) 떼(삿9:34, 삼하2:25) 머릿돌. 모퉁이(시118:22, 사51:20, 나3:10). **[동]** 계수하다.(민31:49) 높아지다.(욥22:12, 24:24, 잠8:2) 보배롭다.(시139:17)

[주(註)] רֹאשׁ :(로오쉬)는 하나님의 근원으로, 땅에서 올바르게 하는 **"진리의 예수님"**을 뜻한다. 이것이 **근원**이다. (창2:10에 나오는 " 네 강의 근원 : רֹאשׁ(로오쉬)"는 진리를 뜻 한다)

> **창 2:10절** 강이 에덴에서 발원하여 동산을 적시고 거기서부터 갈라져 **네 근원**

이 되었으니
창 3:15절 내가 너로 여자와 원수가 되게 하고 너의 후손도 여자의 후손과 원수가 되게 하리니 여자의 후손은 **네 머리를** 상하게 할 것이요. 너는 그의 발꿈치를 상하게 할 것이니라. 하시고

추종 :[1245]: בָּקַשׁ :(바카쉬)

:-찾다. 구하다. 요구하다.(민16:20, 삼상13:14, 왕상2:40, 대상4:39, 대하15:15, 느5:18, 사5:12, 잠15:14) **[피엘]** 추구하다. 갈망하다. 간청하다. 앙망하다.(창37:15-16, 삼상10:14, 삼하12:16, 왕상10:24, 시24:6,) **[푸알]** 추구되다.(겔26:21, 렘50:20)

[주(註)] 거룩한 성전에 거하려고 성령의 말씀을 들을 수 있는 귀를 가지려는 것을 뜻한다.

축복(祝福) :(창14:19절):[1293]:בְּרָכָה :(베라카)

그가~축복하여 -And he blessed :①[1288]: בָּרַךְ :(바라크) :-(숭배, 경배의 행위로). **무릎 꿇다.** (하나님께). **송축하다.** 또[(반대의미로 사람에게)**복주다. 은혜를 베풀다.** (창28:6, 수24:10, 삼상13:10, 삼하8:10, 대상18:10,)

②[1293] : בְּרָכָה :(베라카) :-**축복. 선물.**(아들의 권능을 선물로 받는 것을 뜻함):(창27:12, 33:11, 잠11:11, 사44:3) (또는 경배/ 예배하는 것이 복이다)

[분해] 우두머리 아들의 능력을 받는 것을 "복 : בָּרַךְ :(바라크)"라 한다.

창14:19절 :그가~축복하여 -And he blessed
: וַיְ-בָרְכֵהוּ :(바예 바레케후) :-(명·여복·접)וַיְ-(명)בָּרְכָה -(3남단)וּ =못 박히신 능력의 손이 축복이다.
[분해] וַיְ(바예)**못 박힌 손-** בָּרְכ (바르크)**복-** הוּ (후)**그**(못 박힘의 희생) ;-**못 박히신**(아들과 연합한 자에게) **생명과 능력의 복을 주시려고 그 예슈와께서 희생하시다.** 라는 **"구원의 복"**을 뜻한다.

충성(忠誠) :[히:0539]: אָמַן :(아만)

:-충성하다. 양육하다. 확고하다. 충실하다.(민12:7, 삼상2:35, 삼하20:19, 욥12:20, 시12:1, 93:8, 101:6, 잠27:6)

[주(註)] 구원 받은 자들이 하나님의 말씀으로 물고기들을 구원하는 것을 "
אָמַן:(네아만)"이라 한다.

[헬:4102] : πίστις(피스티스) ;-(θ께 대한) 확신, 믿음. 충성, 충실, [주(註)] "믿음에 대한 확신을 가지고 진리를 깨달아 맡은 사명을 충실하게 한다."를 갈5:22절에서 "충성"으로 해석하였다.

충신(忠信) : [히:0539]: אָמַן :(아만)

:-(1)지속하다. 지탱하다.(민11:12,) (2)확고해지다. 성실하다.(시31:23) 실신하다(잠11:13, 호11:12). [원형] 양육자(룻4:16). 충실하다(삼상2:335,). 충성되다(민12:7, 삼하20:19, 시78:8, 101:6, 잠27:6). 믿다(창15:6, 신1:32, 사7:9, 28:16). 충성되다(민12:7, 삼하20:19, 느13:13, 시78:8). ;-하나님의 말씀으로 사역하여 구원하는 자를 "אָמַן :(아만)"이라 한다. [니팔] 부양하다(사60:4). 확고해지다(삼상2:35, 시95:5, 사55:3, 호5:9). 끊임없이(사33:16), 신뢰할 만하다.(대하20:20) [히필] 기대다(사28:16). 신뢰하다(대하20:20, 욥4:8). 믿다(사7:9).

[헬:4103] : πιστός:(피스토스) :-믿는. 신뢰. 확신 (충성되고 미쁘시다는 뜻이다.)

> 삼하20:19절 나는 이스라엘의 화평하고 충성된 자 중 하나이어늘 당신이 이스라엘 가운데 어미 같은 성을 멸하고자 하시는도다 어찌하여 당신이 여호와의 기업을 삼키고자 하시나이까

치료(治療) :[7495] : רָפָא :(라파)

:-(1)수선하다. 고쳐지다.(렘19:11) (2)고치다. 치료하다.(출15:26, 욥5:18, 사19:22, 전3:3) [니팔] 수선되다. 고쳐지다(렘19:11). 치료되다(레13:37, 신28:27, 사53:5). [피엘] 고치다. 수리하다(왕상18:30). 치료하다(왕하2:21,렘6:14, 겔34:4). [은유] 용서하다(대하30:20, 렘3:22, 호14:5). 위로하다(욥13:4). [명]의사. 의원.(창50:2, 렘8:22)

[주(註)] 아들의 입에서 나오는 생명(말씀)으로 (새롭게)살리시는 것을 "רָפָא :(라파)"라 한다.

> 치료의 θ님 출15:26절 가라사대 너희가 너희 하나님 나 여호와의 말을 청종하고 나의 보기에 의를 행하며 내 계명에 귀를 기울이며 내 모든 규례를 지키면 내가 애굽 사람에게 내린 모든 질병의 하나도 너희에게 내리지 아니하리니 나는 너희를 치료하는 여호와임이니라.

친절(자비) :[2603] : חָנַן :(하난)

:-[사역동사] 은혜를 베풀다(창33:11, 시77:9, 사33:2). 호의를 베풀다(출33:19, 애4:16, 잠14:31). 동정하다(출22:27, 잠14:21, 시102:15) 긍휼히(욥33:24, 시4:1, 말1:9).

[주(註)] :-새롭게 시작하여 오순절 성취로 더 많은 구원하심의 은혜를 뜻한다.

친척(親戚) :[4138]: מוֹלֶדֶת :(모레데트)

:-고향(창11:28, 24:7). 친척(창12:1). 친족(창43:7, 민10:30, 에8:6). 출생지(창31:13). 족속(창24:4, 31:3, 32:9).

[주(註)] 하나님의 말씀을 익힘으로 변화되어 인(印)침을 받고 하늘의 문안에 있는 자를 "מוֹלֶדֶת:(모레데트)"라 한다.(문 안에 있는 자를 식구라 한다.

침노(侵擄) :[6584]: פָּשַׁט :(파샤트)

:-[침범& 침입과 동의어] **벗기다**(레6:11, 느4:23, 겔26:16). **엄습하다**(삿9:33, 대하25:13). **달려들다**(삿9:44, 욥1:17). **침노하다**(삼상23:27, 대하28:18). **돌격하다**(삿20:37). **쳐들어 오다**(대상14:9).

> **삼상23:27절** 사자가 사울에게 와서 가로되 급히 오소서 블레셋 사람이 땅을 **침노하나이다.**

침몰(沈沒) :[7843] : שָׁחַת :(샤하트)

:-**(1)**파멸하다. 폐허가 되다(창9:11, 19:13, 수22:33, 삼하24:16, 렘12:10). 무너지다(창13:10, 겔26:4). **(2)**악하게 행하다(출32:7, 신9:12, 32:5). 부패하다(창6:12, 삿2:19). **[히필]** 파괴시키다(창19:14, 왕하18:25, 렘36:29, 51:29). 악하게 행하다.(신4:16,31:29,삿2:19, 사1:4) **[호팔]** 더럽혀지다.(잠25:26, 말1:14) **[니팔]** 타락하게 되다(창6:11-12, 렘13:7). 황폐하게 되다(출8:20, 호13:9). **[명]** 해(害)(출8:24). 멸망(렘51:25). **[형]** 더러운(잠25:26, 겔20:44, 겔28:17,)

[주] 땅에서 "십자가 신앙"에 올바르지 못하여 패망하는 것을 "שָׁחַת:(솨하트)"라 한다.

침범(침입) :[원형:6584] : פָּשַׁט :(파샤트)

:-벗다(레6:11, 느4:23, 겔26:16). 엄습하다(삿9:33, 대하25:13). 달려들다(삿9:44, 욥1:17). 침노하다(삼상23:27, 대하28:18). 돌격하다(삿20:37). 쳐들어 오다(대상14:9,). **[미완] (1)**펼치다. 확장하다(대상14:9, 13). 습격하다. 공격하다(삿9:33, 44, 욥1:17). 옷을 벗다(레6:4, 16:23, 사32:11). **[피엘]** 옷을 벗다(삼상31:18, 삼하23:10, 대상32:8). **[히필]** 옷을 벗기게 하다(창37:23, 민20:26-28, 삼상31:9, 욥22:6,). 희생물을 벗기다(레1:6, 대하29:34, 35:11). **[힛파엘]** 옷을 벗다(삼상18:4). **[주]** 하나님 명령을 (땅)지혜로 올바르지 못하게 훼방하는 것 "פָּשַׁט :(파샤트)" 라 한다.

칭찬 :[1984]: הָלַל :(할랄)

:-**(1)**칭찬하다. 명백해지다. 밝아지다. 칭송하다.(창12:15, 삼하14:25, 대하30:21, 시119:164, 잠31:31) **(2)**빛나다.(욥31:26) **(3)**과시하다.(시49:6, 75:5, 잠25:14) **[분사]**거만한 자. 교만한 자.(시5:6, 73:3, 75:5) **(4)**어리석다. **[피엘]** 노래하다. 찬양하다.(시117:1, 145:2, 대상16:36, 대하20:21 스3:11, 잠27:2, 28:4) 영광을 얻다.(시56:5) **[푸알]** 찬양을 받다. 찬양을 받을 만하다.(시18:4, 96:4, 145:3, 겔26:17) **[포엘]** 어리석다. 수치를 받다.(욥12:17, 사44:25) **[히필]** 밝다. 빛나다. 빛내다.(욥31:26, 41:10, 사13:10) **[힛파엘]** (자랑)칭찬을 받다. 찬양을 받다. 영광을 받다.(시34:3, 64:10, 잠31:30,) **[힛포엘]** 미치다.(전2:2) 어리석다. 미친척 하다(렘25:16,나2:5, 삼상21;14).

> **창12:15절** 바로의 대신들도 그를 보고 바로 앞에 **칭찬하므로** 그 여인을 바로의 궁으로 취하여 들인지라.

칭(稱)하다 :[7121]: קָרָא :(카라)

:-**부르다**(창26:18, 룻4:17, 시147:4, 사6:3-4,). 부름 받다(사42:6, 48:12, 욜2:32,). **선포하다**(출33:19, 레23:21, 삿21:13, 애1:21, 욜3:9, 암4:5). **청하다**(출34:15, 삿14:15, 삼상9:24). **읽다**(신17:19, 왕하22:16, 사34:16). **선언하다**(신29:10,). **일컫다**(대상11:7, 대하20:26, 잠16:21, 사30:7, 렘7:10).

[주(註)] :거룩하도록 구별하신 하나님과 연합한 자들을 "קָרָא :(카라)"라 한다.

창 1: 5절 빛을 낮이라 **칭하시고** 어두움을 밤이라 **칭하시니라.** 저녁이 되며 아침이 되니 이는 첫째 날이니라.

사 4: 1절 그 날에 일곱 여자가 한 남자를 붙잡고 말하기를 우리가 우리 떡을 먹으며 우리 옷을 입으리니 오직 당신의 이름으로 **우리를 칭하게 하여** 우리로 수치를 면케 하라 하리라.

중

[한글 ㅋ 자]

칼 :[3979]: מַאֲכֶלֶת :(마아케레트)

:-(먹는 도구)**칼**(창22:6, 10, 삿19:29) **장검**(잠30:14,).

[유래:3978] מַאֲכָל :(마아칼) :-먹을 수 있는 것. 음식. 과일. 고기.(창22: 6절 삿 19:29절)

> **창22: 6절** 아브라함이 이에 번제 나무를 취하여 그 아들 이삭에게 지우고 자기는 불과 **칼을** 손에 들고 두 사람이 동행하더니

캄캄함(흑암) :[2825] חֲשֵׁכָה :(하쉐카)

:-흑암. 불행. 캄캄함. 암흑.(창15:12절 시82:5, 사8:22, 29:18, 50:10, 욜 2:2절)

[유래:2821] חָשַׁךְ :(하샤크) :-(빛의 차단)**어둡다.** [타동사] 검어지다. 어둡다. 어둡게 하다. 어두 캄캄하다. 감추다.

> **사 8:22절** 땅을 굽어보아도 환난과 **흑암과** 고통의 **흑암** 뿐이리니 그들이 심한 **흑암 중으로** 쫓겨 들어가리라.

켜다 :[3974] : מָאוֹר :(마오르) 또는 מָאֹר :(마오르)

:-**빛. 발광체.**(창1:14-16, 민4:9, 시74:16, 90:8, 잠15:30) **등잔**(출25:6, 39:37,). **광명**(창1:14-16, 출10:223, 욥3:9, 미7:9). [형] 밝다(창44:3, 잠15:30, 삼상14:27-29, 삼하2:32,). 불켜다(출35:14). [유래:0215] : אוֹר :(오르) :-**[사역동사] "빛나게 하다"** : 빛이 있다. 빛이 되다. 비추다.(출25:37, 사60:1,욥41:32, 잠4:18, 29:13)

> **레24:2절** 이스라엘 자손에게 명하여 감람을 찧어 낸 순결한 기름을 **켜기 위하여** 네게로 가져오게 하고 끊이지 말고 **등잔불을 켤지며**

켜다 :[1641]: גָּרַר :(가라르)

:-(톱질)**"켜다."**(왕상7:9) **잡다**(합1:15). **소멸하다**(잠21:7). 끌다. 잡아채다(합1:15, 잠21:7,). [명] 새김질(레11:7). [니팔] (부자들에 대해)긁어 모으다. 되새김

- 257 -

질하다. **[포알]** 톱질하다. 톱으로 자르다.(왕하7:9) **[힛포엘]** 끌다. 잡아채다. (회오리바람처럼) 쓸어버리다.(렘30:23)

> **왕상 7: 9절** 이 집들은 안팎을 모두 귀하고 다듬은 돌로 지었으니 척수대로 **톱으로 켠 것이라.** 그 기초석에서 처마까지와 외면에서 큰 뜰에 이르기까지 다 그러하니

코 :[0639] אַף :(아프)

:-**콧구멍. 코. 얼굴.**(창 2:7, 3:19, 민11:20, 레21:18) **콧김.**(출15:8, 욥4:9, 아7:8, 애4:20) (급한 호흡)**분노. 진노.**(창27:45, 30:2, 49:7, 민11:10, 신29:20, 사3:8, 렘12:13)

> **창 2: 7절** 여호와 하나님이 흙으로 사람을 지으시고 생기를 **그 코에 불어 넣으시니** 사람이 생령이 된지라.

쾌락 :[8588] תַּעֲנוּג :(타아누그) (여성형) תַּעֲנוּגָה :(타아누가)

:-**(1)기쁜. 즐거움. 우아함**(잠19:20, 렘6:2, 미1:16, 2:9). **(2)성적 욕망. 쾌락.**(아7:6-8, 전2:8) **[형]** 기뻐하는, 즐거운(시37:4, 미2:9). 호사. 유쾌함. 안락함.(아7:6-8절) **[유래:6026]** עֲנַג :(아나그) :-**[푸알]** 부드럽다. 섬세하다. 맛좋다. 고상한 취미를 가지다.(렘6:2,) **[힛파엘]** 행복하다. 매우 즐겁다. 조롱하다. 놀리다.(시37:10, 사55:2, 57:4, 66:11)

> **아 7: 6-8절** 사랑아 네가 어찌 그리 아름다운지, 어찌 그리 화창한지 **쾌락하게** 하는구나

큐빗 :[0520]:אַמָּה :(암마)

:-**치수의 단위**(손가락 끝에서 팔꿈치까지의 길이) **규빗: 약 44.4cm.**(17.5인치) (창6:15, 왕상 6:2, 단 3:1절) **터**(사 6:4절) **한계**(렘51:13절) **척(尺)**(겔40:5, 41:9, 43:14절)

> **[예]** BC 701년경 예루살렘에 있는 히스기야 터널 높이가 **1200큐빗**(약525m)로 기록되어있다.

> **창 6:15절** 그 방주의 제도는 이러하니 장이 삼백 규빗, 광이 오십 규빗, 고

크다(광대):[1419] גָּדוֹל & גָּדֹל :(가돌)

:-[형용사] 큰(창1:16, 출3:3, 신6:10). 큰수(창12:2, 44:12, 삼상17:25). 나이(창 10:21). 강대한(창18:18, 신4:38). 장대한(신1:28, 9:2). 광대한(신8:15, 왕상8:42). 창대한(에9:4). [부사] 심히(창15:12, 왕하20:3). 많이(대하16:14). 맹렬히(잠19:19).
[유래:1431] גָּדַל :(가달) :-(1) 크다(창19:13, 애1:9, 단11:37). (2) 위대해지다. 커 지다. 성장하다(창21:8, 25:27, 38:14, 출2:10-11, 삼하7:22, 욥31:18). (3) 좋은 평 가받다. 존중받다(삼상26:24, 시35:27, 40:17, 70:5, 삼하7:26).

창12: 2절 내가 너로 큰 민족을 이루고 네게 복을 주어 네 이름을 창대케 하 리니 너는 복의 근원이 될지라.

키우다 :[5927] עָלָה :(알라)

:-(1)오르다. 올라가다(창49:9, 신5:5, 수2:8, 사14:14, 암9:2). 올라간다(레19:19). 기어오르다(렘4:29). (2)자라다(사53:2, 겔47:12,). 키우다(겔19:3). (3)(재산)증가 하다. 강해지다(신28:43왕상22:35, 잠31:29). (자동사)높다.(겔19:3절) [니팔] 올 라가게 되다. 가져오게 되다(스1:11). 떠나게 되다. 쫓겨나게 되다(민16:24, 삼하2:27, 렘7:11). [히필] 올라가게 하다(창37:28, 출25:37, 수2:6). 희생을 제단 위에 두다. 드리다(레14:20, 왕상18:29,욥1:5, 사57:6). 들어올리다(시102:25). [호필] 들어 올려지다. 드려지다(나2:8).

겔19: 3절 그 새끼 하나를 키우매 젊은 사자가 되어 식물 움키기를 배워 사람 을 삼키매

키질하다 :[2219] זָרָה :(자라)

:-(1)키질하다. 까부르다.(룻3:2, 잠20:26, 사30:24, 41:16, 렘4:11) (2)흩어 버리 다. 흐트러 뜨리다. 퍼뜨리다.(출32:20, 민17:2, 사30:22, 렘15:7, 겔6:8) [니팔] 흩어지다.(겔6:8, 36:19) [피엘] 뿔뿔이 흩어 버리다. 쫓아버리다.(레26:33, 잠 15:7, 겔5:10,12:15) [푸알] 흩어지다. 퍼지다.(욥18:15, 잠1:17)

잠20:26절 지혜로운 왕은 악인을 키질하며 타작하는 바퀴로 그 위에 굴리느니라.

[한글 ㅌ 자]

타다 (불이):[0784] אֵשׁ :(에쉬)

:-불(창22:6, 신1:33). (θ님의)불(왕상18:38, 왕하1:10-12, 욥1:16). **불길**(신4:12). **화염**(시106:18, 사4:5). **타다.**(창15:17, 출3:3, 레6:10, 사50:11) **[동사]** 분향하다(레16:13). 태우다.(창15:17절 레6:10절) 하나님의 진노(신32:22절 렘4:4절 15:14절)

> **창15:17절** 해가 져서 어둘 때에 연기 나는 풀무가 보이며 **타는** 횃불이 쪼갠 고기 사이로 지나더라.

타다(동물):[7392]: רָכַב:(라카브)

:-(동물)타다(창24:16, 민22:30, 신33:26, 왕하9:18-19, 느2:12, 렘17:25). 기병(암2:15). (말에)태우다(창41:43, 왕하9:19, 호10:11). 싣다(삼하6:3, 왕하9:28, 대상13:7). 놓다.(창24:61절 출15: 1절 사19:1절) (활을)잡다.(왕하13;16절) **[히필]** (은유)새 날개에 타게 하다.(욥30:22)

타다(악기) :[5059] נָגַן:(나간)

:-**[동사]** 타다. 연주하다.(삼상16:16, 18:10, 왕하3:15, 시33:3) **[피엘]** 현을 뜯다. 현악기를 연주하다. 거문고 타는 자.(삼상16:17절 23절 왕하 3:15절) **[명]** 곡조. 수금.(사23:16절 38:20절)

> **시33: 3절** 새 노래로 그를 노래하며 즐거운 소리로 공교히 **연주할지어다.**

타락 :[4878] מְשׁוּבָה:(메슈바) & מְשֻׁבָה:(메슈바)

:-**배교. 퇴보. [형용동사]** 타락하는, 딴 데로 향하는. **[형]** 회피. 거절. 변절. 배반. 타락.(렘14:7절) 반역(렘2:19절 호14:14절) [유래:7725]: שׁוּב:(슈브) :-회개. 돌아가다. 회복하다. 뒤돌아서다.

> **렘14: 7절** 여호와여 우리의 죄악이 우리에게 대하여 증거할지라도 주는 주의 이름을 위하여 일하소서 우리의 **타락함이** 많으니이다. 우리가 주께 범죄하였나이다.

타작(마당) :[2251] חָבַט :(하바트)

:-(나무를, 곡식을)떨어내다. 떨다. 타작하다(신24:20, 삿6:11, 룻2:17, 사28:27). (과일. 열매)따다(신24:20, 사27:12). 떨어내다(삿6:11, 룻2:17).

(마당)[1637] גֹּרֶן :(고렌) :-(고르게)타작마당. 광장. 마당. 반질반질하게(창50:10, 삼하 6:6, 호9:1)

> **신24:20-21절 (21)**네가 네 포도원의 포도를 **딴 후에** 그 남은 것을 다시 **따지 말고** 객과 고아와 과부를 위하여 버려두라.

탄식 :[0584]: אָנַח :(아나흐)

:-[니팔] 한숨 짖다. 탄식하다. 신음하다. 한탄하다.(출2:23, 시6:6, 사24:7, 말2:13) **[명]** 탄식(욥3:24, 시31:10, 애1:21, 사35:10).

> **출 2:23절** 여러 해 후에 애굽 왕은 죽었고 이스라엘 자손은 고역으로 인하여 **탄식하며** 부르짖으니 그 고역으로 인하여 부르짖는 소리가 하나님께 상달한지라.

탄원 [8467] : תְּחִנָּה :(테힌나)

:-**"간청"**/ 은혜. 자비. 기도. 탄원. **[유래:2603]** : חָנַן :(하난) :-[사역동사] **"간청으로 은혜를 구하다"**/ 간구하다. 은총 입다. 베풀다. 은혜롭게. 자비롭다. 긍휼히 여기다. 기도하다. 기원하다.

> **렘37:20절** 내 주 왕이여 이제 청컨대 나를 들으시며 나의 탄원을 받으사 나를 서기관 요나단의 집으로 돌려보내지 마옵소서 내가 거기서 죽을까 두려워하나이다.

탈취 :[원형:7997] : שָׁלַל :(샤랄)

:-빼앗다(겔26:12). 노략하다(겔29:19, 합2:8, 슥2:8). 약탈하다(렘50:10, 겔39:10). 탈취를 당하다(시76:5, 사59:15). 전리품을 취하다. **[명·남]** [7998] : שָׁלָל :(샤랄) :-강탈품. 탈취물. 노획품. 약탈품.(창49:27, 신2:35, 삿5:30)/ 먹이. 희생. 전리품.(출15:9)

탐색(음행) :[2181] : זָנָה :(자나)

:-행음하다. 음란하다. 음행하다. 음탕하다.(창38:24, 민25:1, 대상5:25, 대하 21:11, 시106:39, 겔16:34, 23:19) 방종하다(민15:39). 더럽히다(레19:29). 간음하 다. [부사] 매춘부. 창부. 음행을 부추기다. 음탕하다.(창38:15, 신23:19, 레21:7 수2:1) [은유] 우상을 섬기다. 우상을 믿다.(레17:7, 20:5-6, 신31:16, 삿2:17)

> 고전 6:9절 불의한 자가 하나님의 나라를 유업으로 받지 못할 줄을 알지 못하 느냐 미혹을 받지 말라 음란 하는 자나 우상 숭배하는 자나 간음하는 자나 (음탕)**탐색하는** 자나 남색 하는 자나

탐심 :[1215] : בֶּצַע :(베차)

:-(부정한)이익(삼상8:3, 욥22:3, 사56:11). 탐심(사57:17). 탐욕(시119:36, 잠 28:16). (부당한)벌이.(출18:21, 잠28:16, 사56:11, 겔33:31,) 유익(시30:9). 획득하 다. 강탈. 약탈.(삿5:19, 렘51:13, 미4:13) [유래:1214] : בָּצַע :(바차) :-시기하다. 탐욕스럽다. 탐욕에 몰두하다.(시10:3, 겔22:12)

탐욕 :[8378] תַּאֲוָה :(타아바)

:-(악한)**탐욕**(민11:4, 잠21:26). **별미**(욥33:20). **욕심**(시10:3, 잠18:1). **정욕**(시 78:29-30). **욕망**.(민11:4절 시78:18절 사56:11절) [유래] [어원:0183] אָוָה :(아바) :- 마음을 기울이다. 바라다. 구하다. 탐내다. 사모하다. [피엘] 바라다(신12:20, 욥23:13, 잠21:10). [힛파엘] 욕구하다. 탐하다(신5:18, 잠21:26, 23:3, 렘17:16, 대 상11:17).

탐학(貪虐)" :[6233] עֹשֶׁק :(오쉐크)

:-착취한 것(레6:4). 탈취한 것(시62:10). 포악(사59:13, 렘6:6). 학대함(전5:8, 겔 22:7, 29). 속여 빼앗음(겔22:12). [은유] 부정한 소득.
[주(註)] 貪 :(탐욕이 많고) 虐 :(포악함). (전7:7절)

탑을 세우되 :[히:4026] מִגְדָּל :(미그달)

;-**탑. 망대. 산성**. [명][4027] מִגְדָּל־אֵל (미그달 엘) ;-하나님의 탑. -(개역)'대(垈)를 쌓아' [어원:1431] גָּדַל :(gadal :가달) ;-[히필] 크다. 높이다. 위대하다. [접·명남단] מִגְדָּל (부 믹달) :-대(臺). 망루, 높여진 단(壇), 강단,(왕하 17:9절 사 5:2절 느 8:4절)

[분해] מ(멤)물(단련, 말씀, 40)- ג(기멜)낙타(올리다. 보상. 성숙)- ד(달렛)문(門. 열다. 휘장)- ל(라멛)막대기(법도. 가르치다.) ;-하나님의 단련으로 가르침을 받은 자들이 하나님의 문에 들어갈 수 있도록 들어 올리는 것을 "מִגְדָּל :(미그달)"이라 한다.

> -창11: 4절에서는 "**탑(대(臺)을 쌓자.**" 부정적 의미로 מִגְדָּל־אֵל (미그달 엘) ;-하나님을 대적하는 의미어로 "**탑**(대(臺))**을 쌓다.**"로 해석하여야 한다.

태(胎) :[7358] : רֶחֶם :(레헴)

:-**자궁. 모태(母胎)**.(출13:2, 욥24:20, 31:15, 시22:11) 태(胎).(창20:18) [유래:7355] : רָחַם :(라함) :-사랑하다. 귀여워하다.(시18:2) [피엘] 측은히 여기다. 사랑하다. [푸알] 자비를 얻다.(잠28:13, 호14:4) [명] 자비. 긍휼.(신13:17, 대하 30:9, 느9:27-28,)

태양 :[8121] : שֶׁמֶשׁ :(셰메쉬)

:-"**빛나다.**"는 사용하지 어원에서 유래. [명] 태양. 해.(삼하12:11, 전1:3, 9, 14, 2:11, 18-22,) 햇볕(아1:6). 헷빛.(전6:5, 7:11) [함축적] 동쪽. 백주(白晝) [상징적] 광선. 햇볕.(진리의 성령으로 땅을 올바르게 하는 피조물을 뜻함)

태초에 :[7225] בְרֵאשִׁית (베레쉬트)

;-**첫째, 최초, 최고. 시작**. [3단어가 합성되어 있다]
[어원:7218] רֹאשׁ :(로오쉬) :근원. 우두머리)

[분해] ב(집, 장막. 세움)- ר(머리, 첫째, 근원)- א(지도자. 힘. 유일하다)- שׁ(땅, 올바름)- י(권능의 손, 10)- ת(십자가, 인(印). 표시) :-하나님의 집을 아들(예수)의 진리의(성령) 능력의 손으로 새롭게 창조를 (십자가로)시작하신 때를 "**태초(太初)**"라 한다.

* "רֹאשׁ"(로오쉬;-는 하나님의 근원으로, 땅에서 올바르게 하는 **"진리의 예수"** 를 뜻한다.)가 근원이다. 창 2:10에 나오는 **"네 강의 근원"**의 רֹאשׁ(로오쉬=인격체)는 진리(眞理)를 뜻한다.

[분해] ר(머리, 첫째, 근원)- א(지도자. 힘. 유일하다)- שׁ(땅, 올바름) ;-하나님(아들)의 머리 (진리)로 말미암아 하늘과 땅을 세롭게 하는 근원을 뜻 한다.(창 2:10절 근원/ 3:15절 머리)

택하심 :[3947] : לָקַח :(라카흐)

:-(아내)취하다. 택하다. 얻다. 결혼하다. 맞이하다. 아내를 취하다. 잡아채다. 소유하다. 양육하다. 지도하다./ (선민(選民)**"택하심"** :[0977]: בָּחַר :(바하르) :-좋아하다. 택하다. ①시험하다. ②선택하다. 고르다. ③사랑하다. 기뻐하다. **[니팔]** 선택받다.

> 신 8:1-3절 2절 네 하나님 여호와께서 이 사십년 동안에 너로 광야의 길을 걷게하신 것을 기억하라 이는 너를 낮추시며 **너를 시험하사** 네 마음이 어떠한지 그 명령을 지키는지 아니 지키는지 알려 하심이라.

> 엡 1; 4절 곧 창세전에 **그리스도 안에서 우리를 택하사** 우리로 사랑 안에서 그 앞에 거룩하고 흠이 없게 하시려고

토기장이 :[3335] : יָצַר :(야차르)

:-(어떤 형태)**"만드는 사람."** 꾸미다. 경영하다. 제조하다. 예정하다. 계획하다. 창조하다. **[니팔]** 형성하다. 구성되다. 만들어지다. **[푸알]** 예정되다. 운명지어지다. **[부사]** 예술가. 조각가

토색(討索) :[7998] : שָׁלָל :(샤랄)

:-노획하다. 먹이. 약탈품./ 강탈하다. 탈취하다. 희생물. 전리품. [유래:7997] : שָׁלַל :(샤랄) :-빼앗다. 노략하다. 전리품을 취하다.

> 사10: 2절 "빈핍한 자를 불공평하게 판결하여 내 백성의 가련한 자의 권리를 박탈하며 과부에게 토색하고 고아의 것을 약탈하는 자는 화 있을진저"

통곡 :[히:1058]: בָּכָה :(바카)

:-통곡하다. 불평하다. 애통하다. 비탄하다. (하나님 거처에서 영생의 삶을 위하여 회개하는 눈물을 뜻한다.)

("כ:(카프)"와 "י:(요드)"는 예수님의 **"온 세상을 다스릴 권세와 권능"**을 가지신 **두 손**을 의미하며 **십자가 피로 구속하신 능력을 믿는 의(義)**를 뜻한다. 즉 **"구원"**을 의미한다.)

통달(通達) :[8394] : תְּבוּנָה :(테부나)

:-**"총명."**/ 명철. 지혜. 분별력. 통찰력. 능숙함.

[유래:0995] : בִּין :(빈) :-밝히 알다. 지혜롭다. 통찰하다. 총명하다. **[명]** 지혜자. 명철한 자.

> **사40:14절** 그가 누구로 더불어 의논하셨으며 누가 그를 교훈하였으며 그에게 공평의 도로 가르쳤으며 지식을 가르쳤으며 **통달의 도를** 보여주었느뇨?
>
> **고전 2:10절** "오직 하나님이 성령으로 이것을 우리에게 보이셨으니 성령은 모든 것 곧 하나님의 깊은 것이라도 **통달하시느니라.**"

통역 [히:6622] פָּתַר :(파타르)

:-(동)활짝 열다. 해석하다. 설명하다.(창40:8, 22, 41:12)

[분해] פ:(페)**입**(명령. 복음. 80)- ת:(타브)**십자가**(언약. 서명. 표,)- ר:(레쉬)**머리**(첫째. 으뜸. 근원) :-하나님의 근원의 언약의 말씀을 복음으로 해석하는 것을 뜻한다.

통치 :[4427] : מָלַךְ :(말라크)

:-**다스리다. 지배하다.**(창36:31, 삼상8:7, 12:14, 왕상11:37, 수13:10) 통치하다.(대상16:31, 시93:1, 단9:2) **[동사]** 보좌에 오르다. 왕되다.(삼하15:10, 16:8, 왕하25:27, 대하21:20) **[히필]** 왕을 삼다. 왕을 세우다.(삼상15:35, 왕상1:43, 대상29:22) **[호팔]** 왕이 되다.(단9:1) **[니팔]** 상의 하다. 의견을 묻다.(느5:7) **[명]** 왕위(王位).(삼하2:10, 15:10) 왕(王).(왕상2:15, 왕하24:12) 권세.(욥34:30)

통회 :[1793] : דָּכָא :(다카)

:-심하게 뭉개진, 죄를 깊이 뉘우치는, 티끌을 쓰다(시90:3). 산산 조각나다 (시9:3).

[유래:1792] : דָּכָא :(다카) :-통해하다(시34:18, 사57:15). 깨드리다(시89:10,). 부수다(욥6:9, 시72:4, 89:11, 사19:10). 상하다(사53:5, 10). 억누르다(욥5:4).

> **시34:18절** 여호와는 마음이 상한 자에게 가까이 하시고 중심에 **통회하는 자**를 구원하시는도다.

> **사57:15절** 지존무상하며 영원히 거하며 거룩하다 이름하는 자가 이같이 말씀하시되 내가 높고 거룩한 곳에 거하며 또한 **통회하고 마음이 겸손한 자**와 함께 거하나니 이는 겸손한 자의 영을 소성케 하며 **통회하는 자**의 마음을 소성케 하려 함이라.

투발 [8422] תֻּבַל (투발)

:-야벳의 아들(창10:2). 소아시아 동쪽 지역.(사66:19, 겔27:13, 32:26,) (아르메니아족으로 코카사스 산맥 북쪽에 거주하는 조상이 되었다.)

[주(註)] 하나님 거처에 들어가지 못하게 **"십자가에 못 박는 것"**을 "תֻּבַל (투발)"이라 한다.

티끌 :[6083] : עָפָר :(아파르)

:-티끌. 흙. 땅. 재. 먼지. 가루.(창2:7, 레14:41-42, 수7:6, 욥2:12, 19:25)

[6080:(아파르)] **[피엘]** 먼지가 된다. 진토가 된다.(창3:19, 삼상2:8, 시22:29)

> **수 7: 6절** 여호수아가 옷을 찢고 이스라엘 장로들과 함께 여호와의 궤 앞에서 땅에 엎드려 머리에 **티끌을** 무릅쓰고 저물도록 있다가

티라스 : [8494]: תִּירָס :(티라쓰)

:-**"티라스"** 야벳의 아들(창10:2). :-θ의 언약의 은혜를 공급함을 훼방하여 으뜸이 되지 못하게 하는 자들을 "תִּירָס:(티라쓰)"라 한다.

[8492를 보라]: תִּירוֹשׁ:(티로쉬) :-포도즙, 새 술. 새 포도주.(창27:28, 신33:28, 사36:17, 65:1)

[한글 ㅍ자]

파괴 :[6565] : פָּרַר :(파라르)

:-[히필] 분쇄하다. 깨뜨리다. [비유] 언약을 깨뜨리다.(레26:44, 사24:19, 33:8, 겔17:16) [호팔] 무효되다(사8:10, 렘33:21). [포엘] 나누다. 갈르다(시74:13). [힛폴엘] 부서지다. 갈라지다(사24:19). [필펠] 흔들리다. 흔들다.(욥16:12)

> **민15:31절** 그런 사람은 여호와의 말씀을 멸시하고 그 명령을 **파괴하였은즉** 그 죄악이 자기에게로 돌아가서 온전히 끊쳐지리라.

파도 :[4867] : מִשְׁבָּר :(미쉬바르)

:-(바다) **부서지는 파도. 큰 물결.**(삼하22:5, 시93:4, 욘2:3)

[유래:7665] : שָׁבַר :(샤바르) :-깨지다. 부수다. 부서지다(출23:24, 삿7:20, 왕하18:4, 사8:15, 30:14,). 깨뜨리다(창19:9, 사42:3, 렘2:20, 19:10). 상심하다(시34:19, 147:3, 사16:1).

(다른 단어) [1530] : גַּל :(갈) :-큰 물결. 더미. 샘. 파도.(욥38:11, 시107:29)

> **욥38:11절** 이르기를 네가 여기까지 오고 넘어가지 못하리니 네 **교만한 물결이** 여기 그칠지니라 하였었노라.

> **시42: 7절** 주의 폭포 소리에 깊은 바다가 서로 부르며 주의 **파도와 물결이** 나를 엄몰하도다.

파리 :[6157]: עָרֹב :(아로브)

;-파리 떼. 파리의 종류 곤충.(출8:17, 25-27, 시78:45, 105:31)

[주(註)] 출애굽기에는 이와 동일한 근원에서 역병들을 설명하는 **"파리 : עָרֹב(아로브)"**라는 단어가 있다. 이것을 다음과 같이 다양하게 번역한다. :**"파리의 떼"**(ESV); **"곤충의 떼"**(NASB); **"야생 짐승의 떼"**(고대 아람어). **KJV**는 히브리어 원문에 그 단어의 부재를 나타내면서, **"파리의 떼"**를 이탤릭체 **"파리"**로 번역했다. 궁극적으로 특정 번역 **"파리"**는 잠자리를 의미하는 단어인 고대 그리스어 번역에서 유래한다.

파멸 :[0006] : אָבַד :(아바드)

:-망하다(출10:7, 욥4:7, 렘48:46). 죽게 되다(민17:12, 욥31:19, 잠31:6). 멸망하다(민21:29, 왕하9:8, 맘1:8). ①길을 잃다.(신26:5) ②재물을 잃다(레26:38). ③목숨을 잃다(민17:27). ④민족이 멸망하다(출10:7,). **[피엘]** 포기하다. 멸망케 하다. 파괴하다.(전3:6, 렘23:1, 왕하11:1, 잠29:3)

> **민33:52절** 그 땅 거민을 너희 앞에서 다 몰아내고 그 새긴 석상과 부어 만든 우상을 다 **파멸**하며 산당을 다 훼파하고

파수꾼 :[8104] : שָׁמַר :(샤마르)

:-**[명]** 문지기(왕하25:18, 느11:19). 파수꾼(사62:6). 감독(느2:8). 경비병(아3:3). 목자(삼17:20). 선지자(사21:11, 62:6). **(1)**지키다. 관찰하다(창2:15, 30:31, 전12:3,겔40:45). **(2)**비축하다. 보관하다. 보호하다.(출22:6, 느9:32, 단9:4) **(3)**감시하다. 순찰하다. 방비하다.(욥13:27, 33:11, 시56:7) **[니팔]** 보호받다. 보존되다.(출23:20, 시37:28,86:2, 잠22:18,)

> **시127: 1절**(솔로몬의 시 곧 성전에 올라가는 노래) 여호와께서 집을 세우지 아니하시면 세우는 자의 수고가 헛되며 여호와께서 성을 지키지 아니하시면 **파숫군의 경성함이 허사로다.**

파종 :[2232] : זָרַע :(자라)

:-'씨를 뿌리다' : 파종하다(레25:22, 신11:10,). 심다(신29:23, 렘12:13). 농사하다(창23:10). **[니팔]** 잉태되다. 임신하다.(민5:28, 레12:2) **[히필]** 씨를 맺다.(창1:11)

> **민20: 5절** 너희가 어찌하여 우리를 애굽에서 나오게 하여 이 악한 곳으로 인도하였느냐 이곳에는 **파종할** 곳이 없고 무화과도 없고 포도도 없고 석류도 없고 마실 물도 없도다.

판결 :[4941] : מִשְׁפָּט :(미쉬파트)

:-판결. 판단. 분별. 정의. 법령. 재판. 법도. 송사. 계명. **[동]** 합당하다. 공의롭다. 재판받다. 심판하다. 바르게 하다. **[동의어]** [8199] : שָׁפַט :(샤파트) :심

판하다. 판결하다. 선고하다. 재판하다. **[명]** 재판관. 판사. 재판장. 심판자.

> **출28:15절** 너는 **판결 흉패를** 에봇 짜는 법으로 금실과 청색 자색 홍색실과 가늘게 꼰 베실로 공교히 짜서 만들되 **(30절)** 너는 **우림과 둠밈을 판결 흉패 안에 넣어** 아론으로 여호와 앞에 들어갈 때에 그 가슴 위에 있게 하라 아론이 여호와 앞에서 이스라엘 자손의 판결을 항상 그 가슴 위에 둘지니라

> **"흉패"** :[2833] חֹשֶׁן :(호쉔) :-내포하다. 번쩍이다. (12개 보석 박힌) **흉패**/ [우림 (광채)과 둠밈(온전함)을 담은] **주머니.** -판결을 하나님께 묻는 수단으로 사용함. (출25:7, 39:8, 레8:8,)

팔(여덟=8) :[8066] שְׁמִינִי :(쉐미니)

:-여덟. 8. 여덟째(출22:30, 레9:1, 25:22, 민6:10, 29:35)

[분해] שׁ :(쉰)**아랫니**(땅. 올바름. 촛불. 300)- מ :(멤)**물**(진리. 시험. 사역)- י :(요드) **손** (권세. 힘. 10)- נ :(눈)**물고기**(영속하다. 신실하다. 50)- י :(요드)**손**(권세. 힘. 10) :- 땅을 올바르게 하시려고 진리의 권능과 (오순절 성취)성령 충만으로 새롭게 시작할 예언의 말씀이 "שְׁמִינִי :(쉐미니)"이다.

> שְׁמִינִי :(쉐미니) :너무 많다. 비옥함. 새로운. 부활. 중생의 뜻.
>
> -**할례.**(8일째) :-새로운 피조물.(눅 2:21절)
> 새로운 시작(**7+1**=온전함에 새것으로 더하다.)
>
> -**구원**(방주 안에 살리심 받은 **8**명). =(알파벳 ח ":(울타리)의 숫자 (8) **구원.**
> **살리시다. 의로움(여덟 번째** 사람 의로운 노아).

패괴 :[7843] :שָׁחַת :(샤하트)

:-**"부패하다."**(창6:12, 삿2:19) **[피엘]** 파멸하다. 패허되다.(창9:11,수22:22, 삼하 24:16, 렘12:10) 무너지다.(창13:10, 겔26:4,) **[히필]**파괴시키다.(창19:14, 사54:16, 렘36:29,) **[호팔]**더럽혀 지다.(잠25:26, 겔28:17) **[명]** 해(害). 사악. 범죄.

> **창 6:11절** 때에 온 땅이 하나님 앞에 **패괴하여** 강포가 땅에 충만한지라.

패망 :[7667] :שֶׁבֶר :(쉐베르)

:-(성벽) 깨뜨림. 파괴됨. 손상됨.(레21:19, 24:20, 사30:13-14) **[형]** 부러짐(레

21:19,). 틈(시60:2). 환란. 패망(사1:28, 애2:11). 상처(사65:14, 렘6:14, 나3:19).

> 사 1:28절 그러나 **패역한** 자와 죄인은 함께 패망하고 여호와를 버린 자도 멸망할 것이라.

패역 :[6586] : פָּשַׁע :(파샤)

:-범하다(왕상8:50, 렘33:8, 호8:1). 배반하다(왕하3:7, 대하21:8, 사59:13). 어기다(왕하1:1, 3:5). 패역하다(사46:8,66:24, 겔20:38). 죄를 짓다(잠28:21). 변절하다. 거역하다. 반발하다. 반역하다. 범죄하다.(왕하1:1, 사1:2, 43:27, 렘2:8,) **[명]** 범죄자(시51:13, 사5312). 악인(시37:38). 반역자.(단8:23)

> 사 1: 5절 너희가 어찌하여 매를 더 맞으려고 더욱 더욱 **패역하느냐?** 온 머리는 병 들었고 온 마음은 피곤하였으며

편벽 :[4856] : מַשּׂא :(맛소)

:-차별대우. 편애. 치우침. 편파. 불공정.(대하19:7, 말2:9)

> 대하19: 7절 그런즉 너희는 여호와를 두려워하는 마음으로 삼가 행하라 우리의 하나님 여호와께서는 불의함도 없으시고 **편벽됨도** 없으시고 뇌물을 받으심도 없으시니라.

편지 :[5612]: סֵפֶר :(세페르)

:-편지. 문서. 글. 책.(출32:32, 신28:58, 삼하11:14, 왕상5:6, 21:8) [유래:5608] : סָפַר :(샤파르) :-기록하다.(왕상8:5, 대하5:6) 전파하다.(출9:16, 시9:1, 73:28, 75:1)

> 삼하11:14절 아침이 되매 다윗이 **편지를** 써서 우리아의 손에 부쳐 요압에게 보내니

평강 :[7999] : שָׁלֵם :(샬람)

:-**"평안하다"**(욥22:21) (정신. 육체. 재산) 안전하다. 형통하다.(욥9:4,22:21,) **[동사]** 완성하다. 완공하다.(왕상7:51, 느6:15) 화친하다(시7:4). 성취하다(44:28).

> 민 6:26절 여호와는 그 얼굴을 네게로 향하여 드사 **평강 주시기**를 원하노라

할지니라. 하라.

평화 :[7965]: שָׁלוֹם :(샬롬)

:-**평안. 행복, 평화, 안전, 평강**(平康).(창29:6, 43:27, 레26:6, 민6:22, 신20:10, 시35:27, 사41:3)

[주(註)] 땅을 올바르게 하나님 말씀으로 양육하여 거듭나게 하는 은혜를 "שָׁלוֹם:(샬롬)"이라 한다.(레26:6, 시28:3, 렘12:5)

창15:15절 너는 장수하다가 **평안히** 조상에게로 돌아가 장사될 것이요

폐하러 :[히:6565]: פָּרַר :(파라르)

:-(θ님 언약)**분쇄하다. 깨뜨리다.**(레26:44, 사33:8, 겔17:16) 폐하다.(삼하15:34, 시119:126) 위반하다(겔44:7). 무효하게 하다(민30:8-15, 삼하15:34, 시33:10).

[헬:2647]: καταλύω:(카탈뤼오) :-(θ님과 관계)**떨어트리다. 분리시키다**(마24:2, 막13:2, 눅21:6). **파괴하다**(마26:61, 행6:14, 롬14:20). **폐하다**(마5:17, 눅23:2, 행5:28).

[유래-헬:3098]: Μαγώγ:(마곡) :-(상징)적그리스도의 무리의 기원은

[히:4031]: מָגוֹג:(마고그) :-야벳의 둘째 아들. 노아의 손자.(이스라엘 침략할 자들)(창10:2, 겔38장 39장, 계20:8)

[주] 하나님 명령의 근원되신 첫째아들과 연합하지 않는 것을 "פָּרַר(파라르)"라 한다.

포도나무 :[히:3754]: כֶּרֶם :(케렘)

:-포도나무. /뜰. 포도원. -예수님 상징하는 비유(마26:29절/ 눅22:18절/ 요15:1절/ 계14;18-19절)

[헬:0288] : ἄμπελος:(암펠로스) :-포도넝쿨. 포도나무.

[기원:1021]: בֵּית הַכֶּרֶם :(베트 하케렘) :-**포도원의 집**.(만왕의 왕 되신 예수님의 왕국)

포로 :[7628] : שְׁבִי :(쉐비)

:-포로된, 사로잡힌.(민21:1, 31:26, 삿5:12) **[명사]** 포로.(신21:11) [어원:7633] : שִׁבְיָה :(쉬브야) :-속박. 포로./ 사로잡힘. 포로상태.(신12:11, 21:11, 32:42, 대하28:5)

[0616] : אָסִיר :(아씨르)-죄수. 포로. : **사10: 4절 포로 된** 자의 아래에 구푸리며 죽임을 당한 자의 아래에 엎드러질 따름이니라. 그럴지라도 여호와의 노가 쉬지 아니하며

[0957] : בַּז :(바즈) -노획물. 전리품. 노예. : **렘 2:14절** 이스라엘이 종이냐 씨종이냐 어찌하여 **포로가 되었느냐?**

[7633]: שִׁבְיָה :(쉬브야) -사로잡힌 자. :**신21:11절** 네가 만일 그 **포로 중의** 아리따운 여자를 보고 연련하여 아내를 삼고자 하거든

포학 :[2554] : חָמַס :(하마스)

:-난폭하다. 학대하다. 해치다. 탄압하다(렘22:3, 욥21:27, 잠8:36, 겔22:26, 습3:4). 잡아채다. 발가벗기다(애2:6,). 넘어뜨리다. 자르다. 부수다(욥15:33). **[니팔]** 난폭하다.(렘13:22)

시 7:16절 그 잔해는 자기 머리로 돌아오고 그 **포학은** 자기 정수리에 내리리로다.

폭풍 :[8183] : שְׂעָרָה :(세아라)

:-태풍. 폭풍. 폭풍우.(욥9:17, 사28:2, 나1:3) [어원:8175] : שָׂעַר :(샤아르) :-두려워 떨다.(신32:17) 폭풍우 치다. **[명]** 광풍. 폭풍. 공포. 회오리바람.(단11:40)

욥 9:17절 그가 **폭풍으로** 나를 꺾으시고 까닭 없이 내 상처를 많게 하시며

표(票) :[0226] : אוֹת (오트)

:-징조. 표(表). 증거. 기호.(창1:14, 4:15, 9:13, 민2:2, 신6:8, 11:18) 표징. 표적.(창17:11, 출12:13, 31:13, 삼상2:34) 십자가. 인(印). **"표적"**(표징) [유래:0225] : אוּת :(우트) :-허락하다. 동의하다. 찬성하다.

[주(註)] (하나님)왕이 십자가에 못 박히심의 **"표(票)."** (죄로 인한 사망을 면케 하는 표(票)가 왕 되신 예수님의 십자가의 표다.)

출13:16절 "이것으로 네 손의 기호와 네 미간의 **표를 삼으라.** 여호와께서 그 손의 권능으로 우리를 애굽에서 인도하여 내셨음이니라. 할지니라.

출12:13절 내가 애굽 땅을 칠 때에 그 피가 너희의 거하는 집에 있어서 너희를 위하여 **표적이 될지라.** 내가 피를 볼 때에 너희를 넘어가리니 재앙이 너희에게 내려 멸하지 아니하리라.

표면 :[6440]: פָּנִים (파니임)

:-얼굴(창38:15절 50: 1절), 표면(창1:2, 6:1, 겔37:2). 사람면전(창32:22, 레10:3, 왕하13:14). 또는 [6437]: פָּנָה(파나) ;-**"면전"**(~향하게 하다)(창18:22, 삼상13:17, 사53:6, 겔17:6) -θ님께 돌이키다. 앞으로.(출16:9, 사45:22)

[분해] פ(페)입(명령, 소리)- נ(눈)물고기(다시 싹다, 영속하다)- י(요드)손(**10**)- ם(멤)물(말씀. 연단, 모략) ;-하나님의 명령과 능력의 손으로 연단 받는 곳을 "פָּנִים(파니임)" 표면(세상)이라 한다.

사45:22절 땅 끝의 모든 백성아 나를 **앙망하라** 그리하면 구원을 얻으리라. 나는 하나님이라 다른 이가 없음이니라.

풀 :[1877]: דֶּשֶׁא :(데쉐)

;-싹. (연한)풀. (연한)채소.(창1:11, 왕하19:26, 시37:2, 욜2:22, 사66:14,) 움(잠27:25). [형] 푸른(신32:2, 삼하23:4, 시23:2). [히필] 풀을 내다.(창1:11)

[분해] ד(달렙)문(열다. 마음. 매달림)- שׁ(쉰)아래땅(불. 올바름. 300)- א(알렙) 숫소(지도자. 왕. 유일):-마음을 열도록 하나님의 은혜로 올바르게 하시려고 주시는 것을 " דֶּשֶׁא :(데쉐)"라 한다.

풀무 :[3564] : כּוּר :(쿠르)

:-**"풀무(신4:20, 잠17:3, 겔22:18)"** 용광로. 솥. 화덕. 녹이는 화로.(신4:20, 왕상8:51, 잠17:3, 27:1, 사48:10, 겔20:22, 22:18)

신 4:20절 여호와께서 너희를 택하시고 너희를 **쇠풀무** 곧 애굽에서 인도하여 내사 자기 기업의 백성을 삼으신 것이 오늘과 같아도

품 :[2436] : חֵיק :(헤크)

:-**"품**(창16:5, 삼하12:3, 애2:12)**"** 가슴. 품. 안에, 마음.(신28:54, 왕상1:2, 3:20, 미7:5,) 또는 **"에워싸다."**는 뜻의 어원에서 유래

[파생] **"제단의 내부"**(왕상22:35, 겔43:15). **"겉옷(외투)"**의 **가슴**(잠16:33, 21:14).

> **출 4: 6절** 여호와께서 또 가라사대 네 손을 **품에 넣으라** 하시매 손을 품에 넣었다가 내어보니 그 손에 문둥병이 발하여 눈 같이 흰지라.

> **시74:11절** 주께서 어찌하여 주의 손 곧 오른손을 거두시나이까 **주의 품에서** 빼사 저희를 멸하소서

품꾼 :[7916] : שָׂכִיר :(샤키르)

:-**"품꾼**(출12:45, 신15:28, 삼상2:5, 말3:5)**"** 종(레25:6, 욥7:2). 삯군(레25:53). 고용(레25:50, 렘46:21). **"급료를 받는 자."** [유래:7936] : שָׂכַר :(샤카르) :-고용하다 (창30:16, 삼하10:6, 대하24:12, 잠26:10). 삯을주다(학1:6). 채용하다. 보수를 주다.

> **출12:45절** 거류인과 타국 **품꾼**은 먹지 못하리라.

풍부(풍성) :①[3966] : מְאֹד :(메오드)

:-넘침. 풍부. 창대. 번성. 많음.(창7:18, 13:2, 26:13, 47:27, 수13:1, 왕상10:11) ②[3513] : כָּבֵד :(카베드) :-부유한. 풍부하다. 맹렬하다. 비대하다. 강성하다. 영광스럽다. 존귀하다. 영화롭다. =**부유함이 넘치다. 번성함이 풍부하다. 풍성함으로 영광스럽다.**(창13:2, 삿1:35, 삿20:34, 삼상4:18, 삼하23:23, 왕하14:20, 시873, 사6:5, 24:15)

> **창13: 2절** 아브람에게 육축과 은금이 **풍부하였더라.**

피(血) :[1818] : דָּם :(담)

:-(생명)피(血)(창4:11, 신9:10-13, 삼상14:32-33, 왕하3:22, 겔35:6). 유혈(창37:26, 레17:4, 신17:8). (은유)포도즙(창49:11, 신32:14). 지성소를 열 수 있는 피.(레17:4, 11)

> **창 9: 5절** 내가 반드시 너희 피 곧 너희 **생명의 피**를 찾으리니 짐승이면 그 짐승에게서, 사람이나 사람의 형제면 그에게서 그의 생명을 찾으리라. (신17:11-14)

피난처 :[4268] : מַחְסֶה :(마하세)

:-피난처. 대피처. 도피처. 숨는 곳.(욥24:8, 시46:2, 61:4, 71:7, 욜4:16) **[파생:2620]** : חָסָה :(하싸) :-달아나다. 도피하다. 피난하다. 의지하다. 보호받다. (신32:37, 삿9:15, 룻2:12, 삼하22:31, 시37:40, 144:2, 잠30:5, 사14:32)

> **시14: 6절** 너희가 가난한 자의 경영을 부끄럽게 하나 오직 여호와는 그 **피난처가** 되시도다

피조물 :[히:6213] עָשָׂה :(아샤)

:-창조하다(창1:1, 5:1, 출31:17, 욥4:17, 시96:5, 잠8:22, 사17:7). 만들다. 생산하다 (창3:21,8:6, 13:4, 출5:16) + **만물** :[3605]: כּל :(콜) :-전체. 모두.(창2:29:19,신4:29)

> **롬 1:25절** 이는 저희가 하나님의 진리를 거짓 것으로 바꾸어 **피조물을** 조물주 보다 더 경배하고 섬김이라 주는 곧 영원히 찬송할 이시로다. 아멘.

필역(畢役) [3615] : כָּלָה :(카라)

:-완성하다. 성취하다. 마치다. 끝나다. 결심하다.(창2:1-2, 6:16, 출39:32, 삼상20:7-9, 왕상6:38, 에7:7, 시72:20, 잠16:30, 28:8,)

> **왕상 3: 1절** 솔로몬이 애굽 왕 바로로 더불어 인연을 맺어 그 딸을 취하고 데려다가 다윗성에 두고 자기의 궁과 여호와의 전과 예루살렘 주위의 성이 **필역되기를** 기다리니라

핍박 :[7291] : רָדַף :(라다프)

:-추격하다. 핍박하다. 박해하다. 뒤쫓다. 학대당하다.(창35:5, 삿7:25, 욥19:22, 시69:26, 렘15:15, 29:18, 애3:66) **[니팔]** 추적을 받다.(전3:15, 애5;5) **[피엘]**~를 따르다. 박해하다.(잠12:11, 13:21, 28:19,) **[푸알]**흩어지다.(사17:13) **[히필]** 추적하다.(삿20:43)

> **시69:26절** 대저 저희가 주의 치신 자를 **핍박하며** 주께서 상케 하신 자의 슬픔을 말하였사오니

핍절 :[2637] : חָסֵר :(하쉐르)

:-**(1)**결여되다. 결핍하다. 부족하다. 핍절하다.(신2:7, 8:9, 시23:1, 34:11, 잠 31:11) **(2)**가난하다. 곤궁하다. 굶주리다.(잠13:25,) **(3)**궁핍하다. 모자라다.(창 8:3-5, 왕상17:14,) **[피엘]**모자라게 하다. 부족하게 하다(시8:6) **[히필]**동나게 하다. 부족하다.(출16:18)

사51:14절 결박된 포로가 속히 놓일 것이니 죽지도 아니할 것이요 구덩이로 내려가지도 아니할 것이며 그 양식이 **핍절하지도** 아니하리라. (사32:6절 주린 자의 심령)

하나 :[0259] : אֶחָד :(에하드)

:-하나. 하나 되다(연합하다). 첫 번째. 열하나. 열한 번째.

[분해] א(알렙)**숫소**(지도자, 권세)- ח(헤트)**울타리**(생명. 구원.)- ד(달렡)**문**(양의 문.

낮음) :-하나님 나라에 들어가는 울타리 문을 "אֶחָד :(에하드)"라 한다.(구원의 문이신 예수님과 하나되어야 함.)(왕상20:13, 욥23:13, 겔7:5, 엡4:3-6, 2:12-16)

하나님 [0410]: אֵל :(엘)

:-**하나님. 능력. 지도자. 유일하신. 영원하신.**

[0430]: אֱלֹהִים(엘로힘) :-하나님. 위대한 신(神).(가르치시는 하나님. 훈련시키시는 하나님)

[해석] אֵל(엘) (양육의 θ님) + הִים:(로힘) :-능력의 말씀으로 살리시려고 사역(신부 단장하도록)하시는 분.

[분해] א(알렙)**숫소**(지도자, 유일)+ ל(라멛)소몰이**막대**(법도, 가르치다.)+ ה(헤)**숨구멍**(생령, 호흡,)+ י(요드)**손**(사역, 능력. 힘)+ ם(멤)**물**(말씀사역, 연단. 지혜):-능력의 θ님(지도자)께서 생령(영생)에 이르도록 법도를 가르치시는 사역(使役)하시는 분을 " אֱלֹהִים(엘로힘)-하나님"이라 한다.

하나님 [0854] אֵת (에트) :-십자가의 하나님

①처음과 나중 - A(알파)와 Ω(오메가)

②[접두어] "~께서"(하나님의 격 :의해서, 말미암아, 통하여)이다.

③지시대명사로서 (אֱלֹהִים(엘로힘)+ אֵת(에트) ;-처음과 나중까지 함께하시는 양육의 하나님

[분해] א(숫소)**지도자**(왕. 권세. θ님)- ת- **십자가**(표(表), 인(印), 목표완성) ;-하나님은 창조 시작과 완성을 십자가를 "통하여(말미암아, 의해서,) 하실 것을 "אֵת(에트)"로 계시하셨다.

* "하누카"의 역사

-일반적으로 알려진 사실과는 달리, **하누카**는 유대인이 축하하는 **크리스마스** 다른 버전이 아니다. 히브리어로 "하누카(חנכה)"는 "봉헌"을 의미한다. "하누카(חנכה)"는 기원전 2세기에 시리아 황제를 상대로 벌인 마카비전쟁에서 신성한 예루살렘 성전의 재탈환을 기념하는 날이다. 성전을 다시 찾은 이후 마카비는 성전을 깨끗이 하고 재정비해야 했다. 다행히 더럽혀지지 않은 "**순수한 올리브기름 한 병**"이 남아있었고, 성전을 밝히고 예배하는데 사용되었다. 기적적으로 이 작은 "올리브 오일 한병"은 8일 동안이나, 즉 **하누카절기** 동안 성전의 촛대를 밝혔다.

-**이스라엘의 빛** : "하누카"기간 동안 매일 불이 켜지는 8개의 촛대 가지가 있는 **메노라**는 "하누카"의 상징이다. "메노라"는 "**등불. 불꽃**"을 의미하는 히브리어 단어 "**네르(נר)**"에서 파생되었다. 성경에서 "네르(נר)"는 깊은 영적인 의미의 단어다. 예를 들어 설명하자면, 다윗이 나이가 들었을 때, 그의 추종자들은 다윗에게 전쟁에 나가지 말라고 이르며 "**이스라엘의 등불**(네르 : נר)**이 꺼지지 말게 하소서**" 라고 기도하며 청한다.(삼하 21:17절). 바로 다음 장에서 다윗은 아름다운 찬송을 한다. "여호와여 주는 **나의 등불**(נר:네리)이시니 여호와께서 나의 어둠을 밝히시리다."(삼하. 22:29절)

-**세상의 빛** : 그렇기 때문에 예수님께서 예수님 자신을 "**나는 세상의 빛이니**"(요 8:12절)라고 지칭하신 내용은 놀랍지도 않습니다. 선지자 마태는 다음과 같이 말했다. "네 온 몸이 밝아 조금도 어두운 데가 없으면 등불의 빛이 너를 비출 때와 같이 온전히 밝으리라 하시니라."(마 11:36절).

하늘 :[8064]: שָׁמַיִם (샤마임)

:-(θ위의)하늘, 하늘들, 창공.(신10:14절)

[분해] שׁ(쉰)(아래)**땅**(올바름)- מ(멤)**물**(말씀. 지혜)- י(요드)**손**(권능. 힘)- ם(물, 말씀. 지혜) ;-ה(생명의 하늘 위)올바름을 위해서 살리는(호흡) 말씀과 능력(힘)이 되는 말씀이 있는 하늘을 "השׁמים(하 샤마임)"이라 한다.

[**주(註)**]"מים(궁창 아래(땅)의 물-진리)" + שׁ(하늘-올바름) ;-땅의 올바름을 위해서 하늘(위)에 말씀(진리가) 있는 곳을 "השׁמים(하 샤마임)이라 한다.

*신10:14절 **하늘(**השׁמים(하 샤마임))**의 하늘들의** (위의)**하늘**=세 단계의 하늘이 있다, (대하 6:18절/ 벧후 3:10절,)등에서 "**하늘들**"이라 표현한다.

①[8064] הַשָּׁמַיִם (하 샤마임):- (θ의)하늘, 하늘들,(421회 기록)
②[8064] וְשָׁמַי (바 샤마이) ;-하늘들(우주 공간).(하나님의 하늘과 땅의 하늘과의 연결의 하늘)
③[8065] שָׁמַיִן (샤마인) 창공. 천지(땅과 함께 있는 하늘).

하란 : הָרָן :[2039]: הָרָן :(하란)

:-산 사람.(아브람의 형제)(창11:26-17, 대상23:9)

[분해] ה(헤)**숨구멍**(호흡.생령. 소망)- ר(레쉬)**머리**(근원. 으뜸)- ן(눈)**물고기**(구원. 50) ;-생령으로 구원받아 근원이 된 자를 "הָרָן:(하란)"이라 한다.

한(限) :[8130] : שָׂנֵא :(샤네)

:-미워하다. 증오하다(창26:27, 신22:13, 삿11:7, 삼하13:15, 시5:6,). 원수(창 24:50, 잠25:21). 적(시35:19, 38:20, 겔16:27). [명] 미움(삼하13:15, 잠19:7).

> 전 2:17절 이러므로 내가 사는 것을 **한하였노니** 이는 해 아래서 하는 일이 내게 괴로움이요 다 헛되어 바람을 잡으려는 것임이로다.

한량 :[2706] : חֹק :(호크)

:-**제한된 것. 정한 것. 법도**(창47:26, 출12:24-25, 욥23:14). 한계. 임무. 몫. 소득의 양(量).(출5:14, 레6:18, 민18:8, 잠31:15, 욥26:10,)

> 사 5:14절 음부가 그 욕망을 크게 내어 **한량없이** 그 입을 벌린즉 그들의 호화로움과 그들의 많은 무리와 그들의 떠드는 것과 그 중에서 연락하는 자가 거기 빠질 것이라.

한탄 :[5162] : נָחַם :(나함)

:-**한탄하다.**(창6:6-7) **미안하다. 위로하다**(창24:67, 삼상13:39, 겔14:22, 시77:2). 회개하다. 참회하다. 뉘우치다. 뜻을 돌이키다.(창6:6-7, 출13::17, 욥42:6, 시 106:45, 렘18:8, 31:19,) [니팔] 슬퍼하다. 애도하다. 불쌍히 여기다.(룻2:13, 사

51:3, 렘15:6, 시90:13,) **[피엘]** 위로하다.(창50:21, 욥2:11) **[푸알]** 위안 받다.(시 119:76, 사51:11) **[힛파엘]** 애통하다. 위안 받다. 보복하다.(창27:35, 27:42, 신 32:36, 시135:14)

> **창 6: 6절** 땅 위에 사람 지으셨음을 **한탄하사** 마음에 근심하시고

할렐루야 : יָהּ :(야)- הַלְלוּ :(할렐루)

=[3050] : יָהּ :(야) :-야훼.(여호와 단축발음)(출15:2, 시89:9, 94:7, 104:35) +

[1984]: הָלַל :(할랄) :-비치다. 찬양하다. 송축하다.(욥29:3, 시117:1) **[형·동]** 명백해지다. 밝아지다. 빛나다. 과시하다. 자랑하다.(욥31:26, 시75:5) **[피엘]** 노래하다. 찬양하다.(대상16:36, 대하20:21, 시117:1, 145:2) **[푸알]** 찬양을 받다.(시18:4, 96:4, 겔26:17,) **[힛파엘]** 칭찬을 받다. 찬양을 드리다. 영광을 받다.(왕상20:11, 시34:3, 64:11, 105:3, 잠20:14, 31:30)

> **시106: 1절 할렐루야** 여호와께 감사하라 그는 선하시며 그 인자하심이 영원함이로다

할례(割禮) :[4135]: מול :(물)

;-**[명]** 할례(신30:6,) **[피엘]** 할례를 행하다. 자르다. 베어내다.(창17:23, 21:4, 출12:44, 신10:16, 수5:4) **[니팔]** 할례를 받다. (자신이)할례를 행하다.(창17:10-13, 34:15-17, 렘4:4) **[히필]** 베어내다. 멸하다.(시118:10-12) **[힛팔렐]** 그 곳에서 베어내지다.(시58:8)

[분해] מ(멤)**물**(말씀. 단련. 시험)- ו(바브)**갈고리**(접속사/ 못. 변화)- ל(라멜)**양몰이막대** (양육. 길들이기. 30) ;-말씀과 성령의 양육으로 거듭나는 행위를 "מול :(물)"이라 합니다.(요3:5절)

함 :[2526]: חָם :(함)

;-**함**(노아 아들) **뜨거운** (창10:6-20, 출16:21, 사44:16)

[분해] ח(헤트)**울타리**(생령, 목숨)- מ(멤)**물**(연단, 말씀) :-(저주로) 연단(고난)으로 살아가는 사람.

[원형·2552동일]: חָמַם :(하맘) ;-뜨거운 자(욕망의 사람), 따뜻한 자(열정적). 열대지

방 사는 자.

함께 :[3161]: יָחַד :(야하드)

:-①하나가 되다. 결합하다. 연합하다. 함께, 같이(창22:8, 49:6, 욥9:32, 삼상 11:11, 대상12:7, 시86:11, 사14:20) ②[1004]:בַּיִת :(바이트) =(약어)[전치사] בְּ:(베 이트) ~안에, ~함께 + אָדָם :(아담)사람 =בְּאָדָם :(받아담)사람 안에(함께)(창 27:15, 출28:26)

> **창 6: 3절** 여호와께서 가라사대 나의 신이 영원히 사람과 **함께 하지** 아니하 리니 이는 그들이 육체가 됨이라 그러나 그들의 날은 일백 이십년이 되리라. 하시니라.

함락 :[3920] : לָכַד :(라카드)

:-①취하다. 가져가다. 잡다. 포획하다.(암3:5, 시35:8, 렘18:22,) [니팔] 잡히다. 포획되다. 함락되다. 점령당하다.(삼상10:20-21, 왕하16:18, 시9:16, 렘51:56)

> **왕상 16:18절** 시므리가 성이 **함락됨을** 보고 왕궁 위소에 들어가서 왕궁에 불을 놓고 그 가운데서 죽었으니

:②[5307]: נָפַל :(나팔) :-떨어지다. 추락하다. 무너져 내리다. 망하다. 죽임을 당하다. 항복하다. [히필] 떨어지게 하다. 내던지다. 쓰러지게 하다. [힛파 엘] 엎드러지다. 굴욕당하다.

> **사 21: 9절** 마병대가 쌍쌍이 오나이다 그가 대답하여 가라사대 **함락되었도 다. 함락되었도다.** 바벨론이여 그 신들의 조각한 형상이 다 부숴져 땅에 떨어 졌도다. 하시도다.

함정 :[4170] : מוֹקֵשׁ :(모케쉬)

:-①올가미. 함정에 빠지다. 덫. 미끼. 올무.(출10:7, 23:33, 삼18:21, 시18:6, 사 8:14, 암3:5,) ②[7845] : שַׁחַת :(샤하트) :-함정. 덫. 파멸. 스올. 구덩이. 망하다. (시16:10, 49:10, 103:4, 잠26:27)

> **시7:15절** 저가 웅덩이를 파 만듬이여 제가 만든 **함정**에 빠졌도다.

합당 :[3190]: יָטַב :(야탸브)

:-①[동사] 좋게 만들다. 훌륭하다. 아름답다.(창12:13, 40:14, 레10:19-20, 에5:14) [히필] 기쁘게 하다. 행복하게 하다. 즐겁게 하다. ~에 맞다. 적합하다.(신5:25, 18:17, 삼상16:17, 삿19:22, 렘1:12) ②[4998]: נָאָה :(나아) :-**어울리다. 알맞다. 적당하다. 아름다운.**(시93:5, 아1:10, 2:14, 4:13) ③[5000]: נָאוֶה :(나베) :-**합당하다. 적당하다. 알맞다. 아름답다. 어여쁘다. 마땅하다.**(시33:1, 잠17:7, 19:10, 26:1, 아1:5, 2:14, 4:3)

> **삼상18: 5절** 다윗이 사울의 보내는 곳마다 가서 지혜롭게 행하매 사울이 그로 군대의 장을 삼았더니 온 백성이 합당히 여겼고 사울의 신하들도 **합당히** 여겼더라.

> **시 93: 5절** 여호와여 주의 증거하심이 확실하고 거룩함이 주의 집에 **합당하여** 영구하리이다.

> **잠 17: 7절** 분외의 말을 하는 것도 미련한 자에게 **합당치** 아니하거든 하물며 거짓말을 하는 것이 존귀한 자에게 **합당하겠느냐?**

합하다 :[3254]: יָסַף :(야싸프)

:-더하다. 가산하다.(레5:16, 22:14, 27:13, 심19:9, 삼하24:3) 증가하다. 추가하다. 합하다. 번창하다.(출1:10,레19:25, 욥42:10, 시115:14) 많아지다.

[부사] 더욱. 많이. 점점.(창27:5, 욥17:9, 시71:14, 전1:16) **[명]** 소산.(레19:25)

> **출 1:10절** 자! 우리가 그들에게 대하여 지혜롭게 하자 두렵건대 그들이 더 많게 되면 전쟁이 일어날 때에 우리 대적과 **합하여** 우리와 싸우고 이 땅에서 갈까 하노라. 하고

항상 :[8548]: תָּמִיד :(타미드)

:-**[명·남]** 계속성. 연속성.(출25:30, 30:8, 민4:7, 28:6-10,) **[부사]**매일. 늘. 항상. 영원함.(출25:30, 28:38, 29:38, 민28:3, 삼하9:7, 시71:3,) [속격·형용사] 계속적인 번제(상번제-순번)(출20:20, 레24:2, 민28:6, 10, 15, 23-24)

[주(註)] 언약의 말씀을 순종하여(끊이지 않는 번제) 하나님의 능력이 우리 영혼에 떠나지 않은 상태를 뜻함.

해(害) : [7489] : רָעַע :(라아)

:-깨뜨리다. 악하게 하다. 해(害)하다. 학대하다.(출25:23, 민11:10, 16:15, 20:15, 욥34:24, 시2:9, 렘15:12) **[히필]** 악하게 하다. 나쁘게 하다. 기뻐하지 않다.(창44:5, 출5:23, 민11:11, 룻1:21) **[형용]** 쓸모없게 하다. 나쁘게 하다.(육체적, 사회적, 도덕적으로) 괴롭히다. **[명]** 행악. 행악자. 재앙. 불의. 죄악.(출5:22, 레5:4, 시26:5, 사1:4, 렘20:13)

> **창19: 9절** 그들이 가로되 너는 물러나라 또 가로되 이 놈이 들어와서 우거하면서 우리의 법관이 되려 하는 도다. 이제 우리가 그들보다 너를 더 **해하리라.** 하고 롯을 밀치며 가까이 나아와서 그 문을 깨치려 하는지라.

해(태양) : [8121] : שֶׁמֶשׁ :(쉐메스)

:-태양. 일출. 동쪽. 일몰. 서쪽.(창28:11, 수13:5, 삿20:43,) (공개적)흉벽.(사54:12) **"빛나다"** :햇볕. 햇빛.(아1:6, 전6:5, 7:11)

> **창 15:12절** 해질 때에 아브람이 깊이 잠든 중에 캄캄함이 임하므로 심히 두려워하더니

[예] **"벧세메스"** : בֵּית שֶׁמֶשׁ :(세메스-베이트) :-**"태양의 집"** : 팔레스틴의 한 장소 "벧세메스"

> **삼상 6: 1-21절 14절** 수레가 **벧세메스** 사람 여호수아의 밭 큰 돌 있는 곳에 이르러 선지라 무리가 수레의 나무를 패고 그 소를 번제로 여호와께 드리고

해(年) : [8141] : שָׁנֶה :(샤네)

:-**년(年)**(시간의 주기)(신14:22, 15:20). 해.(창41:27, 수5:12, 렘17:8) 연수(레25:15, 시90:10). 년 한(잠5:9, 겔22:4).

> **창 26:12절** 이삭이 그 땅에서 농사하여 **그 해에** 백 배나 얻었고 여호와께서 복을 주시므로

해골 : [6106] : עֶצֶם :(에쳄)

:-**(1)**뼈. 해골. 뼈대. 골육. 기골. 백골.(창2:23, 29:14, 출12:46, 13:19, 민9:12,

수24:32, 삼하21:12-14, 욥20:11, 겔32:27) 본질.(창2:23) **(2)몸**. 자아.(창7:13, 애4:7)

> **출13:19절** 모세가 요셉의 **해골**을 취하였으니 이는 요셉이 이스라엘 자손으로 단단히 맹세케 하여 이르기를 하나님이 필연 너희를 권고하시리니 너희는 나의 해골을 여기서 가지고 나가라 하였음이었더라.

해방(解放) :[2668] : חֻפְשָׁה :(후프샤)

:-(노예로부터) **해방. 자유. 독립.** [유래:2666]:חָפַשׁ :(하파쉬) :-풀려나다. 풀어주다. 자유롭게 하다. 해방하다. 방면하다.

> **레19:20절** 무릇 아직 속량도 되지 못하고 **해방도** 되지 못하고 정혼한 씨종과 사람이 행음하면 두 사람이 형벌은 받으려니와 그들이 죽임을 당치 아니할 것은 그 여인은 아직 **해방되지** 못하였음이라.

해산(解産) :[3205] : יָלַד :(야라드)

:-아이를 낳다. 태어나다. 해산하다. **[니팔]** 낳다. 태어나다. **[피엘]** 조산하다. 해산을 돕다. **[분사]** 조산원. 산파. **[푸알]** 창조하다. 낳다. **[히필]** 낳게 하다. 생기게 하다. 열매를 맺게 하다.

> **출 1:19절** 산파가 바로에게 대답하되 히브리 여인은 애굽 여인과 같지 아니하고 건장하여 산파가 그들에게 이르기 전에 **해산하였더이다**. 하매

행복 :[2896] : טוֹב :(토브)

:-좋은. 선한. 즐거운. **[신부단장]** 아리따운. 충실한. 아름다운. **[부사]** 훌륭한. 충분한. 능숙한. **[형·동]** 유쾌한. 번영하는, 유복한. 기쁘게 하다.

> **신10:13절** 내가 오늘날 네 **행복을 위하여** 네게 명하는 여호와의 명령과 규례를 지킬 것이 아니냐?

행실 :[4611] : מַעֲלָל :(마아랄)

:-행동. 일하기. 작업하기. 행위. 동작. [유래:5953]: עָלַל :(아랄) :-철저하게 ~

하다. **[포엘]** 이삭을 줍다. 어지럽게 하다. **[힛파엘]** 갈증을 채우다. (욕망)채

우다. (희롱)만족시키다. 전력을 다하다. **[힛포엘]** 철저히 행하다.

행위(道) :[1870] : דֶּרֶךְ :(데레크)

:-길. 행위. 통로. 방법. 방식. 도리(道理). 행사(行事). 태도.

> 렘 17:10절 나 여호와는 심장을 살피며 폐부를 시험하고 각각 그 **행위**와 그
> **행실대로** 보응하나니

행음 :[2181]: זָנָה :(자나)

:-음행을 범하다. 간음하다. 더럽히다. 음란하다. 음탕한 행위. **[히필]** 음행하게

하다. 음행을 범하게 하다. **(은유)**우상을 섬기다. **[분사]** 매춘부. 창부. 창기.

> 그러나 결과에서 소출을 내어 그 열매의 행위로 **반석위의 집 지은 지혜로운**
> **자인가?** 아님 **모래위에 집 지은 어리석은 자인가?** 로 결정됩니다. 그러므로
> **지혜로운 자**로서 반석위에 집 지은 자가 되어야 합니다.

행하다 :[히:4639]: מַעֲשֶׂה :(마아세)

[남명] (1)일. 임무. 직무. 사역.(창47:3, 출5:4, 레18:3, 대상23:28) **(2)**행함. 행동.

행실. 행위.(창20:19, 삿2:10, 삼상8:8, 대하17:4, 시44:15, 86:8,) **(3)**재산. 소유.

열매. 수고.(출23:16, 삼상25:2, 합3:17, 계2:2) **[형·동]** 굽는 것.(대상9:31) 만드신

것.(왕하19:18시8:3) 수놓은(출26:1,) 제조하는 것.(출30:25) 행한 일.(신3:24)

[분해] מ(멤)**물**(말씀. 시험)- ע(아인)**눈**(빛. 청함. 70)- שׂ(신)위-**하늘**(불. 상아탑)- ה(헤)

숨구멍(호흡. 생령. 빛) :-**성령의 충만한 말씀의 지혜로운 빛을 따라서 행하는**

것을 מַעֲשֶׂה :(마아세)"라 한다.

[헬:4160]: ποιέω :(포이에오) ;-**[능동태]** 행하다. 만들다. 약속을 실행하다.(마

7:22, 요7:21, 행11:30, 계2:5) **[중간태]** ~을 하다. (단순한 행동)~을 하다.(행

25:17, 빌1:4, 계13:14)

> **창17: 1절** 아브람의 구십 구세 때에 여호와께서 아브람에게 나타나서 그에게 이르시되 나는 전능한 하나님이라. 너는 내 앞에서 **행하여 완전 하라.**

> **창 38:24절** 석 달 쯤 후에 혹이 유다에게 고하여 가로되 네 며느리 다말이 **행음**하였고 **그 행음**함을 인하여 잉태 하였느니라 유다가 가로되 그를 끌어내어 불사르라.

향기(냄새) :[5207]: נִיחוֹחַ :(니호아흐)

:-[형·동] "여호와께 드리는 향기로운 냄새"(레1:9, 13, 2:2, 3:5, 민15:7). **"향기로운"**(출29:18, 레1:9, 민29:6). 만족함. 기쁨. (θ께 드리는)향기(香氣).(창8:21, 레2:12, 26:31, 민15:3, 겔6:13,) [명] 향기(창8:21, 겔16:19). 향(香)(레6:31).

[분해] נ(눈)**물고기**(영속. 50. 싹트다)- י(요드)**손**(10. 충만. 권능의 손)- ח(헤트)**울타리** (생명. 부활)- ו(와우)**못**(연결. 변화시킴)- ח(헤트)**울타리**(생명. 부활) :-(오순절)성령의 충만한 능력으로 거듭나 생명의 부활의 향기를 "נִיחוֹחַ:(니호아흐)"라 한다.

> **레 1: 9절** 그 내장과 정갱이를 물로 씻을 것이요 제사장은 그 전부를 단 위에 불살라 번제를 삼을지니 이는 화제라 여호와께 **향기로운 냄새니라.**

향품 :[1314] בֶּשֶׂם :(벧셈) בּ(전치사+관대)

:-(1)향기로운 냄새.(출30:23, 레1:9, 17, 2:12, 아4:16, 사3:24,) **(2)**향품. 향 재료.(출35:28, 왕상10:10, 대하9:9, 겔27:22)(명남복)

[분해] בּ:(베트)집(안에. 건축. 단장)- בּ:(베트)집(거처. 성소. 성자)- שׂ:(신)윗니/ 하늘(올바름. 연마. 성령 충만)- ם:(멤)물(진리. 단련. 시험. 사역) :-**[동사·세우다]** 거처 안에 거하기 위해 진리의 성령으로 신부 단장하는 재료를 בֶּשֶׂם:(벧셈) 향품이라 한다.

향(向)하다 :[8259] : שָׁקַף :(샤카프)

①[니팔] 내다보다. 조망하다. 밖을 보다.(민21:20, 5:28, 삼하6:16, 렘6:1) 보이다.(민21:20) **[히필]** 지켜보다.(창26:8, 시14:2, 53:3) ②[5186] : נָטָה :(나타) :-향하다(수24:23, 왕상8:58). 펼치다. 확장하다(출8:2, 10:12, 수8:18, 사5:25 렘51:25). **[니팔]** 펼쳐지다(슥1:16,). 벌어지다(민24:6). 길어지다(렘6:4). **[히필]** 확

장하다. 펼치다. 기울이다. 향하게 하다.(민22:23, 삼하3:27, 사31:3, 렘6:12, 암2:8)

> 민 6:26절 여호와는 그 얼굴을 네게로 **향하여** 드사 평강 주시기를 원하노라 할지니라 하라.
>
> 시119:36절 내 마음을 주의 증거로 **향하게** 하시고 탐욕으로 **향하지** 말게 하소서

허락 : [0225] : אוֹת :(우트)

:①**허락하다. 동의하다. 찬성하다.**(창28:15, 34:15, 34:22, 출12:25, 왕하12:8) ② [1696] : דָּבַר :(다바르) :-**"말씀하시다."**(대상17:17, 시51:4, 사1:2) **:** 정돈하다. 안내하다. 인도하다. 통치하다. 지배하다. **[피엘]** 이야기 하다. 약속하다. 명령하다. 구혼하다. 위로하다. 언약하다.(창12:4, 창34:3, 출1:17, 민10:29, 신19:8, 삼상25:30, 룻2:13, 삿7:7) **[푸알]** 언급되다.(시87:3, 아8:8) **[니팔]**함께 말하다. 서로 말하다.(시119:223, 겔33:30, 말3:16) **[히필]** 복종시키다. 지배하다.(시18:48, 47:4) **[명]** 말. 말씀. 명령.(창44:2, 민27:7, 수24:27, 잠4:4)

> 창 34:15절 그런즉 이같이 하면 너희에게 **허락하리라.** 만일 너희 중 남자가 다 할례를 받고 우리 같이 되면
>
> 출 12:25절 너희는 여호와께서 **허락하신** 대로 너희에게 주시는 땅에 이를 때에 이 예식을 지킬 것이라.

허망 :[1891] : הָבַל :(하발)

:-①**허망하다. 무익하다. 헛되다.**/ 숨을 내쉬다. 호흡하다. 행하다. 헛되이 말하다.(왕하17:15, 욥27:12, 시62:10, 렘2:5) **[히필]** 허영에 빠지도록 유혹하다. 우상에게 절하게 하다.(렘23:16) ②[7723]: שָׁוְא :(샤브) :-**"악."** 사악. 범죄. **"거짓"** 거짓말. **"허무"** 헛된 것. 허탄한 것. 허무한 것.(욥35:13, 시12:2, 시127:1, 사5:18, 렘18:15, 겔13:6, 겔21:29, 욘2:8, 슥10:2, 말3:14)

> 왕하 17:15절 여호와의 율례와 여호와께서 그 열조로 더불어 세우신 언약과 경계하신 말씀을 버리고 **허무한** 것을 좇아 **허망하며** 또 여호와께서 명하사 본받지 말라 하신 사면 이방 사람을 본받아
>
> 욥11:12절 하나님은 **허망한** 사람을 아시나니 악한 일은 상관치 않으시는 듯

하나 다 보시느니라.

허물 :[5771] : עָוֹן :(아본)

:-허물(레5:1, 삼하3:8, 느7:21). 사악함. 부패함. 범죄. 죄악. 죄짐. 불의.(창 4:13, 44:16, 욥31:11, 사43:24, 호14:1) 죄벌. 죄책.(창4:13, 출28:38, 레26:41)

> **사 1: 4절** 슬프다 범죄한 나라요 **허물 진** 백성이요 행악의 종자요 행위가 부 패한 자식이로다 그들이 여호와를 버리며 이스라엘의 거룩한 자를 만홀히 여 겨 멀리하고 물러갔도다.

허사(허망) :[7723] : שָׁוְא :(샤브)

:-**"악."** 사악. 범죄. **"거짓"** 거짓말. **"허무"** [유래:7722] : שׁוֹא :(쇼) :-**"황폐하다"** 파괴. 붕괴. 황폐. 폐허. **[주(註)]** **"허망"**과 같은 뜻이다. 참조.

> **"허사(虛事)"시127: 1절** (솔로몬의 성전에 올라가는 시) 여호와께서 집을 세우 지 아니하시면 세우는 자의 수고가 헛되며 여호와께서 성을 지키지 아니하시 면 파숫군의 경성함이 **허사로다.**

> **"허탄"시24: 4절** 곧 손이 깨끗하며 마음이 청결하며 뜻을 **허탄한데** 두지 아 니하며 거짓 맹세치 아니하는 자로다.

헌신 :[4390] : מָלֵא :(말레)

:-(θ께 드림)헌신하다. 채우다. 가득하다. 충만하다(창1:22, 9:1, 32:29, 시33:5, 사1:15, 렘51:11). 거룩하게 하다. 위임되다(출29:9, 레8:33, 21:10, 민3:3, 렘4:5).

[분해] מ:(멤)**물**(말씀. 사역. **40**)- ל:(라멜)소몰이**막대**(양육. 성숙. **30**)- א:(알렙)**수 소·소뿔**(θ님. 처음. 영원함) :-말씀에 충만하여 하나님과 영원할 수 있도록 장성(채움)한 것을 **"말레"**라 함.

> **레 8:33절** 위임식은 칠일동안 **(가득 채우다)행하나니** 위임식이 마치는 날까지 칠 일동안은 회막 문에 나가지 말라.

헤브론 :[2275] : חֶבְרוֹן :(헤브론)

:-"**결합. 연합.**"(교제의 자리.)/ ①팔레스틴의 한 장소.(창13:18, 23:2, 삼하2:1, 5:5) ②두 이스라엘인의 이름 헤브론.(출16:18, 대상2:42-43, 5:28,) [어원:2267]: חֶבֶר :(헤베르) :-**(1)**연합. 교제. 공동체. 단체. **(2)**주문. 마술. 진언자. 요술. 주술사.

> **창13:18절** 이에 아브람이 장막을 옮겨 **헤브론**에 있는 마므레 상수리 수풀에 이르러 거하며 거기서 여호와를 위하여 단을 쌓았더라.

헵시바 :[2657] : חֶפְצִי־בָהּ :(헤프치 바흐)

:-[접미사를 가진 2656에서 유래]: 나의 기쁨이 그녀(이스라엘)에게 있다.(왕하21:1, 사62:4) **[명칭]** 히스기야 왕의 왕비이며 므낫세의 어머니 **헵시바**(왕하21:1절). **시온**의 상징적 (예루살렘)의 이름.(사62:4) **[명]** 기쁨(욥22:3, 사44:28). 즐거움(시16:3,). 소원(삼하23:5, 왕상9:11). 추구. 열정.(욥21:21, 22:3, 전3:1, 사44:28)

혀 :[3956] : לָשׁוֹן :(라숀)

:-**(1)**혀. 말. 언어.(출11:7) ①중상.(시140:12) ②마술(전10:11) ③속임수. 기만. (잠10:31) **[주]** 화술. 격언. 속담.(창10:5, 욥15:5, 잠16:1, 단1:4) **(2)**(무생물에 대한)①불꽃. 화염. 불길.(사5:24) ②해만(海灣)(수15:2, 사11:15)

[유래:3960] : לָשַׁן :(라샨) :-핥다. 핥아 먹다. **[포엘]** 혀를 널름거리다. 헐뜯다. 비난하다. 비방하다.(시101:5, 잠30:10, 겔36:3)

> **출 4;10절** 모세가 여호와께 고하되 주여 나는 본래 말에 능치 못한 자라 주께서 주의 종에게 명하신 후에도 그러하니 나는 입이 뻣뻣하고 **혀가** 둔한 자니이다.

> **약 3:5-6절** (5)이와 같이 **혀도** 작은 지체로되 큰 것을 자랑하도다. 보라 어떻게 작은 불이 어떻게 많은 나무를 태우는가? **(6) 혀는** 곧 불이요 불의의 세계라 **혀는** 우리 지체 중에서 온 몸을 더럽히고 생의 바퀴를 불사르나니 그 사르는 것이 지옥 불에서 나느니라.

현명(지혜) [2449]: חָכַם :(하캄)

:-현명해지다. 지혜롭다. 총명해지다.(왕상5:11, 욥32:9, 잠6:6, 23:19, 전2:19)
[피엘] 지혜를 가르치다. 현명하게 하다.(욥35:11, 시105:22) **[푸알][분사]** 현명해진. 지혜로워진. 학식있는,(잠30:24) **[힛파엘]**①스스로 지혜롭게 여기다.(전7:16) ②지혜로움을 보여주다.(출1:10) 지혜자가 되다.(전7:16, 23)

[분해] ח(헤트)**울타리**(생명. 구원.)- כ(카프)굽은**손**(순종. 의지함. 강한 손)- ם(멤)**물**(사역, 말씀, 40) ;-구원에 이르는 생명의 말씀을 순종하는 것을 현명하다. "חָכַם(하케무)"라 합니다.

현몽 :[2472] : חֲלוֹם :(할롬)

:-**꿈. 잠**.(창20:6, 31:10-14, 삼상28:6, 욜2:28) 꿈을 꾸다.(렘23:27) 꿈꾸는 자.(창37:5, 37:19, 렘27:9) **[동]** 현몽하다.(창20:3, 31:24)

> **창20: 3절** 그 밤에 하나님이 아비멜렉에게 **현몽하시고** 그에게 이르시되 네가 취한 이 여인을 인하여 네가 죽으리니 그가 남의 아내임이니라.

현숙 :[2428]: חַיִל :(하일)

:-현숙한.(룻3:11) **(1)**힘. 권능. 능력. 재능.(민24:18, 삼상2:4, 삼하22:40, 대상9:13, 26:6 시18:32-34, 33:16, 잠31:3) **(2)**능력. 부(富).(창34:29, 신8:17-18, 룻4:11 욥20:15) **(3)** 덕(德). 공의. 성실.(창47:6, 출18:21, 룻3:11, 왕상1:52, 잠12:4,) **(4)** 군대. 군인. 무리.(출14:28, 민31:14, 신3:18, 삼상14:52, 시3:18)

[분해] ח:(헤트)울타리(구원. 8)- י:(요드)손(권능. 지배. 10)- ל:(라멜)소몰이막대(양육. 성숙) :-구원에 이르도록 성숙한 분량이 충만한 것을 "חַיִל :(하일)"이라 한다.

혈기 :[1320] : בָּשָׂר :(바샤르)

:-살. 몸. 육신. 육체. 혈육. [유래:1319] : בָּשַׂר :(바사르) :-기뻐하다. 전하다. 전파하다. 소식을 전하다. 선포하다. 공포하다.(삼하18:20-26절 삼상31:9절)
[피엘] 기쁜 소식 즐겁게 전하다. 알려주다. **[분사]** 평화의 사도.(사52:7절)

승리의 사자.(시68:12절) **[힛파엘]** 기쁜 소식을 받다. (삼하18:31절)

> **창 9:15절** 내가 나와 너희와 및 **혈기** 있는 모든 생물 사이의 내 언약을 기억하리니 다시는 물이 모든 혈기 있는 자를 멸하는 홍수가 되지 아니할지라.

형벌 :[6485] : פָקַד :(파카드)

:~에게 가다. 조사하러 가다. 살피다. 보응하다. 계수하다. **[명]** 형벌. 계수. 관리. 진영. 벌. 명령. **[니팔]** 부족한. 징계를 받는, **[히필]** 정해놓다. **[힛파엘]** 소집되다. 계수되다./ 형벌을 받다.(사24:22절) 벌하다.(삿13:11절 렘6:15절) 벌을 주다.(호 2:13절) 보응하다.(출32:34절) 처벌하다.(렘 6:6절)

> **사24:21-22절** (21)그 날에 여호와께서 높은데서 높은 군대를 **벌하시며** 땅에서 땅의 왕들을 **벌하시리니** (22)그들이 죄수가 깊은 옥에 모임 같이 모음을 입고 옥에 갇혔다가 여러 날 후에 **형벌을 받을 것이라.**

형상 : [히:6754] צֶלֶם (첼렘)

:-그늘지다. 형상. 그림자.(창1:26-27, 왕하11:18, 시39:7, 73:20) ①"צֶלֶם(첼렘)"은 "**그늘지다.**" -**본체와 유사하게 나타난 형태**로서 나타나지는 성품까지의 형상을 뜻한다. 이를 하나님의 **그림자**라는 뜻으로 해석한다.(환영, (상징적)착각. 닮음.)

[주(註)] : צֶלֶם :(첼렘)은 어떻게 언어의 근원이 됨을 보여주는 예다.(창1:26절)
②[1823]: דְמוּת :(데무~트) 유사(類似). 모양. **[부사]** 같게(사13:4), 닮은 꼴, 같은 모양.(창1:26, 대하4:3, 시58:4, 사40:18)

[주(註)] :"צֶלֶם (첼렘)"과 달리 구체적이고 실체적 유사성을 가리킨다.(דְמוּת :(데무~트) -입의 말(마음)과 지혜가 십자가의 표와 닮았다.)

* 하나님의 형상일까 그림자 일까?

> [해석] צֶלֶם :(첼렘)" :-"**그림자**"를 뜻함. צֵל :(첼)과 관련이 있습니다. "**그림자**"는 진짜 사물의 불완전한 형상을 나타낸다. 그렇기 때문에 "**하나님의 형상 :** צֶלֶם אֱלֹהִים :(첼렘 엘로힘)"은 완벽한 진짜 형상을 완벽하지 않게 복사했다는 의미에서 "**하나님의 그림자 :** צֵל אֱלֹהִים :(첼엘로힘)"으로 해석될 수 있다.

대홍수 이후에, 하나님께서는 노아와 그의 자손들에게 조건 없는 언약을 맺으셨다. 인간 삶의 신성함이 처음으로 확립되었을 뿐만 아니라, 하나님께서 **"하나님의 형상 : צֶלֶם אֱלֹהִים :(첼렘 엘로힘)"대로 사람을 창조하신** 사실에 근거하고 있기 때문에 이 언약은 매우 특별하다. 그러므로 다른 사람의 피를 흘리면 그 사람도 피를 흘릴 것이니 이는 하나님이 자기 형상대로 사람을 지으셨음이라.(창9:6절)

이제 여러분은 **"하나님의 형상 : צֶלֶם אֱלֹהִים :(첼렘 엘로힘)"** 으로 창조됐다. 라는 말의 의미를 정확히 이해하였을 것이다. 인간의 본성이 하나님과 다를지라도 **인간은 하나님의 성품**(속성 :사랑, 자비, 정의)**들을 닮아 능력이 있다.** 히브리어 성경은 우리에게 알고 사랑하던 강력한 진리의 통찰력을 준다.

형제 :[히:0251]: אָח :(아흐)

:-(하나님의 성막 안에 있는 자들) **형제. 인척. 동족. 골육.**(창9:5, 13:8, 14:16, 37:27, 출2:11, 레25:39, 신1:16, 2:4) **아우.**(창4:2, 수15:17) **형.**(창10:21, 45:15) **동생.**(창22:21, 삼하14:7) **조카.**(창12:5, 14:16) **생질.**(창29:12-15)

[주] א(알렙)θ님. ח(헤트)울타리(부활) :-θ님 말미암아 새롭게(부활한)자들을 "אָח :(아흐)"라 한다.

[헬:0080]: ἀδελφός (아델포스): ①형제. ②그리스도 안에서(마12:50, 고전1:1, 계1:9)
[해석][어원:0001] (연결불변사로서)"α:(알파)"-(하나로)**연합이라는 뜻과 "δελφός:** (델포스)"**-자궁. 또는 태**라는 뜻입니다. 즉. 한 **자궁**과 **태**에서 태어난 자들이 **형제**라는 것입니다.

계시록적인 뜻으로 **"한 진리 안에서/ 한 믿음 안에서/ 한 예수 그리스도 안에서 형제"**라는 뜻이다. 그러므로 성령 안에서 그리스도의 한 지체로 거룩한 자들과 부정한 자들이 형제인 것과 아닌 것으로 구별되는 것이다.(계 1:9절 12:11절 19:10절)

형통 :[7919] : שָׂכַל :(샤칼)

[사역동사] 바라보다. 보다. 신중하게 하다. 지혜롭게 행동하다. 명철하다. 능숙하다. 번창하다. 성공하다. 형통하다. 슬기롭다.(삼상18:30절 수 1:7절)
[명]지혜. 현명. 총명. 명철. 지혜자.(욥34:35절 시36:3절 잠21:16절 단 9:22절)

신29: 9절 그런즉 너희는 이 언약의 말씀을 지켜 행하라. 그리하면 너희의 하는 모든 일이 **형통하리라.**

수 1: 7절 오직 너는 마음을 강하게 하고 극히 담대히 하여 나의 종 모세가 네게 명한 율법을 다 지켜 행하고 좌로나 우로나 치우치지 말라. 그리하면 어디로 가든지 **형통하리니**

호렙(산) :[2722] : חֹרֵב :(호렙)

:-하나님의 산. 모세에게 율법을 주신 산 이름.(출3:1, 17:6, 신1:2, 4:10, 왕상 8:9, 말4:4) **[유래:2717]**: חָרֵב :(하라브) :-황폐하다. 파멸하다. 황무하다.(사34:10, 사60:12, 렘26:9) 마르다. 메마르다.(삿16:7-8, 시106:9 사19:6) (황폐한 곳에서 하나님의 머리(진리)로 말미암아 구원하실 것에 대한 언약의 산을 의미한다.)

호리 :[2398] : חָטָא :(하타)

:-범하다. 죄를 짓다. 벗어나다. 빗나가다. 비난을 받다. 범죄하다.(창20:6, 31:39, 39:9, 삿20:16, 잠19:) **[피엘]** 속죄하다. 보상하다.(레6:19, 민19:19) **[히필]** 죄를 범하다. 빗나가다. 책망하다. 벌하다. 유혹하다.(창20:9, 삿20:16, 사29:21) **[힛파엘]** 방황하다. 배회하다. 정결케 하다.(민19:12, 욥41:7)

삿 20:16절 이 모든 백성 중에서 택한 칠백명은 다 왼손잡이라 물매로 돌을 던지면 **호리도** 틀림이 없는 자더라. (기브아 사람으로 인한 베냐민 지파와 이스라엘의 싸움)

호박 :[3958] : לֶשֶׁם :(레셈)

:-**"깨다."**는 사용하지 않는 어원에서 유래. :보석의 일종. (적황색)보석. 히아신스 석. 호박.(출28:19, 39:12)

출28:19절 세째 줄은 **호박** 백마노 자수정이요.

[주] **계21:19절** 첫째 보석 **벽옥**을 "영적인 깨어 있는 믿음"을 의미하는 것 같습니다.

호산나 :[히] יָשַׁע-נָא :(야샤나)

=[3467]: יָשַׁע :(야샤)**구하소서** + [4994] : נָא :(나) :[감탄사] **오!** =**오! 구하소서. 경배의 탄성. 경사로다.**

"יָשַׁע :(야샤)" :-넓다. 광대하다. 풍부하다. 풍족하다.: **(1)**해방하다. 석방하다. 보존하다.(삿2:16-18, 3:31, 시7:2, 34:7) **(2)**구원하다. 돕다. 구제하다.(출2:17, 민10"9, 수10:6, 삼하10:19, 시3:8, 6:5, 사45:20, 겔34:22) **(3)**승리하게 하다. 이기게 하다.(신20:4, 수22:22, 삼하8:6, 14)

[접속]: נָא :(나) :**[감탄]** 오!. 보소서. 참으로, 만일 지금. 원하노라.(창12:12, 18:3, 24:42, 출33:13, 렘4:31, 45:3, 애5:16)

[헬:5614]: ὡσαννά :(호산나) :-구하소서. 경배의 탄성.(마21: 9)

호세아 :[1954] : הוֹשֵׁעַ :(호세아)

:-**구원자. 호세아.**(눈의 아들 여호수아의 이름-민13:8, 16) **이스라엘의 왕 호세아.**(왕하15:30, 17:1, 18:1) **선지자 호세아.**(호1:1-2)

> **민13: 8절** 에브라임 지파에서는 눈의 아들 **호세아**(여호수아)요.

호신부(護身符) :[3908] : לַחַשׁ :(라하쉬)

:-(악령)**기도. 속삭임. 주문**(사26:16). 마술. 마법. 요술(전10:11, 사3:3, 렘8:17,). (미신적)**부적. 장신구**(裝身具)(사3:20).

> **사3:16-20절** (20) 화관과 발목 사슬과 띠와 향합과 **호신부**와 (21)지환과 코 고리와 (22)예복과 겉옷과 목도리와 손 주머니와 (23)손 거울과 세마포 옷과 머리 수건과 너울을 제하시리니 (24)그 때에 썩은 냄새가 향을 대신하고 노끈 이 띠를 대신하고 대머리가 숱한 머리털을 대신하고 굵은 베옷이 화려한 옷을 대신하고 자자한 흔적이 고운 얼굴을 대신할 것이며

호심경 :[8302] : שִׁרְיוֹן :(쉬르욘)

:-전신갑옷. 갑옷.(삼17:5, 38, 왕상22:34, 대하18:33) [유래:8281]: שָׁרָה :(샤라) :-

자유롭게 하다. 이르게 하다.(렘15:11, 욥37:3)

> **사59:17절** 의로 **호심경**을 삼으시며 <u>구원</u>을 그 머리에 써서 투구를 삼으시며 보수로 속옷을 삼으시며 열심을 입어 **겉옷**을 삼으시고

> **엡 6:11-17절** (11) 마귀의 궤계를 능히 대적하기 위하여 하나님의 **전신갑주**를 입으라.

호흡 :[5397]: נְשָׁמָה :(네솨마)

:-(1)호흡. 생기. 정신.(창2:7, 7:22, 신20:16, 수10:40) (하나님의)**영.**(욥32:8, 33:4) **영혼(靈魂).**(창2:7, 욥27:3, 사57:16) (2)**여호와의 호흡**(분노)(사30:33, 시18:16)

[분해] נ(눈)**물고기**(50. 구원. 나무가지)- שׁ(쉰)아래.**땅**(올바름. 불. 임재)- מ(멤)**물**(말씀. 연단. 교육)- ח(헤트)**울타리**(생명, 살다) ;-<u>구원받을 백성(물고기)에게 좌우 날선 검 (생명의 말씀)으로 올바르도록 가르쳐 생명에 이르게 하는 것</u>을 נְשָׁמָה:(네 솨마):호흡"이라 한다.

> **창 2: 7절** 하나님이 흙으로 사람을 지으시고 생기를 그 코에 불어 넣으시니 사람이 **생령이 된지라.**

> **창 7:22절** 육지에 있어 코로 생물의 기식을 **호흡하는** 것은 다 죽었더라.

혼(魂) :[5315]: נֶפֶשׁ :(네페쉬)

:-**숨. 호흡.**(창 1:20, 30절 욥41:13절) **혼**(정신-창 9:4-5절 35;18절), **마음**(창27:4-5절 출15; 9절 감정-신12;20-21절),

[분해] נ(눈)**물고기**(생명. 법. 싹트다)- פ(페)**입**(명령. 말.)- שׁ(쉰)**땅**(아래 올바름) ;-<u>하나님의 생명의 법(法)으로 땅 아래에서 올바르게 호흡하는 혼</u>을 נֶפֶשׁ:(네페 쉬)"라 합니다.

[어원:5314]: נָפַשׁ :(나패쉬) ;-숨을 쉬다, 기운을 차릴 때(쉴때).

(유래)(신 6:7절 네 자녀에게 가르치며 집에 앉았을 때든지, 길에 행할 때든지, 누웠을 때든지, 일어날 때든지 네 여호와 하나님을 사랑하라는 것이다. 테필린 신앙고백)

혼돈(형체가 없다.) [8414]: תֹהוּ :(토후)

:-(1)불모지. 황무지. 황폐한 땅. **혼돈.**(창1:2, 신32:10, 욥26:7, 렘4:23) **(2)**텅빈. 공허. 무가치한 것.(삼상12:21, 사29:21, 40:17, 49:4,) **(3)** 헛된 것. 허무하다. 허망. 혼란.(사41:29, 44:9, 45:19, 49:4, 59:4) **[상징적]** 공허, 무질서한 곳, 헛됨)

[분해] ת(타브)**십자가**(표, 서명, 인(印))- ה(헤)**숨구멍**(호흡, 생령,)- ו(바브-접속사)**갈고리** (못. 접속사. 변화) ;-십자가의 못 박히지 않으면 생령이 될 수 없는 상태를 "תֹהוּ :(Tohuw :토후)"라 한다.("황폐한 채로 있다."는 뜻의 사용하지 않는 어근에서 유래)

혼란(混亂) :[1101]: בָּלַל :(발랄)

:-혼잡하다, 혼합하다, 혼동케 하다.(창11:9, 출29:2, 호7:8)

[주(註)]- בָּלַל וַנ(웨나 벨라) :-**그리고**(ו) **그들의 언어를**(נ) 우리가(ה) "**혼잡케 하자.**(בלל)"

[분해] ב(베트)**집**(거처, 건축)- ל(라멜)소몰이**막대**(법도, 익힘, 길들임)- ל(라멜)소몰리 **막대**(법도, 익힘, 길들임) ;- 집을 건축하는 것을 길들이려고 가르치는 것을 " בָּלַל :(발랄)"이라 한다.

혼인 :[2859]: חָתַן :(하탄)

:-(딸을)넘겨주다. 사위가 되다, 사위 삼다.

[분해] ח(헤트)**울타리**(생명. 구원.)- ת(타브)**십자가**(인(印), 서명)- ן(נ의 어미)**물고기**. (생명. 살리다) :-구원의 십자가(인(印)침)의 표를 받은 자들의 축제하는 것을 "**혼인(婚姻) 잔치**"라 한다.(신 7: 3절 시78:63절 마22: 2절 계19:7~9절)

> **신 7: 3절** 또 그들과 **혼인**하지 말지니 네 딸을 그 아들에게 주지 말 것이요 그 딸로 네 며느리를 삼지 말 것은
>
> **계19:7-9절** (7)우리가 즐거워하고 크게 기뻐하여 그에게 영광을 돌리세 **어린 양의 혼인 기약**이 이르렀고 그 아내가 예비하였으니

홀(笏) :[8275] : שַׁרְבִיט :(샤르비트)

:-제국의 규(圭). 왕의 권위.(에4:11, 5:2, 8:4)

[주][7626]: שֵׁבֶט :(세베트) :-가지치다. (통치자)막대기. 지팡이. 왕의 규(圭). 왕의 권세.(창49:10, 출28:21, 레27: 32, 민4:18, 24:17, 시45:7, 사14:5, 23:4, 겔21:10, 암1:5)

> 에 4:11절 왕의 신복과 왕의 각 도 백성이 다 알거니와 무론 남녀하고 부름을 받지 아니하고 안뜰에 들어가서 왕에게 나아가면 오직 죽이는 법이요 왕이 그 자에게 금 홀을 내어 밀어야 살 것이라. 이제 내가 부름을 입어 왕에게 나아가지 못한지가 이미 삼십 일이라. 하라.

> 시 60: 7절 길르앗이 내 것이요 므낫세도 내 것이며 에브라임은 내 머리의 보호자요 유다는 나의 홀이며

홍마노 :[7718]: שֹׁהַם :(쇼함)

:"희게하다." 뜻에서 유래. :(붉은 줄무늬)얼룩마노, 호마노. 청옥수.(창2:12, 출28:9, 20, 35:9, 대상29:2, 욥28:16, 겔28:13)

> 겔28:13절 네가 옛적에 하나님의 동산 에덴에 있어서 각종 보석 곧 홍보석과 황보석과 금강석과 황옥과 홍마노와 창옥과 청보석과 남보석과 홍옥과 황금으로 단장하였었음이여 네가 지음을 받던 날에 너를 위하여 소고와 비파가 예비되었었도다.

> 계21:20절 다섯째는 홍마노요 여섯째는 홍보석이요 일곱째는 황옥이요 여덟째는 녹옥이요 아홉째는 담황옥이요 열째는 비취옥이요 열 한째는 청옥이요 열 둘째는 자정이라.

홍보석 :[0124] : אֹדֶם :(오뎀)

:-붉은색 보석. (홍옥 & 석류석)홍보석.(출28:17, 39:10 겔28:13)

> 겔28:13절 네가 옛적에 하나님의 동산 에덴에 있어서 각종 보석 곧 홍보석과 황보석과 금강석과 황옥과 홍마노와 창옥과 청보석과 남보석과 홍옥과 황금으로 단장하였었음이여 네가 지음을 받던 날에 너를 위하여 소고와 비파가 예비되었었도다.

> 욥28:18절 산호나 수정으로도 말할 수 없나니 지혜의 값은 홍보석보다 귀하구나

홍보석 :[6443]: פָּנִין :(파닌) :-산호. 진주. 둥근 진주. 루비.(욥28:18, 애4:7, 잠3:15)

홍수(洪水) :[3999] : מַבּוּל :(맙불)

:-홍수. 범람.(흐름의 의미로)(창6:17, 7:6-7, 9:11, 시29:10)

[분해] מ(멤)**물**(사역, 말씀, **40**)- ב(베트)**집**(안(內), 거처, 세움)- ו(와우)(접속사)**갈고리**
(변화, 못)- ל(라멜)소몰이막대(법도, 익힘, 길들임) :-하나님의 말씀으로 길들이기
위해 변화를 통해서 하나님의 거처를 세워가는 것을 "מַבּוּל:(마불)"이라 한다.

[어원:2986](유래): יָבַל :(야발) :-흐르다, 풍부하게 흐르다. 맹렬히 흘러내리다.
인도하다. 이끌다. 운반하다, 이끌어가다.(시60:9-11, 108:11, 사53:7, 렘11:19,
습3:10)

화(禍) :[7451] : רַע :(라아)

:-**(1)**사악한. 나쁜. 해로운. 흉악한. 악행하는,(창6:5, 레27:10, 신17;1, 삼상25:3,
왕상11:6,) **(2)**잘못된.(창41:3,) **(3)**불행한. 불운한.(사3:11, 렘7:6, 25:7)

> **출 5:19절** 어찌하여 애굽 사람으로 이르기를 여호와가 화를 내려 그 백성을
> 산에서 죽이고 지면에서 진멸하려고 인도하여 내었다 하게 하려 하시나이까?
> 주의 맹렬한 노를 그치시고 뜻을 돌이키사 주의 백성에게 **이 화를** 내리지 마
> 옵소서,

화평(和平) :[히:7965]: שָׁלוֹם :(샬롬)

;-평화. 평강. 화평. 화목.(레26:6, 민6:22, 신20:10, 삿4:17, 삼상25:6, 왕상2:13,
대상12;17, 시55:20, 사41:3, 욥1:7)

[분해] שׁ(쉰)**땅**(올바름, 창검)- ל(라멜)소몰이**막대**(법도, 성숙(배움)- ו(와우)**갈고리**(못.
연결, 변화)- ם(멤)**물**(말씀. 단련) ;-땅에서 (θ님)법도를 잘 단련하여 변화하게 하
는 것을 "שָׁלוֹם:(샬롬)"이라 한다.

[헬:1515]: εἰρήνη :(에이레네) ;-평화. 화합. 일치. 평안(平安).

> -**레26: 6절** 내가 그 땅에 **평화를** 줄 것인즉 너희가 누우나 너희를 두렵게 할
> 자가 없을 것이며 내가 사나운 짐승을 그 땅에서 제할 것이요 칼이 너희 땅
> 에 두루 행하지 아니할 것이며,
> -**하나님의 평화의 방법.**(롬12:17~21절)

환란(患亂) :[히:6869]: צָרָה :(차라)

:-역경. 고난. 고통. 환란. 재앙.(창35:3, 삼상10:19, 시50:15, 120:1, 렘14:8, 49:24, 단12:1, 합3:16, 슥10:11)

[분해] צ(차데)낚시바늘(소유. 잡다. 90)- ר(레쉬)머리(근원. 첫째. 200)- ה(헤)숨구멍(생령. 호흡) :-(영생에 이르도록) 채우지 못한 생명을 근원과 연합하기 위한 과정을 **"환란 : צָרָה :(차라)"라** 합니다.

[헬:2347]: θλιψις:(들립시스) :-압박. 탄압. 환란. 고통. 고난.

환상 :[2377] : חָזוֹן :(하존)

:**이상. 계시. 묵시. 예언. 신탁**.(삼상3:1, 사1:1, 대상17:15, 렘14:14)

> **사 29: 7절** 아리엘을 치는 열방의 무리 곧 아리엘과 그 보장을 쳐서 곤고케 하는 모든 자는 꿈 같이, 밤의 **환상 같이** 되리니

> **행 10:17절** 베드로가 본바 **환상이** 무슨 뜻인지 속으로 의심하더니 마침 고넬료의 보낸 사람들이 시몬의 집을 찾아 문 밖에 서서

활(弓) :[7198] : קֶשֶׁת :(케쉐트)

:-활. 사냥꾼의 활. 병사의 활. 무지개. [주(註)] [3384]: יָרָה :(야라) :[히필] 화살을 쏘다.(과녁=토라 : תוֹרָה) 과녁을 맞추다. 활 쏘다.

> **삼하 1:18절** 명하여 그것을 유다 족속에게 가르치라 하였으니 곧 **활 노래라** 야살의 책에 기록되었으되

> **렘 49:35절** 나 만군의 여호와가 이같이 말하노라. 보라 내가 엘람의 힘의 으뜸 되는 **활을** 꺾을 것이요.

황소(숫소) :[6499] : פַר :(파르)

:-숫소. 수소. 황소. 어린 수송아지.(출29:1, 레1:3, 시69:31)

[주(註)] 제사장 임직을 위한 제물과 하나님과 화목 제물로 **숫소**(황소)를 드린다.(출29:1)

출29: 1절 너는 그들에게 나를 섬길 제사장 직분을 위임하여 그들로 거룩하게 할 일이 이러하니 곧 <u>젊은 수소</u> 하나와 흠 없는 수양 둘을 취하고
레 3: 4절 만일 기름 부음을 받은 제사장이 범죄하여 백성으로 죄얼을 입게 하였으면 그 범한 죄를 인하여 흠 없는 **수송아지로 속죄** 제물을 삼아 여호와께 드릴지니, (레 9:4절 화목제물)
히 9:12-14절 (13)염소와 **황소의 피**와 및 암송아지의 재로 부정한 자에게 뿌려 그 육체를 정결케 하여 거룩케 하거든

황무지 : [8077] : שְׁמָמָה :(셰마마)

:-황폐.(황무함) 놀람. 사막. 폐허. (상징)경악. 적막한. **"버림을 받은 것."**(출 23:29, 수8;28, 사1:17, 62:4, 64:10, 렘7:27, 겔12:20, 33:28-29, 35:7)

사62: 4절 다시는 **너를 버리운 자라** 칭하지 아니하며 다시는 **네 땅을 황무지라** 칭하지 아니하고 오직 너를 **헵시바**라 하며 네 땅을 **쁄라**라. 하리니 이는 여호와께서 너를 기뻐하실 것이며 네 땅이 결혼한 바가 될 것임이라.

황보석 : [6357] : פִּטְדָה :(피트다)

:-황보석. **황옥.**(이디오피아에서 발견된 보석) [주]황옥은 'Chrysolite(크리솔라이트: 귀감람석)'라고 하며, **황옥**의 의미는 **자비**입니다.(출28:17절)

겔28:13절 네가 옛적에 하나님의 동산 에덴에 있어서 각종 보석 곧 홍보석과 **황보석**과 금강석과 황옥과 홍마노와 창옥과 청보석과 남보석과 홍옥과 황금으로 **단장하였었음이여** 네가 지음을 받던 날에 너를 위하여 소고와 비파가 예비되었었도다.
출28:17절 그것에 네 줄로 보석을 물리되 첫 줄은 홍보석 **황옥** 녹주옥이요.
계 21:20절 다섯째는 홍마노요 여섯째는 홍보석이요 일곱째는 **황옥이요** 여덟째는 녹옥이요 아홉째는 담황옥이요 열째는 비취옥이요 열 한째는 청옥이요 열 둘째는 자정이라.

황충 : [2625] : חָסִיל :(하씰)

:-메뚜기 종류 곤충. [유래:2628] חָסַל :(하쌀) :-(곤충이) 먹어 치우다. 게걸스럽다. 소모하다.

시 **78:43-52절** (46)저희의 토산물을 **황충에게** 주시며 저희의 수고한 것을 메뚜기에게 주셨으며
계 **9: 1-4절** (3)또 **황충이** 연기 가운데로부터 땅 위에 나오매 저희가 땅에 있는 전갈의 권세와 같은 권세를 받았더라.

회개하여 :[히:7725]: שׁוּב :(슈브)

:-선회하다, 돌아서다, 회복하다.(창8:12, 18:33, 출14:27, 민10:36, 시54:7, 60:1, 사1:25, 47:10, 난2:2) **[주(註)]** שׁוּב :슈브)-(바알의 집)**이전의 집을 깨뜨리다.**

[분해] שׁ(쉰)땅(아래 올바름)- וּ(바브)갈고리(못. 변화)- ב(베트)**집**(거처, 건축)+ ב(바브)갈고리(변화, 있게 하다) ;-(하늘아래) 땅에서 올바르게 변화되어 하나님의 거처에 들어가려고 돌아서는 것을 שׁוּב :(슈브)"라 합니다.(시 7:12절 욥42:6절 겔 18:30절)

[헬:3341]: μετανοέω :(메타노에오) :-마음 바꾸다. 뉘우치다.

회복 :[7725] : שׁוּב :(슈브)

:-돌아오다. 회개하다. 돌이키다. 뉘우치다. **[필렐]** 돌이키다. 회복하다. **[풀랄]** (완료형)돌이킨. 구원된. 회복된. **[히필]** 돌이키게 하다. 회복하게 하다. 새롭게 하다. **[호팔]** 뒤돌아서게 하다. 회복하게 하다.

룻 **4:15절** 이는 네 생명의 **회복자며** 네 노년의 봉양자라. 곧 너를 사랑하며 일곱 아들보다 귀한 자부가 낳은 자로다.
시**51:9-13절** (12)주의 구원의 즐거움을 **내게 회복시키시고** 자원하는 심령을 주사 나를 붙드소서
사 **1:25-26절** 내가 너의 사사들을 **처음과 같이, 너의 모사들을 본래와 같이 회복할 것이라.** 그리한 후에야 네가 의의 성읍이라, 신실한 고을이라 칭함이 되리라. 하셨나니

회중 :[5712] : עֵדָה :(에다)

:-모임. 총회. 회중. 무리. 공회. 성도들. 교회.

출 12: 3절 너희는 **이스라엘 회중에게** 고하여 이르라 이 달 열흘에 너희 매인이 어린 양을 취할지니 각 가족대로 그 식구를 위하여 어린 양을 취하되

시149: 1절 할렐루야 새 노래로 여호와께 노래하며 **성도의 회중에서** 찬양할지어다.

미 2: 5절 그러므로 **여호와의 회중에서** 제비를 뽑고 줄을 띨 자가 너희 중에 하나도 없으리라.

후대(厚待) :[3190] : יָטַב :(야타브)

:-(1)좋게 하다. 훌륭하다. 안전하다. 좋게 여기다.(창12:13, 40:14, 레10;19-20, 신4:40, 에5:14, 느2:5-6, 시69:32) **(2)후대하다.** 복을 받다. 마음에 들다. 은혜를 얻다. 선행을 하다.(창12:16, 32:9, 신4:40, 12:28, 욥24:21, 삼상25:31, 왕상3:10, 느2:5)

창 12:16절 이에 바로가 그를 인하여 아브람을 **후대하므로** 아브람이 양과 소와 노비와 암 수 나귀와 약대를 얻었더라.

후사(後嗣) :[3423] : יָרַשׁ :(야라쉬)

:-(1)취하다. 유업을 주다. 상속하다. 가져가다.(창15:4, 28:4, 민13:30, 렘49:1) **[니팔]** 재산을 빼앗다. 궁핍해 지다.(창45:11, 잠20:13) **[피엘]** 씌우다. 전가하다. 빼앗다.(신28:42, 삿14:15) **[히필]** ~의 탓으로 돌리다. 차지하다. 점유하다. 추방하다. 말살하다. 멸망시키다.(출34:24, 민14:12, 24, 삿11:24, 대하20:11, 욥13:26,)

창 15: 3절 아브람이 또 가로되 주께서 내게 씨를 아니주셨으니 내 집에서 길리운 자가 나의 **후사가** 될 것이니이다.

후손(後孫) :[2233] : זֶרַע :(재라)

:-후손. 씨. 자손. 종자. 자식. 종족. 후예.(창3:15, 4:25, 12:7, 47:19, 레20:2, 22:3, 신4:37, 사57:4, 겔17:5)

창 3:15절 내가 너로 여자와 원수가 되게 하고 너의 **후손도** 여자의 **후손과** 원수가 되게 하리니 여자의 **후손은** 네 머리를 상하게 할 것이요. 너는 그의 발꿈치를 상하게 할 것이니라.

후회(後悔) :[5162] : נָחַם :(나함)

:-한탄하다. 후회하다. 한숨 쉬다. 뉘우치다. 미안하다. 위로하다. 참회하다.
[니팔] 슬퍼하다. 애도하다. 후회하다. 회개하다.(창6:6-7, 출13:17, 욥42:6, 렘
15:6, 시90:13,) **[피엘]** 위로하다.(창5: 29, 50:21, 욥2:11, 사12:1) **[푸알]** 위안 받
다.(사54:11) **[힛파엘]** 애통하다. 불쌍히 여기다. 보복을 하다.(창27:42, 37:35,
신32:36, 시119:52)

> **삼상 15:11절** 내가 사울을 세워 왕 삼은 것을 **후회하노니** 그가 돌이켜서 나를
> 좇지 아니하며 내 명령을 이루지 아니하였음이니라 하신지라.

> **렘 4:22-28절** (28)이로 인하여 땅이 슬퍼할 것이며 위의 하늘이 흑암할 것이
> 라 내가 이미 말하였으며 작정하였고 **후회하지** 아니하였은즉 또한 돌이키지
> 아니하리라 하셨음이로다.

훈계(訓戒) :[3256] : יָסַר :(야싸르)

:-징계하다. 교훈을 받다. 훈계하다. 경책하다.(신8:5, 시2:10, 118:18, 렘6:8)
[피엘] 잘못을 고치다. 꾸짖다. 나무라다. 타이르다. 가르치다.(레26:18, 신
22:18, 시6:2 잠19:18, 사28:26, 렘2:19) **[히필]** 징계하다.(잠19:18, 호7:12) **[니팔]**
훈계를 받다. 권고를 받다. 훈련을 받다.(시2:10, 렘6:8)

> **시 16: 7절** 나를 **훈계하신** 여호와를 송축할지라 밤마다 내 심장이 나를 교훈
> 하도다.

> **렘 6: 8절** 예루살렘아 너는 **훈계를 받으라.** 그리하지 아니하면 내 마음이 너를
> 싫어하고 너로 황무케 하여 거민이 없는 땅을 만들리라.

훌다 (여선지):[2468] : חֻלְדָּה :(훌다)

:-**여 선지자 훌다.**

[주(註)] 요시야가 제사장 힐기야가 발견한 (왕이 읽으 책)율법책에 대한 권
위있는 의견을 물은 여선지자.(왕하22:14, 대하34:22)

> **왕하 22:14절** 이에 제사장 힐기야와 또 아히감과 악볼과 사반과 아사야가 **여**
> **선지 훌다에게로** 나아가니 저는 할하스의 손자 디과의 아들 예복을 주관하는
> 살룸의 아내라 예루살렘 둘째 구역에 거하였더라 저희가 더불어 말하매 (대하
> 34:22-23절)

훤화(喧譁) :[1993] : הָמָה :(하마)

:-①큰 소리로 말하다.(영어:흥!-mirth-ful) 동요. 군중의 소요(騷擾). 노하다. 떠들썩함. 요란하다.(시46:6-7, 83:2, 잠1:21, 사59:7-15)

> **시 46: 6절** 이방이 **훤화하며** 왕국이 동하였더니 저가 소리를 발하시매 땅이 녹았도다.

②[8663]: תְּשֻׁאָה :(테슈아) :-소음. 우렛소리. 시끄러운 함성. 요란한 소리. 소리 지름.

> **사 22: 6절 훤화하며** 떠들던 성, 즐거워하던 고을이여 너의 죽임을 당한 자가 칼에 죽은 것도 아니요 전쟁에 사망한 것도 아니며

훼멸 :[2015] : הָפַךְ :(하파크)

:-돌리다. 변하다. 전복시키다. 함락시키다. 뒤집어 엎다. 바꾸다. 뒤집다. (창19:21, 삿20:39, 시78:9, 105:25, 호7:8) **[니팔]** 뒤를 돌아보다. 타도되다.(출7:15, 레13:16-17, 수8:20, 잠17:20) **[호팔]** 돌아보다. 공격하다.(욥30:15) **[힛파엘]** 돌리다. 구르다. 엎드러 지다.(창3:24, 욥37:12, 삿7:13)

> **신 29:23절** 그 온 땅이 유황이 되며 소금이 되며 또 불에 타서 심지도 못하며 결실함도 없으며 거기 아무 풀도 나지 아니함이 옛적에 여호와께서 진노와 분한으로 **훼멸하신** 소돔과 고모라와 아드마와 스보임의 무너짐과 같음을 보고 말할 것이요.

훼방 :[2781] : חֶרְפָּה :(헤르파)

:-(1)비난. 경멸. 책망.(욥16:10, 느2:17, 시39:9, 79:12, 렘51:51, 미6:16) (2)(멸시 당하여)부끄러움. 수치 당하다. 모욕적인. 치욕거리. 욕을 당함.(창30:23, 34:14, 삼상11:2, 느4:4, 시31:11, 39:8 렘24:9, 29:18, 42:18, 44:8,)

> **레 24:11절** 그 이스라엘 여인의 아들이 여호와의 이름을 **훼방하며** 저주하므로 무리가 끌고 모세에게로 가니라 그 어미의 이름은 슬로밋이요 단 지파 디브리의 딸이었더라.

> **습 2: 8절** 내가 모압의 **훼방과** 암몬 자손의 후욕을 들었나니 그들이 내 백성을 **훼방하고** 스스로 커서 그 경계를 침범하였느니라.

훼파 :[7843] שַׁחַת :(샤하트)

:-훼파하되, 부패하다.(창6:12, 삿2:19, 시89:38-40, 137:7)

> 스 4:15절 왕은 열조의 사기를 살피시면 그 사기에서 이 성읍은 패역한 성읍 이라 예로부터 그 중에서 항상 반역하는 일을 행하여 열왕과 각 도에 손해가 된 것을 보시고 아실지라 이 성읍이 **훼파됨도** 이 까닭이니이다.

휘장 :[6532] : פָּרֹכֶת :(포레케트)

:-성소와 지성소 구별하는 휘장.(출26:31, 레4:17, 민18:7) 엄격함에서 유래됨.(출1:13-14, 레25:43-46)

> 출 27:21절 아론과 그 아들들로 **회막** 안 증거궤 앞 **휘장** 밖에서 저녁부터 아침까지 항상 여호와 앞에 그 등불을 간검하게 하라. 이는 이스라엘 자손의 대대로 영원한 규례니라.

휴거 :[5267]: נְסַק :(네샤크)

:-①올라가다. 집어 올리다. 오르다.(시139:8, 단3:22, 6:24)
[주(註)]거룩한 측량에 맞은 물고기들을 거룩한 곳에 올려가는 것.

②[5148]: נָחָה :(나하) :-인도하다. 데려가다. 운반하다.(창5:24, 24:27, 출32:34, 민23:7, 시60:9) [주(註)]거듭난 구원 받은 자들을 영원한 생명에 이르는 곳에 운반하는 것.

> 시 5: 8절 여호와여 나의 원수들을 인하여 주의 의로 나를 **인도하시고** 주의 길을 내 목전에 곧게 하소서

③[5927]: עָלָה :(알라) :-승천하다. 들어 올리다. 오르게 하다.(창49:9, 레19:19, 스1:11, 나2:8) [주(註)]:빛을 보고 영생에 이르게 올리시는 것을 "עָלָה :(알라)"라 한다.

> 왕하 2:11절 "엘리야의 승천" 두 사람이 행하며 말하더니 홀연히 불수레와 불 말들이 두 사람을 격하고 엘리야가 회리바람을 타고 **승천하더라.**

흉년 :[7458] : רָעָב :(라아브)

:-굶주림. 배고픔. 주리다.(창12:10, 14:30, 대하6:28 시14:30) [명] 기근. 결핍. 기아. 궁핍. 흉년.(창12:10, 26:1, 왕하4:38, 느5:3, 시37:19, 렘42:14,)

> **창 26: 1절** 아브라함 때에 첫 **흉년이** 들었더니 그 땅에 또 **흉년이** 들매 이삭이 그랄로 가서 블레셋 왕 아비멜렉에게 이르렀더니

흉악 :[5794] : עַז :(아즈)

[형] 혹독한. 강한. 격렬한. 포악한. 맹렬한. 잔인한. 힘있는, 거칠게,(창49:3, 7, 출14:21, 민13:28, 신28:50, 사19:4, 잠21:14) [명] 악한 자. 강한 자. 힘. 권능.(창49:3, 삿14:14, 시56:3, 잠30:25, 암5:9, 겔7:24)

> **신 28: 50절** 그 용모가 **흉악한** 민족이라 노인을 돌아보지 아니하며 유치를 긍휼히 여기지 아니하며

> **창 41: 3절** 그 뒤에 또 **흉악하고** 파리한 다른 일곱 암소가 하수에서 올라와 그 소와 함께 하숫가에 섰더니

흉용(洶湧) :[1993]: הָמָה :(하마)

:-①떠들다. 요란하다. 소란스럽다. 소동하다. 낙심되다. 탄식하다.(시39:6, 42:6, 46:6, 83:2, 잠1:21, 렘51:55) [악기] 시끄럽게 하다. 소란스럽게 연주하다. 소리 내다.(사16:11, 렘48:36)

②[5590]: סָעַר :(싸아르) :-요동치다. 흉용하다. 날리다. 회오리바람. 습격하다.(사54:11, 욘1:11, 합3:14, 슥7:14) [니팔] 격하게 흔들리다. 폭풍이 치다. 불행으로 동요하다. 몹시 괴롭다.(왕하6:11) [피엘] 시달리다. 흩어버리다.(슥7:14)

> **시 46: 3절** 바닷물이 **흉용하고** 뛰놀든지 그것이 넘침으로 산이 요동할지라도 우리는 두려워 아니하리로다(셀라)

> **사 51: 15절** 나는 네 하나님 여호와라 바다를 저어서 그 물결로 **흉용케** 하는 자니 내 이름은 만군의 여호와니라.

흉패 :[2833] : חֹשֶׁן :(호셴)

:-[어원 : 내포하다. 또는 번쩍이다. 유래] :대제사장의 목에 거는 (우림과

둠밈이 담겨있는 주머니 흉배) 보석이 12개 박힌 **흉패.**(출25:7, 28:15, 39:8, 레8:8)

> **출 25: 7절** 호마노며 에봇과 **흉패에** 물릴 보석이니라. (출39:8-21절)

흑마(黑馬) :[5483] : סוּס :(쑤스)

:-말.(창47:17 삼하15:1) + [7838]: שָׁחֹר :(샤호르) :-검은. 흑색. =**흑마**(黑馬).(레 13:31, 아1:5, 5:11, 슥6:2, 6)

> **슥 6: 2-6절** (2) 첫째 병거는 홍마들이, 둘째 병거는 **흑마들이,**

흑암 :[2822] : חֹשֶׁךְ :(호세크)

:-어두움. 암흑. 흑암.(창1:2, 출10:21-22) (은유)불행. 파멸. 죽음. 역경. 슬픔. (욥15:22, 20:26, 시18:29, 사9:1, 암5:18-20, 미7:8) 죽음.(전11:8,)

> **창 1: 2절** 땅이 혼돈하고 공허하며 **흑암이** 깊음 위에 있고 하나님의 신은 수면에 운행하시니라.

> **사 5:20절** 악을 선하다 하며 선을 악하다 하며 **흑암으로** 광명을 삼으며 광명으로 **흑암을** 삼으며 쓴 것으로 단 것을 삼으며 단 것으로 쓴 것을 삼는 그들은 화 있을진저

흔들다 :[5130] : נוּף :(누프)

:-①**흔들다. 뿌리다. 까부르다. 다듬다.**(왕하19:21, 잠7:17) **[히필]** 흔들다. 신호하다. 손짓하다. 치료하다. 요제로 드리다. 보내 드리다.(사13:2, 왕하5:11, 출29:27, 35:22, 레7:30, 9:21, 민5:25,) **[피엘]** 손을 흔들다. (두려워)몸을 흔들다. 떨다.(사10:32)

> **출 29:26절** 너는 위임식 수양의 가슴을 취하여 여호와 앞에 **흔들어** 요제를 삼으라. 이는 너의 분깃이니라.

②**[5128]: נוּעַ :(누아)** :-**이리저리 흔들리다. 동요하다. 마음이 떨리다. 나무가 흔들리다. 술취하여 비틀거리다. 요동하다. 돌아다니다.**(출20:18, 욥28:4, 시107:27, 사7:2, 24:20, 29:9) **[니팔 & 히필]** 과일을 떨어뜨리게 하다. 방해하다. 방황하게 하다. 어그러지게 하다.(민323:13, 왕하23:18, 애4:14-15, 렘14:10, 나

> **욥 16: 4절** 나도 너희처럼 말할 수 있나니 가령 너희 마음이 내 마음 자리에 있다 하자 나도 말을 지어 너희를 치며 너희를 향하여 머리를 **흔들 수 있느니라.**

3:12)

③:[7493]: רָעַשׁ :(라아쉬) :-파동치다. 흔들리다. 떨다.(삿5:4, 사13:13, 렘4:24,나 1:5, 욜2:10) **[니팔]** 움직이다. 흔들리다(렘50:46). **[히필]** 흔들리게 하다. 진동하게 하다.(시60:4, 사14:16,)

> **사 13;13절** 나 만군의 여호와가 분하여 맹렬히 노하는 날에 하늘을 진동시키며 땅을 **흔들어** 그 자리에서 떠나게 하리니

흔적 :[3587] : כִּי :(키)

:-낙인. 상처 자국. 화상. 흉터.(사3:24) [유래:3554]: כָּוָה :(카바) :-불태우다. 불사르다. **[니팔]** 불타다. 불나다. 그슬리다. 데다.(잠6:28, 사43:2)

> **사 3:24절** 그 때에 썩은 냄새가 향을 대신하고 노끈이 띠를 대신하고 대머리가 숱한 머리털을 대신하고 굵은 베옷이 화려한 옷을 대신하고 자자한 **흔적이** 고운 얼굴을 대신할 것이며

흘러나다 :[5140] : נָזַל :(나잘)

:-진동하다. 넘치다. 흐르다. 증류하다. 흘러내리다. 누수 되다. 떨어지다.(민24:7, 삿5:5, 시147,18, 렘18:14) **[분사]** 시내.(출15:8, 시78:16,아4:15, 사44:3) **[히필]** 흐르게 하다. 넘치게 하다.(시147:18, 잠15:15, 사48:21)

> **사 48:21절** 여호와께서 그들을 사막으로 통과하게 하시던 때에 그들로 목마르지 않게 하시되 그들을 위하여 바위에서 **물이 흘러나게** 하시며 바위를 쪼개사 물로 솟아나게 하셨느니라.

흘리다 :[8210] : שָׁפַךְ :(샤파크)

:-①쏟다. 쏟아 붓다. 엎지르다.(사57:6,) ②(피)**흘리다.**(창9:6, 37:22, 레17:4) ③영혼이 낙망하다. 마음을 쏟다.(시42:5, 62:9)

②[6694]: צוּק :(추크) :-**쏟아붓다. 녹이다. 흘러내리다.** (은유)**세우다.**(욥28:2, 29;6, 사26:16)

> **창 9: 6절** 무릇 사람의 피를 **흘리면** 사람이 그 피를 **흘릴 것이니** 이는 하나님이 자기 형상대로 사람을 지었음이니라.
>
> **시 79: 3절** 그들의 피를 예루살렘 사면에 물 같이 **흘렸으며** 그들을 매장하는 자가 없었나이다.
>
> **욥 29: 6절** 뻐터가 내 발자취를 씻기며 반석이 나를 위하여 기름시내를 **흘려 내었으며**

흙 :[6083]: עָפָר :(아파르)

:-**(1)**티끌. 먼지. 재. 땅. 쓰레기.(창2:7, 13:16, 26:15, 레14:41, 민19:17, 23:10, 왕상18:38, 왕하23:4, 욥39:14) **(2)**땅위에, 세상에,(욥19:25, 22:24, 39:14,사47:1) **(3)**(인생에)진토.(창3:14, 18:27, 민23:10, 왕상16:2, 65:25, 렘3:29)

[분해] עַ:(아인)눈(보다. 빛. 부르다)- פָ:(페)입(명령. 날선검)- ר:(레쉬)머리(우두머리. 근원. 200) :-<u>빛의 말씀으로 연합하게 할 본질.</u>

흠(欠) :[8549] : תָּמִים :(타밈)

①[형] **흠 없음**(출12:5, 민6:14, 겔46:6). **온전한. 성실한. 건전한. 점없는, 순결한, 올바른.**(출12:5, 레1:3, 잠1:12,) (사람)비난할 수 없는,(창6:9, 17:1, 시119:1) 하나님을 향한 올바른 행동. 온전한 헌신.(신18:13, 삼하22:26, 시18:24) [명] 진실(삿19:19 시15:1) ②:[3971] : מאוּם :(뭄) :-**명**] 흠. 더러운 것. 얼룩.(레21:17, 신15:21, 욥31:7, 삼하14:25, 단1:4,) [형] 점. 상해. 상한.(레24:19-20)

> **출 12: 5절** 너희 어린 양은 **흠 없고** 일년 된 수컷으로 하되 양이나 염소 중에서 취하고
>
> **단 1: 4절** 곧 **흠이 없고** 아름다우며 모든 재주를 통달하며 지식이 구비하며 학문에 익숙하여 왕궁에 모실만한 소년을 데려오게 하였고 그들에게 갈대아 사람의 학문과 방언을 가르치게
>
> **살전 5:23절** 평강의 하나님이 친히 너희를 온전히 거룩하게 하시고 또 너희의 온 영과 혼과 몸이 우리 주 예수 그리스도께서 강림하실 때에 흠 없게 보전되기를 원하노라

흠향 :[7306] : רוּחַ :(루아흐)

:-냄새를 맡다. 향기를 맡다. 흠향하다.(창8:21, 27:27, 레26:31) 향기를 기뻐하다. 불로 태우다. 받아 들이다. 즐기다.(삿16:9, 암5:21, 사11:3) [은유] 느끼다. 예견하다. 숨을 들어마시다.(삿16:9, 욥39:25) [주(註)] [7307]과 같은 동의어의 원형이다.

> **창 8:21절** 여호와께서 **그 향기를 흠향하시고** 그 중심에 이르시되 내가 다시는 사람으로 인하여 땅을 저주하지 아니하리니 이는 사람의 마음의 계획하는 바가 어려서부터 악함이라.

흥왕(興旺) :[6524] : פָּרַח :(파라흐)

:-①자라다. 싹트다. 싹이 돋다. 꽃 피다. 무성하다.(민17:8, 욥14:9, 시92:7, 사27:9, 합3:17) [은유] 국가가 흥왕하다. 번영하다. 성장하다. 발육하다.(시72:7, 92:8-13, 사27:6) [히필] 싹나게 하다. 번영하다.(시92:13, 욥14:9, 스17:24, 사17:11,)

> **시 72: 7절** 저의 날에 의인이 **흥왕하여** 평강의 풍성함이 달이 다할 때까지 이르리로다.

②[2896] : טוֹב :(토브) :-선한. 상냥한. 좋은.(창1:54, 출18:17, 삼상2:24, 겔34:14)/ 결실이 많은. 순탄한.(창2:12, 출3:8, 왕하3:19) [부사] 충분한. 훌륭한. 번영하는, 행복한.(신23:17, 삼하3:13)

> **시92: 7절** 악인은 풀 같이 생장하고 죄악을 행하는 자는 다 **흥왕할지라도** 영원히 멸망하리이다.

> **느 2:10절** 호론 사람 산발랏과 종 되었던 암몬 사람 도비야가 이스라엘 자손을 **흥왕케** 하려는 사람이 왔다 함을 듣고 심히 근심하더라.

흩어 지다 :[6327] : פּוּץ :(푸츠)

:-①[명령·분사] 부수다. 산산히 깨뜨리다. 흩어지게 하다.(창11:4, 민10:35, 삼상11:11, 시68:2, 욥18:12, 렘23:29, 겔46:18) [니팔] 흩어지다.(창10:18, 렘10:21, 겔34:6) [필렐] 산산조각 내다. 부숴뜨리다.(렘23:29) [필펠] 던져지다.(욥16:12) [히필] [타동사] 흩 뜨리다. 사방으로 보내다. 분산시키다.(신4:27, 20:3, 시18:15, 사28:25) [자동사] 흩어지다.

> **신 4:27-29절** 여호와께서 너희를 열국 중에 **흩으실 것이요.** 여호와께서 너희를 쫓아보내실 그 열국 중에 너희의 남은 수가 많지 못할 것이며

②[2505] : חָלַק :(할라크) :-[니팔] 분할되다. 나누어지다. 활당되다. 배분되다.(창14:15, 민26:53-55, 욥38:24, 대상23:6) [피엘]나누다. 흩어버리다. 가르다.(창49:27, 왕상18:56, 욥21:17, 시68:13, 애4:16) [히필] 할당하다. 분배하다. 배정하다.(수14:5, 18:2, 삼상19:30, 30:24, 잠17:2)

> (렘)애 4:16절 여호와께서 노하여 **흩으시고** 다시 권고치 아니하시리니 저희가 제사장들을 높이지 아니하였으며 장로들을 대접지 아니하였음이로다.

희년 :[3104] : יוֹבֵל :(요벨)

[주(註)]: 희년은 거룩할 지라.(레25:12) 나팔 소리.(출19:13, 레27:17-18) 특히 은(銀)나팔의 신호 따라서 악기들과 함께 시작되는 축제 기간.(민10:2, 8-10, 31:6) 나팔 불고 악기 불며 하는 축제(수6:4-20, 시81:3)/ 희년. 양각나팔.(레25:10, 54, 27:17-18, 수6:4-6)

> 레 25:10-19절 제 오십년을 거룩하게 하여 전국 거민에게 자유를 공포하라 이 해는 너희에게 **희년이니** 너희는 각각 그 기업으로 돌아가며 각각 그 가족에게로 돌아갈지며

희락(喜樂) :[히:8057]: שִׂמְחָה :(시므하)

;-①**유쾌함. 기쁨. 즐거움. 환희.**(창31:27, 왕상1:40, 대하23:18, 느8:12, 시4:8, 45:16, 잠21:17) [분해] שׂ(쉰)땅(올바름, 창검)- מ(멤)물(말씀. 연단)- ח(헤트)울타리(구원, 생명)+ ה(헤)숨구멍(생령. 호흡) ;-땅에서 올바른 말씀으로 살리심을 받아 구원을 얻은 기쁨을 "שִׂמְחָה:(시므하)"라 한다.

②[8342] : שָׂשׂוֹן :-기쁨. 환희. 기뻐함.(에8:17, 시45:7, 사22:13, 35:10, 51:3, 렘7:34, 33:9)

[해석] שׂ(신)하늘(위, 상아탑-학문연구)- שׂ(신)하늘(위, 연마, 훈련)- ו(바브)(접)갈고리(못, 변화)- ן(눈)물고기(영속. 50) ;-하늘의 학문을 단련하여 (자녀로)변화되게 하는 법을 "שָׂשׂוֹן(샤스온)"이라함.

③**[헬:5479]:** χαρα :(카라) :-유쾌함, 기쁨.(롬14:17절)

> -벧전 1: 8절 '예수를 너희가 보지 못하였으나 "(주를)사랑하는 도다." 이제도 보지 못하나 믿고 말할 수 없는 영광스러운 **즐거움으로 기뻐하니, (9)** "믿음의

결국, 곧 영혼의 구원을 받음이라."
 -우리의 **희락**은 곧 **"영혼의 구원을 받음."**으로 영광스러운 즐거움으로 누리는 것이다.

희생 :[2077] : זֶבַח :(제바흐)

:-**(1)**제사. 희생. 제물.(창31:54, 창46:1, 출12:27, 레3:1, 19:6, 민15:5, 신12:11, 18:3, 민15:5,) **(2)**(제사에 드려질 제물)살육.(창31:54, 삼상28:24, 겔39:17,)

> **창 46: 1절** 이스라엘이 모든 소유를 이끌고 발행하여 브엘세바에 이르러 그 아비 이삭의 하나님께 **희생을** 드리니

> **습 1: 7절** 주 여호와 앞에서 잠잠할지어다. 이는 여호와의 날이 가까왔으므로 여호와께서 **희생을** 준비하고 그 청할 자를 구별하였음이니라.

히브리 :[5680]: עִבְרִי :(이브리)

(히브리인)**에벨족. 이스라엘 백성의 칭호.**(창14:13, 39:14-17,출1:15-16, 신15:12, 삼상4:6, 13:3-7 욘1:9)

[주(註)] [어원:5677]: עֵבֶר :(에베르) :-요단강 건너편 사람들, & 건너편 지방, (창50:10-11, 신1:1-5, 수1:14-15) **이스라엘인. 에벨.** (창10:24-25, 11:14-15, 민 24;24, 대상8:12, 느12:20) (하나님 거처를 빛과 진리로 건축하는 권능을 가진 자들을 **"에벨"**이라 한다.)

히스기아 :[2396] : חִזְקִיָּה :(히즈키야)

:-**"여호와의 권능"** :[BC. 728~699년 유다의 12대 왕 아하스의 아들/ 선지자 스바냐의 조상 히스기야.(대상3:23절 느7:21절 10:18절 습1:1절)

> **왕하 16:20절** 아하스가 그 열조와 함께 자매 다윗성에 그 열조와 함께 장사되고 그 아들 **히스기야가** 대신하여 왕이 되니라.

힘(力) :①[3966]: מְאֹד :(메오드)

:-**[명]** 강함. 힘. 큼.(창13:13, 민22:17, 신6:5, 왕하23:25, 욥35:15, 사47:9) **[형·**

동] 매우. 강조. 크게. 특별히(창27:33, 왕상1:4, 단8:8) 넘침. 풍부. 심함. 강렬.(창7:18, 13:2, 41:31, 출10:19,) [분해] מ(멤)**물**(사역, 말씀, 40)- א(알렙)**숫소**(지도자, 왕,)- ד(달렙)**문**(열다. 휘장. 낮음) ;-하나님의 말씀으로겸손하면 지도자 같은 힘을 "מְאֹד:(메오드)"라 한다.

②[3581]: כֹּחַ:(코하) :(확고하다는 뜻에서 유래) **"힘 쓰다."**(창31:6):-힘. 생기. 권능. 권력.(창31:6, 49:3, 출9:16, 15:6, 민14:17, 삿6:14, 대하20:6, 욥23:6, 39:11, 사40:9) [형] 강하다.(사44:12)

> **출 15: 2절** 여호와는 **나의 힘이요** 노래시며 나의 구원이시로다 그는 나의 하나님 이시니 내가 그를 찬송할 것이요 내 아비의 하나님이시니 내가 그를 높이리로다.
>
> **신 6: 5절** 너는 마음을 다하고 성품을 다하고 **힘을 다하여 네 하나님 여호와를 사랑하라.**

힛데겔 :[2313] : חִדֶּקֶל :(힛데겔)

:-티그리스강의 이름 힛데겔.(창2:14, 단10:14)/ 에덴의 강 중 하나로 앗수르를 향해 동쪽으로 흐르는 강. 티그리스로 더 잘 알려져 있다.

> **창2:14절** 세째 강의 이름은 **힛데겔이라.** 앗수르 동편으로 흐르며 네째 강은 유브라데더라.

"성경 총론과 성경 본질"을 위한
"창세기 1장 1절 7단어" (거룩한 신부 단장의 본질)
을 출판할 예정입니다. 많은 기도를 부탁합니다.

신부 단장과 בָּרַךְ:(바라크)의 축복의 비밀.

מְנוֹרָה:(메노라)의 거룩한 신부들의 능력본질 아는가?

창세기 1장 1절의 7단어 속에 나타난 **하나님의 창조의 목적과 과정**이 계시되어 있다. 이를 통한 **거룩한 신부 단장**과 이에 필요한 **축복**의 감춰진 비밀 **"그리스도의 초상"**을 모르면 올바른 성경 해석을 할 수 없어 참된 믿음에 이를 수 없다.